日本古代仏教の伝来と受容

薗田香融著

塙書房刊

目次

目　次

目　次

目　次

日本古代仏教の伝来と受容

Ⅰ　東アジアにおける仏教の伝来と受容
――日本仏教の伝来とその史的前提――

序　仏教の東漸

1　中国仏教の伝来

紀元前五世紀の頃、インドの釈迦牟尼によって創唱された仏教は、紀元前三世紀に至り、古代インドの最初の統一者、アショカ大王によって全インドに宣布され、やがて西北インドから中央アジアを経て、紀元一世紀には中国の中原地方にまで達した。中国仏教の伝来に関する説話としてもっとも有名なものは、後漢の明帝（五七～七五年）が夢に金人をみて、求法の使節を西方に派遣し、その結果として迦摂摩騰と竺法蘭の二僧が洛陽に来たという説である。この時、最初にもたらされた仏典が「四十二章経」であり、最初に建てられた寺が洛陽の白馬寺であったという。二僧が洛陽に到着した年を永平十年（六七）とするのは、梁の慧皎（四九七～五五四）の『高僧伝』辺りに始まるらしいが、説話の原型は、晋の袁宏（三二八～三七九）の『後漢紀』まで遡ることが出来るという。明帝の感夢求法説話は、恐らくこの頃に形成されたものと考えられている(1)。しかし、一世紀後半には、シルクロードを通って多くの西域僧が中国に仏教をもたらし、漢人の間にも信奉者を獲得するような情勢にあったことは確かで、そのことは諸書に散見する断片的な史料からも知られる(2)。

2　中国仏教の特色

仏教伝来期の中国では、仏は「浮図《ふと》」と呼ばれ、黄帝・老子などの道教の神に準じて受容され、攘災招福・不老長寿の霊力を有する神として信仰されたようである。仏教はもともと超世間的な宗教であるが、少なくとも初期の中国仏教では現世の福徳を祈る世間的な宗教として受け入れられたのであり、そこにはすでに中国仏教のもっとも基本的な特色である現実的性格がうかがわれる(3)。

中国仏教がインド仏教の中から、大乗仏教を選択、受容したことも、恐らく右に述べたことと無関係ではなかろう。一般に西北インドからシルクロードを経て中国に伝えられた「北伝仏教」は、「大乗仏教」と同義語のようにみなされがちであるが、決してそうではない。当時の西北インドや西域諸国では、大乗とともに小乗も盛んに行なわれていたのであり、そのことはやや時代が降るが、法顕や玄奘の旅行記からも知られる通りである。また大乗仏典とともに多数の小乗仏典が伝訳されたにもかかわらず、中国人とその社会は、小乗仏教を大乗仏教の基礎学として受容するにとどまり、それを彼ら自身の生き方の指針とすることはなかったのである。

次に中国仏教を大きく特色付けるものは、厖大な漢訳仏典の存在である(4)。仏典の漢訳は後漢の末に始まり、唐代にかけて盛んに行なわれた。後漢の滅亡とともに中国は長い分裂期に入り、北方民族の大活動期を迎えるが、いわゆる「五胡十六国」に属する胡族の王朝は仏教の受容に極めて熱心であり、仏典の漢訳も著しく促進された。胡族の王たちは、競って高僧を招き、その訳経事業を援けた。中国仏教の最初の組織者といわれる道安（三一二～三八五）に傾倒した前秦王苻堅や旧訳の頂点を形成する鳩摩羅什（三五〇～四一四）の訳業に保護を与えた後秦王姚興などは、そのもっとも代表的な例である。こうして世界の翻訳史上に類をみない夥しい量の仏教聖典が漢訳され、その総集としての大蔵経（一切経）が成立した。大蔵経目録のもっとも早いものは、道安の『綜理衆経目録』[5]であるが、合計六三九部八八六巻を収め、梁の僧祐（四四五～五一八）の『出三蔵記集』[6]の目録では、二二一一部四二五一巻を数えた。南北朝時代には、厖大な漢訳仏典を対象とする本格的な研究が始まり、後の「宗派」に基礎となる涅槃・成実・地論・摂論などの諸学派が成立してくるのである。

最後に注意しておきたいことは、中国仏教が伝来当初から、礼拝の対象としての仏像を有したことである。周知のように初期のインド仏教では、人間的な姿を持った仏像は造られず、獅子座や菩提樹や法輪などのシンボルをもって聖なる仏陀を表現してきた。ところが紀元一世紀頃、西北インドのガンダーラ地方に仏教が伝播し、この地方に住むギリシャ系植民の保持する西方の造形美術に触れた結果、同地方および中インドのマトゥーラ地方において仏像の製作が始まった[7]。ガンダーラやマトゥーラでは、仏像の素材に当地特産の彫刻に適した片岩もしくは砂岩が用いられたが、仏像製作の風が各地に普及するに従って種々の材質が用いられるようになり、塑像・銅像・木像なども現われた。五胡十六国時代から南北朝時代にかけての中国仏教を特色付ける金銅仏も、かなり早い時期から造られていたらしいことは、先述した明帝の感夢求法説話に仏をさして「金人」と称したことからも推測される。

こうして仏教は、中国社会に根を下ろしてゆくとともに、いろいろな点でインド仏教とは異なった独自の性格を備えるようになった。そして中国に受容・定着した仏教は、儒教や道教と並ぶ中国文化の重要な一構成要素となり、時にはそれらと一体となり、中国の有する政治的・文化的優越性を背景として、東アジアの諸国・諸民族に伝播されてゆくであろう。六世紀の中頃、朝鮮半島の百済を経由して日本にもたらされた仏教も、インド仏教そのままのものではなく、中国において再構成された「中国仏教」であった。このことは、百済から日本の天皇に送られた「仏像・経巻」が、他ならぬ金銅仏であり、漢訳仏典であったことに注意すれば、これ以上多言を要さないであろう。

一 朝鮮諸国の仏教受容

1 高句麗仏教の伝来と受容

日本にはじめて伝えられた仏教は、百済を経由したものであったから、日本仏教の伝来の事情を正しく理解するためには、朝鮮諸国における仏教の伝来と受容を概観しておくことが必要であろう。

当時の朝鮮半島では、高句麗・百済・新羅の三国が鼎立していたが、この内、もっとも早く仏教を受け入れたのは、地理的に中国にもっとも接近した高句麗であった。高句麗はツングース系の扶余族の一支族であるが、紀元前一世紀初に、南下して鴨緑江中流域に拠り、紀元一世紀末頃には、強固な部族連合国家を作り上げ、しばしば楽浪・玄菟二郡を犯した(8)。二四四~二四五年に魏の将軍毋丘倹の征討を受け、大打撃を受けたが、まもなく勢力を回復し、三一三年には楽浪郡を侵略し、四〇〇年にわたる中国の郡県支配に終止符を打った。

しかし高句麗は、北方の前燕、南方の百済という二大強敵と対決しなければならなかった。

五胡の一、鮮卑の慕容氏(前燕)は、西晋末の動乱に乗じて中国東北の遼河流域に興り、高句麗を圧迫し始めた。三四五年、前燕王慕容皝は大軍を発して高句麗の首都丸都城(吉林省集安)を強襲し、王陵を発いて先王の屍を奪い、王母・王妃を拉致した。この屈辱的な敗北を喫した高句麗は、その後二十数年間、前燕に臣従することを余儀なくされたが、やがて氏族の苻氏（前秦）が華北を征圧し、三七〇年には前燕を滅亡させた。[9]

同じ頃南方では、新興の百済が北上の勢を示し、たびたび高句麗と交戦した。三七一年、百済の近肖古王とその太子は、精兵三万を率いて平壌を攻め、防戦に出た高句麗の故国原王を戦死させた。[10]百済はこれを機会に都を漢江流域の漢山（京畿道広州）に移し、翌年、東晋に入貢して「鎮東将軍領楽浪太守」の叙爵を得た。[11]百済が東晋に入貢し、特に「領楽浪太守」の号を受けたことは、現実に楽浪郡の故地を支配していた高句麗にとって不愉快極まる出来事であったろう。

高句麗にはじめて仏教が伝えられたのは、このような時であった。『三国史記』（巻一八）によると、小獣林王二年（三七二）六月、前秦王苻堅が高句麗に使を派遣し、僧順道とともに仏像・経文を送ったので、小獣林王はただちに謝使を遣わして前秦に入貢したという。さらに同四年（三七四）には僧阿道が高句麗に来た。王は、翌年、順道のために肖門寺を、阿道のために伊仏蘭寺を建てたといい、「海東（朝鮮）仏法の始なり」と特記している。

三七二年といえば、前秦が前燕を滅ぼした二年後にあたり、百済が南朝の冊封を受けたその年である。前秦が高句麗に仏教を伝え、高句麗がただちにこれに応じて入貢したのも、当時の国際情勢からみて納得の出来る話である。しかも前秦王苻堅は、五胡の諸王中でも屈指の崇仏君主であったから、高句麗仏教の三七二年伝来説は、ほぼそのまま信じてよかろう。その後、三九二年には故国壌王が「仏法を崇信して福を求めよ」という教令を下し、その翌年には広開土王が平壌に九ヵ寺を開創したという。[12]そのまま史実とはみなし難いが、その後の高句麗仏教が順調な発展を遂げたことは間違いなさそうである。

以上は、『三国史記』等、朝鮮側史料の伝える高句麗仏教の起源説であるが、これとは別に、『高僧伝』が語る曇始の高句麗開教の事跡は、中国側の教団伝承史料として注目される。曇始は関中（陝西省）の人、晋の太元末年（三九六頃）に経律数十部をもたらして遼東に至り、教化に従うこと一〇年、義熙の初（四〇五頃）に関中に帰ったという。[13] 同伝はこれを「高句驪、聞道の始なり」と評価し、統一新羅の文人崔致達も、「西晋の曇始の貊（高句麗）に始むるは、摂騰の東入の如し」と述べ、[14] 中国仏教の初伝者、迦摂摩騰を引き合いに出して称揚している。

曇始のもたらした仏教は、どのような内容を持つものであったろうか。これについて一つの示唆を与えるのが、徳興里壁画古墳の墓誌名が語る次の事実である。一九七六年、平壌西郊の南浦市徳興里で発見された壁画古墳では、前室北壁の天井部に一四行一五四字に及ぶ墓誌銘が見出され、それによってこの古墳が、四〇八年に没した「建威将軍、国小大兄、左将軍、竜驤将軍、遼東大守、使持節、東夷校尉、幽州刺史」という長い肩書を持つ高句麗に亡命した中国人の高官貴族の墓であることが判明した。いま特に注目されるのは、この亡命貴族の名が「釈迦文仏弟子□□氏鎮」と記され、彼が熱心かつ敬虔な仏教信者であったことである。[15]

「釈迦文仏」は釈迦牟尼仏の異訳で、漢魏の旧訳にしばしば見出されるところであるが、この場合は、田村円澄が指摘するように、「弥勒下生経」によった可能性が大である。[16] 同経は「増一阿含経」巻四四の第三段を分出した別生経で、[17] 三八四年夏から翌年春にかけて、曇摩難提と竺仏念が訳出したものを、道安がさらに修治を加えて成ったものである。[18] 三八五年に長安で訳出された本経が、三九六年には早くも曇始によって高句麗にもたらされ、そして四〇八年に死んだ徳興里古墳の主人公のような熱心な信奉者を得るに至ったと考えることは、あり得べき推定である。もしこの推定があたっていれば、曇始が高句麗にもたらした仏教――具体的にいえば、彼がもたらした「経律数十部」――の内容についても、ある程度の推測を加えることが可能である。すなわちそれは、道安と苻堅との合作ともいうべき前秦時代の長安仏教、換言すれば、羅什入関以前の長安仏教であったといえよう。『三国史記』などの朝鮮側史料が、高句麗仏教の起源を前秦王苻堅の名とともに記憶したのも、決して偶然ではなかったのである。

曇始の開教に関してもう一つ注意しておきたいことは、彼が「白足和尚」[19]の異名をもって知られる神異僧であったことである。恐らく彼のもたらした仏教は、高句麗の固有信仰に習合しやすい呪術的、霊異的性格を濃厚に帯びており、それ故短期間に顕著な成果を収めることが出来たのであろう。このことは、高句麗の仏教受容の一側面をうかがわせるものである。

高句麗の固有信仰については、『三国志東夷伝』が簡単ながら貴重な記述を残している。それによると、三世紀の高句麗では首都丸都の宮殿の左右に大きな宗廟を建て、鬼神・霊星・社稷を祀っていた。高句麗の原始国家を構成する五部族はそれぞれ宗廟を持つことが許され、部族の長である「古雛加」がこれを祀った。毎年十月になると、国中の人が集まって大いに天を祭り、その際、国の東方にある洞穴神（隧神）を迎えて祭った。これを「東盟」というが、この日は、王や貴族たちは美々しく着飾って祭りに参加したという[20]。

三品彰英によれば、「東盟」の祭儀は、「隧神」を王都東郊の鴨緑江畔の聖所に迎えて行なう国家的な収穫祭である[21]。「隧神」は別のところでは「歳神」ともみえ[22]、穀母的女神である。高句麗の始祖神話では、始祖の朱蒙は、河神の女が日光に感じて生んだ子であるが、別れに臨んで母より五穀の種を授けられたという[23]。してみると、東盟祭は、穀母神を迎えて穀霊（始祖）の再生を祈る収穫祭であり、始祖祭である。狩猟と農耕の両方に生活を依存させていた原始高句麗社会では、北方的狩猟民的なシャーマニズムと南方的農耕民的な地母神崇拝とが並存していたが、「東盟」をめぐる祭儀と神話は、両者の複合型とみなし得るというのが、三品の研究の興味深い結論

である。(24)

高句麗における仏教受容の必然性を理解するためには、宗廟祭儀をめぐる王と部族との関係に注目する必要があろう。『三国志』にも述べられたように、原始高句麗社会では部族組織が重要な意味を持ち、宗廟の祭儀も部族単位で行なわれていた。ところが四世紀に入って、楽浪郡のような、早くから文化の開けた肥沃な農耕地域を支配するようになると、古い部族制支配は適応しなくなり、官僚制的領域支配が必要とされるようになった。四世紀後半から五世紀にかけて、高句麗の歴代諸王が、中国文化を取りいれ、王権の伸長を図り、王直属の家臣、すなわち官僚の育成に努力した理由である。(25) このような経過の中で、古い部族制度に密着した伝統宗儀―固有信仰に代わって、新しく伝来した仏教が、中央集権体制の確立のために、一定の重要な役割を果したことは想像に難くない。

一九七八年に発掘調査が行なわれた平壌市力浦区域成進里王陵洞の東盟王陵では、石室内に残された蓮花文の装飾壁画や陵墓前庭から高句麗時代の寺院跡が検出され、注目を集めた。東明王とは、高句麗の始祖朱蒙に与えられた諡号で、その名義は、「東盟」と無縁ではあるまい。この陵は、はじめ故都卒本（吉林省桓仁）にあり、ついで丸都に移され、さらに四二七年の遷都とともに平壌に移されたものであろう。古墳の構造や様式が物語る年代観も、ほぼ右の推定を裏付けている。

まず壁画であるが、高句麗の壁画古墳に通有の人物風俗画や四神図を採用せず、蓮花文装飾文を主題にしたのは、報告者もいうように「古墳を極楽世界と見なす仏教的観念」(26)によるものであろう。次に寺跡は、陵墓の前方約一二〇メートル程のところに位置し、八角塔を中心とし、左右対称に配置された十余棟の建物跡から成る。八角塔を中心とし、その三方に金堂を配する伽藍配置は、これまでにも平壌の清岩里廃寺や上五里廃寺の例が知られ、日本の飛鳥寺の祖型として注目されていたが[27]、いままた一例を加えたわけである。寺跡からは「陵寺」の刻印を持った瓦が出土し、この廃寺が始祖王の陵廟の墓前祭祀のための寺院であったことを証明した。

このように始祖廟の祭祀が仏教儀礼で行なわれるようになったこと自体が、高句麗仏教の受容の新しい段階を示すであろう。あたかもこの頃、高句麗では広開土王や長寿王のような英主が相次ぎ、遼東から漢江流域にわたる広大な版図を収めるとともに、内には、古い五族制に代わる新しい行政組織としての五部制を採用するなど、中央集権的な国制改革を推進し、高句麗の最盛期を現出した。四二七年、長寿王によって断行された平壌遷都は、このような国制改革の画期を形づくる事件であったが、この平壌を舞台に高句麗仏教もまたその全盛期を迎えるのである。

同じ頃中国では、拓跋氏の北魏が華北を統一し（四三九年）、江南では東晋が滅んで劉氏の宋が立ち（四二〇年）、南北は分裂したまま、比較的に安定した時代に入る。この南北朝時代に、中国仏教はいよいよ本格的な発展期を迎え、北朝の国家仏教と南朝の貴族仏教が互いに特色ある発展をみせた。高句麗は四二五年に北魏に入貢し、四三五年にはその冊封を受け、以後密接な国交を維持したので、北魏仏教は高句麗に直輸入され、首都平壌は朝鮮半島における北朝仏教文化の中継基地となり、百済、新羅、そして遠く日本にも、新しい影響を与え続けるのである。

2　百済仏教の伝来と受容

高句麗についで仏教を受容したのは百済である。『三国史記』（巻二四）によれば、百済枕流王の元年（三八四）九月、胡僧摩羅難陀が東晋より来て、はじめて百済に仏教を伝えた。王はこれを宮中に迎えて礼敬を致し、翌年二月には漢城に仏寺を創建し、一〇人の僧を得度して住まわせたという。『晋書』には三八四年七月、百済の入貢を伝え、[28]摩羅難陀の渡来は、この入貢使の帰国に付随したものと考えられる。

馬韓五十余国の一つである伯済（百済）が、漢江流域の馬韓諸国を統合し、帯方郡を滅ぼしたのは四世紀前半のことである。[29]そして三七一年には平壌に進攻して高句麗王を戦死させるとともに都を漢城に遷し、翌三七二年、はじめて東晋に入貢してその冊封を受けたことは前述した通りである。その後も百済は、たびたび東晋に入貢しているから、[30]この時、東晋から仏僧が渡来したことも不思議ではない。

ところが、百済仏教の三八四年渡来説をやや早きにすぎるとして疑う説がある。末松保和は、『日本書紀』（以下『書紀』と略称する）推古三十二年条に引かれた百済僧観勒の上奏文に、漢・百済・日本の仏教初伝年次に触れた叙述があることに注目し、この一節の解釈から、百済仏教の伝来年次を推古三十二年（六二四）より百年前の五二四年頃と推定した。[31]末松説は妥当な見解として現在も多くの学者から支持されている。[32]百済が漢城に都した時代（三七一～四七五年）に属する仏教関係の遺物や遺跡が皆無であることも、末松説を支持する有力な証左とみなされている。

しかし私は、末松説に従って、軽々しく三八四年伝来説を否定することが出来ない。まず観勒の上奏文については、解釈の余地があるように思う。問題の部分を文脈に即して理解すれば、「百年前」の算定の起点は推古三十二年（六二四）に置くより、日本仏教伝来年次である五五二年（もしくは五三八）に置くべきである。そうすると、百済仏教初伝年次は四五二年（もしくは四三八）頃ということになり、少なくとも漢城時代に遡ることになる。また仏教関係の遺物や遺跡が乏しいことも、それがただちに仏教の伝来を否定する証拠とは出来ないと思う。日本の場合を考えてみても、推古朝以前に遡る仏教関係の遺物・遺跡は皆無であるが、だからといって欽明朝伝来説を否定出来ないのと同断である。こうしたわけで私は、三八四年伝来説を軽々しく疑う説に賛成出来ないのであるが、一方、漢城時代に属する仏教関係の遺物・遺跡、ならびに文献史料の乏しいことも動かすべからざることである。私はその理由を、百済の国情に基づく仏教受容の特殊なあり方に起因すると考える。

『三国史記』以下の朝鮮史料や『宋書』以下の中国史料が一致して伝えるように、百済王家は扶余族の出身で、始祖温祚王は高句麗の始祖朱蒙（東明王）の第二子であったといわれる。[33]百済は、土着の韓族を主体とするが、流移の扶余種の王によって支配される国家であった。この異民族支配は、国家形成期には一定の利点をもたらしたが、同時に多くの弱点を残した。[34]もともと百済は帯方郡の故地を継承し、また旧楽浪・帯方系の漢族遺民を多数吸収し、朝鮮諸国中ではもっとも中国風に洗練された文化を享有しながら、最後まで国家構成上の脆弱性を払拭することが出来なかった理由である。南朝と通好し、日本や新羅と提携を深めたのも、それによって高句麗の圧迫に対抗するとともに、国内支配の弱点を補おうとしたものであろう。要するに百済は、支配下の韓族社会を充分把握出来ていなかった。初期の百済仏教は、王室を中心とする支配層に受容されたにとどまり、一般の韓族社会には浸透しなかったのであろう。これが私の考える初期百済仏教関係の遺物・遺跡の乏しい理由である。

百済国家の基盤をなす韓族社会の固有信仰については、やはり『三国志東夷伝』が貴重な史料を提供している。[35]三世紀の韓族社会は、半猟半農の高句麗と異なり、すでに純然たる農耕社会であった。五月の播種と十月の収穫の後に行なわれる祭りには、人々は群集して昼夜の別なく歌舞飲酒した。その歌舞とは、数十人が一斉に手足を上下させながら、勇ましく大地を踏みしめる踊りである。国邑（部落国家）ごとに司祭者が一人ずつおり、天神を祀るので「天君」と呼ばれた。国邑には、本邑の外に別邑があり、「蘇塗《そつ》」と呼ばれた。そこには大木を立て、これに鈴や鼓をとりかけて鬼神を祭った。逃亡者がここに逃げこんできても、誰も追い出そうとしない。この風習は仏教（寺院）に似ているが、事の善悪はあべこべである、と述べている。[36]

右に羅列的に述べられたことがらを統一的に理解すると、彼らの固有祭祀が農耕儀礼であったことは明らかで、中国の「鐸祭」に似たという地踏みの舞いは、「土地の神霊を鼓舞して豊饒を求める儀礼」[37]であり、日本の「だだ踏み」神事に通ずるものがある。[38]しかし、天神を祀る「天君」と呼ぶ司祭者の存在は、北方系シャーマニズムの影響をうかがわせるであろう。すなわち、韓族の固有祭儀も高句麗同様、南北両要素の複合型と解されるが、違うところは、百済では前者（南方的農耕要素）が古層を形成し、後者（北方系要素）は二次的に加わったものと考えられることである。[39]

「蘇塗」については問題が多いが、これを⑴文中にみえる「大木」のことと考え、現行民俗の神竿信仰に類推して理解しようとする説、⑵文中の「別邑」にあて、アジール的機能を果たす聖所とする説、がある。語義的には後説が正しいらしいが、[40]本来「蘇塗」は、この両義を含むものではなかったか。すなわちそれは、各部落国家ごとに設けられた、神の降臨したもう神秘的な聖所であるが、そこには必ず神のよりましとなる大木が立っていたのであろう。「蘇塗」とは、この聖所での称であるとともに、それを象徴する神木の称ともされたのであろう。そして五月と十月の祭りは、この聖所の周辺で行なわれたのであろう。

このように理解してくると、『三国志』が語る原始韓族社会の一連の祭事儀礼は、「蘇塗」を中心に展開されるものであったから、「蘇塗祭」と呼んで差し支えなかろう。これを高句麗の「東盟祭」に比較して認められる大きな相違は、彼が血縁的な部族単位で行なわれたのに対し、これは「国邑」すなわち地縁的な部落国家単位で行なわれたことである。このような固有祭儀の構成原理の差が、両者の国家組織に反映し、さらに仏教受容のあり方まで規定したのである。すなわち、高句麗では部族的な宗廟祭祀を通じて仏教は比較的に早く社会の各層に伝達されたが、百済では、仏教は宮廷貴族のアクセサリー足るにとどまり、原始農耕儀礼に閉鎖された土着の韓族社会に影響を及ぼすには至らなかったのであろう。

しかし百済は、四七五年、高句麗長寿王の強襲を受け、首都漢城は奪われ、国王蓋鹵王が斬殺されるという亡国の危機に追いこまれ、都をはるか南方の熊津（忠清南道公州）に遷することを余儀なくされた。百済の支配者たちは、百済国家が内包する構成上の弱点を痛感したに違いない。武寧王の時代（五〇一〜五二三）になって、さまざまの国制改革が矢継早に試みられた理由である。新都熊津は、旧都漢城の所在した漢江流域と違って、純然たる韓族の居住地域の中枢に位置したから、(41)従来のような貴族制的間接支配から、中央集権的直接支配への転換が必要となった。武寧王はまず全国を二二の行政区に分ち、その長官には王室の子弟・一族を配置し、これを「檐魯」と呼んだ。(42)ついで王都熊津には高句麗の制を模して、上・前・中・下・後の五部制を布いた。(43)後聖明王代になって、泗沘遷都後、地方組織としての五方制（東・西・南・北・中）を採用し、百済の官僚制的領域支配が完成するが、武寧王代の檐魯・五部制は、その準備的な前段階をなすものであった。五二一年、武寧王は梁に使を遣わして武帝に上表し、「百済は亡国の一歩手前から立上って、いまや再び強国となった」(44)と宣言している。国家の改造を断行し、自信に満ちた武寧王の時代にあたって、百済の仏教受容が本格化したのも不思議ではない。

一九七一年、公州宋山里で華麗な塼築墳が発見され、武寧王（五二三没）とその王妃（五二六没）の合葬墓であることがわかった。世界の学界の関心を集めた二つの墓誌石や豪華な副葬品からは、高句麗の徳興里古墳のような、直接被葬者の仏教信仰を立証するものは何も見付からなかったが、(45)金製冠飾・木枕・足座などの装飾に用いられた忍冬唐草文や蓮花文は、中国南朝の仏教美術の粋を集めた「仏教に関係のふかい文様」(46)である。特に墓室や羨道の側壁を飾る蓮花文塼の文様形式は、公州や扶余の百済時代寺院跡から出土する瓦当のそれと共通し、その祖型とみなされるものであった。その中の一つには、「士　壬辰年作」の銘があり[47]、また隣接する宋山里六号墳でも「梁官品為師矣」の篦書銘の入った蓮花文塼が発見された[48]。これらによって、百済の王陵を飾った塼は、梁の官瓦を模範として作られたこと、そして壬辰年（五一二）には早くも製作が開始されたことがわかる。二つの篦書銘文は、百済の仏教文化の源流と創始年代を何よりも明快に指示するであろう。

百済の古瓦については、朴容慎の様式的研究[49]とそれを基礎にした稲垣晋也の編年研究[50]を参考にすることが出来る。それらによって百済古瓦の変遷を辿ると、百済瓦当は、素弁八葉蓮花文を主体とした南朝様式が主流を形成し、その起源をなすものが上述の武寧王陵と宋山里六号墳の蓮花文塼である。それは、花弁が厚肉で、中房がやや突出し、花弁の先端が反転した、いわゆる「足袋先型」を呈するもので、類似のものが公州の大通寺址や西穴廃寺から出土している。大通寺は、大通元年（五二七）に梁の武帝のために聖明王が創建したという国営寺院[51]であり、西穴寺は伽藍造営の性格上、大通寺に先行するとみられる公州最古の寺院である[52]。

五三八年、聖明王は泗沘（忠清南道扶余）に遷都し、中央集権国家の完成と南朝文化を直写した新都の造営をめざす。百済仏教は最盛期を迎え、王都には多くの寺院が建立された[53]。泗沘時代の後期（六世紀末以降）になると、瓦当文も百済の独自性を備え、特有の繊細美を発揮している。それはそのまま、百済仏教の受容の深化と土着化を示すであろう。瓦当の文様に即していえば、花弁が薄肉で、中房は凹形を呈し、弁端の処理は「足袋先型」とともに「ハート型」のものが現われている。前者は日本の法隆寺創建瓦の祖型をなし、後者は同じく飛鳥寺創建瓦の源流をなすものである。古瓦の変遷を辿ることによって、南朝（梁）→百済→日本という初期仏教文化の伝播経路をあざやかに復元することが出来るのである。

『梁書』の記事を整理すると、百済と梁との国交は、実質的に前後六回を数える[54]。内二回は武寧王代、四回は聖明王代である。百済がはじめて梁に入朝したのは武寧王代の五一二年であるが、この時早くも梁の官瓦を輸入し、蓮花文塼の製作が開始されたであろう。次に五二一年には遣使入貢して梁の冊封を受けた。「百済は再び強国になった」という上表文を呈したのはこの時である。

聖明王の時代（五二三〜五五四）には、五二四年、五三四年、五四一年、五四九年の四度を数えるが、この内もっとも注目されるのは五四一年の遣使である。『梁書』によれば、「累りに使を遣して方物を献じ、並に涅槃等の経義、毛詩博士、並に工匠・画師等を請ふ。勅して並に之を給ふ」とある。[55]百済の南朝外交が、仏教・儒教を始め、南朝文化の綜合的な摂取をめざしたことがわかる。「毛詩博士」は『詩経』の学者。別の史料では、百済は梁に「講礼博士」すなわち『礼記』の学者の派遣も要請している。[56]やがて日本は、この百済に「五経博士」の派遣を要請するようになった。[57]ここでも、南朝→百済→日本という文化伝流のルートを見出すことが出来る。

ところでいま、もっとも問題なのは「涅槃等の経義」である。宝亮（四四四〜五〇九）撰の「涅槃義疏」をこれに擬する説があるが、[58]私はむしろ武帝御製の「制旨大涅槃経講疏百一巻」をこれに擬したい。宝亮の義疏ならば、「累りに使を遣して」下賜を申請する必要はなかったはずだからである。中国史上随一の崇仏君主といわれた武帝の仏教信仰については、ここで詳述する遑はないが、彼の盛んな造寺造仏、あるいは四度にわたる「捨身」の行為などとともに、彼が専門家を凌ぐ仏教学者であったことを想起しなければならぬ。『梁書』や『広弘明集』の伝えるところによれば、武帝には上述の「涅槃経講疏」の他に、「大品（般若）経」「三慧経」「浄名（維摩）経」などの注疏、すべて二百数十巻の著作があったという。[59]武帝の仏教思想は、般若経と涅槃経を中心としたものであるが、中でも彼がもっとも深く傾倒したのは涅槃仏性の学説であったといわれる。[60]それは当時、江南地方で盛んに行なわれた涅槃学派の影響を受けたものであろう。五二九年の有名な第二回目の捨身の際も、武帝は同泰寺において親しく「涅槃経」を講じたという。[61]

このようにみてくると、百済が「涅槃等の経義」の下賜を申請したことは、当時の南朝仏教界の動向を的確に把握し、かつ武帝の思想的立場を充分に見極めた上での措置であったことが知られるとともに、同時にそこに、百済の首都に寺院を建立し、梁の年号をとって大通寺と名付けたことと共通する、聖明王一流の事大外交の臭いを感じ取ることが出来よう。

3　新羅仏教の伝来と受容

朝鮮三国の中でもっとも遅れて仏教を受容したのは新羅であった。辰韓十二国の一、斯盧国が周辺の諸国を統合し、国号を新羅と称したのは、百済の建国と相前後する四世紀中頃のことであるが、三七七年には高句麗に随って前秦に入朝し、[62]ついで三八二年にも新羅王楼寒の名で前秦に遣使朝貢した。[63]「楼寒」は「麻立干」の音写で、新羅一七代目の王、奈勿麻立干（三五六～四〇一）に比定されている。[64]建国当初の新羅を取り巻く国際情勢は厳しいものがあり、北方からは広開土王・長寿王を戴く高句麗が絶えず圧迫を加え、南方からは、弁韓（加羅）地方に足掛かりを持つ倭（日本）の侵入が繰り返され、五世紀の末頃までこのような状況が続いた。こうした中で、部落連合国家としての新羅の独立を支えてきたものは、強固な地縁的結合の精神であったが、[65]これをもっともよく示すものが、新羅の建国神話である。

『三国遺事』（巻一、新羅始祖赫居世条）によると、前漢の地節元年（前六九）三月、斯盧国を構成する六村の長たちが閼川《ありなれ》の岸に集まり、有徳の君主を迎えて国を建てたいと祈った。すると川向いの樹林に、電光とともに一個の大きな青い卵が天降り、その中から生まれたのが始祖、赫居世だったという。「赫居世」とは、「光りいませる君」の意で、神聖な樹林に降臨した光り輝く穀霊的神童であり、同時に司祭者的君主である。[66] そして始祖が天降った樹林は、「徐伐」（supr―神聖な樹林の意）と呼ばれ、長く記念されたという。[67]

このような卵生型始祖神話は、インドネシアを中心に西太平洋沿岸の稲作地帯に広く分布する南方的農耕的な神話要素であるが、[68] いま特に注目されるのは、その祭祀組織にみられる地縁的性格である。すなわち閼川のほとりに会して始祖の降臨を迎えた人々は、部族の長や氏族の長ではなく、六つの村の長であったと物語られていることが重要である。この説話は、各部落首長の総会議によって国王を推戴した原始新羅の政治的習慣の神話的反映とみなすことも出来るであろう。

新羅では後世まで、国王の推戴をはじめ、国家の大事は、貴族の合議によって決せられ、このような合議を「和白」[69] と呼んだ。和白の構成員は、新羅の国家的発展につれて、「六村」の長から「六部」の代表者へと変化した。「六部」とは、梁部、沙梁部、本彼部など、個有名を冠して呼ばれる六つの部で、これを六つの氏族と解する意見もあるが、末松保和が詳しく考証したように、王京内の居住地区に基づく貴族の部分けである。[70] 発展期の新羅では、周辺の諸国を統合すると、旧首長を王京に移し、新羅の官位を授け、故国を食邑として与えた。その際、彼らは王京内の居住地によって「六部」に編成され、やがて和白の構成員に加えられた。従って新羅の発展に伴って、和白の構成単位は、「六村」の長から、「六部」すなわち旧部落国家の首長層貴族へと格上げされたわけであるが、その編成原理は、建国以来の祭政組織における地縁的結合の原理が踏襲されたのである。

「徐伐」をめぐる新羅の原始祭儀は、百済の「蘇塗祭」と共通するところが多い。新羅の「徐伐」は、そのまま百済の「蘇塗」と呼ばれた聖域に対比することが出来るし、聖林に天降った「赫居世」というシャーマン的君主は、蘇塗の司祭者「天君」に対応させることが出来よう。新羅も百済も農耕を主たる生業とする同じ韓族国家である以上、それは当然のことであったが、ただ百済では、異民族である扶余種の百済王家が韓族諸国の上に君臨したため、この原始農耕祭祀は単なる部落祭にとどめられ、「天君」も部落国家の司祭長以上の存在にはなり得なかった。ところが新羅では、韓族社会の内部から興起した勢力が四隣を征服・統合して部落連合国家を形成したため、部落の祭祀は国家の祭祀に転化され、百済の「天君」に対比さるべき祭祀王は連合国家の王にまで上昇して、固有祭祀における地縁的結合の原理は、そのまま国家構成の原理にまで高められた。ここに、高句麗とも百済とも異なる、新羅の国家構成の基本的特色を認めることが出来る。そして新羅の仏教受容の特殊性の基づくところも、またこの点に求められるのではなかろうか。

新羅仏教の伝来をもっともまとまった形で記録したものは、『三国史記』（巻四）法興王十五年（五二八）条である。この年、新羅は「肇めて仏法を行ふ」とあり、仏教の国家的公認に踏み切ったという。時の新羅王が「法興王」と称された理由である。ところで同条には、仏教の公認に至るまでの経緯を次の三段にわたって述べている。

(1)はじめ、訥祇王の時代（四一七～四五八）に沙門墨胡子なるものが高句麗より新羅の一善郡に来た。同郡の毛礼は自宅に窟室を造って墨胡子に提供した。その頃、梁の使が来て「衣著の香物」をもたらしたが、誰もその用途を知らなかった。墨胡子はその用途を知っており、香を焚いたところ、王女の難病が忽ち平癒した。よろこんだ王が礼をいおうとしたが、墨胡子はいずこともなく姿を消してしまった。

(2)次に、毗処王の時代（四七九～五〇〇）に僧阿道が毛礼の家にやって来て住んだ。その行儀は墨胡子とまったく同じであった。数年後、阿道は病なくして死んだが、三人の侍者が留まって経律を講じ、信者も次第に出来た。

(3)ここに至って法興王は仏教を信奉しようとしたが、群臣はこぞって反対した。近臣の異次頓は、身を犠牲にして王の希望を叶えようと決意し、会議の席上、ひとり仏教の受容を主張し、ついに斬罪に処せられた。彼は、「仏にもし霊感があれば、異事を示せ」といって斬られたが、果たして白乳のような血が吹き出した。群臣たちもこれに驚き、仏教の受容に反対しなくなった。

この記事には、いろいろ疑問の点が多い。たとえば訥祇王の時代に梁（五〇二～五五七）の使が来たとするなど、一見して気の付く矛盾である。『三国史記』の編者が(1)(2)の出来事をそれぞれの年次にかけず、ここに一括記載したのは、そのためではなかろうか。異次頓の血が白乳に変じた話も、仏典（賢愚経）に基づく造作と思われる。[71]

末松保和は、『三国遺事』や『海東高僧伝』の中に残された新羅仏教伝来に関する異伝に注目し、それらの比較検討から、次のような結論に達した。[72] いま、上述の『三国史記』の伝来説話をⓐとし、以下、他の異説を、

ⓑ我道和尚碑の伝承（三国遺事巻三、阿道基羅条所引）

ⓒ古記の伝承（海東高僧伝巻一、阿道伝所引）

ⓓ高得相の詩史の伝承（同右）

とすると、ⓓがもっとも古形を伝え、以下ⓒⓑⓐの順に新しい発展を示すと考えている。そして、これら諸異伝の綜合と批判を通じて、新羅仏教伝来に関する中核的史実を指摘するとすれば、次の三点に帰するとする。

(1)新羅仏教の伝来者は、僧阿道（我道）であったこと。

(2)新羅仏教の起源的年代は、大通元年＝法興王丁未年（五二七）に求められること。

(3)新羅仏教は高句麗仏教の伝来によって素地が築かれ、梁使の到来を契機として国家公認に至ったこと。

この末松の精緻な研究に付け加えるものは何もないが、以下若干の説明を補足しよう。(1)新羅仏教の伝来者阿道については、高句麗より新羅一善郡に来り、郡人毛礼の宅にとどまったことは、諸伝ほぼ一致する。一善郡は

いまの慶尚北道善山付近で、竹嶺もしくは馬嶺を経て漢江流域に達する幹線道路に面する地であるから、地理的にも納得出来る話である。阿道の到来年代を毗処王や味鄒王代とするⓐⓑ説は、もとより信用の限りでない。ⓒⓓ説によれば、法興王の丁未年に現存した人物とされるから、法興王の初年（五二〇頃）の到来とするのが妥当であろう。それはと取りも直さず新羅仏教の初伝年次である。(2)新羅仏教の起源的年代については、法興王十五年（五二八）とするⓐ説は、『三国史記』の繋年の誤りで、丁未年（五二七）が正しいことは、末松の考証した通りである。ただしこれは、「肇行仏法」すなわち国家的公認の年である。(3)新羅仏教は、高句麗仏教の私的伝来に始まるが、梁使（ⓓ説ではそれを僧元表とする）の到来を契機として公認に至ったことも諸伝に共通する。特に梁使のもたらした「衣著の香物」（ⓐ）、「五香」（ⓒ）、「沈檀」（ⓓ）などと、仏教に付随してもたらされた焚香に関する話が、極めて具体的な形で問題とされており、史的事実の片鱗であることをうかがわせる。新羅が百済の仲介で梁に通交したのは五二一年のことである。(73) 梁使が到来した記録は存しないが、恐らく入貢使の帰国に伴ったものであろう。従ってそれは五二一年もしくは五二二年のことと考えられるであろう。

ここで注意しておきたいのは、末松も指摘したように、新羅仏教伝来説の諸伝承が、すべて三段的構成をとって語られていることである。すなわち、新羅では、高句麗や百済のように何の抵抗もなく仏教が受容されたのではなく、何度も迫害や弾圧を経験した末、ようやく国家的公認に至ったと伝えられていることであり、これこそ新羅仏教伝来に関するもっとも重要な歴史的事実の反映とみなければならないだろう。このことは、同じような初伝時における迫害の伝承を持つ日本仏教の伝来を考える上でも注目される。

まず仏教の受容に反対し、これに迫害を加えたのは誰であったかを考えてみよう。奉仏の反対者について、ⓐでは「群臣」、ⓑでは「君臣」、ⓓは明記しないが、ⓑと同じとしてもよいであろう。要するに、当時の新羅の国家権力そのものが仏教の受容に反対したのである。その理由については、ⓐがもっとも明快に語っている。すなわち、奉仏の希望を懐く法興王に対して、群臣たちは口を揃えて次のようにいった。「僧侶の風体が異様であり、議論は奇詭で常識的でない。いまもしこれを許したら、将来きっと後悔するであろう。私たちはたとえ重罪に処せられようとも、詔に従うことが出来ない」と。この「口を揃えていった」（原文「僉云」）こととい い、「たとえ重罪に処せられようとも、詔に従うことが出来ない」（原文「臣等雖即重罪、不敢奉詔」）という鋭い反対の語調といい、私は、この議論が「和白」の席で行なわれたものと推定する。

前述のように新羅では、国家の大事は「和白」と称する貴族の会議で決せられた。議決は満場一致を旨とし、一人でも反対があれば成立しなかった(74)。そして「和白」は、国王の推戴や廃位を決することさえ出来た。法興王が和白の決定に容易に反対し得なかった理由である。しかもこの和白は、新羅建国以来の祭政の伝統を踏まえ、固有の穀霊信仰の上に成立したものであった。このようにみてくると、仏教受容に対する「和白」の反対は、地縁的結合を国是とする新羅の伝統的な国家体制そのものの仏教に対する反撥であったといわなければならない。

次に、仏教の受容を推進したのは誰であったかを考えてみよう。新羅の場合、それは法興王その人であった。末松保和は、法興王の事跡として次の四項を数え挙げている(75)。

(1)律令の頒示（五二〇年）。本格的な成文法典の制定ではなく、「始めて百官の公服・朱紫を秩す」というのが実態であろう。官位十七等の原型が成立したのも法興王代と考えられ、律令制導入の準備段階として注目される。

(2)仏教の公認（五二七年）。（既述）。

(3)金官国の併合（五三二年）。加羅諸国の併合は法興王の初年に始まり、真興王二十三年（五六二）の高霊加羅の併合をもって完結する。法興王・真興王代は、新羅史上、第一次膨張期を形成する。金官加羅は、加羅諸国中の要衝であり、かつて倭（日本）が半島における拠点としたところでもあった。金官国の併合は、加羅地方がやがて新羅に併合さるべき大勢を決した事件として記憶される。

(4)年号の始用（五三六年）。法興王二十三年に始めて年号を立てて建元元年とした。年号の始用は、時代の画期性を内外に宣示するものであった。

要するに法興王の時代は、華々しい新羅の第一次発展の開幕期であった。高句麗と日本の圧迫に長らく屈服を余儀なくされていた新羅も、いまや急激な発展期を迎えた。版図の拡大に伴う新領土の支配には新体制の導入が不可欠であり、またこのような膨張を可能とする軍事力の編成にも新しい工夫が必要とされよう。当時の東アジア世界の現実では、そのためには、中国の先進文化を取りいれ、王権を強化し、官僚制的中央集権国家を作り上げる道しかないであろう。北魏に入貢し（五〇八年）[76]、梁に遣使した（五二一年）のもそのためであった。そして梁との外交を契機として仏教受容が本格化するのである。

このような新体制の導入は、当然のこととして、旧体制との衝突・摩擦を惹き起こさずにはおかないであろう。新羅の場合、旧体制を代表するものは、建国以来の伝統を持つ首長層貴族の合議制、すなわち「和白」であった。しかもそれは、祭政国家の常として、古い固有信仰＝祭祀組織と密接不可分に結び付いて成立していた。このような旧体制を克服するためには、どうしても新しい普遍宗教の援けを借りなくてはならない。ここに、法興王が仏教の受容を熱烈にのぞんだ根源的な理由を見出すことが出来る。

それにしても、法興王自身、決して旧体制と無縁の存在ではない。否、例の建国神話が象徴的に物語るように、新羅王こそは部落長の総会議で推戴された司祭者的君主である。従って、旧体制の克服ということがいわれるとすれば、誰よりもまず王自身が一種の自己否定を迫られるはずである。この間の事情を新羅の王号の変遷によって跡付けてみよう。

　新羅では、国家形成後も長らく王を称するに「麻立干」号を用いたことは、先に奈勿王に関して述べた通りである。『三国史記』では、法興王の父、智証王までを麻立干と称し、「王」号の使用は、智証王四年（五〇三）に始まるとしている。「麻立干」の語義については、統一新羅の文人、金大問（八世紀初頭）の説があり[77]、それによれば、「麻立」はマルとよみ、韓語の橛《くい》をいい、和白の時、参加者の座席を示す標木である。王は、和白の最上座を占めるから、その座席を「麻立」というと説明している。この説では、「麻立」は橛そのものをいうのか、王の占むべき座位をいうのか判然としないが、末松保和は、高句麗の最高執政官「莫離支《まくりき》」を「麻立干」の原語とみなし、「莫離」「麻立」をともにマカリとよみ、『釈日本紀』にみえる「上臣（マカリダロ）[78]」や「正夫人（マカリヲリクク）[79]」の古訓を採用して、マカリには上・大・正などの意味があったとしている[80]。次に「麻立干」の「干」は、旧部落国家の首長層の出自を有する貴族をいう。新羅の官位十七等の上位九等は、一伐干・匝干・大阿干などの某干（飡）グループで占められている。「和白」を構成したのも、多くこの干位を有する旧首長層貴族であった。このようにみてくると、「麻立干」とは、部落首長会議（和白）の上座を占めるべき「大首長」の意となるであろう。それは、日本の天皇の古称「大王（オオキミ）」の意味するところとまったく同じである。

　このように、「麻立干」という称号は、和白に参加する首長層貴族と新羅王との共通性・同質性を意識した呼称であった。しかるにいまや法興王は、「麻立干」号を捨て、新羅史上最初の「王」号を称する王となった。「麻立干」から「王」への脱皮は、新羅王の超越性・絶対性の強調であり、いわば新羅王の自己更新・自己否定といってよいであろう。赤い血が白くなったのは、異次頓ではなくて、実は法興王自身だったといわねばならぬ。

「王」号の始称は、「肇行仏法」とまさしく対応する史的事象であったと理解される。

五四〇年、法興王は没して真興王が立った。この時にあたって新羅はさらに躍進を続け、いわゆる第一次発展期を完成させた。すなわち、五五一年、百済とともに高句麗に進攻し、漢江上流域を占領し、翌年、漢城を奪って漢江下流域（京畿道）を領有し、五五六年には咸鏡南道に進出して比烈忽州《ひれつこつ》を置いた。一方、南方でも五五五年に比斯伐《ひしばつ》（慶尚南道昌寧）を収めて完山州を置き、五六二年には、前述の通り高霊加羅を併合した。こうして新羅は、北は咸鏡南道、西は京畿道、南は慶尚南道に及ぶ広大な版図を収め、一世紀後の半島統一の足場を固めた。特に漢江下流域を領有し、直接中国に通ずる窓口を確保したことは重要であった。

領土の拡大が一段落を告げた五六一～五六八年頃、真興王は辺境を巡狩し、国境の要所に拓境碑を建てた。現在、(1)昌寧、(2)北漢山、(3)黄草嶺、(4)磨雲嶺の四碑が残り、新羅最古の金石文として有名である。[81] 特に碑銘の後半部に列挙された随駕の人名とその肩書は、新羅の古代官制史料として史家の注目を集めている。[82] 碑面の残存状態の良好な(2)(3)の碑文によってみると、筆頭に「沙門道人法蔵・慧忍」を挙げ、次に「太等喙部居枇夫智伊干」以下数十名の随駕人の名を列挙している。後者の「太等」は官職名で、王に仕える家臣、「喙部」は六部の一、「伊干」は官位十七等の第二位である。この高い官位職を帯びる「居枇夫智」とは、五五一年の高句麗進攻作戦の指揮をとり、新羅に「竹嶺以外高峴以内十郡」[83]の新領土をもたらした名将、居柒夫《きょしつふ》その人に他ならない。この時も文武官の筆頭として真興王の辺境巡狩に随従したのであろう。

しかるに碑文では、真興王の信頼厚きこの高官貴族をさしおいて、法蔵・慧忍の二僧を最高位に位置付けている。法蔵・慧忍がいかなる資格で王の巡幸に随従したのか、二人に関する一切の傍証史料を欠くことは残念であるが、ここに「肇行仏法」、すなわち新羅王の仏教受容の成果が端的に示されているように思う。つまり、国王が仏教を厚く信奉し、僧侶を百官の上に位置付けることは、逆にいえば、王の権威を超越的なもの、絶対的なものに押し上げることになるのである。真興王の拓境碑は、古代官制史料として重要であるが、同時に宗教史料としても見逃すことの出来ないものである。

最後に新羅仏教の伝来経路について考えてみよう。新羅仏教は、高句麗仏教の伝来によって素地が作られ、その後、梁使の到来を契機として国家的承認を得るに至ったというのが、従来の定説であったが、果たしてそうであろうか。新羅の初期仏教関係の遺物や遺跡について確かめてみよう。

新羅最初の国営寺院は、慶州の興輪寺で、「肇行仏法」の五二七年の草創、五四四年の完成と伝える。[84]現在、慶州市沙正洞に寺跡があり、金堂跡と思われる土壇を残している。一部発掘調査が行なわれたが伽藍配置を明らかにするに至っていない。[85]出土瓦の内、創建瓦と思われるものは、素弁蓮花文の鐙瓦で、花弁・中房ともに厚肉、弁端が反転した「足袋先型」を呈するものである。それは、例の武寧王陵蓮花文塼の流れをくむ百済第二期の様式に属し、[86]初期の新羅仏教が、南朝（梁）→百済の影響下に成立したことを明瞭に物語っている。

興輪寺に続く国営寺院は、月城の東に造られた皇竜寺である。五五三年に着工し、五六六年にほぼ竣工したが、本尊の丈六三尊像は五七四年の鋳成、有名な木造の九層塔はさらに遅れて六四五年の完成と伝える。[87]慶州市九黄洞に広大な寺跡が残り、大規模な発掘調査の結果、一塔三金堂の伽藍配置が確認された。[88]これは、いうまでもなく高句麗の影響を受けたものであろう。出土瓦の内古式に属するものは、(1)素弁蓮花文の鐙瓦で中房の蓮子を四区分したもの、(2)複弁八葉蓮花文鐙瓦で、中肉の花弁を持ち、先端を「ハート型」にまとめたもの、の二種である。どちらも一見して高句麗様式と思われるものである。[89]

新羅の仏教伝来では、まず高句麗仏教が伝来し、ついで梁の影響が加わったということであったが、事実はその反対に、まず南朝（梁）→百済の影響の下に最初の寺院である興輪寺が造られ、ついで皇竜寺の造営の段階になって高句麗の影響が認められる。これは一体なぜだろうか。稲垣晋也は、皇竜寺出土瓦にみられる高句麗様式について、これは高句麗からの直伝ではなく、五五二年の新羅の漢江下流域領有以後、同地に遺された高句麗仏教文化を移した結果であろうと推測している。(90)

ここで想起されるのが『三国史記』（巻四四）の居柒夫伝が伝える左の挿話であろう。すなわち、五五一年、将軍として高句麗に進攻した居柒夫は、出陣先で旧知の高句麗僧恵亮に再会し、凱旋の際、彼を伴って帰った。真興王は恵亮を新羅の僧統に任じ、また彼の奨めで百座仁王講会と八関法会を創始したという。この両法会が後皇竜寺で行なわれる例となったこと、皇竜寺の着工があたかも居柒夫らの凱旋した五五三年にあたることなどから、李基白は、皇竜寺の開創も恵亮の建議によるものと推定している。(91)恐らく皇竜寺は、恵亮が新羅に到来した年に、彼の建議により、戦勝を記念して建てられた寺であろう。居柒夫らは凱旋の際、恵亮とともに高句麗系の寺工や瓦工たちをも伴って帰ったのかもしれない。

新羅古瓦の変遷を辿る限り、新羅の瓦当文様に与えた高句麗様式の影響は、二次的、副次的なものである。(92)時期的にも仏教初伝期より一段階遅れてみられるにすぎない。それは恐らく五五二年の漢江下流域併合を契機として伝えられたものであろう。中国交通の窓口（漢江下流域）を確保した六世紀後半以後の新羅は、高句麗や百済の仲介を要することなく、自前で中国文化を摂取するであろう。

これを要するに、初伝期の新羅仏教を主導したものは、百済を媒介とする南朝（梁）仏教であった。梁使の到来が法興王の「肇行仏法」を動機付けたとする伝承は、非常に意味深いものがあろう。だからといって、阿道による高句麗仏教の私的な伝来の事実を否定するものではないが、それは、固有信仰と伝統祭儀に閉ざされた新羅の国家・社会に何ら決定的な影響を与えることが出来なかった。換言すれば、当時の社会情勢では、民間仏教の私的な伝来の可能性は、極めて小さかったということである。これは、新羅と同じく百済を媒介として中国仏教を受容した日本の場合にもあてはめることが出来るであろう。

以上、朝鮮三国における仏教伝来の経路をまとめて図示すれば、次のようになろう。

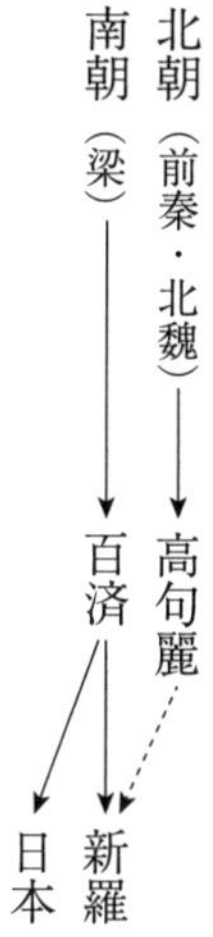

日本仏教の伝来も、この構図に即して考えなければならないであろう。

二　日本仏教の伝来と受容

1　仏教伝来をめぐる異伝とその検討

すでに何度も述べたように、日本にはじめて仏教が伝えられたのは六世紀の中頃であり、そして日本に仏教を伝えたのは百済の聖明王であった。このことは以下に述べる日本側の諸伝承が一致して語るばかりでなく、前節で考察した朝鮮三国における仏教の伝播・受容の経過に照らしても、ほぼ首肯し得るところである。やや時代が降るが、六世紀末～七世紀初頭の日本の国情を伝えた『隋書東夷伝』の倭国条にも「仏法を敬い、百済より仏教を求得し、始めて文字あり」[93]とあり、日本が百済を通じて、漢字文明とともに仏法を受け入れたことは、いわば当時の東アジア世界における国際的常識であったことが知られる。

仏教伝来の経路については、百済を通じての伝来ということで異説はないが、伝来の年代その他、具体的な点になると所伝が一致せず、これらの点をめぐって多くの学者によって議論が重ねられてきた。ここでは従来の学説史を顧みながら、仏教伝来をめぐる異伝を検討し、できる限り正しい史実に接近することを試みたいと思う。

仏教伝来に関する伝承は、二次的なもの、断片的なものまで含めるとかなりの数にのぼるが、これを系統的に整理すると、結局、(A)欽明天皇十三年（五五二）伝来説と(B)同天皇戊午年（五三八）伝来説に二分することが出来る。(A)説を代表するものは、いうまでもなくわが国最古の官撰史書である『書紀』欽明十三年十月条の記載である。その他、豊安撰『戒律伝来記』所引の「百済許智部所述年代記」などにもみえるが、いずれも『書紀』の説に基づく二次的な伝承にすぎないので(94)、ここでは『書紀』の仏教伝来記事を中心に考察を進めることにしよう。

そこでまずその概要をみると、欽明天皇十三年十月、百済の聖明王は使者を遣わして仏像・経典等を天皇に献じ、かつ「表」を添えて礼拝弘通を奨めた。ここにおいて仏教受容の可否をめぐって宮廷内に賛否両論が起こり、態度を決しかねた天皇は賛成派の大臣蘇我稲目に仏像を授け、試みに礼拝させた。ところが、にわかに国内に疫病が流行し、多くの人々が死んだ。反対派の大連物部尾輿らは、これを国神（日本古来の神）の怒りとみなし、天皇の許しを得て、仏像を難波の堀江に投棄し、寺に火を放った。すると、天に風・雲もないのに宮殿が炎上した、というものである。

この記事は、一見して明らかなように、何年間かにわたる出来事を一括記載したもので、このような記述の仕方は、『書紀』にしばしばみられるところであるから、そのこと自体、奇異とすべきではない。しかしこの記事には、いくつかの疑問点が指摘されている。第一に、百済から派遣された使者の「西部姫氏達率怒唎斯致契」という人名の記載に問題がある。「西部」は百済五部の一であるが、前節で述べたように、百済の五部には王都内と王都外の二種があり、「西部」は都外の五部（方）に属する。『書紀』の百済人名記載例についてみると、都外の五部を帯する人名が出るのは斉明天皇元年（六五五）条以後で、ここに「西部」が出てくることは不自然である。(95) 次に「姫氏」という姓が他にまったく所見しないばかりでなく、姓は官位の次に記すのが普通である。(96)「達率」は百済官位十六階の第二位であるが、そのような高官が日本に派遣されてくることは、六世紀には他に例がなく、百済の存亡が危急を告げる七世紀段階になってみられる現象だという。(97) 要するにこの使者の人名記載、特に官位や五部の称号は、後世の観念で付加された可能性が大きい。

第二に、百済王が天皇に送った「表」の内容についても問題がある。早く敷田年治が指摘し、(98) その後飯田武郷や藤井顕孝が補強したように、(99) この表文が「金光明最勝王経」の如来寿量品や四天王護国品に基づいて書かれたことは明白である。同経は、唐の義浄が七〇三年に訳出したものであるから、それより百五十年も前の聖明王の利用し得るところではない。恐らくこの表文は、七〇三年に長安で訳出された本経が、日本に伝えられた後、これを参照して日本で書かれたものであろう。井上薫はこの間の事情を詳しく追究し、七〇二年に入唐し、七一八年に帰朝した大安寺の道慈を同経の将来者に擬するとともに、帰朝後の道慈が『書紀』の編纂に関与し、自ら問題の表文を含む仏教伝来記事を述作したのではなかろうかと推定した。(100) この説得的な推論に従えば、道慈がこの記事を述作したのは、彼が帰朝した七一八年（養老二）十二月以後、『書紀』が完成する七二〇年（同四）五月以前の、僅か一年半足らずの間だったということになる。

以上みてきたように、『書紀』欽明天皇十三年条にかけられた仏教伝来記事には、後世、特に書紀編纂時における造作や潤色が加えられたことは間違いない。しかし、だからといってここに述べられた基本的な事実、すなわち百済の聖明王から日本の天皇に宛てて仏像・経典が送られて来、それが日本仏教の起源をなしたという事実まで否定することは出来ないであろう。だが、この点を詮議する前に、仏教伝来に関するもう一つの有力な異伝に触れておかねばならない。

それはいうまでもなく、(B)戊午年（五三八）伝来説をとる一群の史料で、これに属するものには、『上宮聖徳法王帝説』、伴信友撰『仮字本末追考』所引の「最勝王聊簡略集」などがあるが、醍醐寺本『元興寺縁起』所収の「元興寺伽藍縁起并流記資財帳」（以下「元興寺縁起」と略称する）がもっとも基本的な所伝と考えられる。いまこの「元興寺縁起」の本文冒頭の部分と『書紀』の仏教伝来記事を読み比べてみると、日本仏教の起源が、百済の聖明王から仏像や経典を送ってきたことにあること、仏教の受容をめぐって朝廷内に賛否両論が起こり、何度かの迫害を経てようやく受容されるに至ったことを説くなど、基本的な筋書では両者一致する点が少なくない。しかし、具体的な問題については、いくつかの相違点を数えることが出来る。たとえば、『書紀』では、聖明王が天皇に献上したのは「釈迦仏金銅像一軀・幡蓋若干・経論若干巻」であるが、「元興寺縁起」では、「太子像并灌仏器一具、及説仏起書巻一篋」である。大臣蘇我稲目が仏教の受容に熱心であったことは両者共通するが、反対派については、『書紀』が、物部尾輿・中臣鎌子などの具体的な人名を挙げるのに対し、「元興寺縁起」は、「余臣」という漠然とした表現をとっている、などである。しかし最大の相違点が、伝来年代の異伝にあることはいうまでもなく、学者の関心もまずこの点に向けられたのも当然であった。

「元興寺縁起」では、伝来年次を「（欽明天皇の）治天下七年歳次戊午十二月渡来」とし、これを「大倭国ノ仏法」の創始とみている。この七年戊午（五三八）伝来説は、『書紀』の伝える五五二年説と単に一四年差を持った年代を指示するばかりでなく、欽明天皇の在位年代に関して、異なった編年観に立っている。この点に着目して、継体～欽明天皇の在位年代の改訂を試みたのが平子鐸嶺の研究である。(101) 平子は、継体～欽明紀に錯簡や重複記事の少なくないことから、これらの記事の整理を通じて、継体・安閑・宣化・欽明の四天皇の在位年代を改訂し、五三八年が欽明天皇の即位七年にあたることを論証した。すなわち、継体天皇の崩年を『古事記』の崩年記事に従って丁未年（五二七）に修正し、次に『書紀』の伝える継体天皇の崩年（五三一）が実は宣化天皇の崩年であることを論証し、その翌年に欽明天皇が即位したとすると、五三八年はその即位七年となるのである。平子の研究は、継体～欽明天皇の在位年代の改訂を目的としたものであるが、その論証の過程で戊午年伝来説を重要な論拠の一つに用いたものであったから、結果として、仏教伝来に関する戊午年（五三八）説の史的正当性を立証することとなった。平子のあざやかな論証は、古典的名著とされる辻善之助の『日本仏教史』(102) にも採用され、長らく仏教伝来に関する定説としての地位を占めた。

もっとも、平子説に対しては、早く喜田貞吉の批判がある。(103) 喜田は、平子説の論証の矛盾をつき、継体天皇の崩年はやはり五三一年であることを論証し、しかも一方では、仏教伝来の戊午年説を重視した結果、継体天皇の崩後、安閑・欽明両天皇が同時に皇位につき二朝並立の状況を呈したと考えられるという大胆な仮説に到達した。喜田の着想は、その後、林屋辰三郎によって発展的に継承され、いわゆる「継体・欽明朝の内乱説」を導き出したことは有名である。(104)

右に紹介した平子・喜田・林屋三氏の研究は、仏教伝来年代を正面から考察したものではなかったが、戊午年伝来説を重要な論拠として継体～欽明天皇の在位年代の改訂を試みたものであったから、それはおのずから戊午年伝来説の正当性を立証することとなった。さて戊午年伝来説が正しいとすると、今度は『書紀』が、どうして仏教伝来を欽明天皇十三年条にかけたかを説明しなければならぬ。この点に関して、欽明天皇十三年が、たまたま仏滅一五〇一年目にあたることから、仏典の説く正像末三時説や五堅固説で理由付けようとする考えが出されるようになった。

すでに平安末期に成立した『扶桑略記』が欽明天皇十三年（五五二）が釈迦入滅一五〇一年目にあたることを注意し、『聖徳太子平氏伝雑勘文』（上ノ二）所引の「皇代記」や『一代要記』にも同様な記載がある。仏滅年代については、古くから(a)周の穆王五十三年壬申（紀元前九四九）説、(b)周の匡王四年壬子（紀元前六〇九）説が知られており、正像末三時説については、(イ)正法千年、像法千年、(ロ)正法五百年、像法五百年、(ハ)正法千年、像法五百年、(ニ)正法五百年、像法千年、とする諸説がある。この内仏滅年代の(a)説に立って、三時説の(ロ)もしくは(ハ)説を採ると、五五二年はまさしく末法第一年目となる。

田村円澄によれば、中国南北朝から隋・唐の初世にかけて、末法思想が急速に普及し、初唐の仏教界はすでに末法の様相を深めていた。あたかもその頃、一七年間に及ぶ留学生活を体験した道慈は、末法期を迎えた唐の仏教に対する優越感の保持を意図して、日本仏教の起源の年を、あえて末法第一年目の五五二年に措定したと考えている[105]。五五二年伝来説の成立を正像末三時思想に関連させる点で田村説に近いが、その理由付けのやや異なるのが益田宗の説である。益田によれば、道慈は、仏教渡来とともに仏教迫害の伝承を一括して記録するにふさわしい年として、末法第一年目を選んだのであろうという[106]。

しかし考えてみるに、日本仏教の起源を説く仏教伝来記事を、事もあろうに仏教の衰滅を記し付ける末法第一年目に措定することがあるだろうか。田村説も益田説も、この点についての説明が苦しい。水野柳太郎は、正像末三時思想ではなく、「大集経月蔵分」などが説く「五堅固説」に注目する。「五堅固説」は「五五百歳説」ともいい、仏滅後の二五〇〇年を五分し、解脱堅固、禅定堅固、声聞堅固、造寺堅固、闘諍堅固と推移するという予言説である。これによると、仏滅一五〇一年目は造寺堅固の第一年目となるが、道慈の帰朝した養老年間は、平城遷都に伴う諸寺の移建造営が盛んであり、彼自身も大安寺の造営を勾当した。この道慈が造寺堅固の段階を仏教伝来時に擬したことは、大いに理由のあることではなかろうかというのである。[107] しかし、五堅固説も仏法の衰滅を予言した教説であり、造寺堅固は一見、仏教の興隆を示すに似て、実は衰亡の第四段階として説かれたものである。この点に注意すると、水野説にもやはり落ち着かないものを感ずるのである。

以上みてきたように、仏教伝来に関する考説は、(A)(B)両系統の異伝の示す年代問題の検討を中心に展開されてきた。そして、いずれかといえば、後世の造作や潤色が加わったことの明らかな『書紀』の伝来説話よりも、「元興寺縁起」が素朴に物語る戊午年伝来説の方が正しいとする見方が有力であった。この前提の下に、『書紀』の伝来説の成立を探る試みまでなされたわけである。しかし、すでに指摘した通り、『書紀』の記事と「元興寺縁起」の文を比較してみると、両者はいくつかの顕著な相違点を有するとともに、一方では基本的な点において共通する点も少なくなかったのである。一般に『書紀』のような編纂物は、多くの原史料を集成して作られるものであり、その編纂過程についても次第に研究が進められている。すなわち、皇室系譜を中心とした記録である「帝紀」を根幹に、諸家の所蔵した「旧辞」や「家記」、諸寺の「縁起」、「百済三書」をはじめとする外国史料、それに個人の日記や旅行記などを加えて成ったものが『書紀』である。いま、欽明天皇十三年十月条に限っていえば、ことがらの性質上、その出典は、寺院縁起か、もしくは『欽明紀』に引用の多い「百済本記」に求めざるを得ないであろうが、この二つの可能性の内、当該条が「百済本記」からの引用でないことは、その用字や叙述の体裁からみて明白である。既述の百済使者の人名表記のごときは、このことを集約的に示したものである。してみると、本条が寺院縁起に基づいて書かれたというのはもっともあり得べき推定である。そしてその寺院縁起というのが、わが国最初の本格的な仏教寺院であった飛鳥寺、すなわち元興寺のそれであることは、あらためていうまでもないであろう。「元興寺」の号は、天武朝の命名であるが、わが国最初の寺たることにちなんで名付けられたものであろう。考えてみると、仏教伝来の記事が、元興寺の縁起から採られたということは、しごく当然のことであって、いま残る「元興寺縁起」の文と、『書紀』の記事が、基本的な筋書において共通する点の多いことも決して不思議ではない。

だが、いま残る「元興寺縁起」と『書紀』の仏教伝来記事が、伝来年代のごとき、かなり顕著な相違点を有することを思うと、両者の関係は直接の親子関係ではなくて、姉妹関係であり、つまり、両者の共通の祖本として、いまは失われた元興寺の古縁起の存在を想定しなければならないであろう。そして仏教伝来の史実は、この古縁起の復元を抜きにして語ることは出来ないであろう。これを逆にいえば、「元興寺縁起」と『書紀』の仏教伝来記事は、一つの史実に関する二つの異伝という関係にあるといえるのである。

なおここで、仏教の伝来について、壬申年（五五二）か戊午年（五三八）かを決定することは重要なことではない、百済からの仏像・経典の貢上は何回あってもよい、という考え方[108]に対して意見を述べよう。この説には二つの難点がある。(1)われわれが追究しているのは、仏教がはじめてわが国に伝えられた年代である。いま仮に論者に従って五三八年と五五二年の両説を認めるとしよう。この場合には、古い方の五三八年説を認めたことになるのである。(2)『書紀』の記事と「元興寺縁起」の文にみえる百済王の仏像・経典の貢上は、同一事実に対する二つの異伝の関係にある。論者の説は、二つの記事に対する充分な史料的吟味を欠いたものといわざるを得ない。物事の本質をその始源において把握しようとするのは、歴史研究の常道である。五五二年説と五三八年説のいずれが正しいかは、不可知のベールに包まれていようとも、史家の探究心をそそってやまない問題である。

仏教伝来に関する(A)(B)両説を二つの異伝として捉え、異伝発生のメカニズムを追究した二つの労作がある。北条文彦の研究は、『書紀』のいまある欽明天皇の紀年が成立する以前に、二段階の変遷があったことを想定し、異伝発生の事情を考えようとしたものである[109]が、論証過程に無理があって、その試みは成功したとはいえない。北条説は、五三八年伝来説を正説とみなす立場に立つものであったが、むしろ五五二年説を重視する立場に立って、異伝発生の事情を考えたのが、笠井倭人の考説[110]である。笠井は、『三国遺事』巻首に収められた百済王暦の中に、独自の価値を持つ異伝史料の存在を指摘し、ここに仏教伝来年代の異伝発生の事情を求めようとした。いま、当面する問題に限っていえば、聖明王の即位年次が問題になるが、王暦には、癸巳（五一三）・癸卯（五二三）・丁未（五二七）の三異伝が存在する。この内、五一三年と五二七年の年代差一四年が、あたかも仏教伝来年代に関する(A)(B)両異伝の年代差一四年に一致することに注目し、(A)(B)両異伝の発生は、その母史料とされた百済史料の準拠した王暦の差に基づくものと考えた。そこで(A)説の五五二年を第三の王暦に、(B)説の五三八年を第一の王暦に貼り付けると、ともに聖明王即位二十六年という年次が与えられる。従って日本仏教伝来の年次は、百済の母史料では、聖明王二十六年とされていたのであり、これを聖明王即位に関する客観史料[111]によって数え直すと、即位年は、梁の普通五年（五二四）、その二十六年は五四九年と算定される。すなわち、五四九年、わが欽明天皇十年こそが、考えらえる正しい仏教公伝年次であろうとする[112]。

笠井説は、非凡の着想を含むが、いま、論証の過程を再検してみると、立論の基礎となる百済王暦の即位年の算出にあたって、歴代百済王の治世年数を積算する方式がとられていることに疑問を感ぜざるを得ない。この種の年表風の記録では、このような計算は通用せず、指摘された即位年干支の異伝も、単なる誤記として処理すべきではなかろうか。

前にも述べたように、仏教伝来の史実は、いまは失われた「元興寺古縁起」の復元を抜きにして語ることは出来ないが、そのためには、まず、与えられた史料としての『書紀』の仏教伝来記事と「元興寺縁起」の比較検討を通じて両者の史料的性質を充分吟味する必要があろう。福山敏男の「元興寺縁起」に対する研究は、このような観点からなされた画期的な業績であった[113]。

福山によれば、「元興寺縁起」は、天平十九年（七四七）二月十一日撰上というが、信じられず、奈良末・平安初期の成立と考えられる。ただし部分的には古い史料を含み、全体を(1)序記、(2)本文、(3)誓願文、(4)末文、(5)付属記、(6)塔露盤銘、(7)丈六光銘の七部分に分つと、(1)(3)(4)(5)は本書成立時の「拙劣なる造作」であるが、(2)(6)(7)は検討に値する史料である。(2)本文は、元興寺（飛鳥寺）の縁起と称しながら、なぜか豊浦寺の創立を説くことに重点を置き、同寺が池辺皇子（用明天皇）・大々王（推古天皇）・聡耳皇子（聖徳太子）らの保護によって発展してきたことを強調しようとしている。(6)塔露盤銘は、前後二部分に分つことが出来、後半は推古朝の原文と考えられる「蒼古たる文体」で書かれているが、前半はその後（大化以後）の追記である。(7)丈六光銘は、露盤銘の後半のみならず前半も書かれた後、これを参照して作られたもので、文武朝頃の成立であろう。そして(2)本文は、さらにその後、(6)(7)を参照して書かれたものであろうとしている。以上の考定は、むろん『書紀』の関連条文との比較検討の上でなされており、随処に鋭い史料批判が試みられているのであるが、ここでは一切割愛して、福山の見解を図示すれば次のようになろう。

塔露盤銘（後半）→ 同（前半）→ 丈六光銘 → 豊浦寺縁起（原形）→ 日本書紀 → 元興寺縁起（現存）
（豊浦寺縁起（原形）→ 元興寺縁起（現存））

福山説に従えば、仏教伝来説は推古朝にはまだ発生しておらず、露盤銘（前半）の段階、すなわち大化以後まもない頃に成立したものであるが、最初は、欽明天皇の御世、蘇我稲目が大臣の時、百済の聖明王が仏教を伝えた、という程度の、至って単純なものであった。戊午年という年代や百済王からの献上物の内容など、仏教伝来に関するあらゆる要素は、いまは失われた「豊浦寺縁起(原形)」において具備したものであり、現存の「元興寺縁起」や『書紀』関連記事は、この共通の祖本から出たものということになる。

しかし、福山説については、すでに松木裕美が指摘したように、想定される「豊浦寺縁起(原形)」から、どうして『書紀』の飛鳥寺縁起を含む仏教関係記事が構成され得たのかという疑問が残る[114]。福山の史料批判の仕事を継承した二葉憲香の研究も、この疑問に端を発しているとみることが出来る。二葉は、福山が想定した「豊浦寺縁起(原形)」を認めない。福山が『書紀』や現存「元興寺縁起」の祖本として、「豊浦寺縁起(原形)」の存在を想定したのは、現存の「元興寺縁起」の記述の重点が、元興寺(飛鳥寺)ではなく、豊浦寺の縁起を語ることに置かれていたから、その祖本もまた豊浦寺の縁起でなければならないと考えたのであるが、これは本末顛倒した考え方ではなかろうか。逆に、祖本の古縁起ではそうでなかったのに、その後改変の手が加えられた結果が、現存の「元興寺縁起」における豊浦寺縁起の強調となったと考えることも出来るのである。二葉は、この後の考え方に立って、『書紀』の記述に古形を認め、次のような関係を推定した[115]。

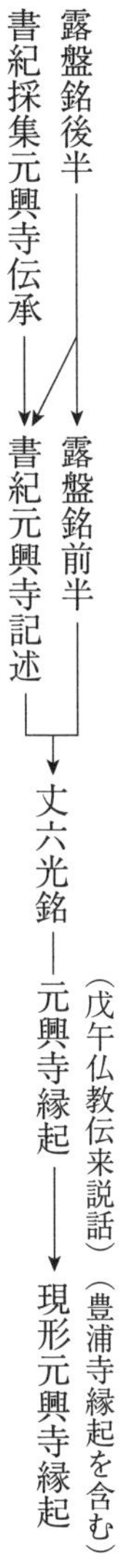

この二葉説に従えば、『書紀』元興寺関係記述は、極めて高い地位を与えられ、大局的にいって、『書紀』から「元興寺縁起」へという発展が考えられることになる。仏教伝来年代のごときも、二葉説によれば、『書紀』の伝

える五五二年説の方が古伝で、「元興寺縁起」の伝える五三八年説は、寺伝を飾ろうとする元興寺側の意図より出た遡上ということになる。なお、その際戊午年を選んだのは、道家の説く戊午革運説によったのではないかとしている。(116)

しかし、現存の「元興寺縁起」の本文は、稚拙な宣命体の文章で書かれていて、『書紀』のような整った漢文をもとに、このような稚拙な文章を作り出すことは困難であろう。また『書紀』の記述のもとになったという「書紀採集元興寺伝承」についても、多くの疑問が残る。

これより早く西田長男は、『書紀』と「元興寺縁起」を比較研究して、『書紀』の記事はすべて「元興寺縁起」から出たことを論証しようとした。(117)個々の論証には聞くべき点も多いが、その試みは成功したとはいえない。現存の『書紀』と「元興寺縁起」の文を子細に読み比べれば、二葉説のように『書紀』から「元興寺縁起」へという関係も、西田説のように「元興寺縁起」から『書紀』へという関係も、考え難いのではなかろうか。どちらが親であり子であるかは別として、両者の間に親子関係を想定することは出来ず、想定出来るのは共通の祖本で結ばれた姉妹関係である。

ところで、このような祖本（いま仮にこれを「元興寺古縁起」と呼ぶ）を考える場合、『書紀』と「元興寺縁起」の比較検討による他、広く類書に逸文を博捜する必要があろう。松木裕美の一連の緻密な労作は、元興寺縁起の逸文の蒐集と整理研究を企てたものである。(118)中世の仏教関係、特に太子伝関係の典籍に、「元興寺縁起」「本元興寺縁起」の名でしばしば引用された一群の逸文の存在することは早くから知られていたが、松木はこれらの逸文を幅広く蒐集・整理して次のような事実を明らかにした。すなわち、これらの逸文は二種類の縁起より成り、(1)現存の「元興寺縁起」と同じく宣命体の文章で書かれ、内容もまたそれと一致するもの、(2)純然たる漢文体の文章で書かれ、内容上、『書紀』の文と共通するところが多いもの、の二種である。⑴は、いうまでもなく現存の「元興寺縁起」からの引用である。⑵は、それとはまったく別系統のもので、『書紀』以後の成立であることは明らかであるが、一部、飛鳥寺の古い記録に基づいたと思われる独自の所伝を含んでいる。松木は、⑵に属する逸文一七点を集め、その史料的価値を明らかにした。この一群の逸文を、松木は「飛鳥寺系縁起」と称するが、ここでは福山敏男が用いた「元興寺新縁起」の称を用いることにしたい。

松木の綿密な労作がもたらしたもう一つの重要な成果は、「元興寺縁起」や「本元興寺縁起」の名で引用される多くの逸文の中に、われわれが追究する「元興寺古縁起」の逸文と思われるものが、一点も見出されなかったことである。これは何を意味するであろうか。われわれが『書紀』の仏教伝来関係記事（それは具体的にいえば、欽明天皇十三年十月条の他に、敏達十三年是歳条、同十四年二月条、および崇峻三年是歳条以下の若干の飛鳥寺関係の記事をさす）と「元興寺縁起」との共通の祖本としての「元興寺古縁起」を求めるのは、『書紀』と「元興寺縁起」との間にみられる一種微妙な関係（共通点とともに相違点も多い）が、親子関係でなく姉妹関係を示しているからであるが、その理論的要請として求められる「元興寺古縁起」は、『書紀』と「元興寺縁起」の外にあるのではなく、両者の内にあることを示したのが、松木の研究であったといえよう。具体的にいえば、「元興寺古縁起」は、現存の「元興寺縁起」の中に含まれているのである。さらに換言すれば、「元興寺縁起」の中から、二次的な改変や潤色を取り除いたものが、「元興寺古縁起」である。

では、現存の「元興寺縁起」の中から、二次的な改変や潤色を洗い落とすにはどうすればよいか。われわれの求める「元興寺古縁起」は、『書紀』の関連記事の祖本でなければならないから、『書紀』と「元興寺縁起」を対照して、両者共通する部分は、「元興寺古縁起」とみなしてまず間違いないであろう。問題は、両者一致しない相違点であるが、そのすべてを二次的な改変や潤色として一概に切り捨てることは出来ない。なぜなら、「元興寺古縁起」に存しながら、『書紀』が採用しなかった部分もあるかもしれないからである。「元興寺縁起」の中から、「元興寺古縁起」の部分を洗い出す仕事は、なお慎重な配慮を必要とするであろう。

この点に関して貴重な示唆を与えるのが、『書紀』との比較対照を行なった日野昭の研究である。[119] 日野は、『書紀』敏達十三・十四年条と「元興寺縁起」の該当部分との対照表を作成し、両者の異同を検討した結果、『書紀』になくて「元興寺縁起」だけに見出される部分の文章が、大体「豊浦寺のことを特記しようとする意識の働いたもの」[120]であること、またいずれも「爾時《ときに》……」で始まる文章であること、[121]を指摘している。前者は内容に即し、後者は文体に即して、「元興寺縁起」作者の変改と潤色の意図と傾向を捉えたものであり、このような作業を積み重ねることによって、「元興寺古縁起」の全貌を明らかにすることが出来るであろう。

2　仏教伝来の史実

以上のわずらわしい異伝の考察を経て、ようやく仏教伝来の史実について語る段となった。前項で詳しく述べたように、仏教伝来年代については、『書紀』の伝える五五二年説と「元興寺縁起」の伝える五三八年説とがあり、これらは、両異伝の完全に食い違う部分に属するから、いまの段階では、決定的な結論を出すことが出来ない。

しかし、仏教伝来に関するもっとも古い伝承と考えられる「元興寺縁起」の塔露盤銘（前半）では、欽明天皇の治世（縁起の紀年では五三二〜五七二）、蘇我稲目が大臣であった時（五三六〜五六九）、百済の聖明王（五二三〜五五四）から仏教を伝えたことを述べているから、この三要素が示す年代五三六〜五五四年が考えられる許容年代であるが、それは結局、仏教伝来の両異伝の示す許容年代五三八～五五二年とほぼ一致することになる。

やや視点を変えて、『書紀』の継体～欽明条に集中的に引用された百済系の外国史料「百済本記」およびそれに基づいて記された記録に目を注ぐと、二、三仏教伝来に関係する史料が見出される。

欽明十五年（五五四）二月条には、百済からの番上僧の交替の記録がある。すなわち、この時百済は使者を派遣して救援軍の派遣を要請するとともに、五経博士や僧侶の交替を行なった。五経博士の渡来はすでに継体七年六月条にみえ、その後の交替の記録もあるが、僧侶の渡来・交替の記録は、これが初めてである。この時交替した前番の僧道深ら七人の渡来年代が問題になるが、これについては『書紀』に記録がなく、仏教伝来の欽明十三年より遡る可能性が大きい。

次に、欽明六年（五四五）九月是月条に、百済が丈六の仏像を送り、「願文」を製して、天皇および天皇の「弥移居（官家）」の福祐を祈ったことがみえる。この「願文」は「金光明最勝王経」の十方菩薩讃嘆品の文をとった作文であるから、欽明十三年十月条の「表」と同様、書紀編纂時の潤色と考えられるが、文中には「弥移居」という用字があり、これは「百済本記」の常用のものであるから、本条を「百済本記」に基づく記録とみることも可能である(122)。この記事の物語る事実に多少の信憑性が認められるとすれば、百済からの仏教伝来年代は、欽明十三年よりなお数年遡らせて考えてよいように思う。

なおこれに関連して、同年九月条に、百済が使者を任那に遣わし、「呉の財」を日本府の臣および任那の諸旱岐に贈った記事がみえる。これは五四一年に百済から梁に派遣された使がもたらした南朝の珍奇の財物であろう。この五四一年の遣使の意義については、前節で述べたところであるが、百済の仏教受容の一画期を示すものであった。日本への仏教伝授、番上僧の派遣も、このような百済仏教の高揚の余波とみることが出来るならば、日本府に南朝の財を贈った欽明六年（五四五）前後に、仏教伝来の年代を位置付けてみたくなる。

以上は、仏教伝来の考え得る許容年代の下限をなす五五二年を何年か引き上げる方向に有利な材料を並べたわけであるが、逆に、上限年代を引き下げるのに有利な材料もある。まず第一は、「元興寺縁起」が伝える五三八年という年は、百済の泗沘遷都が行なわれた年である。遷都の行なわれた倥偬の間に仏教使節の派遣などは考え難いように思われる。第二は、右に述べた五四一年の百済の梁への入貢である。この遺使が百済仏教の一画期をなすことを思えば、日本への仏教の伝来も、五四一年の梁への遣使以後と考えることが妥当な推定ではなかろうか。

このように与えられた許容年代を絞ってゆけば、百済が天皇のために丈六の仏像を送り、かつ任那の使臣に「呉の財」を贈った五四五年、すなわち欽明六年前後が、仏教伝来の行なわれるにもっともふさわしい年代といえそうであるが、なお決定的な決め手を欠く。そこで仏教伝来年代に関しては、いまのところ五三八～五五二年という漠然たる推定に甘んじておくしかないであろう。

次に、百済から伝えられた仏教に対する日本側の反応をみると、天皇は自ら態度を決し得ず、群臣に下問したところ、賛否の両論が起こったとする点は、『書紀』「元興寺縁起」の所伝が一致し、「元興寺古縁起」に基づく古伝なることが推定される。天皇の下問、賛成派の蘇我稲目の奏言、反対派の物部尾輿ら（縁起では余臣）の奏言も、内容的に一致するところが多く、いずれも古伝に基づくであろう。

賛否両論によって、態度を決し得なかった天皇は、蘇我稲目に仏像を授け、試みに礼拝せしめたところ、国神の怒りを買い、反対派による仏教弾圧が行なわれたという点も、両者共通する。ただし、「元興寺縁起」では、堂舎を焼き、仏像を投棄したのが、蘇我稲目の薨じた己丑年（五六九）の後とするが、『書紀』は欽明十三年十月条にまとめて記載している。これは、「元興寺縁起」の伝えるところが事実に近いであろう。五六九年（欽明三十）の第一回弾圧によって仏教は地に潜んだ。「元興寺縁起」には、池辺皇子（用明天皇）や大々王（推古天皇）が仏教信仰をひそかに保持したことを説くが、これは、「元興寺縁起」独特の修飾とみなすべきである。

稲目の死去とともに、一旦滅んだかにみえた仏教が再び復興するが、再度の弾圧を受けることを述べたのが『書紀』敏達十三・十四年（五八四・五八五）条である。ここでは、馬子は、鹿深臣が百済からもたらした弥勒の石像および佐伯連の有した仏像を得て祀ったこと、播磨国で高麗の恵便なる還俗僧を得て、これを師として三尼を出家せしめたこと、司馬達等から仏舎利を得て馬子に献じ、大野の丘に塔を建て、その柱頭に舎利を蔵めたこと、馬子が卜者の言により、天皇の許しを得て弥勒の石像を祀ったところ、国内に疫病が流行したこと、そこで再び物部守屋らによる破仏が行なわれたこと、などを例によって一括記載している。

「元興寺縁起」にも、これに該当する記事がほぼ見出されるが、若干事実が前後している。これは、「元興寺縁起」の方に古形を認めるべきであろう。両者の間にみられるもっとも重要な違いは、『書紀』では破仏の張本を物部守屋・中臣勝海らとするのに対して、「元興寺縁起」では、「他田天皇、仏法を破らんと欲し云々」と敏達天皇を破仏の張本として明記していることである。この点の追究は、後述に譲ろう。

敏達天皇が崩御し、用明天皇が即位した頃から、仏教に対する厳しい状況は次第に取り除かれていったようである。『書紀』の仏教関係記事は、蘇我氏対物部氏の抗争が、崇仏問題を軸に展開されたように記すが、「元興寺縁起」には一向それらしい状況はうかがわれず、蘇我馬子に保護されていた三尼が受戒のために百済へ留学する問題を主軸として叙述が展開される。この三尼の百済留学の事実は、『書紀』にも断片的にみえるが、「元興寺縁起」にみえる百済使人との問答などにはまったく触れない。これは、ことがらの性質上、『書紀』が取り上げなかっただけで、『書紀』にみえないからといって、「元興寺縁起」の造作とはいえないであろう。

三尼の百済留学問題が取沙汰された五八七年の四月には用明天皇が崩御し、同年七月、物部氏は滅んだ。翌年、百済は六人の僧と四人の工人を送ってきた。同じことを記す『書紀』崇峻元年是歳条には、記事の重複と混乱がみられ、「元興寺縁起」の記述の方が事実に近いと思われる。そしてこの時送られてきた工人たちによって、飛鳥寺の造営が開始され、本格的な仏教の受容期を迎える。

結　仏教受容をめぐる史的背景

以上の簡単な素描から、日本仏教伝来に関する基本的な史実を示せば、次のようになろう。

(1)日本仏教の伝来は、百済を通じてなされた。これに関する異伝はまったくない。

(2)伝来年代については、二つの有力な異伝があり、いまのところそのいずれが正しいとも決することは出来ない。二つの異伝の示す許容年代は五三八〜五五二年となるが、当時の百済・日本の国情や両国の交渉などを考慮すると、五四五年前後に正しい年代を求め得る可能性が大きい。

(3)仏教伝来とともに宮廷に賛否両論が起こり、国論を決することが出来なかった。そこで天皇は、大臣である蘇我稲目に仏像を授け、礼拝させた。日本仏教の伝来と受容にあたって蘇我氏の果たした役割はすこぶる大きい。

(4)こうして蘇我氏を中心に仏教の受容が進められていったが、これに対する反対も強く、少なくとも二度以上の大がかりな仏教に対する弾圧が行なわれたことは確かである。

右の要約によって考えてみると、初伝期の日本仏教の状況は、限られた貴族の間で信奉されたという点で百済の場合に近く、またたびたびの弾圧を経験したという点で新羅の場合に近い。このような状況も、当時の日本の国家構成や社会事情の所産と考えられるであろう。そこで以下進んでその史的背景をみることにしたい。

まず仏教受容の先駆者となり、その後の仏教の発展にも主導的な役割を果たした蘇我氏についてみよう。蘇我氏の祖は、武内宿禰の子、石川宿禰と伝えるが、その史的実在性は乏しい。ついで史上にその名を現わす蘇我満智宿禰は、稲目の三代程前の人物であるから、蘇我氏は決して古い氏族ではない。満智宿禰は、履中期に平群木菟宿禰・物部伊莒弗大臣・円大使主などと国事を執り[123]、また雄略朝に三蔵を検校したというから[124]、五世紀前半から後半にかけて活躍した人物である。同じ雄略朝に、蘇我韓子宿禰が将軍として新羅に派遣され、同輩と争って射殺された話が伝えられている[125]。

蘇我氏が台頭した雄略朝という時代は、大和政権が国内支配を強化し、それまでの部族連合的な性格を克服した画期的な時代と考えられている。『宋書』に現われる有名な倭王武が雄略天皇にあたると考えられるが、百済を媒介として南朝と通交し、このルートを通じて、先進文化を輸入し、大陸や半島の技術者の導入につとめたことは、『書紀』の断片的な記事からも充分うかがい知ることが出来る。たとえば、雄略七年是歳条によれば、新羅に派遣された吉備弟君が、百済の貢上した「今来の才伎」である新漢陶部高貴・鞍部堅貴・画部因斯羅我・錦部定安那錦・訳語卯安那らを率いて帰り、天皇はこれを上桃原・下桃原・真神原に置いたという。こうした新しい技術者の渡来に伴って形成された生産組織が、いわゆる新しい職業部民制であり、三蔵を管掌した蘇我満智宿禰は、その職掌を通じて、これら新しい渡来系の職業部と結び付きを深めたことであろう。『古語拾遺』によれば、履中期に内蔵を建て、雄略朝に大蔵を設置したというが、大蔵の分立は、後の大蔵省の管掌に照らしても、これら職業部民制の発達に対応した措置と理解出来る。

伝来期における仏教が、まず半島系の渡来者によって受容されたことは、顕著な事実であり、なかでも司馬達等とその一族の仏教信仰は有名である。司馬達等は、蘇我馬子の命を受けて修行者を求め、播磨から高麗恵便を携えて帰った人物である。やがてこの恵便を師として日本最初の三尼の出家がなされるが、その一人が達等の女嶋であった(126)。また達等の子の鞍部多須那は、用明天皇の病に際して天皇のために出家して徳斉法師を名のり(127)、多須那の子の鞍作鳥は飛鳥寺丈六銅像を造った仏工であった(128)。多須那・鳥は「鞍部」を冠しているが、司馬達等も敏達十三年是歳条の初見史料に「鞍部村主」と冠し、「元興寺縁起」には「按師首」と称している。先に引用した雄略七年是歳条にみえる鞍部堅貴をその祖先とみなすことが出来るならば(129)、達等の一族は百済系渡来人であったことになる。同じ条に、彼ら百済系の職業部民たちが飛鳥の上下桃原や真神原に集居したことを記しているが、最初の本格的な寺院である飛鳥寺の建設地に彼らの居住地域が選ばれたのも理由あることであったと考えられる。

このように蘇我氏は、雄略朝以来、財務官僚として勢力を伸ばしてきた新興の氏族であるが、稲目に至って、はじめて大臣に任じた(130)。稲目は、その女堅塩媛と小姉君の二人を欽明天皇の後宮に納れ、外戚氏族としての発展を歩み始めた(131)。しかし蘇我氏は、最後まで渡来系氏族との結び付きを失わず、外交路線も親百済外交を守った。

このような蘇我氏の国際的意識をもっともよく示すのが、松木裕美の蒐集した「元興寺新縁起」に属する逸文の一つである(132)。『書紀』推古天皇元年(五九三)正月十五日条によれば、飛鳥寺の塔の建築が進捗し、この日、塔心礎に仏舎利を納めることになった。この逸文は、この日の行事の模様を記したものであるが、仏舎利は嶋大臣(蘇我馬子)の宅から大がかりな中国式の葬送儀礼を模して行なわれたこと、馬子とその二郎(蝦夷か)は従者百余人を随えて行列に付き従ったが、皆、弁髪を結い、百済服を着用したので、みるもの皆悦んだとある。蘇我氏による仏教受容は、このような文化意識の延長上で進められたのであろう。

次に、仏教の受容に反対した勢力をみよう。この点について『書紀』と「元興寺縁起」の所伝は対照的である。『書紀』では、仏教伝来の当初、これを受容すべきか否かを問うた天皇の下問に答えて、反対意見を述べたのは大連物部尾輿と中臣鎌子であった。やがて蘇我稲目の礼仏の結果、疫病が流行したので、これを国神の怒りとみなし、天皇の許しを請うて破仏の先頭に立ったのもこの二人であった（欽明天皇十三年条）。ついで仏教に対する第二次の弾圧を記録した敏達天皇十四年三月条でも、破仏の先頭に立ったのは大連物部守屋と大夫中臣勝海の二人であった。世代が更新されているが、物部・中臣の両氏を排仏派の先鋒とする点で同じ語り口が繰り返される。そして仏教の受容をめぐる蘇我対物部の対立が、やがて物部氏の滅亡を招くという筋書である。

これに対して「元興寺縁起」では、物部・中臣両氏はまったく表面に現われてこない。排仏の意見を述べるのは、常に「余臣」であり、別に宮廷の群臣全体を意味する場合は「諸臣」の語を用いるから、「余臣」は、蘇我氏を除く他の諸臣ということになろう。ただ一ヵ所、福山敏男のいわゆる誓願文の末尾に近い部分で、中臣連・物部連らが上首となって三宝の護持を誓う記事がある。この誓願のなされたのは、「等由良（豊浦）寺」の成った癸酉年（六一三、推古二十一）のこととされるから、この場合の物部連は、少なくとも五八七年に滅ぼされた物部氏本宗ではない。この記事から、「元興寺縁起」もまた物部・中臣両氏を排仏派とみなしていた証拠とみる意見もあるが[133]、それはあたらないであろう。

『書紀』と「元興寺縁起」の食い違いをどのように理解すればよいか。前に異伝を考察した結論に従えば、両異伝の共通するところに古伝を認めるべきであり、相違する点は、『書紀』なり「元興寺縁起」なりの二次的変改もしくは潤色とみなさねばならない。すなわち、物部氏を排仏派に仕立て、仏教をめぐる対立が物部氏の滅亡を招いたとする叙述は、『書紀』編者の造作した筋書であって、そのまま事実とはみなし難い。同様に「元興寺縁起」の「余臣」にも作者の一定の意図が反映されているであろう。もっとも「余臣」というのは巧妙な表現で、崇仏派（蘇我氏）以外はすべてこれに収まってしまうから、事実に反したことにはならないけれども、少なくとも排仏派の張本を隠匿してしまうであろう。

『書紀』と「元興寺縁起」の重なるところに見出される排仏派とは誰か。われわれは具体的な人名を二人見出すことが出来る。一人は、敏達十四年の破仏に、三尼を海石榴市の亭（「元興寺縁起」では「都波岐市長屋」）に引き出し、衆人環視の下に還俗せしめた佐伯造御室（佐俾岐弥牟留古造）であるが、彼は『書紀』では物部守屋の命を受けた執行吏であるから、排仏派の張本とみなすことは出来ないであろう。それでは、「元興寺縁起」で佐伯造に命を下したのは誰としているかというと、ここにはっきりと「他田天皇」すなわち敏達天皇の名が明記されているのである。『書紀』は、敏達天皇が排仏の張本であることを該当する敏達十四年条に記すことをさすがにはばかったが、その即位前紀には「天皇、仏法を信じたまわず、文史を愛したまう」と記録することを忘れていない。排仏派の中心が敏達天皇であったことは、二つの異伝がともに承認する古伝であったのである。

私は、日本仏教の伝来にあたって、百済や新羅とも異なる特異な反応の生じた基本的な理由をこの点に認めたいと思う。すなわち日本では、仏教は新興の大貴族、蘇我氏によって受容されたが、長らく天皇の承認が得られなかったため、普及することが出来なかったばかりでなく、その間何度かの迫害をこうむることがあった。仏教の受容が国家的な承認を受けるのは、伝来後五十年近くを経た推古朝の初年であり、さらに天皇家が仏教信仰を受けいれるのは、百年後の孝徳朝をまたねばならなかった。[134]

註

（1）塚本善隆『中国仏教通史』第一巻（鈴木学術財団、一九六八年）四五～四七頁。
（2）鎌田茂雄『中国仏教史』（岩波書店、一九七八年）一八～二一頁。
（3）註（2）鎌田著書二一頁。
（4）註（1）塚本著書五頁。
（5）『綜理衆経目録』は現存しないが、僧祐撰『出三蔵記集』の録（巻二―五）は道安の『綜理衆経目録』を考校増補したもので、これによってその内容をうかがうことが出来る（『大正新修大蔵経』第四九巻、史伝部一、二九頁以下）。
（6）註（5）参照。
（7）高田修『仏像の起源』（岩波書店、一九六七年）。
（8）池内宏『満鮮史研究』上世第一冊（吉川弘文館、一九五一年）八五～一〇七頁。
（9）註（8）池内著書二九五～三二四頁。
（10）『三国史記』巻一八、故国原王四十一年冬十月条、および『同』巻二四、近肖古王二十六年条。
（11）『晋書』帝紀第九、簡文帝咸安二年六月条。
（12）『三国史記』巻一八、故国壌王九年条、同広開土王二年条。
（13）『大正新修大蔵経』第五〇巻、史伝部二、三九二頁。
（14）「鳳巌寺智証大師寂照塔碑」（『朝鮮金石総覧』上、国書刊行会、一九七一年）八九頁。
（15）『朝鮮画報』一九七九年十一月号（朝鮮画報社）。武田幸男「徳興里壁画古墳被葬者の出自と経歴」（『朝鮮学報』第一三〇輯、一九八九年）。
（16）田村円澄『古代朝鮮仏教と日本仏教』（吉川弘文館、一九七〇年）九頁および八一頁。
（17）『大正新修大蔵経』第二巻、阿含部、七八七～七八九頁。『同』第一四巻、経集部、四二一～四二三頁。

(18)『大正新修大蔵経』第二巻、阿含部、五四九頁。
(19)『高僧伝』によれば、彼は足が白く、「泥水を渉るといえども、未だかって沾湿」しなかったので、「白足和尚」と呼ばれたという。
(20)『三国志』魏書（巻三〇）東夷伝、高句麗条。
(21)三品彰英『古代祭政と穀霊信仰』（平凡社、一九七三年）一五八～二三〇頁。
(22)註(21)三品著書一六四頁。
(23)註(21)三品著書四九頁および一七三頁。
(24)三品彰英『神話と文化史』（平凡社、一九七一年）五三〇～五三一頁。
(25)井上秀雄「四世紀後半における高句麗王の性格」（『朝鮮学報』第九〇輯、一九七九年）五七頁。
(26)「新しく発掘整理した高句麗東明王陵」堀田啓一訳（『古代学研究』九二号、一九八〇年）。
(27)菅谷文則「八角堂の建立を通じてみた古墳終末時の一様相」（『史泉』四〇号、一九七〇年）。
(28)『晋書』（巻九）孝武帝紀、太元九年七月条。
(29)末松保和『新羅史の諸問題』（東洋文庫、一九五四年）一三五頁。
(30)『晋書』および『梁書』によれば、三七二年、三七九年、三八〇年、三八四年に入貢の記録がある。
(31)註(29)末松著書二〇七～二三四頁。
(32)鎌田茂雄「中国仏教の展開と東アジア仏教圏の成立」（『岩波講座世界歴史』六、岩波書店、一九七一年）一四八～一四九頁。田村円澄「百済仏教史序説」（田村円澄・黄寿永編『百済文化と飛鳥文化』吉川弘文館、一九七八年）三一一～三一二頁。
(33)『三国史記』（巻二三）百済始祖温祚王条、『三国遺事』（巻二）南扶余、前百済条、『宋書』（巻九七）夷蛮伝。
(34)旗田巍『朝鮮史』（岩波書店、一九五一年）三二頁。

(35)　『三国志』（巻三〇）魏書、東夷伝、韓条。
(36)　註(35)に同じ。
(37)　三品彰英『古代祭政と穀霊信仰』（平凡社、一九七三年）二四三～二四八頁。
(38)　註(37)三品著書二二頁。
(39)　註(37)三品著書二四七頁。
(40)　三品彰英『神話と文化史』（平凡社、一九七一年）二一五頁。
(41)　井上秀雄「古代朝鮮の文化領域——三国時代地名語尾から見て——」（『朝鮮学報』二四輯、一九六二年）七五頁。
(42)　註(8)池内著書三二五～三八七頁。
(43)　註(8)池内著書三六三頁。
(44)　『梁書』（巻五四）諸夷伝、百済条。
(45)　金元竜・有光教一編『武寧王陵』（学生社、一九七八年）。
(46)　註(32)田村論文三二二頁。
(47)　註(45)金・有光編著。
(48)　軽部慈恩『百済美術』（宝雲舎、一九四六年）二四五頁。
(49)　朴容慎「百済瓦当の体系的分類——軒丸瓦を中心として——」（註(32)田村・黄編著）。
(50)　稲垣晋也「新羅の古瓦と飛鳥白鳳時代古瓦の新羅的要素」（田村円澄・秦弘燮編『新羅と日本古代文化』吉川弘文館、一九八一年）。
(51)　『三国遺事』（巻三）原宗興法条。
(52)　註(49)朴論文一八九頁。
(53)　北野耕平「百済時代寺院址の分布と立地」（註(32)田村・黄編著）一一五～一一八頁。

(54)『梁書』(巻二)武帝紀天監二年条にみえる百済王余の進号は、武帝即位に伴う形式的なものと思われるので省いた。
(55)『梁書』(巻五八)諸夷伝、百済条。
(56)今西竜『百済史研究』(近沢書店、一九三四年)一三一頁および二六七頁。
(57)『日本書紀』(巻一七)継体天皇七年六月条、同十年九月条、『同』(巻一九)欽明天皇十五年二月条。
(58)註(32)田村論文三二八頁。
(59)森三樹三郎『梁の武帝——仏教王朝の悲劇——』(平楽寺書店、一九五六年)一四九頁。
(60)註(59)森著書一三四~一六九頁。
(61)註(59)森著書一五〇~一五一頁。
(62)『資治通鑑』(巻一〇四)晋紀二六、太平二年条。
(63)『太平御覧』(巻七八一)四夷部二、東夷二、新羅条。
(64)註(29)末松著書一五四頁。
(65)井上秀雄「朝鮮・日本における国家の成立」(『岩波講座世界歴史』六、岩波書店、一九七一年)三五頁。
(66)註(37)三品著書二七〇、五五四~五八一頁。
(67)註(37)三品著書五六六~五八一頁。
(68)註(40)三品著書三四三~三八一頁。
(69)『新唐書』(巻二二〇)東夷伝、新羅。
(70)註(29)末松著書二三五~三〇七頁。
(71)註(29)末松著書二一八~二一九頁。
(72)註(29)末松著書二二三~二二五頁。
(73)『梁書』(巻三)武帝紀、普通二年十一月条。

(74)『新唐書』（巻二二〇）東夷伝、新羅。
(75)註(29)末松著書一八～二六頁。
(76)『魏書』（巻八）世宗紀、永平元年三月己亥条。
(77)『三国史記』（巻三）訥祇麻立干条分注。
(78)『釈日本紀』（巻一七）秘訓二、（新訂増補国史大系本二四〇頁）。
(79)『釈日本紀』（巻一八）秘訓三、（同上二四五頁）。
(80)註(29)末松著書一六〇、三二二頁。
(81)池内宏『満鮮史研究』上世第二冊（吉川弘文館、一九五〇年）一～九六頁。註(29)末松著書四三九～四四九頁。
(82)註(29)末松著書二七六～二九四頁。
(83)『三国史記』（巻四四）居柒夫伝。
(84)『三国遺事』（巻三）興法、阿道基羅および原宗興法。
(85)金正基「仏教建築」（註(50)田村・秦編著）一一八頁。
(86)註(50)稲垣論文一六一頁。
(87)『三国史記』（巻四）真興王十四年二月条、同二十七年条、同三十五年三月条、『同』（巻五）善徳王十四年三月条、『三国遺事』（巻四）皇竜寺丈六、皇竜寺九層塔。
(88)註(85)金論文一二〇～一二六頁。
(89)註(50)稲垣論文一六四、一六六頁。
(90)註(50)稲垣論文一七三頁。
(91)李基白「皇竜寺とその創建」（註(50)田村・秦編著書）一八頁。
(92)註(50)稲垣論文一六三頁。

(93) 『隋書』(巻八一) 東夷伝倭国条。
(94) 松木裕美「欽明朝仏教公伝について――公伝年次を中心として」(『東京女学館短期大学紀要』第一輯、一九七八年)六一～六二頁。
(95) 註(8)池内著書三五六～三五七頁。
(96) 『日本書紀』(日本古典文学大系) 下巻補注 (岩波書店、一九六五年) 五五四頁。
(97) 註(94)松木論文。
(98) 敷田年治『日本書紀標注』巻一 (小林林之助刊、一八九一年) 八丁。
(99) 飯田武郷『日本書紀通釈』巻五〇 (畝傍書房、一九四〇年) 第四冊、二七四八～二七四九頁、藤井顕孝「欽明紀の仏教伝来の記事について」(『史学雑誌』三六編八号、一九二五年)。
(100) 井上薫「日本書紀仏教伝来記載考」(『歴史地理』八一巻二・四号、一九四二年。のち同『日本古代の政治と宗教』吉川弘文館、一九六一年に所収)。
(101) 平子鐸嶺「継体以下三皇紀の錯簡を弁ず」(『史学雑誌』一六編六・七号、一九〇五年)。
(102) 辻善之助『日本仏教史』上世編 (岩波書店、一九四四年) 三四～四三頁。
(103) 喜田貞吉「継体天皇以下三天皇皇位継承に関する疑問」(『歴史地理』五二巻一号、一九二八年)。
(104) 林屋辰三郎「継体・欽明朝内乱の史的分析」(同『古代国家の解体』東京大学出版会、一九五五年)。
(105) 田村円澄「欽明十三年仏教伝来説と末法思想」(『日本歴史』一七八号、一九六三年。のち同『日本仏教史』1飛鳥時代、法蔵館、一九八二年に再録)。
(106) 益田宗「欽明天皇十三年仏教渡来説の成立」(坂本太郎博士還暦記念会編『日本古代史論集』上巻、吉川弘文館、一九六二年)。
(107) 水野柳太郎「日本書紀仏教伝来年代の成立について」(『続日本紀研究』一二一号、一九六四年)。

(108)　中井真孝『日本古代の仏教と民衆』(評論社、一九七三年)一八～二二頁。
(109)　北条文彦「日本仏教公伝年代の問題」(『書陵部紀要』九輯、一九五八年)。
(110)　笠井倭人「三国遺事百済王暦と日本書紀」(『朝鮮学報』二四輯、一九六二年)。
(111)　笠井は聖明王の即位年、すなわち武寧王の没年を示す客観史料として、『梁書』の記事を用いて、五二四年と推定したが、その後、武寧王陵が発見され、武寧王の没年が五二三年であることが明らかになった。これによって算定し直すと、聖明王二十六年は五四八年となる。
(112)　註(110)笠井論文。
(113)　福山敏男「飛鳥寺の創立」(『史学雑誌』四五編一〇号、一九三四年。のち同『日本建築史研究』墨水書房、一九六八年に再録)、同「豊浦寺の創立」(『史学雑誌』四六編一二号、一九三五年。のち同前掲書に再録)。
(114)　松木裕美「日本書紀編纂と平城京元興寺」(『國學院雑誌』七六巻八号、一九七五年)。
(115)　二葉憲香「元興寺縁起と日本書紀」(末永先生古稀記念会編『古代学論叢』同記念会、一九六七年)。
(116)　この場合、戊午革運説を想定し難いことは、註(94)松木論文参照。
(117)　西田長男「日本書紀の仏教関係記事」(『大倉山論集』第一輯、一九五二年。のち同『日本神道史研究』第三巻、講談社、一九七八年に再録)。
(118)　松木裕美「二種類の元興寺縁起」(『日本歴史』三二五号、一九七五年)、註(114)松木論文、註(94)松木論文。
(119)　日野昭『日本古代の氏族伝承の研究』(永田文昌堂、一九七一年)一八七～二〇七頁。
(120)　註(119)日野著書一九六頁。
(121)　註(119)日野著書二〇〇頁。
(122)　池内宏『日本上代史の一研究』(近藤書店、一九四七年)三二五頁。
(123)　『日本書紀』(巻一二)履中天皇二年十月条。

(124)『古語拾遺』(『群書類従』第一六輯、雑部、経済雑誌社、一八九四年)七頁。
(125)『日本書紀』(巻一四)雄略天皇九年条。
(126)『日本書紀』(巻二〇)敏達天皇十三年是歳条、なお『元興寺縁起』にも「桜師首達等女斯麻売年十七」とみえる。
(127)『日本書紀』(巻二一)用明天皇二年四月丙午条。
(128)『日本書紀』(巻二二)推古天皇十四年五月戊午条。
(129)平野邦雄『大化前代社会組織の研究』(吉川弘文館、一九六九年)二〇二~二〇三頁。
(130)『日本書紀』(巻一八)宣化天皇元年二月壬申朔条。
(131)『日本書紀』(巻一九)欽明天皇二年三月条。
(132)『上宮太子拾遺記』巻二、『太子伝玉林抄』巻八所引の「元興寺縁起」逸文、註(94)松木論文の逸文(14)。なお『扶桑略記』推古天皇元年正月条にも、同趣旨の記事がある。
(133)註(106)益田論文。
(134)拙稿「わが国における内道場の起源」(仏教史学会編『仏教の歴史と文化』同朋舎出版、一九八〇年)。本書所収第Ⅳ章。

II　仏教伝来と飛鳥の寺々

一

仏教がはじめてわが国に伝来したのは、いまからおよそ一六〇〇年程の昔、六世紀の中頃のことでありますが、仏教伝来とともに、その具体的な果実として仏寺の建立が始まります。八世紀のはじめ、奈良に都が移るまでの一世紀半程の間に、この飛鳥地方には、二四ヵ寺の寺院が建てられたといわれています。本日は、これら多くの寺々の一々について詳しくお話しするわけにいきませんので、主として「古代国家の仏教受容」といった観点から、その中の二、三について、当時の仏教寺院の性格や社会的機能といったような点を考えてみたいと思います。

そこでまず話の順序として、いわゆる仏教伝来の事実について述べておかねばなりません。御承知のように、仏教伝来については、正史である『日本書紀』の欽明十三年十月条に、百済の聖明王が使者を遣わして、わが朝廷に仏像・経典を奉ったという記事がある他、『元興寺縁起』や『上宮聖徳法王帝説』にも同じ事実についての記述があり、『日本書紀』との間に伝来年代その他について多少の異同があることは有名であります。特に伝来年代については、平安時代の初期から論争があり、いまだに決着がついておりません。『日本書紀』の欽明十三年は西暦五五二年にあたりますが、『元興寺縁起』や『上宮聖徳法王帝説』には、欽明天皇の七年戊午十二月とあり、これは西暦五三八年ですから、両所伝の間に一四年の開きがあることになります。

今日の学界では、『日本書紀』の継体天皇から欽明天皇に至る紀年の錯簡が指摘され、『元興寺縁起』等の伝える七年戊午（五三八）説の方が有力視されているようですが、これもいまのところ決定的なものとはいえないように思います。たとえば、笠井倭人氏は朝鮮の古代仏教史料として有名な『三国遺事』の百済王暦を検討し、百済王暦には古くから二系統の史料があったこと、両系統の史料に一四年の年代差があったことを明らかにし、この年代差一四年が、あたかもわが国への仏教伝来の二所伝、七年戊午（五三八）説と十三年壬寅（五五二）説の年代差と一致することから、わが仏教伝来年次に二説が生じたのは、両説ともに百済の年代表（王暦）によりながらも、その母史料を異にしたことに原由するのではなかろうかという傾聴すべき意見を述べておられます（『朝鮮学報』二四号、一九六二年）。笠井説によれば、こと年代に関する限り、両説の間に優劣をつけることが出来ない。どちらも百済の古い年代史料に基づいたものであり、そしていまのところそのどちらが正しいということが出来ないからです。

以上は仏教伝来の年代の問題について述べたものですが、これら初期仏教関係の諸史料に関する文献学的研究の分野で、注目すべき成果を挙げられたのが福山敏男博士であります。福山博士によれば、仏教伝来当初の事情を述べた諸記録の中で、もっともオリジナルな根本史料は『元興寺縁起』である。たとえば、仏教が伝来した欽明朝から仏教が本格的に受け入れられた推古朝にかけての『日本書紀』仏教関係記事と『元興寺縁起』を比べてみると、表現上の些細な違いは別として、両者共通する部分が極めて多い。しかも、共通する記事をさらに詳しく検討すると、『日本書紀』の方が『元興寺縁起』を参照して書かれたと思われるところが多い。福山博士はその根拠として、いくつかの事例を挙げておられますが、その指摘は鋭く、一々肯綮にあたっています。ただし、『日本書紀』の編者が参照したのは、いま残っている『元興寺縁起』そのものではない。恐らく現存の『元興寺縁起』の原型ともいうべき古縁起があり、書紀編者は、これを参照して、欽明~推古朝の仏教記事を書いたのであろう、というのが福山説の概要であります（福山敏男「飛鳥寺の創立」および「豊浦寺の創立」。のち同『日本建築史研究』墨水書房、一九六八年所収）。

この『元興寺縁起』は、京都の醍醐寺に襲蔵される『諸寺縁起集』の中に含まれたもので、粘葉装の一冊を成し、他の諸寺縁起とともに建永二年（一二〇七）の書写と推定されています。跋記には長寛三年（一一六五）、大法師慈俊なるものが勒記したとあり、内容の大部分は天平十九年（七四七）の元興寺縁起を引用したものです。天平十九年には、大安寺や法隆寺の縁起が牒上されているので、これも同様のものと考えられますが、福山博士の詳しい研究によれば、これはどうも怪しい。奈良末、平安初期の頃に、天平十九年牒上ということに仮託して作られたもののようです。前に申しましたように、『元興寺縁起』は仏教伝来に関するもっともオリジナルな史料でありますが、文章も古拙、難解であり、またその成立もなかなか一筋縄ではゆかぬ、大変やっかいなしろものであります。このやっかいなしろものを実にあざやかに解剖し、その成立過程を綿密に復元されたのが福山博士の「飛鳥寺の創立」および「豊浦寺の創立」という二つの論文ですが、これは『元興寺縁起』に関するもっとも基本的な文献批判の仕事となっていますので、少し煩雑ですが、以下にその内容を簡単に紹介したいと思います。

二

福山博士によれば、現在伝わる『元興寺縁起』は、㈠序記、㈡本文、㈢誓願文、㈣末文、㈤付属記、㈥塔露盤銘、㈦丈六光銘の七部分より成り、この内、㈠㈢㈣㈤は、「縁起」が現在の形に整えられた時点、すなわち上述したように、それは奈良末・平安初期のことですが、その時点で付け加えられた修文であり、何らの史実性をも含まぬものとみられる。それでこれらを捨てると、問題とするに足るのは㈡の本文と、最後の㈥塔露盤銘および㈦丈六光銘の三つであるといわれます。

便宜上、終わりの方からみてゆきますと、まず㈥の塔露盤銘というのは、元興寺すなわち飛鳥寺の塔の露盤に刻まれた銘を、縁起の末尾に引用したものですが、これがまた前半と後半とでまったく文体が異なる。後半は福山氏の言葉を借りると「極めて蒼古な文体」で書かれており、わが国最古の金石文といわれる有名な肥後江田船山古墳出土の大刀銘や紀伊隅田八幡宮所蔵の鏡の銘と比べてもあまり遜色のない「古調」を帯びたものである。塔が完成し、露盤が造られたのは、この銘によると、推古四年（五九六）のことですが、この銘文の後半部分が書かれたのは恐らくその時であろうと推定されています。これに比べて前半部分は純然たる漢文で書かれ、かなり時代の下るものである。ただし、天皇の名や蘇我氏の名の記し方に古い用字法がみられるから、若干の潤色を除けば、奈良時代の追刻であろうというのが、福山氏の考えです。

次に㈦丈六光銘というのは、元興寺すなわち飛鳥寺の本尊である釈迦丈六像の光背に刻まれた銘らしいが、この仏像が造られた推古朝当時のものではなく、かなり時代の下るものである。恐らくそれは、前に述べた㈥塔露盤銘の後半のみならず前半も作られた後に、これらを参照して書かれたものと推定されています。以上によって元興寺すなわち飛鳥寺の創立についての記録のもっとも古いものは、⑴塔露盤銘の後半であり、ついで⑵同前半、⑶丈六光銘という順に装飾ないしは潤色されていったことがわかるわけですが、これに対して、㈡の本文の部分は、やや色彩を異にしている。すなわちそれは、前二者に比べてかなりの長文であるが、文章は古拙かつ難解である。そしてそこでは、推古天皇の皇后時代の後宮を施入して造られた豊浦寺という尼寺の創立の由来が長々と述べられ、最後の方になって、法師寺として建通寺の創立が少し出てまいります。この建通寺という法師寺が、どうやら、いわゆる元興寺、すなわち飛鳥寺のことであるらしい、という極めてややこしい内容なのであります。福山博士の研究は、飛鳥寺および豊浦寺というわが国最古の二つの寺院の成立という視点から、『元興寺縁起』を分析されたものでありますが、これら両寺の成立史は、同時にわが国への仏教伝来の歴史に含まれてくるわけです。それでいま問題とする仏教伝来史という視点から整理していいますと、『元興寺縁起』はその事実を伝えた根本史料ということが出来るのですが、その『元興寺縁起』の中にも、㈡本文と㈥塔露盤銘以下の二系統の根本史料を見出すことが出来るわけであります。

たとえば、『日本書紀』が欽明天皇十三年十月のこととする仏教伝来の事実を、『元興寺縁起』の㈡本文によれば、欽明天皇七年戊午十二月のこととされるが、㈥塔露盤銘以下では、単に欽明天皇の時とされるにすぎなかった。恐らく仏教伝来の事実についての伝承は、はじめはただ単に欽明天皇の時代というにすぎなかった。それが後世になって、次第に十三年壬申だとか、七年戊午だとかいうようになったのであろうと推定されています。そのどちらが正しいかという以前に、このようなことを考えてみなければならないと思います。

次に、百済から仏教が伝えられた時、これを受け入れるかどうかで論争があったことはよく知られる通りです。『日本書紀』によれば国際情勢に通じた進歩派の蘇我氏は賛成したが、宮廷内の保守派である物部氏や中臣氏は猛烈に反対した。そこで、天皇は、百済王献上の仏像を大臣蘇我稲目に授けて、試みに礼拝せしむることになった。ところが、国中に疫病が流行し、物部氏らは「蕃神」を礼拝したために「国神」が怒りをなした結果であるとして、堂舎を焼き、仏像を難波の堀江に投棄したが、その後再び疫病が起こり、天皇や大連物部守屋まで病にかかる有様であったので、再び仏像を安置礼拝するようになった。このようなことを何度か繰り返して、やっと推古朝に及んで仏教が国家的に受け入れられるようになったといいます。

ところで、前にも申しましたように、この辺りの『日本書紀』の記事は『元興寺縁起』を原史料として書かれたものらしいのですが、二、三の点において両者の間に重要な相違がある。たとえば『日本書紀』では、百済献上の仏像を礼拝したのは蘇我大臣であり、その場所も向原殿や小墾田殿で、どちらも蘇我氏の邸宅であった。しかるに『元興寺縁起』の(二)本文では、仏像を礼拝しようとしたのは欽明天皇自身であり、蘇我大臣は、ただ相談にあずかったにすぎない。そして仏像は蘇我大臣の進言に基づいて大々王、すなわち後の推古天皇の後宮である牟原宮に安置されたことになっています。この牟原宮の仏堂が次第に発展して桜井寺となり、さらに豊浦寺という尼寺になったというのが『元興寺縁起』、特にその(二)本文の主要な筋書です。『元興寺縁起』と『日本書紀』との相違は、仏教初伝時における仏教受容の主体が蘇我氏であったのか、それとも皇室自身であったのかという重大な問題に発展してまいります。

大体において、『元興寺縁起』の(二)本文では、仏教受容から飛鳥寺創立にかけての仏教受容の主体は大々王(推古天皇)とその同母兄の池辺皇子(用明天皇)の二人であったということになっており、蘇我氏はこれを援助したという筋書ですが、『日本書紀』の方では、仏教伝来時に積極的にこれを受け入れたのは蘇我氏で、皇室はむしろ仏教受容に対して消極的であった。飛鳥寺にしても大臣蘇我馬子の発願で、蘇我氏の絶大な権力財力を傾けて造られたことになっています。同じ根本史料に基づきながら、何故このような違いを生じたのか、これは初期の仏教や寺院の性格を考える上に重要な問題であるといわねばなりません。

この点についての福山博士の意見は次の通りであります。前述のように『日本書紀』の編者が参照したのは、現存『元興寺縁起』そのものではなくして、その原型であった「古縁起」であるが、大々王や池辺皇子の話は、この「古縁起」には出ていなかった。書紀編者はこの「古縁起」をすなおに受けとって記事を作ったから、推古朝以前では仏教を受容したのは、もっぱら蘇我氏であったということになったのであり、それがまた史実にもっとも近かったであろうと推定されるわけです。現在の『元興寺縁起』に、大々王や池辺皇子の功績を強調しているのは、「古縁起」がいまある『元興寺縁起』に改作された際、付加された造作であろうとして、福山博士は、この点を一刀両断の下に切り捨ててしまわれます。確かに、現在の縁起では、豊浦寺を仏教伝来当初（欽明七年戊午歳）に結び付けるために、大々王の年齢を大幅に引き伸ばし、推古二十一年（六一三）には生年百歳であったとするなど、非常に不合理な点が多い。『日本書紀』では、推古天皇は、六二八年、七十五歳で崩御されたとあり、これはほぼ信ずべきものと思われますから、欽明七年＝五三八年にはまだ生まれていません。ですから、『元興寺縁起』が大々王・池辺皇子の功績を強調するのは、縁起作者の特定の意図の結果とみなされても仕方ありません。福山博士はこうした点から、これを後世の造作・潤色として無視しようとされたのです。

しかし、ここでいま一度考えてみたいと思うのです。飛鳥寺はわが国最初の寺院とされ、その意味から元興寺と名付けられたわけですが、この飛鳥寺（元興寺）よりも先に桜井寺と称する尼寺があったことは『日本書紀』にも明記するところであり、そしてそれは福山博士のいわれるように元興寺の「古縁起」に基づいて書かれたものと思われます。日本最古の寺が、法師寺でなく、尼寺であったことは大変おもしろいことだと思うのです。もしもこの事実が間違いないとすれば、この桜井寺という尼寺の前身が、皇后時代の推古天皇、すなわち大々王の後宮としての向原宮であったという所伝は、極めてあり得べきことではないかと思うのです。ちなみに何度も出てまいります「大々王」というのは、天皇の古称である「大王」にさらに「大」を付け加えたものとも考えられますが、『元興寺縁起』では、「大々王天皇」などもみえ、固有名詞として用いられています。推古天皇の和風諡号は豊御食炊屋媛ですが、幼名は額田部皇女といったと推古即位前紀にあります。けれども一般には、「大々王」と呼ばれたのではないでしょうか。「大々王」は「たた王」と読み、一種の愛称であったと思います。

三

以上、少々わずらわしく申し上げたことを要約すれば、仏教がはじめてわが国に伝えられた時、これに積極的に賛成したのは、蘇我氏であったことは疑う余地のないところですが、天皇がどのような態度をとったかという点になると、『日本書紀』と『元興寺縁起』との間でかなり色彩が違ってきます。根本史料としての元興寺の「古縁起」が残存していないので、どちらが正しいか判断しかねる点がある。福山博士は『元興寺縁起』の大々王や池辺皇子が仏教受容に熱心であったという記事を後世の潤色とみておられるようですが、私はこの点について疑問を抱いていることは前述した通りであります。ある学者は、仏教伝来以来の仏教の発展を氏族仏教の段階→宮廷仏教の段階→国家仏教の段階というふうに考えておられますが、これも福山説に立脚したものです。

私は、桜井寺→豊浦寺と発展する尼寺が、飛鳥寺以前に存在したこと、そしてそれは推古天皇の後宮内に営まれた仏堂から出発したとする『元興寺縁起』の説は、大変注目すべきものであると思うものです。もっとも、現存の『元興寺縁起』では、この尼寺の起源を欽明七年戊午歳の仏教伝来当初に結び付けるために、推古天皇の生まれた年を三〇年も引き上げるという不合理を犯している。そのため、福山博士の鋭い文献批判にその不合理を看破され、その結果、桜井寺＝豊浦寺の存在まで疑われる始末となったわけです。しかし、このような年代上の矛盾さえ修正すれば、飛鳥寺建立以前に推古天皇の後宮から出発した桜井寺もしくは豊浦寺と称する尼寺が存在したことまで抹殺する必要はないと考えます。

『元興寺縁起』の問題の部分を読んでみますと、次のように述べられています。欽明七年戊午十月、百済聖明王から仏像・経巻が献上された時、天皇はその取扱いについて群臣に下問し、余臣はこぞってこれに反対したが、ひとり大臣蘇我稲目だけが、仏教を受け入れることに賛成した。そこで天皇は稲目に、「それでは仏像をどこに安置したらよいか」と重ねて下問した。以下の文は、この天皇の再下問から始まります。

時に天皇すなわち大臣に告ぐ、「いずこに置きて礼すべきや」。大臣のもうさく、「大々王の後宮分として奉れる家の宮にいまさばよろしかるべし」ともうしき。時に天皇、大々王を召して告ぐ。「汝、牟原の後宮は、我れ、他国の神の宮となさんと欲す」と。時に大々王のもうさく、「大御心のよりのさかりに奉らん」ともうしき。時にその殿にいまして礼しはじめき。

天皇の再下問に対して、「お前の牟原の後宮に外国の神、つまり仏像を安置したい」といったところ、大々王は、「天皇の御心のままにいたします」と諒承した。こうして牟原の後宮（向原の宮）は、わが国最初の仏教施設となったというわけであります。

さて、この記事には大きな年代上の矛盾があります。第一に欽明七年（五三八）にはまだ推古天皇は生まれていない。そこでこの年代上の矛盾を取り除こうとすれば、

(1)この大々王を、推古天皇の生母であり、欽明天皇の妃であった堅塩媛であったとすると、他の点はそのままで収まります。蘇我稲目が臣下の身分で皇室の内部のことに口をはさんだことも、堅塩媛が彼の娘であり、向原宮という後宮も、もともと蘇我氏が自家出身の堅塩媛のために建てた宮殿であったとすると、無理なく理解出来ます。

(2)向原の宮を「大々王」すなわち推古天皇の後宮であったという点を動かさないで読み返すとすれば、「大々王の後宮」という表現は、推古女帝が皇后であった敏達天皇の時代の出来事としなければなりません。そうすれば、天皇は欽明天皇ではなく敏達天皇、大臣は蘇我稲目でなく、その子の蘇我馬子としなければなりませんが、他の状況はそのまま踏襲することが出来ます。

私は、右の(1)(2)のいずれかの修正を加えることによって、日本最古の仏寺である尼寺が、皇后時代の推古天皇の後宮を寺とした、いわゆる「官寺」であったという伝承を生かしたいと思うのです。ことによると(1)(2)の二つの仮説を両方ながら生かすことが出来るかもしれない。すなわち、向原の宮は、もともと欽明天皇の妃である堅塩媛の後宮であり、仏教伝来の当初、はじめて仏像を安置したのはここであった。その後堅塩媛の没後、堅塩媛の生んだ皇子女、池辺皇子や大々王はこの宮で育てられ、やがて大々王の立后とともにこの宮は大々王に伝領されて、やがて桜井寺とも豊浦寺とも呼ばれる寺院に発展したのではないでしょうか。

四

この推定は、大変大胆な仮説でありますが、これによく似た例を、われわれは奈良時代の皇室仏教史の上に見出すことが出来ます。

奈良市の北部に法華寺という有名な尼門跡の寺院があります。この寺は光明皇后を写したといわれるきれいな観音菩薩の立像を本尊とするお寺で、光明皇后と非常に関係の深いお寺であります。聖武天皇の母親は、藤原宮子、皇后は光明子つまり安宿媛で、どちらも藤原不比等の娘であった。聖武天皇は、母親の妹、つまり叔母さんと結婚したことになりますが、宮子と光明子は腹違いでもあるし、年齢もだいぶ開いていたらしい。この程度の近親結婚は、古代の皇室では珍しくないのです。要するに聖武天皇は、藤原氏と二重の婚姻関係にあったわけで、この時代に藤原氏が急速に勢力を高めたのも不思議ではありません。この関係は、ちょうど欽明天皇から推古天皇頃にかけての皇室と蘇我氏との関係に非常によく似ています。

こういうことを念頭に置いて法華寺の由来をみてゆきますと、大変おもしろいことがわかります。天平十二年（七四〇）九月、光明皇后の甥にあたる藤原広嗣が大宰府に拠って反乱を起こします。なにしろ皇后の甥にあたる人物が起こした乱であり、また反乱軍は一時、すこぶる優勢を伝えられたので、朝廷はパニック状態に陥り、にわかに伊勢行幸が行なわれます。乱はまもなく平定されましたが、天皇はすぐ奈良へ帰らず、近江の紫香楽宮や山城の恭仁京、そして摂津の難波などを転々とする数年間が続きました。これを帝都の漂泊時代などという人もありますが、天平文化の黄金時代にも、こんな政情不安の時期があったわけです。しかし最後には、奈良の都に戻りたいという意見が強く、天平十七年五月十一日、人々の歓呼の声に迎えられて天皇は五年ぶりに奈良に戻りました。『続日本紀』によれば、この日、久しぶりに都に帰った天皇は内裏に戻らず、「中宮院」つまりお母さんの宮子の御所に入り、そしてもとの「皇后宮」つまり光明皇后御座所を「宮寺」としたと記されています。先程私は、大々王の後宮から発展した豊浦寺を説明した際、「宮寺」という言葉を使いましたが、わが古代文献における「宮寺」の初見史料は、実はこの『続日本紀』の天平十七年五月十一日条であるわけであります。

ところで、もとの皇后宮を施入して寺としたこの「宮寺」というのが、どうやら後の法華寺に他ならないと思われます。どうしてそういえるかというと、『続日本紀』のもう少し後の記事を追ってみる必要があります。すなわち天平宝字五年（七六一）六月七日条をみますと、この一年程前に亡くなられた光明皇后の一周忌が阿弥陀浄土院で営まれています。この「阿弥陀浄土院」は、日本における阿弥陀堂の最古のもので、わが国浄土教の起源と発達を考える上で注目すべき存在であります。それはともかく、『続日本紀』の同年月日条によると、この院は、「法華寺内の西南隅に、忌斎を設けんがために造る所なり」とあり、後の「隅寺」、すなわちいまの海竜王寺の前身であることがわかります。

次にさらに時代は下って、話は道鏡の時代となります。道鏡という僧侶は、藤原氏のように勢力やバックがありませんが、しばしば怪しげな手を使って栄達を図っています。有名な、宇佐八幡宮託宣事件もそうですが、天平神護二年（七六六）十月二十日の『続日本紀』の記事によりますと、この日、隅寺の毘沙門天像から舎利が出現するという奇事あり、大騒ぎとなり、現われた舎利を法華寺に移して大法要を営み、このことによって、道鏡は「法王」という最高の地位につくことになったと記されています。この日、称徳天皇は法華寺に行幸になり、道鏡を法王とする宣命（古式の詔）を出されていますが、その中に次のような文句がみえます。

また詔すらく、この寺は、朕が外祖父の前の太政大臣藤原朝臣……（下略）

つまり、法華寺は自分の外祖父にあたる藤原大臣の家であったというのです。いうまでもなく称徳天皇の母親は光明皇后ですから、外祖父といえば藤原不比等です。先に引用した天平十七年五月十一日条では、法華寺はもと光明皇后の御座所を寺としたものであったということでしたが、さらにその前身は光明皇后の父親の藤原不比等の邸に遡ることが出来るというわけです。すなわち法華寺は、不比等の邸宅→皇后宮→法華寺という変遷を辿ったことになりますが、このケースは、日本最古の尼寺であった豊浦寺が、蘇我稲目の邸宅→大々王（推古）の後宮→豊浦寺というケースを辿ったのとまったく同じであります。そして、こうしたことが行なわれた背景として、ちょうどいまの嫁入りの時に持参金を持たせるように、古代の豪族は、自家出身の后妃のために土地や邸宅を負担、提供しそれがやがて寺院にされることが多かったという社会慣習が認められるわけです。これが、結局、先程から何度もいう「宮寺」の基本的性格です。

一般に大化前代の皇室財産の重要なものとして、名代・子代という制度がありました。名代というのは、后妃のための部民、子代は生まれた皇子のための部民です。この名代や子代も、后妃を出した実家が負担したようです。これは、その豪族にとって大変な負担になります。が実をいうと、それが豪族の利益になる点もあったのではないかと考えられます。というのは、当時の豪族は、自分の家から后妃を出したり、さらにその后妃が皇子や皇女を生むと、その后妃や皇子のために名代・子代を設置することを口実に、自家の部民、つまり領地領民を拡大することが出来たのではないかと思うのです。古代の豪族、蘇我氏や物部氏、あるいは葛城氏や和珥氏が、自分の娘を天皇の妃にするためにシノギを削って競り合ったのも、このような経済的な利益が結び付いていたからかもしれません。しかも、古代社会は招請婚の時代でありますから、名代・子代といった皇室財産も、仮にその后妃や皇子が死ぬと、もとの実家の所有に帰属します。蘇我大臣が臣下の身でありながら、大々王の後宮を寺にすることについて、口出しする資格を有したのもこんなところに原因があったと思われます。以上申し上げたことは、蘇我氏の栄えた大化前代のことですが、このようなことは、光明皇后や藤原氏の時代となっても基本的には変わりがなかったと思います。天皇と豪族と寺院とは、そういう関係において結ばれていたのです。

五

古代の天皇は、最初に申し上げましたように、日本古来の天つ神や国つ神を祭ることを本務としますから、その公的な立場において、そう簡単に仏教に宗旨変えするわけにまいりません。仏教が盛んになり、国教的な立場を占めるようになった平安時代でさえも、正月一日から七日までは、宮中に一切僧侶を入れなかった。弘法大師が宮中に真言院を造り、御修法といって重要な仏教行事を行なうようになりましたが、これも「後七日の御修法」といって、正月八日から七日の間つとめることになっていました。「後七日」とは正月七日以後ということです。つまり、正月一日から七日間は、あの弘法大師でさえどうすることも出来ない古代天皇制の聖域であったわけです。

ですから、仏教伝来の当初、天皇は、おおっぴらに仏教に帰依することが出来ず、皇后宮にこっそりと仏像を祀らせた。日本最初の寺が、皇后宮から出発した尼寺であったというのは、大変おもしろいことだと思うのです。そして皇后宮は、皇后の実家の負担によって出来たものだから、欽明～推古朝では、蘇我氏の援助を得なければならない。いきおいその寺は豪族建立の氏寺のような形となる。こうしたことをもって、伝来当初の仏教は氏族仏教であって、皇室とは無関係であったというようなことは軽々しくいえないと思います。却って皇室との関係を契機として、はじめていわゆる「氏族仏教」が成立し得たのではないでしょうか。

奈良時代以前の飛鳥地方には二四の寺々があったといいます。これらのすべてがそうであったとはいいませんが、その中の多くは、このような意味での「氏寺」であったと思います。なぜなら、天皇に妃を出す家は、蘇我氏に限らなかったからです。橘寺（尼寺）や阿倍寺も、恐らく豊浦寺と同じような動機の下に建立されたのではなかったかと思うものであります。

III 国家仏教と社会生活

はじめに

六世紀の中頃、わが国に伝来した仏教は、飛鳥時代の約一世紀間を通じて、宮廷を中心とする中央貴族層に定着し、続く白鳳時代には、広く各地の地方豪族層に浸透し、さらに奈良時代に入ると、地方の民間社会にも幅広く受容されるようになった。このように伝来当初の仏教が、比較的短期の間に、めざましい発展を遂げることが出来たのは、仏教が国家的に受容され、国家的に保護・奨励されたからだと思う。六〜七世紀の日本は、大陸・半島の先進国家から律令制という政治体制を取りいれて、強力な中央集権国家を作り上げることに懸命になっていた。ところで律令制という政治体制は、古代中国において儒教道徳という合理的かつ普遍的な思想体系を基盤として成立してきたものである。しかるに当時の日本には、もとよりそうした思想的基盤はなく、あったのは閉鎖的な共同体と結び付いた古い神祇観念や呪術思想であった。そうした中で律令制を受け入れてゆくためには、まず伝統的な旧体制、およびそれと結び付いた古い思想や観念を打ち破ってゆく必要があり、第二に、旧体制から切り離された民衆の思想的・精神的な再統一を図ってゆく必要があった。普遍的な理念と合理的な教義体系を備え、しかも仏陀の絶対の愛の無差別平等を説く仏教こそは、右に述べたような要求をいっきょに叶えてくれる誂え向きの宗教であった。しかもこうした事情は、若干の遅速の差はあるが、日本はじめ当時の海東諸国に共通したものであり、これらの諸国にとって仏教の受容と律令制の摂取は、歴史的必然ともいうべき不可避の事態であった。このように考えてくると、当時の為政者たちが、仏教を国家的に受容し、これに国家的な保護と奨励を与えた結果、古代特有の「国家仏教」の成立をみるに至ったことも、あえて不思議とすべきではない。以下こうした歴史的要請として出現した「国家仏教」の成立史から考察してゆくことにしよう。

一　国家仏教の起源

奈良県飛鳥にある安居院と呼ぶ小堂は、いまでは金銅釈迦如来坐像一軀を残す他には、古瓦や礎石の点在が知られるにすぎないが、その昔は飛鳥寺と呼ばれ、わが国最初の本格的寺院として知られる大伽藍であった。当寺の創立については『日本書紀』（以下『書紀』と略）に詳しく、用明二年（五八七）七月、物部氏討伐の際に蘇我馬子が発願し、乱終了の後、翌年、飛鳥真神原に着工したところという。同三年十月には、山に入って寺の用材を採り、同五年十月、まず仏堂と歩廊が成り、ついで推古元年（五九三）正月には、仏舎利を納めてその上に刹柱（塔）を建て、同四年十一月には早くも造営の功成り、馬子の息男善徳を寺司に任じ、またこの直前、高句麗・百済より相次いで来朝した慧慈と慧聡の二僧を当寺に住せしめた、と記されている。このように当寺は馬子の発願で、その息男善徳を寺司に任じたように、蘇我氏の純然たる私寺として創立されたにもかかわらず、その後次第に官寺的な性質を帯びるようになったといわれている。

たとえば『書紀』によれば、推古十三年（六〇五）四月、天皇以下、皇太子・大臣・諸王・諸臣が共同発願して銅・繡の丈六仏像各一軀を造り、翌年四月これを完成したが、銅像は元興寺（飛鳥寺）の金堂に安置したという。すなわち飛鳥寺は蘇我氏の氏寺であるにもかかわらず、その本尊は天皇以下、諸王・諸臣の共同発願であったということになる。また大化改新の際には、蘇我入鹿を誅殺した中大兄皇子はいち早く飛鳥寺に入り、寺を城として防備を固めているし、その後も飛鳥に都の所在した時代を通じて、飛鳥寺西槻樹下は、蕃客饗応などの国家的行事の催される場として活用された。これらの事実に着目し、飛鳥寺は蘇我氏の私寺として造立されたが、造営の半途において私寺から官寺へ転移したという説明を試みたのが家永三郎であった(1)。

家永の飛鳥寺官寺転移説は、飛鳥寺延いては推古朝の仏教の性格を説明するのに便利な説であったから、多くの学者の踏襲するところとなったが、近時はこれを疑問視する向きも少なくない。「仏教が最初から天皇によって受容されたとする記述の成立の背景には、天皇による中央集権国家の成立とその修史という事態がある」とする二葉憲香は、『書紀』大化元年八月癸卯詔の分析を通じて、大化前代における仏教興隆の主導者は天皇家でなく蘇我氏であったこと、そしてそれをあたかも天皇の主導のごとく述べたのは、『書紀』やその素材となった『元興寺縁起』などの造作もしくは潤色に他ならないとした(2)。田村円澄もまた大化前代の仏教受容において、皇室の果たした役割をあまり高く評価しない。伝来から推古朝までの仏教は、主として蘇我氏などの有力氏族によって信奉されたにすぎないから、これを氏族仏教の段階とし、ついで舒明朝に至り、それまで傍観的中立的であった天皇家もようやく百済寺を建立するなど、宮廷を中心に仏教受容が進んだから、これを宮廷仏教の段階とし、さらに大化改新・壬申の乱を経、律令国家の基礎の定まった天武・持統朝に及んで、はじめて国家仏教に進むとするのが田村説である(3)。ここでも飛鳥寺が蘇我氏の純然たる私寺であったことの論証に力を注ぎ、ここに力点を置いて国家仏教の成立期を推古朝でなく、はるか後代の天武・持統朝に求めている。

この二葉・田村両説に大きな影響を与えたと思われるのは、『元興寺縁起』の史料批判から飛鳥寺の創立を論じた福山敏男の戦前の業績である。[4] その論点を要約すれば、(1)現存の『元興寺縁起』の本文は、元興寺すなわち飛鳥寺の縁起ではなく、蘇我蝦夷が飛鳥に建てた豊浦尼寺の古縁起をもとに書かれたものである。(2)仏教伝来より飛鳥寺創立に至る一連の初期仏教に関する『書紀』の記事は、この豊浦尼寺の古縁起に基づいている。(3)現存の『元興寺縁起』には、本文（豊浦尼寺の縁起）の他に、二、三のオリジナルな史料が含まれている、というものである。さて飛鳥寺の創立に関しては、右の(3)に指摘されたオリジナルな史料の一つ、塔露盤銘の後半部が参考になるが、それには、戊申年（五八八）をもって百済より数名の僧と工人が送られてきたこと、飛鳥寺はこれら百済の工人の指導の下に着工されたらしいこと、そして塔の造営の指揮をとったと思われる「山東漢直麻高垢鬼」他、銘文の撰者（二名）、塔露盤鋳造にあたった主領（四名）の人名、および露盤の成った「丙辰年十一月」という年記、とが記されている。それ以外に『書紀』や『元興寺縁起』に伝えられるような史実は、すべて後世の潤色ないし造作とみなさざるを得ないというのが福山の考えである。蘇我氏本宗が滅び、皇室中心主義の確立した奈良時代になって編纂された『書紀』にも飛鳥寺が蘇我馬子の発願であることが明記されていること、あるいは天武九年（六八〇）四月、政府の寺院政策を述べた勅にも、飛鳥寺を国大寺として官治の例に入れることをためらっている事実、などからみても、福山の私寺説は有利であり、家永の官寺転移説は成り立ち難く思われるのである。

しかし私には、飛鳥寺が単なる私寺であったとも考えられないのである。このことは推古朝における蘇我氏の政治的地位からも考えられるのではなかろうか。蘇我氏が欽明朝以来、朝廷内で強大な勢威を有することが出来たのは、大臣職を歴代世襲したこと、全国各地に部民を所有したこと、新しい知識や技術を所有する渡来氏族と密接な関係を結び得えたこと、などによるであろう。しかしこれらもろもろの要因を根本的に支えたものとして皇室とのミウチ関係を忘れることが出来ない。皇室との外戚関係こそ蘇我氏の権力の決定的要因であったとすれば、『書紀』大化元年八月癸卯詔に、蘇我馬子が推古天皇のために丈六の繡像・丈六の銅像を造ったという所伝もあながちに後世の潤色として否定するわけにはゆかないと思う。飛鳥寺がたとえ純然たる蘇我氏の私寺であったとしても、蘇我氏の政治的地位を思えば、飛鳥寺創立の国家的意義は抹殺することが出来ないというのが私の考えである。「国家仏教」の意味するところは多様であり、必ずしも明確ではないが、日本古代の国家仏教の起源を飛鳥寺の創立から論じ始めねばならないのも同じ理由に基づく。

一九五四年、農林省は十津川・紀ノ川総合開発計画を立て、その関連事業として紀ノ川の上流、吉野川の水を地下トンネルで奈良盆地に導き、灌漑用水として供給することを企てたが、この導水路の東幹線が飛鳥地方を通過し、多くの宮跡や寺院跡を破壊する恐れのあることから、重要な遺跡について事前調査が行なわれることになった。これが戦後の飛鳥地方における大がかりな発掘調査の始まりであったが、その際、飛鳥寺・川原寺など飛鳥地方の主要伽藍跡の発掘調査が行なわれたことは、初期仏教の実態や性格を知る上に極めて有益な成果であった(5)。

飛鳥寺の発掘調査は一九五六年から翌年にかけて実施された。五六年五月からの第一次調査では、現存本尊が創建当初以来の大きな花崗岩製の台座石の上に安置されていることがわかり、これを基準に掘り進んだところ、中金堂・塔・西金堂・西門・講堂の跡を確認、ついで同年十一月からの第二次調査では、塔以南の中門・回廊・南門・石敷広場、および塔の東側で東金堂・東回廊を検出し、当初の伽藍配置が、塔を中心に東・北・西の三方に金堂を配し、その周囲を回廊が取り巻くという、従来例をみない特異なものであることがわかった。そして翌年七月からの第三次調査では、塔の中心部を発掘し、中世に一度撹乱されてはいるが、創建当初の舎利埋納物を

発見した。(6)

飛鳥寺の発掘調査は、さまざまの重要な問題を提起したが、まず伽藍配置については、高句麗の清岩里廃寺がこれとまったく同じ配置をとる事実が指摘された。(7) 清岩里廃寺は金剛寺ともいい、朝鮮大同江の右岸、平壌の郊外にあり、一辺九・五メートルの八角の塔を中心とし、その三方に三棟の堂を配し、南には門を置き、各堂および門に向けて中央の塔より放射状に歩廊を設けるという体裁である。清岩里廃寺に程近い平安南道大同郡林原面上五里にも、八角堂とその左右に殿堂を持った寺院跡があるそうである。(8) 百済にはいまのところこのような配置を持つ寺院跡は発見されていないが、百済の工人の技術指導や高句麗王の黄金貢上の伝承などを考え合わせると、飛鳥寺の伽藍配置が、当時の半島の仏寺の体裁を模倣したものであることは間違いなさそうである。

創建当初の瓦も何種類か出土した中で、もっとも古い形式と思われるものは十弁の花弁を持った蓮華文の丸瓦であるが、それは百済の旧都扶余の寺跡から出たもの（ただし八弁）と同じ系統のものであった。飛鳥寺の旧境内の東南隅付近の丘陵から、これらの瓦を焼いたと思われる大きな瓦窯跡が発見されたが、これも扶余で見付かったものと同じ構造を持っていた。百済から来た工人の中には、「瓦師」（『元興寺縁起』）とか「瓦博士」（『書紀』）とか呼ばれる造瓦の技術者のいたことが明記されているが、瓦の文様から窯の築き方まで百済の技術者の指導を仰いだことがうかがわれる。(9)

このように飛鳥寺の造営は、当時としては最新の外来様式を受け入れつつ進められたことがわかるが、調査の最後の段階で行なわれた塔心礎部の発掘において見出されたものは、それとは対照的に、在来文化の臭いの極めて強い舎利埋納物であった。それは建久七年（一一九六）六月の塔焼失の後、一旦掘り出してから再納されたため、かなり撹乱されていたが、心礎周辺から、当初の埋納物と思われるものがほぼ完全に検出せられた。すなわち、勾玉・管玉をはじめ、多数のガラス製小玉、銅地に金メッキをした金環、金銅製の馬鈴や瓔珞、さらに挂甲（一領）や蛇行状鉄器と呼ばれる馬具の一種などである。それらはすべて六世紀の後期古墳に通有の副葬品であり、調査者をして、古墳の横穴式石室を発掘しているような錯覚を覚えさせるものであった(10)。

仏舎利およびそれを安置する塔婆造立の風は、大乗仏教の興起とともにインドに起こり、中国・朝鮮を経て日本にも及んだものであるが、その間次第に舎利をめぐる霊験信仰が付随するようになった。このことは『書紀』敏達十三年条に記される蘇我馬子の舎利感得説話にもみられる通りで、先学も指摘されたように(11)、この説話は、『高僧伝』（巻一、康僧会伝）にみえる南朝の都、建康最初の仏寺、建初寺の建立説話にからんだ舎利説話からの翻案であるが、今回の発掘調査の物語るところでは、蘇我馬子は、そうした外来の舎利霊験信仰をそのまま持ちこんだわけではなく、古墳時代以来の伝統的な祖先祭祀の転化としてこれを受け入れているのである。ここに後期古墳の副葬品と共通する舎利埋納物が出土したことの根源的な理由が潜んでいたといわねばならない。

ところで飛鳥寺と同じ伽藍配置をとる高句麗の寺跡では、中心の塔がすべて八角堂であったことが注意される。わが古代建築にも八角堂や八角塔の実例がみえるが、菅谷文則の指摘に従えば、それらは本来円形のスツーパ（卒塔婆）を意図したもので、故人の供養堂ないしは祖先崇敬の舎利堂的意義を持つものではなかったとしている(12)。飛鳥寺の塔は八角ではなかったけれども、機能的には祖先祭祀の舎利塔として建立されたとみて間違いないであろう。

こうして飛鳥寺は、在来の伝統的な祖先祭祀の延長上に、いわば古墳に代わる歴史的継承物として建立されている。このような寺院の機能を簡潔にいい表わすとすれば、「氏寺」という言葉で表現するしかないが、飛鳥寺こそは、当時の代表的豪族である蘇我氏によって発願造立された当時の代表的氏寺であった。そしてそこに飛鳥寺造立の国家的意義も見出されるといわねばならないであろう。

飛鳥寺の造営の進行している推古二年(五九四)二月、推古天皇は聖徳太子と大臣蘇我馬子に詔して三宝を興隆せしめ、これに応じて多くの貴族たちが「君親の恩のために」競って寺院を建立したという(『書紀』)。いわゆる「三宝興隆の詔」がこれであるが、大化前代における皇室の仏教受容に消極的な評価しか下さない学者の多くは、この詔に対して極めて否定的である。しかし、私は次に述べるような理由から、肯定的に考えてよいと思う。第一に、三宝興隆詔は飛鳥寺造営と時期的に並行するが、一応別箇の出来事である。飛鳥寺が官寺でなかったということは、三宝興隆詔が信頼し得ない理由を構成するものではない。新羅では、わが聖徳太子にも比すべき啓蒙君主、法興王(五一四~五三九在位)がその即位七年(五二〇)に律令を頒布し、百官の公服、朱紫の秩を定めたが、これはわが太子の憲法の作成と冠位の制定に相当しよう。ついで同十四年(五二七)には「肇行仏法」[13]、すなわち仏教の国家的公認を行なったという。三宝興隆詔の宣布は、新羅法興王の「肇行仏法」に比すべき事件であったと考えられる。

第二に『書紀』によれば、この詔に応じてもろもろの臣連等が「おのおの君親の恩の為に競ひて仏舎を造」ったという。この結果から逆推すれば、三宝興隆詔が奨励したことがらの内容は、「祖先崇拝的な氏寺」造立の推奨であったと考えられ、「仏教はこうして、㈠祈禱教的な要素や、㈡祖先崇拝などと結合し、いわば民族宗教的に受容されたのであった[14]」。儒教道徳を基調とした中国社会では、仏教の受容にあたって、儒教道徳と仏教の説く実践規範との間にさまざまな問題が生じたが、その一に「不拝君親問題」がある。これは、僧尼は出世間的な存在で、方外の士であり、出家であるが故に、世間法に束縛されることなく、礼の世界の外にあるものである。従って国の王たる天子(君)に対しても、家の長たる父(親)に対しても、何ら礼拝する必要なしと主張して、いわば仏教の純一性を守ろうとするところから生じた問題であって、東晋・南北朝に始まり、唐代に及んだ。[15] しかるにいま推古朝の日本では、君親のために寺を造るというのであるから、それはまことに日本的な没思想的な仏教受容の姿といわねばならない。そこには、飛鳥寺の塔心礎から古墳出土の副葬品と同じ埋納物が大量に見出されたことと共通したものが感じられる。以上は、三宝興隆詔の史的信憑性を裏付けるとともに、国家仏教の始源をなす推古朝の仏教の性格を明示するものでもある。

なお推古朝の仏教と聖徳太子との関係、もっとはっきりいえば仏教受容における蘇我氏と聖徳太子との関係について一言しておきたい。『三経義疏』や『十七条憲法』に示された太子の仏教理解の高邁さから、太子の仏教と蘇我氏のそれとの間に断絶性や異質性を指摘する考え方が一般的である。しかし私はこうした考え方に懐疑的である。たとえ、『三経義疏』や『十七条憲法』が太子の真撰であったとしても、太子の仏教思想を推古朝ないしは蘇我氏の仏教から切り離して考えてはいけないと思う。推古朝という時代は、外には海東諸国と競合しながら強大な統一国家を確立し、内には氏族政治の弊害を除去し、天皇を中心とする官僚制国家を指向してゆかねばならない時代であった。仏教の受容・尊重は、このような国際的および内政的契機から必然とされたものであって、太子や馬子という個人の気質や趣向によって左右される問題ではなかった。われわれは、太子と馬子との仏教受容上の些細な相違に目を注ぐよりも、期せずして両者が「三宝興隆」に熱心ならざるを得なかったことの時代的必然を知ることの方が有益である。

二　僧官の設置と僧尼令の制定

推古二年（五九四）の三宝興隆詔は、仏教に対する国家的公認であり、保護・奨励の開始である。果たして三〇年後の推古三十二年（六二四）の調査によれば、「寺四十六所、僧八百十六人、尼五百六十九人、併せて一千三百八十五人」（『書紀』）の存在が報告されている。この内の寺院数については、信頼すべき文献および考古学的方法による調査の結果がこの数字の正しさを傍証している(16)。

こうして寺院や僧尼の数が増えてくると、これらに対する国家的な統制機関、特に僧侶の自治組織を基礎にした統制機関が必要視されるようになってくる。これが僧官である。『書紀』によれば、推古三十二年に一人の僧が斧をもって祖父をなぐり殺すという不祥事が起こった。これを聞いた推古天皇は、諸寺の僧尼をことごとく呼び集めて、殺人を犯した僧のみならず、すべての僧尼に罪を科そうとした。この時百済から来た僧観勒は上表して、仏法が伝わってまだ百年に満たず、僧尼は法律に習熟していないことを理由として、殺人僧を除くそれ以外の僧尼を赦されんことを請願した。このもっともな請願は天皇の聞きいれるところとなったが、この際、僧正・僧都《そうず》を置いて僧尼を監督させることになり、観勒を僧正に、鞍部徳積を僧都に任じ、また別に法頭《ほうず》を置き、阿曇連某をこれに任じた。

仏教発祥当時のインドには僧官はなく、僧中に上座・維那《いな》があり、僧尼の非行等は律によって自主的に処分されていた。仏教が中国に伝来するに及んで、寺院・僧尼に対する課役免除の措置や賜田・賜封等の保護が加えられるようになり、それにと伴って寺院・僧尼に対する国家的な統制機関が必要となった。中国・朝鮮では早くから僧官が置かれ、北朝ではすでに姚秦に僧主・悦衆の僧官があり、北魏は沙門統を置き、後昭玄統と改めた。南朝では宋に僧主・僧正の制があり、梁に僧正・僧都・都維那の制があった。南北を統一した隋は北朝の制を襲って大統・国統を置いたが、まもなく絶え、唐は鴻臚寺の下に崇玄署を置き、寺院・僧尼を統括せしめたが、これは俗官であった。朝鮮では新羅の僧官制が比較的明らかで、六世紀の中頃北朝（北斉）の制を模して国統・大都維那を置き、新羅の終末まで続いたことがわかっている。(17)

推古三十二年に創設された僧正・僧都の職名は、北朝やその系統を引く隋唐にはなく、南朝（梁・陳）の制であるから、「南朝から百済に移植され、百済から推古朝の日本に移植された」とする井上光貞の意見がもっとも自然である。(18)こうして僧官設置の最初にあたって、国家俗権の統制的色彩の強い北朝や隋唐の制度でなく、教団の自主性をある程度尊重する南朝の制度を学んだことは、今後の日本仏教の発展の方向を決定付ける重要な選択であったといわねばならない。僧正・僧都と同時に設置された法頭は、寺院財産の管理にあたった僧官であったと解されている。(19)

二〇年後の大化改新に際して、僧官制度の改訂が行なわれた。大化元年（六四五）八月、即位したばかりの孝徳天皇は、使を法興寺に遣わして僧尼たちに詔して、従前に異ならず仏教を尊重するという新政府の方針を示すとともに次のような具体策を示した。(1)衆僧を教導するために十師を設置する。(2)天皇以下伴造に至る諸氏の造った私寺に対して今後官の援助を与える。(3)そのために諸寺に寺司と寺主を任命する。(4)諸寺を巡行し僧尼・奴婢・田畝の実を調べるために法頭を任命する。さてこの内僧官制に関するものは(1)十師と(4)法頭であるが、法頭は推古三十二年制の踏襲であり、推古朝に置かれた僧正・僧都が姿を消して、代わって十師の置かれたことが注目される。これは、唐の武徳二年（六一九）に、北斉の昭玄十統の故智に倣い、教界の有力者一〇人を選んで任命した十大徳の制度を模倣したものと考えられる[20]。この時、十師に任命された人々の行歴を調べてみると、半数が法興寺関係の僧、残る半数が大唐学問僧という好対照をなしている[21]。蘇我氏滅亡から新政府の樹立に至る一連の改革によって仏教界を取り巻く空気は大きく変わったと思われるが、従来圧倒的な優位を占めてきた法興寺の地位は揺るがなかった。これが十師の中の半数を法興寺関係僧が占めた理由である。しかし新政府と結び付いた大唐学問僧の新しい力も無視し難く、これが残る半数を彼らが占めた理由である。このような教界をめぐる情勢の変化の中で、従来顧みられることのなかった北朝—唐系の僧官制、すなわち十大徳制に基づく十師制が新政府の採用するところとなった。

しかしこの十師の制は、唐の十大徳制がそうであったように、あまり長続きしなかった。国家的統制の色彩が強い北朝—隋唐系の僧官制は結局日本では定着せず、天武朝には再び僧正・僧都制が復活するのである。律令制下の僧綱制では、僧正・僧都の下に律師が置かれているが、律師の初見は天武十二年（六八三）である。この時僧正・僧都・律師を任じて、「僧尼を統べ領むること、法の如くせよ」（『書紀』）と命じているが、この「法」とは仏教の法律、すなわち内律のことで、僧尼に対して戒律の遵守を促しているのであり、この時律師を設置したことと趣旨を同じくしている。この前後、天武八年（六七九）十月には、「僧尼等の威儀、及び法服の色、ならびに馬従者、巷閭に往来するの状」を制し（『書紀』）、同九年四月には、国大寺以外の諸寺に対する官治をやめるとともに、諸寺食封の年限を三〇年と定めるなど、寺院・僧尼に関する法制の整備がなされている（同上）。前者は僧尼令聴着木蘭条や同遇三位以上条などの、後者は禄令寺不在食封之例条の先行法令とみなされるものである。さらに天武十年二月には「朕、今より更に律令を定め、法式を改めむと欲ふ」（『書紀』）と詔して、いわゆる浄御《きよみが》原《はら》律令の編纂開始を命じるなど、国家全体として法典編纂の機運の高まった時期でもある。こうした時代背景の下に「内律の裁制官」[22]を意味する律師の職が新置され、律令制下の僧綱制に定着してゆくのである。律師の起源として注目されているのは、北朝（北斉）の断事沙門や南朝（梁）の大律都沙門である。後者については詳細不明であるが、断事沙門は昭玄寺に属し、教団内において内律によって行なわれる裁判を司る職であったことが明らかにされている[23]。

養老令では、律師以上の僧官を僧綱と呼び、治部省に所属する玄蕃寮《げんばりょう》の所管とした（僧尼令任僧綱条・同禅行条）。しかし僧綱は玄蕃寮の単なる被管ではなく、むしろ二官八省の律令制官僚組織の外にあり、ただ玄蕃寮を事務窓口としたと考えることが妥当である。このことは、文書伝送形式からもうかがわれ、太政官が僧綱に出す場合も、僧綱が太政官に出す場合も、その文書には、「牒《ちょう》」式を用いた。これは、僧綱と諸官司との報答は「移《い》」（直接上下関係に非ざる官司と諸機関の間で取り交わされる文書の形式）の式に準じ、牒をもって移に代えるという規定によるものである[24]。このように「仏教教団を俗世間の外におこうとする」のが「律令法の根本理念」であったと考えられるのである[25]。僧綱の任命については、僧尼令（任僧綱条）に「徳行ありて能く徒衆を伏せむ、道俗欽び仰ぎて、法務に綱維たらむ者」を用い、その任命に際して「挙せむところの徒衆、皆連署して官に牒せよ」とあり、僧衆の選挙制によるべきことを定めている。諸寺の三綱の選任についても寺衆の選挙によることが規定されており（『延喜式』玄蕃寮）、教団の自立性、自治制が相対的に重んじられていたということが出来る[26]。

唐では、隋の制度を踏襲して鴻臚寺に属する崇玄署（俗官）が直接、僧尼を統制支配したが、日本では治部省所属の玄蕃寮（俗官）が直接教団を支配するのではなく、教団の代表者から成る僧綱（僧官）を通じて間接的に統制する形をとったのである。このように仏教界の自治制・自立性は、僧綱・三綱の選挙制や僧綱の律令制官僚組織からの独立性などによって保障されていたのであり、ここに推古朝以来の日本古代の僧官制度の一貫した特色を認めることが出来るであろう。

なお地方の僧尼・寺院は、はじめ国郡の監督下に置かれていたが、大宝二年（七〇二）、国師と呼ばれる僧官が諸国に置かれ、国司とともに部内の僧尼・寺院を統轄することになった。中央に比べてやや遅れたけれども、ここでも俗官である国司の直接支配でなく、国師という僧官を媒介として地方教団を統轄する方式を採用したのである。

次に、寺院・僧尼に対する法制、すなわち僧尼令の成立についてみよう。

現存する養老令には僧尼令一篇があり、神祇令の次、巻首より七番目に編次されている。大宝令にもほぼ同じような内容を持った僧尼令一篇の存したことは『令集解』所引の古記や、僧尼令撰修の実務担当者であったとみられる道君首《みちぎみのおうと》名《な》が大安寺で僧尼令を講じたという『続日本紀』（以下『続紀』と略）大宝元年（七〇一）六月一日条の記事などから知られる。浄御原令にも僧尼令が存したという説があるが、確証はない[27]。

唐令には僧尼令がなく、わが僧尼令の粉本と考えられるものは、唐太宗の貞観十年（六三六）、玄琬法師の建言に基づいて制定されたという道僧格である。これは現存しないが、『令集解』所引の古記は、わが僧尼令に対してこれを本格と称し、母法であることを示唆している。中田薫によれば、格は「律比」を主体にして編纂された法令である。「比」とは、断罪にあたって律令に相当する正条がない場合、「比附」すなわち類推して適当な刑を擬定することである。一体律令は一般俗人に適用すべき世間法であって、出家の道士女冠や僧尼に適用すべき出世間法ではない。さりとて道士や僧侶が寺院内外で犯すあらゆる不法行為について科罪の法を定めることは不可能に近いので、出家者の道士女冠や僧尼に適用するために律の比附例を主体として制定されたのが道僧格であった[28]。

このように律比を主体とした格を母法としたため、わが僧尼令は他の令に比べて刑罰規定が多く、令としては特異なものとなった。すべて二七条の中、刑罰規定を含むものが一九条もあるが、僧尼の不法行為を俗律に比附する一般的原則を示したものは第二一条准格律条である。これによると、僧尼が罪を犯した場合、俗法による処断を免れることは出来ないが、次のような刑法上の恩典に浴することが出来た。まず罪が徒以上の場合には還俗させ、官人の官当に準じてその刑量から告牒（度牒）分の徒一年を差し引いた残余を実刑として科する。大宝令ではこの告牒当の規定はなく、養老令になって成立した制度らしい(29)。次に罪が杖以下の場合には正刑の笞杖の代わりに官人の贖銅に準じて閏刑としての苦使を科する。苦使とは笞・杖の刑量に準じた一定日数を仏殿の修理や掃除などの寺内の労役に従事させるもので、その執行は寺の三綱に委ねられていた。第三は右以下の軽罪で、この場合は寺の三綱が内律によって処分し、国家はこれに関与しなかったのである。このように准格律条によれば、僧尼に刑罰を科する場合、俗法を無制限に適用することを避けたのであり、僧尼は刑法上、官人に準ずる特権身分であったことがわかる。告牒当の制度では、告牒分を徒一年とみなすが、これは官人の八位に相当する。すなわち律令は僧尼身分を八位の官人とみなしていたのである。

准格律条は、僧尼の刑罰を俗律に比附する一般的原則を示したものであるが、僧尼令のそれ以外の条文、特に刑罰規定を含む条文は、比附例を具体的に示したものといえる。前述のように国家は僧尼に対して刑法上の特権を与えていたばかりでなく、俗籍から除いて課役免の特権を与えていたから、国家は僧尼に対して一定の規律遵守を求めたとしてもおかしくない。僧尼令にもっとも多い律比例は、仏教の戒律に基づきながら僧尼の遵守すべき禁忌条項を国法の裏付けをもって示したものである。いまこれを刑罰の種類によって分類すれば、⑴還俗のうえ俗律により科断、⑵還俗、⑶苦使、⑷外配の四種となる。⑴還俗のうえ俗律により科断とは、告牒当で徒一年を差し引いてもなお実刑の残る重い犯罪、および告牒当の適用から除外された重犯罪に適用される。僧尼の私度・冒名（第二二条）、公験を他人に付与した場合（第一六条）、焚身・捨身の行為（第二七条）などが前者にあたり、天変地妖にことよせて政治を批判したり、兵書を習読するなどの国家犯や殺人・奸・盗、および詐って聖道を得たと称するなどの波羅夷《はらい》罪が後者にあたり、これは俗人の八虐に準ぜられた。次に(2)還俗とは僧尼身分を剝奪することで、徒一年に相当する閏刑である。迷信的な小道・巫術（第二条）、寺院外での教化（第五条）、寺の長宿に対する殴撃（第五条）、飲酒酔乱（第七条）、私度の帮助（第二二条）などに適用された。(3)苦使とは、前述のように杖罪以下の閏刑として科せられる苦役で、三綱の監督の下に寺内で執行される。前二項に比べて比較的軽い違反行為や不法行為に適用されたが、ここでは例示を省く。最後に(4)外配とは、還俗と苦使との中間的な処分で、苦使百日の罪を犯すこと三度に及ぶものを外国（畿外）の寺に移配させることをいう（第二五条）。

以上の刑罰規定は仏教の戒律に基づきながら制定されたものが多く、両者の関係をみると、内律で重きものは律令でも重く、大体、両者は対応関係にあるが、時には食い違う場合もあり、僧尼令立法者の対仏教観を示していることがある。仏教戒律の罰則は、(1)波羅夷（教団追放）、(2)僧残《そうざん》（大衆の面前で懺悔）、(3)波逸提《はいつだい》（僧中で懺悔）、(4)提舎尼《だいしゃに》（他僧に懺悔）、(5)突吉羅《ときら》（自己懺悔）の五篇《ひん》に分つが、波羅夷罪は告牒当の適用からも除外された重罪とされ、僧残・波逸提罪は、還俗ないし苦使に配当されており、提舎尼や突吉羅のような軽罪は、苦使以下の軽罪として寺の三綱が内律によって自治的に処分し、国家の関与するところとならなかった。

僧尼令の刑罰規定を内律と比較して、対応する条項がない場合、あるいは対応する条項があっても刑量が著しく釣り合わない場合があるが、そうしたところに僧尼令立法者の独自の見識をみることが出来るであろう。こうした観点からみて僧尼令の特色として注目される第一は、すでに先学も指摘されるように、僧尼身分の異動に対して厳しい制限を設けていることである。律令国家が僧尼身分の確定のために得度制度の励行に意を用いざるを得なかったのは、前にも述べたように、僧尼には課役免の特権を与えていたので、これを無制限に放置すれば、中国の歴史でしばしばみられたように国民の大半が僧尼となり、課役を負担する民がなくなるという恐れがあったからである。律令が私度を厳禁したのは、公民制を建前とする律令国家の存立の基盤にかかわるやむにやまれぬ措置であったと理解される。ところが僧尼令には、出家得度の資格や手続きに関する規定を欠いており、僧尼に関する法制としては著しく不充分なものといわざるを得ない。これは追加法としての道僧格を後から令に編次したためである。僅かに第三条に僧尼の還俗の手続きを示し、また、公験を他人に付与した場合（第一六条）や私度を容認した場合（第二二条）には厳しい制裁を加えることを定めている。

第二に、右に関連して律令が僧尼の寺内専住を期待し、寺院外での自由な布教活動を歓迎しなかったことも注目される。寺院外に道場を建てて教化することを禁じ、乞食の場合すら届出を必要とし（第五条）、寺院を離れて山林修業を求めるものにも官許を要求し（第一三条）、俗人に経・像を付して教化させることも禁じている（第二三条）。律令国家が僧尼の寺内専住をのぞんだのは、自由な民間布教が反国家的な民衆運動に結び付くことを警戒したからであったと考えられる。僧尼令ないし道僧格の立法者が部派戒律、特に四分律を参考にしたことは事実であるが、それは当時もっとも普遍的に行なわれた戒律を採用したまでであって、四分律を採用することによって僧尼令の規定全体を小乗的に修飾しようとしたのではない。梵網経等の大乗戒経は、当時僧の用うべき戒律としては一般に普及していなかったから、僧尼令の規定を大乗戒と比較して論をなすことはあまり意味のないことであろう。従ってまた僧尼令の禁止事項が小乗的であることを力説することも同様にあまり意味のないことである。

第三に注目されるのは、迷信的な布教行為を禁断したことである。吉凶を卜相したり、小道・巫術による療病(第二条)、妄りに罪福を説くこと(第五条)、焚身捨身の行為(第二七条)などの禁がこれであるが、これらの規定の背景には、儒教的な倫理思想や合理主義思想が強く働いている。特に焚身捨身の禁は、唐の道僧格にもみえないところであり、わが僧尼令立法者の見識をうかがわせるものである。

以上によって知られるように僧尼令は、僧尼に関する法制としては欠陥の多い法令であるが、僧尼が罪を犯した場合、ストレートに俗法が適用されることを避けるため、僧尼に対する保護措置として律比例として制定されたものである。刑罰規定や禁止条項が多いのはそのためであって、決して律令国家の僧尼統制の厳しさを示すものではなく、却って僧尼を保護する防波堤的なものとして制定されたのである。またその際、当時一般に行なわれた四分律を用いたため、禁止条項の多いことと相まって、小乗仏教的色彩の強いものと評価されることが多かったが、僧尼令が小乗的色彩を帯びたのは結果としてそうなったのであって、立法者の意図を示すものでない。

立法者の仏教に対する態度を示すものは、右に指摘した三つの特色であるが、その内の一と二は、律令国家の国益保全のためのやむを得ざる措置であるから、結局残る第三の迷信的な布教行為の禁断ということが律令立法者の仏教に対して示した一定の態度ということが出来、それは換言すれば、儒教的な合理主義とでもいうべきものであった。

これを要するに㈠僧尼令は、徹底した仏教統制のために制定されたものではなく、却って僧尼優遇のために設けられたものであり、そこに僧綱設置の場合と共通したものが考えられる。㈡僧尼令一篇を貫く思想的立場は、儒教的合理主義ということが出来る。すなわち、律令国家は、儒教的合理主義をもって仏教界をコントロールしようとしたのであって、そこに種々の問題が生ずる理由があったと考えられる。

三　国家仏教の実質的側面

以上は仏教に対する古代律令国家の法的側面、形式的側面の成立過程を述べたものであるが、以下そうした規制の中で、国家仏教はどのように育てられていったかをみることにしたい。鉢植えに譬えてみれば、いままで述べたのは植木鉢や植木の枝にあてられた添え木の問題であったが、以下述べようとするのは、植木そのものの問題である。

大化前代には純然たる官寺というものはなく、寺院はすべて貴族や豪族の私的な氏寺として捉えられた。舒明天皇発願の百済寺（後の大安寺）にしても天皇家の私寺にすぎず、大化元年（六四五）八月の僧尼に与えた詔には天皇家所造の寺といえども伴造等所造の寺と区別していなかった。しかるにこの詔において孝徳天皇は、それらの者に対して「営《つく》ること能はずは、朕皆助け作らむ」として国家による私寺助成策をはじめて打ち出し、またその推進役としての寺司（俗）・寺主（僧）を寺ごとに任命した。ここで天皇がやろうとしたことは諸寺に対する「助作」であり、檀越《だんおつ》たる造立氏族に代わって経営・造作の責任を国家が引き受けようとするものではなかったが、一定の財政援助と引換えに、寺院・僧尼の社会的機能を一定の方向に向かわせようとするもので、これは今後の律令国家の寺院対策の一貫した特色となった。

財政援助としては大化二年三月、籍に洩れた寺に田と山を施入しているが、天武四年（六七五）一月には、「諸寺等に賜へりし山沢・嶋浦・林野・陂池は、前も後も並に除《や》めよ」（『書紀』）と命じ、天武八年四月には「諸の食封有る寺の所由を商量りて、加すべきは加し、除むべきは除めよ」（同上）とし、寺院に対する経済援助としては食封の施入が一般化したように思われる。翌九年四月の勅によれば、「凡そ諸寺は、今より以後、国の大寺たるもの二、三を除きて、以外は官司治むるなかれ。ただしその食封あるは、先後三十年を限れ。もし年を数へむに三十に満たば、除めよ」（同上）として、寺院に対する総合的な対策を示した。すなわち、この勅は、すべての寺を、国家が官治する「国の大寺」と、官治しない寺とに分け、さらにこの後者について食封のある寺とない寺があるが、食封のある寺はその所有年限を三〇年に制限し、その期間は官治を受けることを示唆したものと解することが出来る。[30]以上によって律令国家はすべての寺を、(1)国大寺、(2)有封寺、(3)その他の諸寺の三級に分けたことになる。(1)国大寺は、国家が国費を用いて造立し維持する官寺であり、百済大寺（後の大安寺）、川原寺（後の弘福寺）、および飛鳥寺（後の元興寺）がそれに該当しよう。経済的にもっとも優遇され、大量の寺田・食封・出挙稲等の施入を受け、かつその受益期間も規定の年限から除外されていることが多かった。[31](2)有封寺は、期限付（三〇年ないし五年）の食封を所有し、その期間中は官の支配を受ける准官寺である。国家の財政援助の度合いによってさまざまであるが、その程度に応じて国家的、公共的色彩を帯びたことはいうまでもない。[32]これを要するに律令国家は、すべての寺院や僧尼が国家目的に奉仕することを期待したわけであるが、現実には不可能であるので、官寺としての大寺、准官寺としての有封寺に、それぞれ一定の経済援助を行なうことと引換えに協力を求めたわけである。このように律令国家から一定の保護と統制を受けつつ、国家の期待する護国経典の読誦を忠実に行なうことが、国家仏教のもっとも理想的な姿とされたのである。

古代僧団の人的構成は、原始仏教以来の七衆の制を踏襲していた。僧となろうと欲するものはまず優婆塞《うばそく》となって師主に随侍し、数年の修業の後出家得度して沙弥《しゃみ》となり、さらに数年の後受戒して一人前の比丘《びく》、すなわち大僧の資格を得るのである。以上は男子の場合であるが、女子の場合には優婆夷《うばい》・沙弥尼・式叉摩那《しきしゃまな》・比丘尼と経過し、男子の場合の優婆塞・沙弥・比丘と合わせて七衆という。式叉摩那とは、女子の場合、特に二年間の戒法を学ぶ期間を設けたものである。

律令国家はこれら僧尼を取り締まるにあたって、まず出家と在家の関門として得度制度を重視した。僧尼令が出家得度の資格や手続きに関する規定を欠いていたことは前に述べた通りであるが、私度および私度の幇助や容認に対して厳しくこれを禁じており（前述）、また律（戸婚律）には私度法という規定があり、官許を経ずして私に得度すれば、度を受けたものも授けたものも杖一百の刑に処し、また私度によって「除貫」すなわち戸籍から名を除く手続きを行なったものは徒一年、関係の官司や僧綱が事情を知って禁じなかった場合もこれと同罪、という厳しい処分を決めている。そこで問題になるのは、得度の「官許」とは具体的にどうした手続きをさすかということである。得度の認許権は表面上、形式上はあくまでも教団側にあった。このことは天平時代の優婆塞貢《うばそくこう》進解《しんげ》や奈良時代の度牒の唯一の遺存例である延暦二年（七八三）の最澄度縁にも、必ず師主の署名のあることから明らかである。しかるに律令政府は得度の際に、(1)勘籍・除籍事務、(2)僧籍への編入事務、(3)度縁の発給という三種の届出義務を課することによって実質的にこれを官僚統制下に置こうとしたのである。

(1)得度の際の勘籍の手続きをもっとも詳しく規定しているのは『延喜式』（玄蕃寮）にみえる年分度者条である。年分度者については後述するが、正月御斎会の最終日に宮中にて得度が許されるのであるが、得度の儀式が終わった後の手続きは次の通りであった。治部省官人がまず度者の手実（自筆の身もと申告書）を徴し、これを太政官に報告する。次に民部省に赴きその官人立会の下、民部所蔵の戸籍と照合する。これを「勘籍」といい、得度者の場合は過去三比の籍を勘し、その内一比と手実の述べるところとが一致すればよいとされた（民部上、勘籍条）。こうして勘籍に問題がなければ度縁一通を作り、まず度を与えた師主が署名し、次に治部省・玄蕃寮・僧綱が判署を加え（玄蕃寮、度縁式）、さらに太政官の印を請うた上で本人に手交された。除籍、すなわち戸籍から得度者の名を除くことは、この勘籍の手続きと同時に行なわれたと思われる。戸籍は三通作成され、二通は太政官に送り（一通は中務省、一通は民部省に保管）、一通は職・国に保管されたから、このことはそれぞれの保管先に文書で連絡されたのであろう。

(2)僧籍への編入については、雑令造僧尼籍条に規定があり、それによれば、僧尼の籍は京職・国の官司が六年ごとに三通を造り、おのおの出家の年月、夏臈および徳業を記載し、その文面には捺印の上、一通は職・国に保管し、他の二通は太政官に進送し、中務省と治部省（玄蕃寮）に保管することが定められており、『続紀』宝亀十年八月条によれば、大宝元年（七〇一）より始むるところという。僧尼籍は、六年ごとに造るというが、それは一般の戸籍と時を同じくして造られたものと思われる。従って僧籍への編入は得度の行なわれた際、その都度なされるのでなかったため、「或は入道の元由、披陳明かならず、或は名、綱帳に存して、還つて官籍に落ち、或は形貌黶を誌して既に相当らず」（『続紀』神亀元年十月条）というような混乱が生じやすかったのであろう。

(3)そこで僧尼の実態を正しく把握し、私度や冒名を厳しく禁断し、かつは僧尼の質の向上を図るために考えられたのが度縁（牒）の発給である。[33]『続紀』には養老四年正月条に「始めて僧尼公験を授く」とみえる。僧尼令集解、准格律条所引の令釈の問答によれば僧尼に給すべき公験は、(1)度牒（縁）、(2)戒牒、(3)師位記の三としている。度牒は(1)で述べたように得度の勘籍事務の完了と同時に作成下付され、得度者の身分証明書として便利であったばかりでなく、偽濫僧の禁遏のためにも効果的であったと思われる。以後、養老年間や宝亀年間など、厳しい僧尼統制の行なわれた時代には必ず度牒制度の励行が図られた理由である。なお僧尼の刑法上の特典である告牒当の制度が、公験授与制度を前提として養老令に至ってはじめて成立したことは前述の通りである。

このようにして政府は得度にあたって煩瑣な届出手続きを義務付けたので、得度の認許権は形式上、教団の師主にありながら、実質的には官司（京ならば玄蕃寮、諸国ならば国司）の手に握られた恰好になってしまった。こうして官司への届出事務を欠いた得度を「私度」と称し、国法違反行為として刑罰の対象とした。そして所定の手続きを経たものを「官度」（僧尼令集解方便条）と称し、さながら官の認許によって度を得たごとくいったが、これは本末を顚倒した表現といわねばならないであろう。私度僧に対して官許の得度者を「官僧」と呼ぶこともあるが、これも妥当性に乏しい称呼である。真に「官僧」という名に値するものは、官寺に住し、官の扶持に預り、官の修める護国法会に勤仕することを務めとする僧でなければならぬ。これに近いものとして、次に律令制下の年分度者の制に注目しよう。

「年分度者」の初見は延暦年間であるが[34]、早く堀一郎が指摘したように、持統十年（六九六）十二月に「金光明経を読ましむるに縁りて、年ごとの十二月晦日に、浄行者一十人を度せしむ」（『書紀』）とみえるものが、その起源をなすもののようである[35]。これより先、持統八年五月、「金光明経一百部を以て、諸国に送り置く。必ず年ごとの正月の上玄にあたりて読め。その布施は、当国の官物を以て充てよ」（同上）として、諸国の国府所属の仏堂において毎年正月八日より十四日までの七日間、金光明経を読誦せしめ、布施には官物（正税）を用うべきことを命じているが、これはその後長らく年中行事として伝えられ、やがて国分寺成立後は、国分寺におけるもっとも重要な法会として引き継がれてゆくのである（国分寺の正式の名称が金光明四天王護国之寺であることに注意せよ）。

金光明経には三訳が存するが、持統朝に用いられた本は、隋の宝貴らの訳した合部金光明経八巻、いわゆる旧訳本で、その第十、四天王品には、国王がもしこの経を伝持流通せしめれば、四天王がその国土国民を守護して福利増益せしむることを力説しており、中国でも護国経典として重んじられた。日本では、天武五年（六七六）十一月、諸国に使を遣わして、金光明経・仁王経を説かしめることあり（『書紀』）、正月金光明会の先駆とみられるが、金光明経そのものの受容はさらに早く、田村円澄によれば聖徳太子の発願とされる四天王寺も本経の四天王品の思想に基づいたと考えられる他、皇極元年（六四二）夏、蘇我馬子が大寺（飛鳥寺）の南庭で営んだ祈雨の法会が金光明経の金光明懺法によっていること、また孝徳天皇が白雉元年（六五〇）十月、難波大郡宮で発願造顕した「丈六繡像俠侍八部等卌六像」が金光明経四天王品の所説に基づいていることが指摘されている(36)。

かようにわが国における金光明経の流行は大化前代に遡り、早くから護国経典として尊重され、持統朝には、毎年正月、諸国の国府内仏堂において読誦する行事が成立していたが、諸国での金光明会に先立って中央でもこの法会が定例化されていたはずであり、いわゆる宮中金光明会（御斎会）がこれである。持統十年（六九六）十二月の浄行者一〇人の出家は、この宮中御斎会における金光明経の読誦を目的として、毎年一〇人の定数を決めて定期的に得度させるものであって、これがいわゆる「年分度者」の濫觴に他ならない。

毎年正月、歳首にあたって金光明経を読誦するゆえんは、その年の災を攘い、福を招く功徳を期待するにあり、日本在来の祈年祭の仏教版ともいうべき祈年読経である。年分度者の「年分」という言葉には、「毎年の」という意味とともに「その年の攘災招福のための」という意義があり、この後者の意義を強調する二葉憲香の指摘は傾聴すべきである(37)。この年分度者の設置理由の中には、律令国家が仏教に期待するところのもののすべてが秘められていたように思う。それは一口にいえば、呪術的な鎮護国家の修法によって国家の安寧を祈る機能である。このような呪術的・非合理的な欲求を抱きながら、一方では儒教的な合理主義に立脚して教界を規制してゆく体制、これが律令国家の仏教に対する基本的な態度であったといえよう。

四　行基の民間布教

以上みてきたように仏教は、伝来以来、国家の保護・奨励を受け、まず中央の貴族層に、ついで各地の豪族層に受け入れられていったのである。地域の一般民衆たちは、恐らくはじめは仏教を受動的に受け入れるにすぎなかったと思われるが、時間の経過とともに深く信奉するようになり、やがては貴族や豪族の独占物であった仏教を彼ら自身のものとするようになるであろう。大宝律令が完成し、律令国家機能の中枢としての平城京が建設された頃には、前代以来、地域社会に根を下ろした仏教が民衆の生活の中にとけこみ、新しい民衆仏教が芽生えてくる。われわれはそうした動きを養老年間における行基およびその徒衆の活動という事実によって察知することが出来る。

行基集団の活動が、これ以上放置出来ない不穏な民衆運動として、はじめて支配者の目に映じたのは、平城遷都に伴う苛酷な徭役労働に対する不満の高まりつつあった養老元年（七一七）四月のことである。この時出された詔は、霊亀以来の仏教統制策の一環として三項にわたる僧尼の非行を挙げ、これを戒めたものであるが、特に行基を名ざしで述べたのはその第二項である。

凡そ僧尼は、寺家に寂居して、教を受け道を伝ふ。令に准ずるに云く、その乞食することある者は、三綱連署して午前に鉢を捧げ告げ乞へ。これに因つて更に余物を乞ふことを得ざれ。方今小僧行基並に弟子等、街衢に零畳して(イ)妄りに罪福を説く。(ロ)朋党を合せ搆へ、(ハ)指臂を焚き剝ぎ、(ニ)歴門仮説して、(ホ)強ひて余物を乞ひ、(ヘ)詐つて聖道と称して百姓を妖惑す。道俗擾乱して四民業を棄つ。進みては釈教に違ひ、退きては法令を犯す(『続紀』)。

はじめに僧尼の寺内専住を説いた僧尼令第五条を引き、行基らの行為がその規定する托鉢の際の違反行為にあたることを指摘した上、彼らの行動を詳しく述べた文章が続く。それはことごとく僧尼令の禁止事項の文句でつづられている。(イ)「歴門仮説」は第五条に、(ロ)「合搆朋党」は第四条に、(ハ)「焚剥指臂」は第二七条に、(ニ)「歴門仮説」は第二三条に、(ホ)「強乞余物」は第五条に、(ヘ)「詐称聖道、妖惑百姓」は第一条に、それぞれ規定された禁止事項、それも重犯罪事項の語句をほとんどそのままとって並べたものに他ならない。行基らの行動が、徹頭徹尾、僧尼令に対する違反行為として捉えられていることにまず注目しなければならない。

前述のように、僧尼令が厳しく禁断したのは(1)私度、(2)寺院外教化、(3)呪術的行為の三であり、なかんずく(3)の呪術的行為の禁は、僧尼令立法者の思想的立場をもっともよく示したものであったが、上掲の詔の第二項に列記された行基集団の行動は、僧尼令が思想的にもっとも忌避してやまない呪術的行為の累犯といってよいものであった。かくて行基らの行為は、僧尼令の個々の条項に背くばかりでなく、僧尼令を支えている思想的基盤に真っ向から敵対するものとして捉えられていたのである。このような行基集団の呪術的性格について石母田正は、民衆を教化し組織する過程の中で、逆に民衆自身の観念形態によって制約され、その結果としてこうむらざるを得なかった性格と解し、さらにそれは、民衆自身がその中に編成されている社会の形態、すなわち「アジア的共同体」または「本源的共同体」の有する一般的な観念形態もしくは宗教意識としての広義の「呪術」または「呪術的宗教」であると考えたのである[38]。しかし、行基らの行動が、いわれるように実際、呪術的であったのか、それとも政府がそのように捉えたのかは区別して考えてみる必要がある。

右の詔文にもいうように、行基らの不法行為は、まず托鉢の際に「強ひて余物を乞」うたことにあるとされており、通常の托鉢が応分の乞食であったのに対して、行基らの托鉢が通常の範囲を越えるもの、換言すれば、何らかの目的の下になされた知識勧進であったことが示唆されている。ところで知識による財物寄進は、一種の功徳業と考えられていたのであり、その前提として寄進を促す勧募の教説が予想されるであろう。これこそ僧尼令違反の最たる行為とみなされた「妄りに罪福を説く」こと、そのことに他ならなかったと思われる。律令政府の信条とする儒教的合理主義の立場からすれば、いわれなき非合理的教説とみなされた「妄説罪福」も、知識集団としての行基とその弟子たちにとっては欠くことの出来ない重要な布教活動の一環であったのである。行基集団には呪術的性格がぬぐい難くつきまとったことは否定出来ない事実であるが、行基の教説の内容が「妄説」であったかどうかは別に検討を要することといわねばならない。

ついで養老六年（七二二）七月になると、政府は重ねて禁令を発して在京僧尼の非行を戒めた。文中に行基の名を挙げていないが、内容からみて、前詔に引き続き行基集団を主たる取締対象とした法令とみられる。それには、

近ごろ在京の僧尼、浅識軽智を以て、罪福の因果を巧説し、戒律を練せずして都裏の衆庶を詐り誘ふ。内、聖教を黷《けが》し、外、皇猷を虧《か》いて、遂に人の妻子をして剃髪刻膚せしめ、ややもすれば仏法と称して、たやすく室家を離れ、綱紀に懲ることなく、親夫を顧みず、或は経を負ひ鉢を捧げて、食を街衢の間に乞ひ、或は偽つて邪説を誦して村邑の中に寄落し、聚宿を常と為し、妖訛群を成す、初は脩道に似て、終には奸乱を挾めり、永くその弊をおもふに、特に禁断すべし（『続紀』）。

とあり、「罪福の因果を巧説」すること、托鉢をめぐって不法行為の絶えなかったこと、などは前と共通する点であるが、僧尼令の条文語句を連ねた前詔と違って、この官奏には、行基の徒の活動の実態に具体的に触れた点

が少なからずみられる。その一は、都内の民衆が行基に惑わされ、ついに家庭を捨てて出家するものが少なくないことであり、その二は、こうして行基の下に投じた信者が、村々に「寄落」し、群をなして「聚宿」するなど彼らの集団行動の一定の形態が語られていることである。右の第一点は、僧尼令が厳しく禁制する私度の問題に関連するが、ここではむしろ国法上の浮浪・逃亡の増大として為政者の脅威とみなされたのであり、また第二点は、政治批判を内在させた不穏な大衆運動への成長が警戒されたのであろう。全体として僧尼令の禁止条項を抽象的に羅列した前詔よりもこの太政官奏は危機感に溢れており、行基の名を挙げなかったことも却ってその切実さの現われと解することが出来る。『類聚三代格』には右の禁令に続けて、国ごとに判官一人を宛てて違反者を逮捕せしめ、僧尼は僧尼令第一条の「詐称聖道」の罪をもって科断、従犯者は杖百を決罰した上本貫に返し、また逮捕に協力しなかった戸主・隣保・坊令および里長には杖八十を科すという厳しい取締りを命じている。

しかし天平年間に入ると、行基集団に対する取締りは緩和され、民間仏教に対する律令国家の態度そのものが大きく変化する。まず天平三年（七三一）八月、行基に随逐せる優婆塞・優婆夷の内、法の如く修行するもので老年（男は六十一歳以上、女は五十五歳以上）に達したものに得度を聴した。それ以外の「持鉢行路者」の捉搦を命じているから、基本方針に変更はなかったものの、実質的に迫害は終わったのである。そしてこの時期に至っても行基の徒がいぜんとして托鉢を事としながら各地を行脚する行為をやめていなかったことが知られる。行基に対する弾圧が始まった養老元年から数えて実に一五年ぶりの政策転換であった。

行基に対する律令政府の政策転換は、律令政府の対仏教政策が、僧尼令を基本とする立場から大きく方向転換したものとみなければならないが、呪術否定などに端的に示された理性の立場の放棄を意味するものではなかったと思う。儒教的合理主義に立つ僧尼令は、原始的な呪術を反理性・非理性的なるものとして厳しく排斥し、行基およびその徒は、これに準ずるものとして、弾圧されてきたのであるが、いまや律令政府は行基とその集団を反理性・非理性の立場に立つものとしてみるのではなく、むしろ超理性の立場に立つものとして認めたというべきではなかろうか。律令政府の行基観の変化は、仏教理解の深化、特に華厳経や梵網経の受容を契機とする本格的な大乗仏教の理解の深まりと関係させて理解されねばならないであろう。

こうして行基対策の変化を契機として律令国家の仏教政策は大きく転換する。天平七年（七三五）六月には、寺院併合令をやめ、寺々をしてつとめて修造を加えしむべきことを命じ（『続紀』）、霊亀二年（七一六）と養老五年（七二一）に出された地方寺院の合併促進の命令を撤回した。天平十九年（七四七）十二月には、諸国の百姓の造塔を願うものを聴し（『続紀』）、寺院建立の制限政策はまったく影を潜めてしまった。僧尼統制においても同じような傾向が目立ってくる。律令制初期には、得度制度を厳重に取り締まり、僧尼名籍の制度や公験の授与を励行することによって、外には課役忌避を目的とする濫度を防ぎ、内には僧尼の質的向上を維持するために私度や自度を厳しく禁じてきたことはすでに述べた通りである。特に持統十年創設の年分度者は度者一〇名の制を厳守してきたが、神亀年間よりにわかにその制が緩み、大量得度の放漫がみられるようになった。神亀二年（七二五）九月の三〇〇〇人の一括得度を皮切りに、一度に数百人数千人が一斉に得度されることも珍しくなくなったのである。また度者の得業基準についても、養老二年（七一八）十月の太政官告言（『続紀』）にみられるような宗学優先から、天平六年（七三四）十一月の太政官奏では、「法華経一部、或いは最勝王経一部を暗誦し、兼ねて礼仏を解し、浄行三年以上」（『続紀』）という基準を示し、護国経典の暗誦と礼仏作法の熟練を義務付けたのであった。

このように行基に対する対策は、律令国家の民間仏教に対する態度の変化を敏感に反映している。

天平十三年（七四一）九月になると、大養徳《やまと》・河内・摂津・山背四国の役夫五五〇〇人を差発して山背国相楽郡に恭仁京を造営したが、十月には賀世山東河に恭仁大橋の造設が終わり、これに役された畿内および諸国の優婆塞等七五〇人に得度を聴した。この優婆塞等七五〇人というのは行基の率いる徒衆であったことは、後述する『行基年譜』所引「天平十三年記」の記載から推定されるところである。そして天平十五年（七四三）十月には、聖武天皇は盧舎那大仏の造立を発願し、近江紫香楽宮に寺地を開くが、この時「行基法師、弟子等を率ゐて衆庶を勧誘す」（『続紀』）とみえ、天皇の大仏造顕事業に、その徒衆を率いて全面的に協力する行基の姿を見出すことが出来るようになる。はじめ「小僧行基」として弾圧された同じ人物が、やがて「大僧正行基」として天皇に厚く敬重されるという劇的な転身ぶり。そこに奈良時代における国家と仏教との関係をめぐる大きな問題があると思われるが、この問題に入る前に、行基の布教活動と密接不可分の関係にあった彼の社会事業についてみておかねばならない。

行基の社会事業について詳しく触れたものに、やや時代が降るが、安元元年（一一七五）、泉高父宿禰の撰と伝える『行基年譜』がある。本書の成立は複合的であり、部分によって利用に慎重な態度が必要とされるが、行基の社会事業を「院」の建立という形で年代別に書き上げた「年代記」の部分、およびその天平十三年条に引用された「天平十三年記」はかなり信用度の高いものとされている。特に後者は、井上光貞によれば行基の生前の天平十三年に、官の求めに応じて行基もしくはその徒衆が官に提出した公的な記録で、行基の造営した社会施設を、橋・道・池・溝・樋・船息・堀・布施屋の八項に分って書き上げたものだと考証されている(39)。この有益な考証に従えば、「天平十三年記」の記載は、行基の社会事業に関するもっとも信頼すべき根本史料であり、われわれはこれにより、彼の社会事業の全貌を容易に鳥瞰することが出来るのである。

いまこれらを井上光貞の指示に従って地域分けすれば、㈠和泉大鳥郡を中心とし、南の日根郡および東方の河内丹比郡を含む一帯。施設の半数は行基の生地、大鳥郡に集中している。㈡淀川の流域、特に中流域地方、北岸では摂津三嶋郡、南岸では河内茨田郡の地域。㈢摂津猪名川の中流域、いわゆる猪名野の一帯、の三地域に捉えられる。この他に山背相楽郡の泉大橋、摂津兎原郡の大輪田船息があるが、孤立しているのでしばらくおく。これら三地域に分布する社会施設は八項に分類されているが、さらにこれを橋・道・船息・布施屋の交通施設、池・溝・樋・堀の灌漑施設に二大別することが出来る。

それらはまた、いくつずつか組み合わさって、ひとつの総合的な施設を形成している。典型的な例は㈢摂津猪名野にみられるもので、河辺郡崐陽里・山本里を中心に五つの池と二つの溝からなる巨大な灌漑施設、およびそれに付随する布施屋一ヵ所から成っている。この地域は河辺郡の南条と北条との中間に位置する無条里地帯で、付近は地質学上のいわゆる陥没地帯にあたり、洪水時には武庫川や猪名川の水が溢れ、いつまでも内水の状態が続く。条里制がしかれず、未開発のまま放置されていたのもそのためであろう。そこで南方への水の溢出を防ぎ、同時に南部の未開発地区への灌漑施設として造られたのが、行基の五つの池であった。長さ一二〇〇丈（三・六キロメートル）に及ぶ二つの長い溝が設けられたのも同じ理由に基づくが、井上光貞の試算によれば、この二つの溝だけでも、延べ二一二二人の労働力を要したという[40]。

以上によって行基の社会事業の地域的な広がりとその規模の大要をうかがうことが出来たが、このような行基の社会事業がいつ頃どこで開始され、どのような時間的経過をとって展開されたかが次の問題である。「天平十三年記」はこの点について何も答えてくれないが、「年代記」では「院」の建立という形で、行基の造った社会施設が年代順に語られている。ただそれは行基の「四十九院」の観念の成立した奈良末期以降の史料に基づいて書かれたものであり、ただちに信じ難いと考えられてきたのである。しかし考えてみると、行基の社会施設には、造営ないしは管理のための「院」が最初から建設されたと考えて何らおかしくない。たとえば前述の摂津猪名野に営まれた大規模な総合的灌漑施設の五つの池の中に、「院前池」とか「中布施尾《屋カ》池」などの名称がみえ、「院」や「布施屋」の存在が示されており、行基の社会施設には最初から院が付随したことが推測される。

また「年代記」によって、こうした院の建立の地域的な広がりをみてゆくと、神亀四年（七二七）、行基六十歳頃までは、彼の生地である和泉大鳥郡を中心とした地域に限られているが、天平三年（七三一）、六十四歳頃を画期として、彼の行動半径は急に拡大し、淀川流域や猪名川流域などのより広汎な各地に及ぶ傾向をみせている。行基の行動半径が急に拡大する天平三年といえば、前述したように彼に対する政府の対策に根本的な変化のみられた時期にあたる。このことからみても、「年代記」の「院」の記載が、かなり信頼し得るものであることが推測される。(41)

行基の社会事業が交通施設と農業灌漑施設に二大別されることは前にも述べたところであるが、井上薫によればこの内の交通施設には、平城京造営に関係してかり出された運脚や役民などの民衆救済のために設けられたと考えられるものが多いが、後者、すなわち池溝開発などは民衆だけでなく豪族の利益を増すものであったと指摘している。(42)猪名野の開発にみられたように、広大な未開地の開発を約束するものが、行基の造った池や溝である。この土木工事をもっとも歓迎したのが、養老七年（七二三）の三世一身法以来、開発への意欲をかきたてられていた地方豪族や有力農民であったことはいうまでもない。(43)彼らは行基の開発事業に双手を挙げて協力したであろうし、またそうでなくては、これだけの大事業をかくも短期間に完成することは出来なかったであろう。またそれとともに、豪族たちの側にも、行基の力を借りなければ、もはや民衆の労働力を編成出来ないという事情があったのであろう。こうした一定の歴史的条件の下——これを三世一身法下といいかえてもよい——においてのみ、行基の布教と社会事業の爆発的な展開がみられたのである。

いうまでもないことだが、行基の社会事業は、単なる社会事業でなく、常に宗教活動の一環、布教の手段として行なわれたところに特色がある。すでに養老六年七月の禁令が指摘したように、通常の範囲を越える托鉢行為、それを促す「罪福の因果の巧説」、信徒の出家に伴う浮浪・逃亡の増大、信徒の集団活動、特に「寄落・聚宿」などが行基集団の行動様式であったが、それらは見方を変えれば有益な社会事業活動であり、また正当なる民間布教活動である。特に支配者から「妄説」と決め付けられた「罪福因果」の教説が行基の事業活動全体に宗教的意義を付与していることを看過してはならない。しかし伝えられる史料だけからは、行基の行なったという罪福説の内容を的確に知ることは不可能である。行基の思想の内容を抜きにして、彼の転向問題を語ることが出来ないのと同様に、われわれはこの問題についての解答を留保しなければならない。(44) そこで次に行基と同時代の知識集団の実態と動向を考察し、そこからこれらの問題に接近することを考えてみよう。

五　民間仏教の動向

行基集団に対する律令国家の政策に転換の認められた天平初年頃を画期として、仏教界をめぐる情勢に大きな変化がみられ、特に民間仏教の発展と成熟がいろいろな方面で目立ってくる。これは、行基に対する弾圧が緩和されたことにより、いままで加えられていた政府の統制がいっきょに取り除かれた結果とみなすよりも、むしろ民間仏教の高まりが、律令国家の力をもってしても、もはや抑えきることが出来なくなったため、政策の転換が図られたと考えるべきである。行基の背後には、全国各地に展開した多数の山寺や村堂を拠点とする数え切れない小行基のいたことを察知すべきである。

天平期における民間仏教の成熟をもっともよく示すものは、いわゆる「知識」の盛行である。行基の宗教運動の核心が「知識」と呼ばれる宗教的行為にあったことはすでに指摘した通りであるが、この「知識」とは、下もと人を仏道に導く識者をさし、転じて僧尼の勧化に応じて仏道に結縁し、財物などを喜捨する行為、もしくはそうした行為を行なう人々をさす言葉となった。それは一人だけでもよいが、一般には衆をなして多数参加の下に行なわれることが多く、これを「知識結《ゆい》」と称した。「知識」の語の初見は、すでに法興三十一年（六二一）という私年号の年記を有する「法隆寺釈迦三尊造像記」や、宝元五年（六五九）という、これまた私年号の年記を持つ「西琳寺縁起」所引の「阿弥陀仏造像記」などにみえるが、これが広く一般化するのは、奈良時代をまたねばならない。このことは、知識経すなわち知識による写経の遺存例が、奈良時代特に天平年間になって急増することからも察せられる。いま『寧楽遺文』（経典跋語）や『日本写経綜鑒』によって、奈良時代末以前の古写経や写経跋語の中から知識経と思われる例を拾い上げると、およそ一九例を得るが、この内の一七例までが天平、および天平を冠する四字年号を称した約四〇年間に属することがわかる。

かように知識による写経は天平期に入って激増し、地理的にも大和・河内・和泉などの畿内諸国から、播磨・美濃・伊勢といった周辺の地域に拡大する傾向をみせているが、それはそのまま民間仏教の成熟と展開の様相を物語るものに他ならない。もっとも大規模な知識を募った例としては、「和泉監知識経」が挙げられる。これは天平二年（七三〇）、和泉大鳥郡大領で「優婆塞練信」を名のる日下部首名麻呂が「大檀越《だいだんおつ》」となり、「総知識」七〇九人を結衆して瑜伽師地論《ゆがしじろん》を書写したものである。この知識経の頭主が、行基の生地でありまたそのもっとも有力な根拠地である和泉大鳥郡の大領であることを思えば、この知識経の成立に行基の教導があったとする井上光貞の推定[45]は従うべきであるが、この人数が田中塊堂の指摘するように[46]日下部氏の本拠である日下部郷の全員を集めたものだったとすれば、そこに「従七位下大領勲十二等日下部首名麻呂」といった郡司土豪層の権威に媒介されたものが想定される[47]。同様の事情は程度の差こそあれ他の知識経にもみられるところで、たとえば石山寺所蔵の「既多寺知識経」は、大智度論一〇〇巻の内現に八九巻を残し、奥書に六四名の人名を留めているが、その内の約半数近くが国造姓を称するところからみて、播磨賀茂郡に伝統的勢威を有した針間（鴨）国造の一族を中心とした族縁的な知識写経であったと考えられる。このように個々の知識経の成立についてみると、地縁的な関係を軸としたもの、族縁的な成り立ちを持つものなどがあり、またその勧化にあたっては、在地豪族の権力や権威に依存した場合が多く、純粋に自発的な宗教行為とみなし得るものはむしろ稀かもしれない。しかしそれにもかかわらず、知識集団の有した宗教的自発性を見逃すことは出来ないのである。

いまそうした点から注目されるのは、和歌山県伊都郡花園村医王寺旧蔵の大般若経で、その中に天平の写経が数巻含まれており、それらは河内大県郡家原里の人々が知識となり書写した経典の一部であるから、普通「家原邑知識経」と呼ばれている[48]。その内の天平勝宝六年（七五四）九月の年記を持つ巻四二一等の奥書によれば、この知識経は、天平十一年（七三九）、万福法師なるものの発願によって始められ、その滅後は花影禅師という僧が業を継ぎ、天平勝宝六年には家原里の「男女長幼」を知識として第四三・五二の両秩を書写した由来が述べられている。ところでこの「家原邑知識経」の成立について注意すべき点は、この写経事業が、花影や万福という僧侶の熱心な勧化に基づき、ねばり強い努力の積み重ねとして完成されていることとともに、家原里の西を流れる大和川にかけられた「河内大橋」（『万葉集』巻九、一七四二番）の改修事業と並行して進められている点であろう。右の奥書によると、万福法師や花影禅師は、大般若経の書写とともにこの橋の改修工事を発願し、写経と改修工事の両事業は同時に並行して進められたという。井上正一は、この知識経の参加者を詳しく検討し、その男女比が一対三と女性が多かったのは、男子は主として橋の工事に労力を提供し、工事に携わらない女性が写経の知識に加わったからではないかと推測し、両事業の密接不可分の関連を指摘している(49)。すなわちここでは、写経事業も橋の工事もともに衆生利益の作善修徳であり、仏道に結縁する「知識」の業と考えられたのである。そして橋の工事は、写経と並行することにより宗教的意義が高められ、写経の事業は、橋の工事によって社会的意義を獲得するという関係にあったのである。

このように知識によって行なわれる事業には写経以外にさまざまのものがあり得た。『日本霊異記』には、写経（下ノ八、下ノ一三）の他、仏像の図絵作成（上ノ三五）、七重塔の建立（中ノ三一）、寺の薬分の財物の設置（中ノ三二）、仏像の修理（中ノ三九、下ノ一七）、毎年の燃灯会の奉仕（下ノ五）、聖教の講読（下ノ二四）などに関する知識がみえ、時代は聖武朝の初世から奈良末期にわたり、地理的分布は大和・河内・近江・紀伊などの畿内近国から遠江・美作などの諸国に及んでいる。竹内理三は、奈良時代における知識の行業を整理して、⑴造寺、⑵写経、⑶造像、⑷悔過法会、⑸建碑義橋の五に分類したが(50)、見方によっては、さらに多彩な事業を加えることが出来るであろう。

かの道昭や行基の指導によって行なわれたという灌漑施設や交通施設の設置の事業も、すべて右の河内大橋の場合と同様、広い意味での「知識」活動とみなしてよいであろう。そして道昭や行基の活動の影に、万福や花影のごとき、数多くの地域的な小行基の存在と彼らの活動を支える民間仏教の成熟を想定することが出来る。中井真孝によれば、河内大橋の改修と大般若経の書写という大事業を完遂させた中河内の地は、早くから「知識」の形態をとる仏教が浸透していた地域だという。現存最古の知識経である金剛場陀羅尼経巻一の成立した「志貴評」は河内大橋の南約一キロメートルの地点であり、先にも引いた宝元五年在銘の阿弥陀仏が知識によって造立された西琳寺は、さらに数キロメートル南の古市にあり、また天平三年知識銘を有する大通方広経の書写を行なった下村主氏の本拠地と推定される大県郡は、河内大橋にすぐ北接する地域にあたる。そして天平十二年（七四〇）二月、聖武天皇が難波宮へ行幸の途中、本尊盧舎那仏を拝し、後の大仏造営のヒントになったといわれる大県の知識寺は、河内大橋のたもとにあった。このように中河内には古くから知識仏教の基盤が確立されており、そうした基盤の上に河内大橋の改修と大般若経の書写を完遂することの出来る知識集団の形成が可能とされたのである。「家原邑知識経」巻四二一の奥書には、この知識の指導者であった万福法師を「河東の化主」と尊称しているが、それはこうした宗教的教化の契機の優越した知識集団の指導者にふさわしい呼称といわなければならない。(51)

上述したところからも明らかなように、およそ「知識」が成り立つためには、能化（宗教的契機）と所化（社会的契機）の二が不可欠の要素をなす。このいずれか一を欠けば、それは単なる仏事作善か、単なる社会事業にすぎないであろう。家原里の場合に即していえば、能化とは「化主」と呼ばれた花影や万福の教誘であり、所化とは、その勧化に応じて展開された地域の人々の労働奉仕や喜捨の行為である。宗教的社会的実践としての「知識」が成り立つ場合、化主—知識という人的構成がみられるのであり、そこに知識集団の特色を認めることが出来る。知識集団の宗教的自発性の問題もまたこの点に関連して論じられなくてはならない。

石母田正は、行基集団とその拠点となった「道場」の特色を次のように述べる。(52)「行基の集団は、それがいかに呪術的要素をふくむとはいえ、行基の布教と伝道によって新しくつくりだされた信徒による第二次的共同集団であって、この集団は、伝統的祭祀・儀礼への参加ではなく、信徒個々人の意識を媒介として意識的に組織されなければ成立しないのである。したがって行基とその信徒にとって「道場」は与えられたものとして存在するのではなく、集団の自力によって新しく創造されなければならないものであり、集団の核心であり、その自立の象徴であった」と。すでに養老六年の格に行基の徒の「寄落・聚宿」の動きを伝え、彼らの集団行動の拠点としての「院」の存在が示唆され、それが一方『行基年譜』では、彼の社会施設に付随する管理所であることが示されているが、石母田がこの「院」を「道場」として捉えたのは、一つには行基の「院」を、僧尼令第五条に禁ずる僧尼の「寺院外教化」の施設としての「道場」に見立て、その反僧尼令的存在であることを強調するとともに、一方ではそれが、単なる社会施設の管理所にとどまらぬ宗教的実践の場でもあることを示したかったからであろう。そして行基の「道場」の特色として指摘した、その「第二次的」性格、すなわち「信徒個々人の意識を媒介として意識的に組織され」た結社的性格は、同時代のすべての知識集団の共有するところであったとしてよいのではなかろうか。

知識集団のこうした結社的性格をみるためにいま一つの実例としていわゆる「慈姓知識経」に注目しよう。これは天平七年（七三五）七月、慈姓なるものが檀越《だんおつ》となり、慈霊・慈照・慈泰・慈勧・慈通・慈勢・慈法・慈信等の諸人に勧めて書写せしめた瑜伽師地論《ゆがしじろん》の写経で、天平の年記を有するもの二二巻が現存している。奥書によると、慈姓をはじめ写経に参加した人々は、一名を除く他すべて本名の注記があり、在俗の信者であったことが推測される。注記された氏名によって、この写経の行なわれた場所、あるいは知識の社会的性格についてもある程度の推測が可能であるが、ここではそれはあまり重要でない。大切なことは、願主の慈姓以下、知識に参加した人々が、すべて「慈氏弟子」を称し、その優婆塞名に「慈」の一字を共通に冠したことであろう。いうまでもなく「慈氏」は、当来仏として兜率天にあり、現に思惟の行を続けていると信ぜられた弥勒菩薩の漢訳名であるから、「慈氏弟子」とは「弥勒の弟子」ということである。従ってひとしく「慈氏弟子」を称し、しかも法諱に「慈」の一字を共有した彼らの知識集団が弥勒信仰によって結ばれた同信集団であったことは察するに難くない。

敏達十三年（五八四）九月、鹿深臣が百済より弥勒の石像一軀をもたらしてより以来、わが国古代において弥勒信仰が予想以上に盛んであったことは、すでに先学の研究に詳しい。[53] 特に飛鳥時代から天平年間にかけては、弥勒の造像例が釈迦と並んでもっとも多く、他の諸尊をはるかに凌いでいた。[54] 年記のある弥勒の古像としては、丙寅年（六〇六）在銘の御仏金銅仏や丙寅年（六六六）在銘、河内野中寺蔵の金銅仏などが知られているが、その造像銘によれば、前者は高屋大夫が夫人阿麻古追善のために造るものといい、後者は橘寺の知識ら一一八人が「中宮天皇」の病気平癒のために造るところという。弥勒信仰には、浄土信仰的な上生信仰と、一種のメシア信仰ともいうべき下生信仰とがあるが、わが古代において一般に流布せられたものは、もっぱら上生信仰の方であった。速水侑は、日本古代の弥勒信仰の実態を詳しく分析して、そこには、御仏金銅弥勒像にみられたような追善浄土教的性格とともに、野中寺弥勒像に示されたような現世利益的側面も顕著に認められるとし、かかる二世安楽的な性格が、現世肯定的なわが古代人の好尚に適したこと、さらに上生信仰に伴う「持戒為本」（『弥勒上生経』）の立場が「礼」を重視する律令国家の儒教理念に合致するものがあったことを指摘している。[55] 事実、こうした弥勒信仰が天平末頃までのわが国浄土信仰の主流を占めたのであって、阿弥陀信仰がこれに代わる地位を占めるのは、奈良時代も末期をまたねばならなかったのである。

こうして慈姓に率いられる知識集団が、彼ら自身の兜率上生を期待したばかりでなく、家を中心とする祖先の追善を願い、かつは現世の安穏を祈る二世安楽的な浄土信仰としての弥勒信仰に結ばれた同信集団であったことが推測されるようになった。彼らが例外なく「慈氏弟子」を号した律儀で真摯な態度には、速水侑の指摘するように「持戒」を重んずる厳しい修道団的な風格すら看取出来る。

ところで慈姓たちが写経の対象として瑜伽師地論を選んだことには、どんな意味があっただろうか。これについて参考になるのは『日本霊異記』下巻第八話である。

近江坂田郡遠江里に一人の富んだ人があった。彼はかねて瑜伽論を写そうとして果たさず、天平神護二年(七六六)九月、ある山寺にとまった。時に柴の上に弥勒菩薩の像が忽然として姿を現わし、人々はこれを伝え聞いて争って参詣し、米や銭や衣服を奉った。そこでかの富人はこの財物を用いて本願のごとく瑜伽論一〇〇巻を写し奉り、斎会を設けた。それが終わると、くだんの弥勒像は、不思議や、姿を消してしまった(取意)。

この説話のモチーフは、弥勒の尊像の霊験を説くところにあり、現世利益的な関心を濃厚に帯びる。しかしこれによってわれわれは、瑜伽論(瑜伽師地論のこと)の書写と密接に結び付いた弥勒信仰の一般的な成立と普及をうかがうことが出来る。恐らくそれは、『大唐西域記』などの伝える瑜伽師地論の「弥勒説・無着受」の伝承、すなわち「無着菩薩は夜になると天宮に昇り、弥勒菩薩のおられるところで瑜伽師地論を学んだ」という説に基づいたもので、主として法相宗の学侶の間で説き広められたものに違いない。いうまでもなく瑜伽論そのものは、法相唯識学派の根本論書の一であるが、奈良時代にしばしば行なわれた同書の書写、特に民間知識による書写は、その難解な教義の研究や理解を目的としてなされたというより、むしろ追善的な浄土信仰や現世利益的な関心に基づいてなされることが多かったと思われるのであり、「慈姓知識経」のごときも、またそうした背景の下に理解されねばならない。

しかしそれにもかかわらず、慈姓に引率された知識たちが、瑜伽論の書写を通じて弥勒信仰に結ばれ、ひとしく「慈氏弟子」を名のり、「慈」の一字を共有する一揆同信の結社的集団を作り上げていたこと、しかもその背後に、法相宗という特定の宗派との関連が見出されたことは重要である。すなわちそこには、一定の宗派的背景を持つ教化が推定されるとともに、その成果としての宗派集団の原初的成立を認めることが出来る。そしてここに養老期以来の知識集団の創造的側面の一つの達成を認めなければならないであろう。

宗派の成立といえば、同じ頃南都の官大寺を基盤として成立してくる「六宗」を思い浮かべるのが普通である。井上光貞の精緻な考察に従えば、「六宗」の濫觴は早く飛鳥・白鳳の交にあり、その後、養老・天平期の律令政府による学問奨励を契機として学団の再編成が進められ、その結果として「南都六宗」が形成されるのであり、その時期は、天平十九年（七四七）以後、恐らくは天平勝宝年間と推定している。[56]しかしこの場合、「六宗」の性格をどのように解するかに問題があり、すでに石田茂作が鋭く指摘し、[57]井上もまたこれを支持したように、南都の六宗は少なくとも奈良末期までは、宗派教団というよりむしろ学団と呼ぶにふさわしい存在だったのである。そのことは、六宗成立の舞台となった南都の諸大寺では、異なる「宗」に属する僧侶たちが、同じ寺に雑住し、同じ仏を礼拝し、同じ経典を読誦して怪しまなかった一事をもってしても明らかである。「宗派」の意味を、教理・信仰・実践を貫く同一の立場、もしくは態度と解するならば、「南都六宗」の宗団は、その一である法相宗をも含めて、宗派の純一性という点で、慈姓の率いる「慈氏弟子」集団に遠く及ばなかったということが出来る。ここで興味深いのは、「慈姓知識経」の成立における能化となった法相宗の学団よりも、却って所化となった慈姓以下の知識集団の方がより宗派的であったということである。古代仏教における宗派性は、奈良の官大寺においてではなく、山寺や村堂において、また国家仏教的側面においてではなく、民間仏教的側面において、まず胚胎したのである。民衆は、自己の信仰に対して常に首尾一貫した簡明さを求める。宗派の形成を真に動機付けたものは、教学研究の自己展開でもなく、いわんや政府の奨学や統制にあったのでもなく、民衆教化の最前線の現場からの要請であったといえるのではなかろうか。

右に規定したような意味での宗派教団が制度として確立するのは、いうまでもなく最澄・空海の天台・真言両宗の開創においてであった。最澄は弘仁十年（八一九）三月、「天台法華宗年分度者回小向大式」（いわゆる四条式）を奉り、比叡山寺を一向大乗寺とし、初修業の学生の他寺に住するを許さざることを請い、空海は弘仁十四年（八二三）正月に東寺を給預されるや同年十月、これを密教道場として他宗の僧を雑住せしめざることを請うて許された（『類聚三代格』二）。ここに私たちは、古代仏教における宗派性志向の一到達点をみることが出来る。最澄や空海が自己の教団を育成するにあたって、「南都六宗」の伝統を故意もしくは無意識に否定し、山寺や村堂に展開した前代の民間仏教の衣鉢を継ごうとしたのも、決して偶然ではなかったのである。ことに最澄が「一向大乗寺」の先蹤として「行基僧正の四十九院」を挙げていることに興味を覚える（『顕戒論』上）。それは単なる社会施設の管理所や呪術的信仰の拠点と化した行基滅後の四十九院ではなく、自由な宗教的結社として生成発動を遂げつつあった時期における行基集団の「自立の象徴」[58]としての「院」であった。また清貧を旗じるしとし、一二年間の厳しい山修山学を課した最澄の原始天台教団では、門弟たちにひとしく「一乗仏子」の号を冠称せしめているが（『叡山大師伝』）、これをみる時私は、はるか天平の昔、二世安楽的な浄土信仰の下、修道団的な風格さえ帯びた「慈氏弟子」集団のことを思い起こさずにはいられないのである。

以上はもっぱら「慈姓知識経」を中心として、瑜伽論書写と弥勒信仰の結び付きを考察してきたものであるが、同じような動きは、他の経典の書写の場合においても見出すことが出来るのではなかろうか。天平十六年（七四四）六月の跋記を有する大般若経巻五九一の写経は、いわゆる「興福寺永恩具経」[59]に含まれる零巻であるが、その奥書によれば、春日部比良なるものが「至信の心」を発して、聖朝の安泰と知識たちの「存亡の父母六親の神識」の菩提のために、大般若経六〇〇巻・大智度論一〇〇巻を書写するとある。これも知識写経であることがわかるとともに、経典の組み合わせからみて、般若経や智度論を尊重した三論宗系の知識経であることが推定される。先に触れた「家原邑知識経」のごときも、三論宗系の知識集団による大般若経書写ではなかったかと思われる。

最後にいま一つ述べておかねばならないことは、こうした知識集団のその後の命運についてである。慈姓に率いられた「慈氏弟子」集団のごとき、原初的宗派集団が、その後何の展開をもみせずに姿を消してしまったのはなぜだろうか。私はその理由を弥勒信仰と法相宗義の結合の弱さに求めたい。前にも述べたように、弥勒を信奉した慈姓たちが瑜伽論を書写したのは、この論の「弥勒説・無着受」という伝承に基づいたと思われるのであるが、この有名な伝承も、実は瑜伽論の説者たる実在の人物としての弥勒[60]と、信仰上の存在としての弥勒菩薩との混同から生まれたものにすぎない。もともと当来仏としての弥勒に対する信仰と法相宗義との間には、何ら本質的必然的な結び付きはなかった。この教義と信仰との結び付きの弱さが、弥勒信仰と法相宗との結合という形の上に成立した慈姓知識集団のその後の命運を決定したのである。しかし彼ら「慈氏弟子」集団の伝統はまったく消滅してしまったわけではなく、四分の三世紀後の最澄の「一乗仏子」宗団となって再生するのであり、ここに奈良仏教と平安仏教との間における非連続の連続ともいうべき歴史的関係が認められるように思う。六世紀の中頃わが国に渡来した仏教は、およそ二百年後の八世紀の前半に至ってようやく民衆の間に浸透した。「知識」という宗教的実践を通じて民間社会に深々と根を下ろした奈良仏教は、その豊饒な成果を基礎に次の平安仏教へ向けて寸分揺るぎのない前進を遂げる。これが最澄・空海の教団改革であった。

註

（1）家永三郎『上代仏教思想史研究』（畝傍書房、一九四二年）一四六～一四七頁。
（2）二葉憲香『古代仏教思想史研究』（永田文昌堂、一九六二年）第一篇第一章および第二章。
（3）田村円澄『飛鳥仏教史研究』（塙書房、一九六九年）第Ⅰ部第一章および第二章。
（4）福山敏男「飛鳥寺の創立に関する研究」（『史学雑誌』四五編一〇号、一九三三年）、同「豊浦寺の創立に関する研究」（『史学雑誌』四六編一二号、一九三四年）。この二編は、福山敏男『日本建築史研究』（墨水書房、一九六八年）に「飛鳥寺の創立」「豊浦寺の創立」として収載されている。
（5）網干善教「埋もれていた宮と寺と墓」（『日本美術工芸』四三四号、一九七四年）。
（6）奈良国立文化財研究所編『飛鳥寺発掘調査報告』（文化財保護委員会、一九五八年）。
（7）小泉顕夫「平壌清岩里廃寺址の調査」（『昭和十三年度古蹟調査報告』朝鮮古蹟研究会、一九四〇年）。
（8）斎藤忠『朝鮮古代文化の研究』（地人書館、一九四三年）六〇頁。
（9）坪井清足「飛鳥寺建立」（坪井清足・岸俊男編『古代の日本』5近畿、角川書店、一九七〇年）二一九頁。
（10）註（9）坪井論文二二〇頁。
（11）津田左右吉『日本古典の研究』下（岩波書店、一九五〇年）九三～九六頁。
（12）菅谷文則「八角堂の建立を通じてみた古墳終末時の一様相」（森浩一編『論集　終末期古墳』塙書房、一九七三年）。
（13）この記事は『三国史記』（巻四）の法興王十五年紀に出るが、末松保和「新羅仏教伝来伝説考」（同『新羅史の諸問題』東洋文庫、一九五四年）の指摘に従って十四年丁未の記事とした。
（14）井上光貞『日本古代の国家と仏教』（岩波書店、一九七一年）一〇頁。
（15）道端良秀「僧尼の君親に対する拝不拝の論争」（同『唐代仏教史の研究』法蔵館、一九五七年）。
（16）稲垣晋也「古瓦よりみたる飛鳥・白鳳期の寺院」（岡崎敬・平野邦雄編『古代の日本』9研究資料、角川書店、一九七一年）。
(17) 井上光貞「日本における仏教統制機関の確立過程」（同『日本古代国家の研究』岩波書店、一九六五年）。
(18) 註(17)井上著書三三四頁。
(19) 註(3)田村著書五六頁。
(20) 註(3)田村著書六三～六四頁。
(21) 註(3)田村著書六七頁。
(22) 註(17)井上著書三四〇頁。
(23) 山崎宏『支那中世仏教の展開』（清水書店、一九四二年）四九〇頁。
(24) 相田二郎『日本の古文書』上（岩波書店、一九四九年）二〇九頁。
(25) 註(3)田村著書九五頁。
(26) 註(14)井上著書三九～四〇頁。
(27) 浄御原令にすでに僧尼令があったと考えるのは二葉憲香であるが、二葉は、『日本書紀』天武八年十月庚申条の記事によって、僧尼に関する法令群がまず単行法令として成立し、ついで浄御原令の成立とともにその中に編入されたと考えている（註(2)二葉著書一三五～一三七頁）。難波俊成「僧尼令の構成と成立について」（『仏教史学』一三巻二号、一九六七年）もほぼ同じ考えである。私は天武八年十月庚申条を僧尼令の先行法令であることは認めるが、これだけの記事から僧尼令の全体系が法令群としてこの時点に成立したと考えることが出来ないので、僧尼令の浄御原令成立説には懐疑的である。
(28) 中田薫「支那律令法系の発達について（補考）」（同『法制史論集』第四巻、岩波書店、一九六四年）、中井真孝「僧尼令における犯罪と刑罰」（大阪歴史学会編『古代国家の形成と展開』吉川弘文館、一九七六年）。
(29) 中井真孝「僧尼令・准格律条について―律令的官僧身分の規定―」（『ヒストリア』五六号、一九七〇年）。

(30)中井真孝『日本古代の仏教と民衆』(評論社、一九七三年)四四頁。
(31)註(30)中井著書四五頁。
(32)天武紀八年四月乙卯条に、諸寺食封のことを定めたのと同日に、「諸寺の名を定む」とあり、飯田武郷(『書紀通釈』)はこれを「定額寺」の起源とみなし、竹内理三(同『律令制と貴族政権』II、御茶の水書房、一九五八年、五二頁)や井上光貞(註(14)著書四二頁)もこれに賛成しているが、私は採らない。定額寺制の起源は『類聚三代格』巻三所収の霊亀二年五月十七日格を法源とみなすべきである(西口順子「定額寺について」『史窓』二四号、一九六五年)。
(33)佐久間竜「官僧について」(『続日本紀研究』三巻三・四号、一九五六年)五四頁。
(34)「年分度者」の初見は『類聚国史』巻一八七所引、延暦十二年四月丙子条である。
(35)堀一郎『上代日本仏教文化史』下(大東出版社、一九四三年)二〇〇頁。
(36)註(3)田村著書一八三頁。
(37)二葉憲香「年分度者の原義とその変化」(木村武夫先生還暦記念会編『日本史の研究』ミネルヴァ書房、一九七〇年)。
(38)石母田正「国家と行基と人民」(同『日本古代国家論』第一部、岩波書店、一九七三年)九一〜九三頁。
(39)井上光貞「行基年譜、特に天平十三年記の研究」(竹内理三博士還暦記念会編『律令国家と貴族社会』吉川弘文館、一九六九年)。
(40)註(39)井上論文。
(41)米田雄介「行基と古代仏教政策」(『歴史学研究』三七四号、一九七一年)。
(42)井上薫『行基』(吉川弘文館、一九五九年)五一頁。
(43)行基の社会事業と地方豪族との関連を早く注意したのは井上薫(註(42)著書)であるが、長山泰孝「行基の布教と豪族」(同『律令負担体系の研究』塙書房、一九七六年)は、この点をさらに掘り下げ、行基と豪族層の結び付く必然性を思想史的に明らかにしようとし、また栄原永遠男「行基と三世一身法」（赤松俊秀教授退官記念『国史論集』一九七二年）は、三世一身法発布と行基の宗教運動との関連からこの問題に接近しようとしている。
(44) 中川修「古代における思想主体形成の問題―行基研究史上の問題点―」（『仏教史学研究』一八巻一号、一九七五年）。
(45) 註(39)井上論文。
(46) 田中塊堂『日本写経綜鑒』（三明社、一九五三年）二五八頁。
(47) 註(38)石母田論文一四六頁。
(48) 五来重「紀州花園村大般若経の書写と流伝」（『大谷史学』五号、一九五六年）。
(49) 井上正一「奈良朝における知識について」（『史泉』二九号、一九六四年）。
(50) 竹内理三「上代に於ける知識に就いて」（『史学雑誌』四二編九号、一九三一年）。
(51) 註(30)中井著書一六四～一七一頁。
(52) 註(38)石母田論文一四五頁。
(53) 大屋徳城『寧楽仏教史論』（東方文献刊行会、一九三七年）一〇〇～一〇一頁。
(54) 井上光貞『日本浄土教成立史の研究』（山川出版社、一九五六年）七～九頁。
(55) 速水侑『弥勒信仰―もう一つの浄土信仰―』（評論社、一九七一年）五八～八九頁。
(56) 井上光貞「南都六宗の成立」（『日本歴史』一五六号、一九六一年）。
(57) 石田茂作「奈良時代の宗派組織概観」（同『奈良時代文化雑攷』創元社、一九四三年）。
(58) 註(38)石母田論文一四五頁。
(59) 註(46)田中著書一六六頁。
(60) 宇井伯寿「史的人物としての弥勒及び無着の著述」（同『印度哲学研究』第一、岩波書店、一九四四年）。

Ⅳ　わが国における内道場の起源

はじめに

内道場とは、古代の宮中に設けられた仏殿であり、いわば天皇の持仏堂ともいうべき存在である。天皇が現実に大きな権力を握っていた古代では、天皇と直結した内道場の存在は、政治と宗教の結び付きの場として、極めて重要な役割を果したことであろう。特に奈良時代には、内道場は「内堂」とも呼ばれ[1]、玄昉や道鏡などの政僧を輩出したことはよく知られる通りである。彼らは、天皇・皇后などの権威を借りてほしいままに寺院の建立、法会の勤修、あるいは経典の書写を行ない、これらのことによって、当時の仏教界の動向に決定的ともいえる影響を及ぼしたばかりでなく、一般の国政にも干与し、同時代の政治の動きをも左右するに至った。それ故、内道場の起源や沿革、あるいはその実態を明らかにすることは、古代仏教史にとってのみならず、古代政治史にとっても重要な課題の一つといわねばならないだろう。

わが国における内道場の起源については、早く横田健一氏が名著『道鏡』の中で論及されているが[4]、それによると、わが古代文献の上で、「内道場」の語が初見するのは、『続日本紀』天平十八年六月己亥条の玄昉没伝である。玄昉は霊亀二年（七一六）に入唐留学し、天平七年（七三五）に遣唐使に随って二十年ぶりに帰朝するが、朝廷はこれを大いに尊んで紫の袈裟を賜い、さらに僧正に任じて内道場に安置したと記されている。横田氏は、

「玄昉が僧正になったのは天平九年八月のことであるから、内道場はそのころにできた」と推定し、長らく唐で仏教を学んだ玄昉が、「おそらく唐宮廷の内道場を見学してかえり、これを奏したので、仏教信仰があつく、唐文化に心酔していられた聖武天皇・光明皇后が、これを模倣されたとみてよいのではあるまいか」と述べていられる。確かに「内道場」の語の所見するのはこの記事が最初である。しかし、たとえば『日本書紀』天武天皇十四年（六八五）三月壬申条に、「諸国に、家毎に、仏舎を作りて、乃ち仏像及び経を置きて、礼拝供養せよ」という有名な詔が出されたとあり、この「家毎に」が何を意味するかについては諸説の分かれるところであるが、そのいずれであったにしても、このような詔が出される前提として、皇室自身の仏舎、すなわち内道場の存在が予想されるのではあるまいか。内道場の呼称が玄昉帰朝後に始まったにしても、その実体の成立はもっと遡らせて考えることが出来るのではないだろうか。

実はこの点について、近世撰述の『釈門事始考』なる書があり(5)、「置内道場」の項を設けて中国・日本における内道場の起源と沿革を叙した中で、すでに触れるところがある。すなわち本書は、内道場の初例として東晋武帝（孝武帝）の太元元年（三七六）における殿中精舎の建立を挙げ、以下中国歴朝における内道場の変遷を要述した後、日本における内道場の起源について次のように述べている。

> 本国の内道場を置くは、未だ何れの時に起るかを知らず、国史に、天智天皇の四年、東宮渟中（天武）の内道場に入りて、自ら須髪を截るの事有り。則ち知る。斯の時に既に是れ有る也と。

本書の撰者は不詳、近世僧侶の手になるものと推定されているが(6)、記述にあたっては一々その出典を示すなど、信頼出来る内容を持っており、望月『仏教大辞典』の「内道場」の項のごときも、主としてこれによって書かれているようである。わが国内道場の初見として、天智紀の「内裏仏殿」に注目したのも、当時としては炯眼といわねばならないだろう。そこで本章では、『釈門事始考』のこの指摘を手がかりに、わが国古代における内道場の起源について若干の考説を試みることにする。

一　近江大津宮の「内裏仏殿」

『釈門事始考』がわが国内道場の初見として注目した天智天皇四年の東宮剃髪の記事とは、いうまでもなく『日本書紀』では、天智天皇十年（六七一）十月庚辰（十七日）条にみえる左の記事である。(7)

この日天智天皇は、東宮（大海人皇子）を病床に召し、後事を委嘱したが、天皇の真意を察した東宮は、病気を理由に即位を固辞し、皇位は太后（倭姫王）に授け、大友皇子に補佐（摂政）させることを提案し、自分は天皇のために出家修道したいといい、天皇もこれに同意した。以下、問題の箇所に入るが、正確を期すために『日本書紀』の本文を引こう。

東宮起ちて再拝す。便ち内裏の仏殿の南に向《い》でまして、胡床に踞坐《しりうた》げて、鬢髪を剃除《そ》りたまひて、沙門と為りたまふ。是に、天皇、次田生磐を遣して、袈裟を送らしめたまふ。

こうして出家剃髪を遂げた大海人皇子（後の天武天皇）は、同月十九日、再び天皇にまみえてその許しを得て、仏道修行のために吉野山に向かうのである。この記事は、壬申の乱の発端を物語る部分として有名であるが、問題の内裏仏殿については、あまり詳しいことを述べていない。ただこの仏殿が、内裏の一画に独立の建物として存在したらしいこと、またその南側で皇太子が剃髪したとあるところから、この建物が南面して建てられていたらしいことが推測されるだけである。

ところが、大海人皇子が出家して一ヵ月後の同年十一月二十三日には、この同じ内裏の仏殿で[8]、皇嗣に擬せられた大友皇子を中心として、近江朝の五人の重臣たちが忠誠を誓いあう神聖な会盟の儀が行なわれている。以下再び『日本書紀』の本文を引こう。

丙辰(二十三日)に、大友皇子、内裏の西殿の織の仏像の前に在します。左大臣蘇我赤兄臣・右大臣中臣金連・蘇我果安臣・巨勢人臣・紀大人臣侍り。大友皇子、手に香炉を執りて、先ず起ちて誓盟《ちか》ひて曰はく、「六人心を同じくして、天皇の詔を奉《うけたまは》る。若し違ふこと有らば、必ず天罰を被らむ」と、云云。是に、左大臣蘇我赤兄臣等、手に香炉を執りて、次《ついで》の随《まま》に起つ。泣《な》盟きて誓盟ひて曰く、「臣等五人、殿下に随ひて、天皇の詔を奉る。若し違ふこと有らば、四天王打たむ。天神地祇、亦復誅罰せむ。三十三天、此の事を証め知しめせ。子孫当に絶え、家門必ず亡びむか」と云云。

ここでは、「内裏の織の仏像の前」とあり、描写はやや具体的である。まず内裏仏殿が「内裏西殿」とも呼ばれたことは、この建物が内裏廓内の西側の部分、もっと的確にいえば、その主殿の西方に位置したことを示すであろう。次にこの仏殿には、木造や金銅製の仏像ではなく、「織《おりもの》の仏像」が安置されていたことが注目される。蘇我赤兄らの言葉の中に、四天王や三十三天（忉利天のこと。すなわちそこに居する帝釈天をさす）の語がみえることから、これらの諸天部の像が織仏殿の中に織り出されていたことも考えられるが[9]、これは単なる誓文の慣用句とみておいた方が無難であろう。

以上、天智紀の二ヵ所の記事から、天智朝末年の近江宮に「内裏仏殿」の存在したことが確認された。そしてそれは、

㈠内裏の内部にあって主殿の西側に位置し、南面して建てられた独立の建物であったこと。

(二)この仏殿には「織の仏像」が安置されていたこと。
(三)皇太子の出家や重臣の会盟などといった重要な儀式にも用いられたが、「仏殿」の本義からいって、宮中における仏事や法会に際して用いられる礼拝施設であったと思われること。

などがわかった。以下、ここに取り出した三つの要素に即して、内裏仏殿の成立に至る史的背景を探ることにしたい。天智朝末年の近江大津宮に内裏仏殿が存在したことが確認される以上、それは当然、それ以前の成立にかかるものと推定されるからである。

二 「織仏像」と「繡仏像」

まず近江宮の内裏仏殿に「織仏像」が安置されていたことに注目しよう。わが古代史料の上で、「織仏像」の類例は、他にあまりみかけることが出来ない。『日本書紀』欽明天皇二十三年八月条に、「七織帳」なるものがみえる。高句麗征討に派遣された大将軍大伴狭手彦の率いる数万の軍は、百済の計略を用いて大いに高句麗を破り、勝に乗じて王宮に攻め入り、多くの珍宝を奪った。その珍宝の一に「七織帳」が含まれ、帰国後天皇に献ぜられたという。分注の引く一書(旧本)には、これはもと高句麗王の内寝を飾っていたものだとしている。このような高級繊維製品は、その材質上、考古資料として残りにくいので、われわれはつい忘れがちであるが、古代の王宮や貴族の邸宅には、この種の繊維製品がずいぶん多く用いられていたに違いない。近江宮仏殿の「織仏像」も、このような背景の下に考え直す必要があろう。

「七織帳」の場合は、単なる装飾・調度の類であり、礼拝の対象とされる仏像ではなかったが、織仏像としては、ただ一例だが、「大安寺資財帳」の中にみえる。後述するように、天平十九年（七四七）当時、奈良の大安寺にいくつかの繡・織仏像が蔵せられており、その中の一つに、「織絨仏像一帳」なるものがあるが[10]、他のものに付けられたような、その寸法や伝来の由緒に関する注記がないため、詳細は不明という他ない。

このように「織仏像」については至って類例に乏しいが、「繡仏像」となると、いくつかの例を挙げることが出来る。

〈推古天皇十三年発願の丈六繡仏像〉

『日本書紀』推古天皇十三年（六〇五）四月朔条によると、この日、天皇は、皇太子・大臣および諸王・諸臣に詔して、ともに同じく誓願を発し、銅・繡の丈六仏像各一軀を造ることを発起した。この銅・繡二軀の仏像は、翌年四月八日に至って完成し、銅像の方は、新建の元興寺（飛鳥寺）の金堂に安置されたという。仏教の保護奨励を宣言した、有名な大化元年（六四五）八月八日の詔（『日本書紀』）でもこの両像に言及し、「小墾田御宇（推古）天皇の世に、馬子宿禰、天皇の奉為に、丈六の繡像・丈六の銅像を造る」とあり、造像の年時や発願の主体については問題が残るが[11]、推古朝に銅・繡二軀の丈六仏像が発願造顕されたことは確かである。この内の丈六銅像が、後世の修補が甚だしいとはいえ、いま、飛鳥寺の故地に残り、俗に飛鳥大仏と呼ばれている金剛釈迦如来坐像であることはいうまでもない。

『元興寺縁起』には、この釈迦銅像の光背銘と称する「丈六光銘」を引載しているが[12]、それには、推古天皇十三年（乙丑・六〇五）四月八日、天皇・皇太子・大臣の三者が、銅二万三〇〇〇斤・金七五九両をもって「釈迦丈六像、銅・繡二軀幷挾侍」を造ることを発願し、己巳年（推古十七年・六〇九）四月八日に完成、銅像は元興寺に安置したことを述べている。『元興寺縁起』の本文（福山敏男氏のいわゆる「誓願文」の部分[13]）には、これに関する記述があり、それによると、推古天皇は「等由良後宮」を捨して尼寺（豊浦寺）とするとともに、法師寺（飛鳥寺）の造営と「二軀丈六」の造顕を発願したこと、また「二軀丈六」の製作にあたっては清浄の地を選び、豊浦寺の境内、「物見岡の北方の地」に、「東に十一丈の大殿有り、銅の六丈を作り奉る。西に八角の円殿有り、繡ひ奉」ったこと、などを述べている。

　ところで、繡仏像の奉安先については、『日本書紀』『元興寺縁起』ともに触れるところがない。『太子伝玉林抄』には、「或記云」として「今此ノ繡仏ハ橘寺ニ奉納」と記すが、この「或記」はその内容からみて鎌倉時代以降のものと認められるから、あまり信用出来る所伝ではない(14)。それよりも『元興寺縁起』の誓願文に「誓願新造の二寺および二軀の丈六は、更に破らず、流さず、折らず、焼かず、云々」などと、常に二軀丈六は、僧尼二寺（飛鳥寺と豊浦寺）と対比的に並記されていること、そして銅像の方が飛鳥寺に奉安されていることからみて、繡像の方は、豊浦寺に安置された可能性が強い。推古天皇の豊浦宮を捨して尼寺としたといわれる豊浦寺に(15)、もしこの繡帳仕立の仏像が奉安されたとすれば、近江宮の内裏仏殿に「織仏像」が安置された理由を考える上に貴重な示唆が与えられるであろう。

〔白雉元年発願の丈六繡仏像〕

『日本書紀』白雉元年（六五〇）十月是月条に、「始めて丈六の繡像、俠侍・八部等の三十六像を造る」とみえ、翌二年三月丁未（十四日）条には、それが完成を告げたことを記している。同月戊申（十五日）条に、皇祖母尊（皇極上皇）が十師等を請じて設斎したというのも、この丈六繡像の完成を記念して行なわれた開眼供養であったと考えられる。この繡仏像は、その後大安寺に施入されたらしく、天平十九年（七四七）の「大安寺資財帳」に、

　合繡仏像参帳（一帳高二丈二尺七寸、広二丈二尺四寸、二帳並高各二丈、広一丈八尺、）

と記された内の最初の一帳、すなわち

一帳像具脇侍菩薩・八部等卅六像

右、袁智（皇極）天皇、坐難波宮而、庚戌年（白雉元年）冬十月始、辛亥年（同二年）春三月造畢、即請者、[16]

と注記されたものにまさしく該当するであろう。右の注記によって、この繡仏像が皇極上皇の発願によって造られたことが確認されるとともに、その形状は、中央に正身丈六の仏像を繡い出し、その周囲に脇侍の菩薩や八部（天竜八部）等、三六体の諸尊像を配するという曼陀羅的構成を持ち、総高二丈二尺七寸（六・八八メートル）、幅二丈二尺四寸（六・七八メートル）にも達するみごとな大幅であったことが判明する。この巨大な繡帳仕立の仏像は、本来ここに安置するために製作されたものであろうか。二十年後の近江宮の内裏仏殿にも「織仏像」が安置されていたことや、本像の成った白雉二年三月といえば、時あたかも造営中の難波宮も完成に近づいた頃にあたることを思えば、この繡仏像が新建の難波宮の内裏仏殿の主仏として製作されたと考えてみたい誘惑を覚える。[17]もとより難波宮に内裏仏殿の存在したことを示す文献的徴証はほとんどみあたらないが、[18]このことは、一つの可能な想定として許されるのではなかろうか。

以上私は、わが古代史上における著名の繡仏二例について考察を加えてきたわけであるが、ここで次のようなことが考えられる。まず注意しておきたいことは、飛鳥・白鳳時代には、それ以前に比べて、繡仏像、それも巨大な繡仏像の製作が盛んに行なわれたという事実である。白雉元年像の場合、正身の仏像は丈六であるが、繡帳自体は、高さ・幅ともに二丈二尺を超える大幅であった。推古十三年の丈六繡仏像も恐らくこれに匹敵するものだったろう。しかもそれらは形態の大ばかりでなく、製作の趣旨においても重要な意義を担った。推古十三年像と同時に発願された丈六銅像は、わが国最初の本格的造仏として文化史上、画期的な意義を持つものと認められているが、繡仏像も、また常にそれと並称される存在であった。『日本書紀』によれば、それは推古天皇の発願、もしくは大臣蘇我馬子が天皇のために造るところであり、白雉元年後も、皇極上皇の御願によって造られたものであった。

次に指摘しておきたいことは、いうまでもなく繡仏像は一枚の布の上に刺繡によって仏像を造形した手工芸品であり、特に女性に親しみやすいものであったことである。上述の二例が、ともに女帝の発願により、もしくは女帝のために、造られたということも決して偶然ではなかろう。天平年間の大安寺には、なおこの他に数帳の繡仏像が蔵されていたが、その中の一である「繡菩薩一帳」は、丙戌年（朱鳥元・六八六）七月、天武天皇の病篤き時、皇后（持統）ならびに皇太子（草壁）が、天皇のために造ったものであった[19]。有名な「天寿国繡帳」のごときも、『上宮聖徳法王帝説』所掲の銘文によれば、壬午年（推古三十・六二二）二月、聖徳太子の崩去にあたって、その妃橘大郎女が「図像に因って大王（太子）往生の状を観んと欲し」、天皇に請うて作るところという。この時天皇は、もろもろの采女に命じて二帳の繡帳を造ることを助成せしめたが、画は東漢末賢・高麗加西溢・漢奴加己利ら絵師の手に成り、「令」すなわち製作の指揮には椋部秦久麻があたったと述べている[20]。

繡仏像の製作は、このように絵師が下絵さえ施せば、後は比較的単純な手仕事の集積によって可能とされる。恐らく他の繡仏像の製作にあたっても、多数の采女・女孺たちが動員され、時には願主である女帝自身が直接、作業に加わることもあったろう。そして繡仏の作業に参加したものは、その一針一針に仏事作善の思いをこめて製作の針を運ばせたに違いない。このような製作過程における宮廷女性たちの直接参加の法悦が、その出来上りの持つ温かくて柔らかい感触と相まって、当時の造仏の主流をなした金銅仏——冷たい威圧感に満ちる——とはまた違った深い感動を当時の宮廷人たちに与えたことであろう。このようなことが、「繡仏像」や「織仏像」を宮中の仏殿に安置せしむる主要な理由を構成したように思われる。

もっとも、同じく柔らかい繊維を素材とする工芸品とはいえ、「織」と「繡」とをたやすく混同すべきではない。織仏は、素材の織成段階において仏像を造形するものであるから、それだけ高度の専門技術を要したことであろう。大化三年および五年の冠位制でも、「織冠」を第一位に置き、次に「繡冠」を位置させている。一般に織は繡よりも高級な繊維製品とみなされていたようだから、近江宮に安置されていた織仏像が、繡仏像よりもさらに念の入った作品とみられていたことは確かである。

三　前期難波宮の八角形建物址

次に近江宮の内裏仏殿が、また「内裏西殿」とも呼ばれ、内裏廓内の西寄りの場所に位置したことに注意したい。このことから、ただちに想起されるのは、難波宮遺跡の大極殿院西南隅付近から発見された掘立柱八角形建物址のことである。

周知のように難波宮遺跡では、昭和二十九年春の第一次の調査以来、度重なる発掘調査が行なわれ、大阪城の南、東区法円坂町付近に、大別して前・後二期にわたる宮跡が重層的に存在することを明らかにしてきた。前期難波宮とは、大化改新の際、難波遷都に伴って造営が開始され、孝徳天皇の白雉三年（六五二）九月に完成した難波長柄豊碕宮の遺構と考えられるもので、天武朝末年の朱鳥元年（六八六）正月、失火によって焼亡したことが記録されている。後期難波宮とは、奈良時代の初、神亀三年（七二六）から天平六年（七三四）にかけて造営され、延暦三年（七八四）の長岡遷都に際して移建・廃止されたものである。問題の八角形建物址が検出された第四二次発掘調査は、昭和四十七年七月一日から十一月三十日にかけて行なわれ、大阪市東区法円坂町の旧人事院大阪事務所の跡地、約九六四平方メートルを対象として実施されたものであるが、この場所は、それまでの調査で明らかにされた前期難波宮の宮殿配置に即していえば、大極殿院と朝堂院の接合部分西端付近と目されるところで、両者がどのような接続状態を示すかについて、関係者の間でかねて関心の持たれている箇所であった(21)。

このような関心の下に、第四二次発掘調査は慎重に進められていったのであるが、調査開始後二ヵ月を経た九月初めに、当初予想もしなかった前述の八角形建物址とそれを取り巻く回廊址を発見するに至り、関係者を驚かせた。いま、報告書(22)に基づいてその概要を示せば、次の通りである。

〔掘立柱八角形建物址〕

次に述べる複廊で囲まれた区画の中央から発見された平面八角形を呈する掘立柱建築遺構である。建物の大きさは、対応する辺の距離が柱間寸法で約一七・七メートルを測り、柱穴列は八角形をなして三重にめぐり、内重八本、中重および外重各一六本を数えた。

〔掘立柱複廊址〕

右の八角形建物址を取り巻く回廊で、平面正方形を呈し、外法で約三二メートル四方の区域を区画している。東西南北の回廊は、ともに掘立柱複廊形式を採用し、柱間寸法は桁行二・九二メートル、梁行二・三四メートル、四隅の接続部分のみは、桁行・梁行ともに二・三四メートルを測る。

〔位置と層位〕

これまでの調査（第三三〜三五次）で、前期難波宮では大極殿院と朝堂院の境目をなす東西方向に走る回廊の存在が確認されていたが、この建物址を取り囲む回廊は、その東側回廊中央部付近で、右の東西方向の回廊と直角に接続することが判明した。また大極殿院の西側を区画する南北方向の外廊とも、その東北隅において接続することがわかった。前期難波宮の宮殿配置に即していえば、新しく発見された八角形建物とそれを取り巻く回廊は、大極殿院の西南隅に取り付き、朝堂院の西北隅付近に位置するということが出来る。

難波宮のような各時期の遺構が複雑に重なり合う遺跡では、発掘された遺構がどの層位に属するかが重要な問題となるが、この点については発掘担当者の意見が尊重されねばならないであろう。調査を担当された中尾芳治氏の報告によれば、柱穴の掘形や焼土の混入状態、あるいは他の地点の遺構との対比や接続の具合などからみて、この遺構が「白雉三年に完成した孝徳朝の長柄豊碕宮であると推定できる前期難波宮」に属することが明記されていることを注意しておこう。

以上によってこの遺構の概要が明らかになったと思うが、次にこの遺構によって存在が推定される建物の性格は、どのように考えられるであろうか。この点について発掘担当者は、

(一) その位置から見て、後の藤原宮以降の諸宮跡がみられる「東楼・西楼」に相当する「楼閣」的な建物（この場合、建築様式は八角楼閣ということになろう）。

(二) 従来知られている八角堂・塔の遺構が、すべて寺院にかかわる仏教建築であることから、この場合も「仏殿」的な建物（建築様式は八角円堂もしくは八角層塔）。

(三) 『日本書紀』舒明天皇八年七月己丑朔条・大化三年是歳条にみえる、朝廷への出入の時を告げる「鐘台」的な施設（この場合も建築様式は八角楼閣か）。

という三つの可能性を提示して、独自の判断を保留されたが[23]、私はこれまで述べてきた論旨にそって、この建物が後の近江宮の「内裏仏殿」に相当する「仏殿」であることの可能性を探ってみようと思う。

まずこの遺構、つまり柱穴の状態から考えられる建物はどのようなものであろうか。前述のように柱穴列は、八角形をなして三重にめぐるが、中重と外重の柱間寸法は図上略測一メートルを測るにすぎないから、この部分は壁外の外廊（濡れ縁）もしくは軒下犬走りに用いられたとしか考えられない。問題は初重八本の柱の性格であるが、これについては二通りの考え方が出来るであろう。㈠この建物を二階建の八角層塔と想定して、初重八本の柱を二階の屋根の支柱とみる、[24]㈡八角円堂と想定して、初重八本の柱を内陣の結界柱とみる、[25]のいずれかである。中尾氏は考えられる建築様式としての(イ)八角円堂・(ロ)八角層塔・(ハ)八角楼閣の三通りを示されたが、中心柱穴や心礎がみられない以上、三階建以上の建物を想定することは困難だから、(ロ)と(ハ)の構造上の相違は考えられなくなり、結局、八角円堂か八角層塔（二層）かということになる。

古代の八角堂塔については、菅谷文則氏の興味深い研究がある。[26]菅谷氏は、奈良時代およびそれ以前の創建にかかる八角堂塔の実例として、現存するもの三例、発掘調査によって地下遺構として確認されるもの五例、都合八例を挙示し、これらについて詳細な考究を試みている。そしてこれらの八角堂塔は、木造建築の技術的制約によって八角形を呈しているが、本来、円形のスツーパ（卒塔婆）を意図したもので、その造立の趣旨においても、スツーパ的な性格、すなわち故人の供養堂ないしは祖先崇拝の舎利堂的な意義をもって造られたものが多いことを指摘された。またその起源については、わが飛鳥寺に類似した伽藍配置を持つことで有名な朝鮮の平壌郊外、高句麗時代の清岩里廃寺や上五里廃寺に見出される八角堂塔址に注意を向けている。[27]

中尾氏も報告書の中に述べられたように、難波宮の八角堂塔址は、これまで知られている八角堂塔のどれよりも大きく、かつどれよりも古い遺構であるが、他の諸事例がすべて寺院境内に営まれる仏教建築であったのに比べて、唯一の例外として宮殿遺跡から見出されたものであった。菅谷氏が当代八角堂塔の持つ基本的特色として指摘された供養堂もしくは舎利堂という性格もいまの場合にあてはめて考えることは、その場所柄からみて多少困難を覚える。しかし、この建物を建築様式上の問題に限って考える場合には、いぜんとしてスツーパ的性格、すなわち「仏殿」的な施設を想定するのがもっとも有力な見方と思われる。

さらにこの想定を補強するのが、この建物の周辺から見出された回廊址の存在である。すなわち、この八角形建物址は、大極殿院や朝堂院をめぐる回廊に直接取り付く形ではなく、別箇の回廊によって囲まれた、いわゆる「堂院」の体裁をとっていることが注意される。回廊が八角円堂を取り巻いた、いわゆる「円堂院」の形式は、法隆寺東院夢殿や興福寺北円堂の例にみられ、また八角堂ではないが、類似の「塔院」の例として、東大寺の東塔・西塔址などを挙げることが出来る。これらの諸例に照らしても、回廊で取り囲まれ、特に他と区別された一画に建立された八角堂塔の性格として考えられるものは、「楼閣」や「鐘台」であるより、「仏殿」的な施設でなければならないであろう。

最後にこの建物の位置の問題について一言しておこう。前に私は、この建物の所在を前期難波宮の宮殿配置に即して、大極殿院の西南隅、そして朝堂院の西北隅付近、と表現したのであるが、これについては若干の但し書が必要である。わが国古代宮跡の示す一般的事例では、それぞれ回廊で囲まれ、独立した一廓をなす内裏・大極殿院・朝堂院が北から南へ一列に並ぶ形が普通である。しかるに前期難波宮では、大極殿院が独立して一廓をなさず、内裏の廓内に包みこまれ、その前殿のような位置を占めることがわかってきた。[28]両者の間は簡単な垣によって距てられるにすぎず、しかも内裏主殿（後殿）と大極殿（前殿）との間には、連絡の便を図って軒廊まで設けられていた。なぜこのようなことが生じたのか。これについては、大極殿の起源を論じた直木孝次郎氏の明快な説明を聞くことが出来る。[29]

直木氏によれば、もともとわが国の大極殿は、内裏前殿から発達してきたものである。一代一宮制をとった飛鳥時代の諸宮では、内裏には前殿・後殿の区別はなく、天皇（大王）の住居と政庁とを兼ねる単一の殿舎（安殿）が存在するにすぎなかった。ところが律令制度の導入を契機とする政治形態の複雑化に伴い、従来の住居と政庁を分離する必要が生じた。この必要にこたえ、もっぱら天皇が政務を処理する場として出現したのが内裏前殿である。はじめ、この内裏前殿は、なお内裏の一廓に包みこまれ、従来の内裏主殿から完全に分離するに至らなかったが、国制の整備に伴って、さらに厖大な政務を処理する必要に迫られ、ついに内裏から完全に分離し、独立した一廓を形成するとともに、政務処理の下部部局としての政庁群を分出せしむるに至った。これが藤原宮以下の諸宮跡にみられる大極殿（院）と朝堂（院）である。

以上が、大極殿の成立を主題として描かれた、古代宮殿の変遷に関する直木説のあらましである。そして直木氏は、右の第一次の変化、すなわち内裏主殿から内裏前殿が分立する時期を孝徳朝に、第二次の変化、すなわち内裏前殿が独立した一廓を形成する時期を天武朝末年ないしは持統朝に求めていられる。

この考えに従えば、孝徳朝難波宮は、右のいわゆる第一次の変化をはじめて実現した皇宮であったといえる。それは、繰り返していえば、分立した内裏前殿が、なお内裏の一廓に包みこまれ、その母体である内裏主殿から完全に分離するに至っていないという宮殿配置である。先に前期難波宮に特徴的な施設として指摘した、両殿をつなぐ軒廊のごときは、内裏前殿の出生の由来を物語る「臍の緒」であったといえようか。

このように考えてくると、孝徳朝難波宮では、大極殿の前身としての内裏前殿は存在するが、大極殿や大極殿院そのものはまだ存在しなかったといわなければならない。新たに発見された八角形建物址の所在を、大極殿院の西南隅、そして朝堂院の西北隅付近と指示したのは、右の第二次の変化までを包括する前期難波宮の終末期

（天武朝末年）の状態に即して表現したものであり、第一、孝徳朝難波宮では、「大極殿」の呼称[30]すらなかった。この段階で、内裏の主殿と前殿を包みこむ一廓の呼称として考えられるものは、「内裏」しかない。こうしてわれわれはこの建物の位置を、正確には、孝徳朝難波宮の内裏の西南隅といいかえねばならないことになる。そしてこのことは、この建物を、「内裏西殿」とも呼ばれた近江宮の内裏仏殿に対比して考えることの可能性を強めてくれるものである。

　とはいえ、私は何もこの建物を近江宮の内裏仏殿に相当する施設だと決め付けようとするものではなく、あくまでもその可能性を探ったまでである。いままでの論証では、この可能性を立証する有利な材料を並べ立てたわけであるが、一方、否定的な材料も少なくない。たとえば、前期難波宮では、宮殿配置の左右対称性からみて、東方にも同様の建物が存在する可能性が高いとされている[31]。この部分は未調査のため、確かなことはいえないけれども、果たして予想通り、東方にも同様の建物が見出された場合、「仏殿」説では説明が付きにくいであろう。また前述のように、天智紀の記事によって、その内裏仏殿が南面して建てられていたことを推定したが、難波宮八角形建物の場合、南面していたとすると、内裏の外側に向けて開かれていたことになり、天皇の持仏堂としての内裏仏殿のイメージになじみにくいのである。そしてそもそも、こうした考古資料と文献史料とを結び付けて考える場合には、よほど慎重な態度が必要とされよう。それ故ここでは、近江宮の内裏仏殿が存在する以上、それに先行する孝徳朝難波宮にも同様の施設があったことの可能性を、新発見の八角形建物址を手がかりに考えることが出来たことをもって充分としなければなるまい。

四　古代宮廷における仏事・法会の変遷

初期仏教関係の史料が一致して伝えるように、伝来期の仏教は、容易に皇室の受け入れるところとはならなかった。その理由はいろいろ考えられるが、基本的には、固有の神祇祭祀における最高の司祭者であることが、当時の天皇にとってもっとも重大な責務であると認識されていたからであろう。百済王から、はじめて仏像・経巻が送られてきた時、天皇の質問にこたえて諸臣が語った、「我等ノ国ハ、天社・国社一百八神ヲ一所ヨリ礼シ奉ル、我等、国ノ神ノ御心ヲ恐ルルガ故ニ、他国ノ神ハ礼拝スベカラズ」という言葉には、このような天皇の立場がよく代弁されている。

こうして仏教の受容をかたくなに拒み続けてきた天皇の宮廷にも、やがて仏教の受け入れられる日が来た。それは、『日本書紀』によれば、用明天皇二年（五八七）四月二日、天皇のまさに大漸に及ばんとした時のことであったとされる。この時、物部守屋・中臣勝海らの反対にもかかわらず、はじめて宮中に招かれた「豊国法師名闕也」という僧は、九州の豊前・豊後地方の出身者であったと考えられるが[32]、要するに、後の「看病禅師」（たとえば『続日本紀』天平勝宝八歳五月丁丑条）のような役割を担って宮中に入り、天皇の病床に侍してその快癒を祈った僧であろう。このように、仏教僧侶の宮中参内の初例が、天皇の大漸にあたっての看病であったと語られていることは、後の皇室仏教の展開の方向を予想せしめるものとして興味深い。

推古朝になると、仏教受容に関するもろもろの障害や抵抗が取り除かれ、仏教は中央貴族層の間に定着し、ようやくその地歩を固めることが出来たと考えられる。推古天皇三十二年（六二四）九月の調査によれば、寺院数が四六ヵ所、僧尼数が僧八一六人、尼五六九人、合計一三八五人を数えた（『日本書紀』）ということは、この頃仏教が順調に発展を遂げたことを示している。しかし、史料の上に現われた限りでは、推古朝においても、宮中で法会が催されたり、僧侶の参内した明確な記録を見出すことが出来ず、当時の宮廷が仏教に対してなお閉鎖的であったことがうかがわれる。やや時代が降って舒明天皇十二年（六四〇）五月五日のこととされる恵隠の無量寿経講経（『日本書紀』）が、もし事実とすれば、宮中講経のはじめとして特筆されねばならないが、すでに指摘されているように、これは白雉三年四月壬寅条の重出記事と考えられ、史料的信憑性に欠ける。(33)

このようにみてくると、確実な史料の上で、僧侶の宮中に招かれた例として挙げ得るものは、さらに時代の降る孝徳天皇白雉二年（六五二）十二月晦条の味経宮における一切経読経および内裏における安宅・土側経読経の記事（『日本書紀』）をまたねばならない。すなわち、

冬十二月の晦に、(イ)味経宮に、二千一百余の僧尼を請《ま》せて、一切経を読ましむ。(ロ)是の夕に、二千七百余の燈を朝《みかど》の庭内《おほば》に燃して、安宅・土側等の経を読ましむ。(ハ)是に、天皇、大郡より、遷りて新宮に居す。号けて難波長柄豊碕宮と曰ふ。

この条は、記号で示したような三段より成る。(イ)は、味経宮（難波諸宮の一）に二千一百余の僧尼を招いて「一切経」(34)を読ましめた記事。古典文学大系本『日本書紀』の注は、この行事の意味を後の「追儺」にあてる解釈を示しているが、追儺の際に一切経を読誦した例はなく、新宮への遷幸にあたって行なわれた悔過的な行事と解すべきではなかろう。(ロ)は、同日夕、朝廷の庭に燃燈会を催し、安宅・土側経を読ましめた記事。これは新成の内裏およびその「南庭」(35)で行なわれたものであろう。安宅経・土側経は、家屋や土地の安鎮のために用いられる経典(36)で、新宮の安鎮のために読まれたものと解される。(ハ)は、天皇が大郡より新宮に遷幸したことを述べる。

大郡は大郡宮で、同じく難波諸宮の一であるが、この前後における孝徳天皇の常在の御所であったと考えられる。

この十二月晦条は、並行して起こった(イ)(ロ)(ハ)の三つの出来事を一ヵ条にまとめたもののようにみえるが、よく読んでみると、別々に切り離すことが出来ない一連の出来事を記したものであることがわかる。すなわちそれは、全体として孝徳天皇の新宮への遷幸の次第を述べたものであり、そしてそれが、濃厚な仏教儀礼に基づいて行なわれたことを物語ったものである。このように本条が、白雉二年の大晦日に継起的に起こった出来事を記したものと解すれば、(イ)味経宮での一切経悔過は、その日の朝から日中にかけての行事、(ロ)新宮での燃燈会と安鎮読経は、日没から夜半にかけての行事、(ハ)新宮への遷幸は、同日夜半に行なわれた行事、そして(イ)(ロ)(ハ)の三つの行事を一貫する主人公は天皇であったと解さねばならぬ。

すでに山根徳太郎氏も注意されたように[37]、孝徳天皇の新宮（長柄豊碕宮）への遷幸は、白雉二年の大晦日の夜半に行なわれ、そして天皇は翌三年の「元日の礼」をここで受けているのである。この事実は、われわれに伊勢神宮の式年における正遷宮の儀式を思い出させる。伊勢の式年遷宮では、新しい神殿が成ると、御神体は一旦旧殿から、あらかじめ用意された仮殿に遷され、ついで新殿の整備と鎮祭が行なわれた後、夜半に至って、この仮殿から新殿へと奉遷されるのである。『皇大神宮儀式帳』（皇大神御形新宮遷奉時儀式行事）では、この正遷宮の儀式は「亥時（午後十時）を以って始む」とあり[38]、平安後期の例でも、仮殿への渡御を寅二点（午前五時）、新殿の修理を辰二点（午前九時）、新殿の鎮祭を未二点（午後三時）、そして新殿への渡御を亥二点（午後十一時）としている[39]。

一般に古代の宮廷儀礼は、こうした伝統的な神事と対比することによって説明し得る部分が多いと思われるが、この場合も例外ではない。この日天皇は、まず早朝に常在の御所たる大郡宮から味経宮（伊勢遷宮における「仮殿」に対比される）に移り、ここで一切経による悔過（罪障の祓除）を行なったことであろう。文の表面では、天皇は味経宮へ赴いたとは書かれておらず、大郡宮から直接に新宮に遷幸したように記されているが、一切経読誦が遷宮にあたっての悔過の意味を持つならば、新しい宮殿の主人公となる天皇が、自ら悔過を行なわないと意味がないであろう。大郡宮から新宮へ遷ったように記されたのは、当時、大郡宮が天皇常在の御所だったから、そのように記されたものと理解する。さて一方、新しい宮殿では、日没とともに燃燈会が始められ、安宅・土側経読誦による安鎮法が修されているが、これはいうまでもなく式年遷宮における新殿の鎮祭にあたるものである。そうしてその日の夜半、恐らく十一時頃になって、天皇は味経宮から新宮へと遷宮の行列を進めたことであろう。

『日本書紀』によれば、新しい長柄豊碕宮が完全に竣工を告げるのは、翌三年九月のこととされるが、恐らく内裏を中心とする一廓——そこには、内裏前殿や主殿、それを取り巻く回廊や門（前殿南門）、そして恐らく例の八角形建物も含まれる——は、この時すでに完成していたことであろう。内裏から南庭にかけて二千七百余坏の燈火が点ぜられ、一面の火の海の中に浮かび上がった朱塗りの宮殿や回廊の姿は、さぞかし壮観目を奪うものがあったに違いない。このように白雉二年十二月の遷宮記事は、伊勢神宮の正遷宮神事によって説明し得るところが多いが、この場合、問題はむしろ、遷宮というような伝統の行事が、目新しい仏教儀礼を用いて行なわれたところにこそあったといわねばならないのではないか。事実、この記事を皮切りとして、これまでほとんどみられなかった宮中仏事に関する記事が、頻出するようになる。そうして記事を『日本書紀』から抄出すれば、白雉三年（六五二）八月には、十五日から二十日まで、恵隠を内裏へ請じて無量寿経を講ぜしめ、千人の僧が聴衆となり、同年十二月晦、天下の尼僧を内裏に招いて設斎大捨し、また燃燈を行なった。斉明朝から天智朝初年には朝鮮出兵のために空白期が生ずるが、天智天皇十年（六七一）十月には、内裏において百仏の開眼を行ない、また同月条に「内裏仏殿」の記事のみえることは前述した通りである。天武・持統朝になると、さらに頻繁化し、枚挙にいとまがないが、その二三を摘記すれば、天武天皇九年（六八〇）五月、宮中・諸寺に金光明経を説かしめ（宮中金光明経講会の初）、同十二年（六八三）七月、はじめて宮中で安居を行ない（宮中安居の初）、持統天皇十年（六九六）十二月には、詔して毎年十二月晦日に僧一〇人を度すべきことを定め、これは、毎年宮中で行なわれた年分度者制の起源をなすものといわれる。

仏教伝来から白雉二年（六五一）までおよそ百年。この百年間に、僧侶を宮中に入れ、仏事を修せしめた事例としては、六四年前の用明天皇二年（五八七）の豊国法師の記事がまったく孤立的に存在するにすぎない。ところが、白雉二年を境目として、宮廷仏事に関する記事が、上述のような頻度をもって現われてくるようになるのである。もちろん、この間の史料の残存状況の濃淡、『日本書紀』各巻における素材や編纂方針の相違ということも考えられる。しかし、これらの事情を考慮に入れた上でなおかつ、この際《きわ》立った対照は、皇室の仏教受容という点から、甚だ注目すべき事実と思われるのである。それまで僧侶を迎え入れることをかたくなに拒んできた宮廷が、白雉二年十二月を画期として、まるで堰を切ったかのように仏教を受け入れるようになったのは何故か。この画期点をなす白雉二年十二月晦条が、新宮への遷宮行事に関する記録であったことに注目すれば、右の疑問に対する解答は比較的簡単であろう。それは、この時完成した新宮において、はじめて仏教的な礼拝施設、すなわち「内裏仏殿」が備わったという一事に尽きるのではないだろうか。前節までにおいて私は、近江宮に先立つ孝徳朝難波宮に「内裏仏殿」の存在したことの可能性を、さまざまの角度から追究してきたのであるが、いまやこの可能性は、古代における宮殿変遷史の上に位置付けて補強されることになった。

いうまでもなく孝徳朝難波宮（長柄豊碕宮）は、唐風の都城制・宮城制を採用したわが国最初の宮殿である。

大化の改新を契機とする国制の変化により、旧来の一代一宮制の皇居では、複雑化した政務に対応出来なくなり、新しい形態の宮殿が必要とされるようになった。しかし、古い伝統と因襲に縛られた飛鳥の地でこのような新しい宮殿を建設するにはいろいろな障害や困難が予想されたので、改新政府の首脳たちは、新しい構想による宮殿・都城の建設の場を難波の新天地に求めた。これが大化元年十二月に断行された難波遷都の真因と考えられる(40)。彼らは、この新天地で新しい構想、——たとえば従来の内裏主殿から、天皇の政務掌握の場としての内裏前殿を分出せしむるごとき——を自由に実現することが出来たのである。

これまでその存在を推定してきた難波宮「内裏仏殿」のごときも、もしそれが実在したとすれば、この新しい構想の一環として創設されたものであろう。推定される内裏仏殿は、例の八角形建物がこれにあて得るかどうかは別として、さほど大きな建物ではなかったと思われるが、たとえ建物は小なりとはいえ、その存在の意味するところは大きかった。なぜなら、それは固有祭祀における最高の司祭者としての天皇の基本的性格にかかわる問題だったからである。内裏仏殿の創設は、天皇自身が固有信仰に閉鎖された原始的天皇から、仏教信仰をも許容する律令天皇へと脱皮することを意味した。このようにみてくると、白雉二年十二月の遷宮行事が、衆僧による一切経の悔過や中国の「庭燎」を思わせる大がかりな燃燈会などのいささか派手な演出を伴った理由も理解出来よう。この場合、味経宮における一切経悔過は、孝徳天皇個人の罪障悔過を意味したばかりでなく天皇の原始天皇制との袂別を意味した。かくて古い天皇の殻を脱した孝徳天皇は、二千七百余坏の庭燎に迎えられつつ、新しい宮殿に新しい天皇として臨幸したといえるのである。『日本書紀』が孝徳天皇を評してその即位前紀に、「仏法を尊び、神道を軽《あなづ》りたまふ」と述べたのも、単なる個人的信仰の次元の問題としてではなく、右に述べてきたような天皇制の自己変革、ないしは自己更新の意味において理解されねばならぬ。

論じてここに至れば、問題はおのずから、大化改新と仏教、あるいは大化改新の精神的基盤などといった、より重要な問題に波及してくるのであるが、これらの点については他日を期したい。

註

（1）正倉院所蔵の写経所文書には「内堂」あるいは「内堂経」の語が散見する。「内道場」の語が一例も出てこないことをみると、奈良時代には一般に「内堂」と呼ばれたらしい。内堂経は内堂に常備された経典であろう。以下「内堂」および「内堂経」の出典を付記しておく。いずれも『大日本古文書』（編年）による。和数字はその巻数、アラビア数字はその頁数を示す。

「内堂」……七6・七25・七166・一二385・一二427。

「内堂経」……五443・五451・一七116・二五194。

（2）玄昉については『続日本紀』天平十八年六月己亥条の没伝に、「玄昉……尊為僧正、安置内道場」とあり、道鏡についても、宝亀三年四月丁丑条の没伝に「道鏡……由是入内道場、列為禅師」とある。この二例が『続日本紀』における「内道場」の語の用例のすべてである。

（3）薗田香融「南都仏教における救済の論理―間写経の研究（序説）」（『日本宗教史研究』四、法蔵館、一九七四年。本書所収Ⅵ）参照。

（4）横田健一『道鏡』（吉川弘文館、一九五九年）七六頁以下。

（5）『続史籍集覧』第三冊、五六頁以下。

（6）『仏書解説大辞典』の「釈門事始考」の項。

（7）いうまでもなく『日本書紀』天智天皇紀の年立はその称制年間を通算しているので、即位四年が称制通算一〇年となるわけである。

（8）この「内裏西殿」と十月条の「内裏仏殿」を同一の殿舎とみるか、別のものとみるか、両説に分かれる。八木充氏などはこれを別殿とみているが（同『古代日本の都』講談社、一九七四年、八六頁）、古典文学大系本『日本書紀』の校注者などは、これを同一視しているようだ（同書下巻三七八頁注五）。私は当時の一般的状況からみて、当時の宮廷で二ヵ所も仏殿的施設が存在したとは到底考えられないことから、これを同一の殿舎とみる。

（9）田村円澄『飛鳥仏教史研究』（塙書房、一九六九年）一八一〜一八八頁参照。

（10）『寧楽遺文』中巻三六七頁。

（11）(イ)造像の年次について、『元興寺縁起』所収「丈六光銘」には、本像の完成を「明年己巳年」（推古十七年）と記すが、『日本書紀』はこれを誤って発願の推古十三年の翌年と解したのであろうと考えられている。(ロ)造像の主体について、『日本書紀』推古十三年条では、天皇が中心となり、皇太子・大臣・諸王・諸臣の共同誓願とするが、『同』大化元年八月詔では大臣蘇我馬子の発願とする。福山氏や二葉氏は後者の所伝の方が原形を伝えるものとみている。なお左記著書参照のこと。

福山敏男「飛鳥寺の創立に関する研究」（『史学雑誌』四五編一〇号、一九三三年、のち同『日本建築史研究』墨水書房、一九六八年に所収）。

二葉憲香『古代仏教思想史研究』（永田文昌堂、一九六二年）第一篇第一章および第二章。

（12）『寧楽遺文』中巻三八九頁。

（13）註（11）福山論文および同「豊浦寺の創立に関する研究」（『史学雑誌』四六編一二号、一九三四年。のち註（11）同著書所収）参照。

（14）註（13）福山論文参照。

（15）福山敏男氏は、註（13）所掲の論文において、豊浦寺の起源を「豊浦大臣」と呼ばれた蘇我蝦夷がその邸址を施入して創立するところと推定し、推古天皇の勅願寺とする伝承を否定せられた。しかし、もともと推古天皇は蘇我氏所生であったから、蘇我氏の邸宅を伝領してここに居住し、即位と同時に皇居に改めたとも考えられる。そして推古十一年十月に小墾田宮に遷ると同時に、これを寺としたのではないか。この点については別の機会にあらためて考えてみたい。

(16)『寧楽遺文』中巻三六七頁。

(17)田村円澄氏も註(9)の著書（一八二～一八三頁）の中で、この繡仏像は難波新宮に安置されたものと推定していられる。

(18)後期（聖武朝）難波宮には仏殿的な施設の存在したことを推定せしめる史料がある。それは「難波宮例得度注文」（『大日本古文書』九327・『寧楽遺文』中巻五二二頁）と称する断簡で、天平十九年正月十四日、「難波宮中臣」で六五六三人が「例得度」したと記されている。この「中臣」が何を意味するか不詳である。

(19)『寧楽遺文』中巻三六七～三六八頁。

(20)『寧楽遺文』下巻八七二頁。

(21)『難波宮跡研究調査年報』（難波宮址顕彰会、一九七二年）。

(22)註(21)報告書。

(23)註(21)報告書。

(24)発見当時の新聞報道をみると、建築史の浅野清氏は、「よく調査しないとはっきり言えないが、掘っ立て柱跡の様子から難波宮の八角円堂は二階作りのものと思う」という談話を寄せていられる（一九七二年九月十日、「日経新聞」）。

(25)現存の八角堂塔の内陣柱をみると、栄山寺堂は四本柱であるが、夢殿や興福寺北円堂は八本柱である。

(26)菅谷文則「八角堂の建立を通じてみた古墳終末期の一様相」（『史泉』四〇号、一九七〇年。のち森浩一編『論集終末期古墳』塙書房、一九七三年に所収）。

(27)なお菅谷氏は、天智陵や天武陵が八角形の平面プランを持つことに注意し、八角堂建築との関連を推定しているが、八角方墳については、その後の発掘調査によって牽牛子塚や中尾山古墳などの新事例が加えられた。両古墳の発掘調査を担当された網干善教氏は、これを八角堂の影響とみなすことには否定的で、むしろ中国古来の思想に基づいた皇帝の儀制、たとえば封祀・郊祀における「八角三成の方壇」や明堂において天子の用いる「八角の台座」などの影響を受けたものでないかとされる。網干善教「八角方墳とその意義」(『橿原考古学研究所論集』第五、一九七九年)。

(28) 前期難波宮大極殿は、一九七〇年頃までは、後期難波宮の大極殿の下層遺構として存在するものと考えられていた。ところが一九七〇年に実施された第三七次調査によって、後期大極殿の下層からは、前期大極殿に相当する建物の痕跡は見出されず、少なくとも後期大極殿の位置には前期大極殿は存在しなかったことが明らかになった。しかし一方、『日本書紀』では天武十年頃から「大極殿」の呼称が現われるので、従来、内裏前殿と考えられていたものが、天武期末年には大極殿と呼ばれたものと考えられるようになった。この辺の事情については註(29)直木論文参照。

(29) 直木孝次郎「大極殿の起源についての一考察—前期難波宮をめぐって—」(同『飛鳥奈良時代の研究』塙書房、一九七五年に所収)。

(30) 「大極殿」の初見は、『日本書紀』皇極四年六月戊申条、例の入鹿誅殺のことを記した条であるが、板蓋宮に大極殿が存在したことは疑しく、後世の例から遡及して用いたものと思われる。とすると、大極殿の初見は天武十年二月甲子条ということになる。

(31) 註(21)報告書。

(32) 豊国法師の「豊国」を「眼炎く金・銀・彩色、多に其の国に在り」(仲哀紀)といわれた新羅に比定しようとする考えもあるが、これはやはり九州の豊国と考えるべきであろう。『日本霊異記』上巻第五話に出る「豊国」も同断である。なおこれを、雄略朝の「豊国奇巫」(新撰姓氏録・和泉神別)や後世の法蓮(『続日本紀』大宝三年九月・養老五年六月条)と関連付けて、豊前宇佐地方に新羅系の僧医(巫術)の伝統の存在したことを指摘する興味深い説もある(中野幡能『八幡信仰史の研究』吉川弘文館、一九六七年、一一一頁以下)。

(33)　恵隠は、志賀漢人恵隠と呼ばれ、推古十六年九月、学問僧として小野妹子に随って入唐、舒明十一年九月、恵雲とともに新羅使に従って帰国、同十二年五月に召されて無量寿経を講じたというが、この記事は、白雉三年四月壬寅条の前半と酷似し、その重出記事と考えられる。
(34)　石田茂作氏は、この時の請僧数二千一百余が、隋彦琮録（二一〇九部、五〇五八巻）の部巻数に近似することから、彦琮録による一切経と推定している（同『写経より見たる奈良朝仏教の研究』東洋文庫、一九三〇年、二四頁）。しかし、その当時、彦琮録による一切経が完備していたとは考えられないから、単なる数字合わせをしたにすぎないであろう。なおこの記事は『日本書紀』における「一切経」の初見記事である。
(35)　直木孝次郎氏は、孝徳朝難波宮では後の朝堂院にあたる場所が南殿と呼ばれたのであろうと推定している。註(29)直木論文参照。なお『日本書紀』では、白雉五年十月、孝徳天皇の崩後、南庭に殯宮を起こしたとある。
(36)　「安宅経」は現存の「安宅神呪経」（大正蔵経第二一巻）にあたるが、家宅を安静ならしむる法を説いた経典。「土側経」は現存せず。石田茂作「奈良朝現在一切経疏目録」（註(34)著書）には、「安宅墓土惻経」（一〇〇五番）・「安宅要女神呪経」（一七四〇番）・「土側経」（一八〇一番）がみえるが、いずれも現存せず、かつ疑偽経の疑いが濃厚である。
(37)　山根徳太郎「孝徳天皇長柄豊碕宮の研究」（難波宮址顕彰会・難波宮址研究会『難波宮址の研究』第三、一九六〇年）。
(38)　『群書類従』第一輯、神祇部。
(39)　『本朝世紀』久安二年十月一日丁酉条。
(40)　この点については、八木充「大和国家機構と都宮」（『山口大学文学会誌』一六ノ一、一九六五年）、直木孝次郎「難波遷都と大化改新」（註(29)著書）参照のこと。

V　川原寺裏山遺跡出土塼仏をめぐる二、三の問題

一

奈良県明日香村に所在する川原寺（法号弘福寺）は、都が奈良に遷るまでは、大官大寺・飛鳥寺・薬師寺とともに四大寺の一つとして第一級の官寺に位置付けられる大寺院であったが、早く衰退し、近代以降は弘福寺を称する真言宗豊山派の小寺庵が細々と法灯を伝えるにすぎなかった。しかし幸い、この寺の境内およびその周辺には、俗に「白瑪瑙」と称する方円二重の造り出しを持つ大理石製の豪華な礎石群が遺存し、識者の関心を集めたことから、大正十年三月、現弘福寺境内を中心に東西約一六五メートル、南北約一九〇メートルが、推定旧寺域として史跡に指定され、保存措置が講ぜられることになった。その後、昭和三十二～三十三年度には、吉野川分水の導水路開設工事に伴う全面的な発掘調査が実施されたが、指定地域とほぼ重なり合う形で、壮大な寺院跡が検出された。その伽藍配置は中金堂の前庭に塔と西金堂を対置させ、背後には講堂を置き、その三面に僧房をめぐらすという特異なもので、同じ頃の発掘調査で解明された飛鳥寺のそれ（一塔三金堂様式）とともに、世間の注目を集めた。

昭和四十九年春、この川原寺の裏山にある板蓋神社の西側山裾付近から、大量の方形三尊塼仏が発掘された。この辺りは、飛鳥川左岸の谷間に開けた扇状地で、寺の西北側には、小高い丘陵が起伏する。神社の所在地はそ

の最南端部にあたり、史跡指定地域の西北隅から神社の登り口まで、北へ三〇メートルと隔たらない場所である。
これより先、昭和四十七年の春頃といえば、高松塚壁画古墳が発見された頃であるが、同古墳の調査を担当されていた網干善教氏の下へ、地元住民の某氏から、三尊塼仏や緑釉塼の破片が当該場所で採取された旨通報があった。網干氏は、発見箇所の保存について必要な措置をとるとともに、関係方面と折衝を進め、高松塚の調査が一段落を告げた昭和四十九年三月に確認のための発掘調査を行なうことになったわけである。明日香村および奈良県教育委員会（橿原考古学研究所）が共同事業者となり、調査は網干氏が担当、関西大学考古学研究室の学生諸君が参加した(1)。

板蓋神社の西側山裾部は、二〇メートル四方程が付近の平地に比べて約五メートル程高い壇状の平面をなし、調査当時は竹藪になっていたが、かつて畑として開墾された跡であろう。遺物の出土地は、そのもっとも奥まった辺り、すなわち神社西側の急斜面の崖下にあたる部分である。ここにトレンチを設定して掘り下げたところ、径約四・五メートル×二・五メートル、底径約一・五メートル、そして深さ約三メートルの穴を掘り、そこに焼土にまじって投入ないし埋納された塼仏、塑像、緑釉塼、その他瓦、釘などが大量に検出された。それらはいずれも火中したものばかりであるが、もともとこの場所にあって焼け落ちた形ではなく、どこか他の場所で火に遭ったものを一括して搬入し、ここに投入もしくは埋納したものと思われた。そのことは網干氏の報文に、その状況を「東側斜面上部には比較的小さな軽量の遺物が多く、底部に近くなるにつれて破片も大型となる。遺物の包含状態は一様ではないが、人為的に一時に多量に投入したため（中略）、土砂の流入などはほとんど見られず、遺物のみが包含されているような状況であった」とし、さらに「投入された方向は東からである」と甚だ具体的に述べられた通りである。

二ヵ月間にわたる発掘調査の結果、大量の遺物が出土したが、調査担当者の整理分類に従えば、それは左の通りである。(2)

塼仏
　方形三尊塼仏並びに断片　八三三点
　大形独尊塼仏断片　一面
緑釉塼
　渦文塼断片
　水波文塼断片　併せて二五個
塑像
　巨像断片　一〇八個
　天部像断片　四四個
　塔本塑像断片　二七三個
　彩色文様のある塑像断片　三八個
金具断片その他　一括

この分類一覧を一見してわかるように、これらの品々を一括して備えた場所といえば、寺院の仏殿しかない。裏山遺跡の場所柄からいってそれは旧川原寺の堂塔の内のどこかと考えることがもっとも常識的であろう。このことに関連して、今回出土の塼仏および緑釉塼と同じものが、昭和三十二〜三十三年度の調査の際、川原寺の東回廊南端東側の堆積層中から出土していることを述べておかねばならない。塼仏は方形三尊の破片一点、緑釉塼も小さな断片二点で、いずれも火中の痕跡を持つ(3)。恐らく火災の後、整地が行なわれた際、他の場所から搬入されたもので、出所は裏山出土のものと同じと考えられるが、その場所は特定出来ていない。果たしてこれらの遺物は本来どこにあったものであろうか。あるいは何時、火災に遭って裏山遺跡に運びこまれたのだろうか。ここで川原寺の寺史の概要を簡単に顧みておく必要があろう。

川原寺の創建については諸説があるが、斉明天皇の崩後、その菩提をとぶらわんがために、子の天智天皇の発願で生前の宮（飛鳥川原宮）を捨入して造られたもので、その時期は天智朝の初年とする福山敏男氏の説がもっとも有力である(4)。昭和三十二～三十三年度の発掘調査では、旧伽藍遺構の下層から二条の暗渠が検出され、同寺創建以前の川原宮に関連する施設と考えられたことから、宮を捨して寺としたという推測が裏書される形となった(5)。癸酉年（六七三）には、食封五〇〇戸が施入され（『新抄格勅符抄』）、この頃寺観大いに整ったことが推測され、事実、天武朝の末年から文武朝にかけての頃が当寺の最盛期で、大官・薬師・飛鳥諸寺とともに第一級の官寺に位置付けられたことは最初に述べた通りである。ところが平城遷都の際、なぜか新京に遷らず、その後発展において前記の諸寺と寺運の明暗を分かつに至ったが、さらにこれに拍車を加えたのが何度かの火災である。

川原寺を襲った大規模な火災としては、『玉葉』の伝える建久二年（一一九一）五月の火災が有名であるが、それよりも早く、平安時代前～中期に大規模な火災に遭ったことは、延久二年（一〇七〇）三月の「近江国弘福寺領荘田注進」（『東寺文書』）に、弘福寺領依智・伊香両荘は、当寺発願の「佐佐名実（天智）天皇」の施入であるが、「その本公験等は、寺家焼亡の剋、消失すでに畢んぬ」とみえる通りである(6)。その時期については、貞観元年（八五九）頃にはこの寺で最勝会・維摩会の竪義が行なわれており、官寺としての体裁を堅持していたのに(7)、同十七年（八七五）三月の太政官符（『東寺文書』）によって東寺の真然が弘福寺検校に任ぜられた頃から、当寺は後長らく東寺末の真言宗寺院となる。[8] このような重要な変革には、必ずや大きな事件が契機をなしたと考えられるのであり、貞観元年から十七年の間に、最初の大規模な火災を想定しようとする岸俊男氏の意見は説得的である。[9] 事実、本遺跡出土の遺物の示すいくつかの年代的徴証もこの推定に矛盾しない。

本遺跡の成立年代を示す遺物としては、若干の瓦片と貨銭がある。軒丸瓦は、川原寺の創建瓦と目されるもっとも古い様式の複弁八葉蓮華文軒丸瓦および奈良時代末期と推定される複弁蓮華文軒丸瓦であり、軒平瓦では、前記の創建時の軒丸瓦と対をなす四重の重弧文軒平瓦および奈良時代末期頃の唐草文軒平瓦である。次に貨銭は、富寿神宝と承和昌宝の二種が、塑像断片の胎土中に埋めこまれた形で出土した。いずれもいわゆる皇朝十二銭に属し、富寿神宝はその第五の貨幣で弘仁九年（八一八）十一月の初鋳、承和昌宝はその第六で承和二年（八三五）正月の鋳造である。それぞれ各一点ずつしか出ていないが、正確に紀年を指示する資料として貨銭の出土は貴重である。[10] そしてこれらの瓦片や貨銭の指し示す年代は、上述の推定火災年代と齟齬するものではない。

以上述べたところによって、本遺跡出土の遺物は、川原寺の創建以後、平安時代初期以前に、同寺境内にあったいずれかの仏殿もしくは堂塔に安置されていた塑造の仏像や諸尊像、およびそれらを荘厳する塼仏や須弥壇の施設が、恐らく貞観年間に火災に遭って焼け落ちたものである。わざわざ同寺の裏山に運び、斜面直下の山裾に納めたのは、塑像といい塼仏といい、本来礼拝の対象である。調査担当者も推定されたように、これらを焼け落ちたまま原位置に放置すれば、人馬に蹂躙されることを畏れたためであろう。従ってこれは、焼け残ったものの廃棄ではなく、一種の「埋納」とされたことは恐らく誤っていないであろう。しかし、これらの遺物群の本来の姿についてはまだ何も解っていない。塼仏や緑釉塼については、その後いくつかの出土例もみられるので、以下それらの類例にも注意を払いながら、出土遺物の検討を試みることにしたい。

二

川原寺裏山遺跡の出土遺物の内、もっとも多数を占めたものは塼仏である。塼仏というのは、雌型の「塼仏型」[11]に土を込めて薄肉彫りの仏像を形作り、これを焼きしめて、表面に金箔や彩色を施して仕上げたもので、一つの型で同じものを量産して堂塔内壁の荘厳に用いたり、または単独に厨子に納めて念持仏に用いたりしたようである。中国では北魏代から初唐にかけて盛んに行なわれ、各地に千仏寺や千仏洞が造られているが、わが国へは、早くも天智朝の初年にその製作法が伝来されたであろうというのが、先学の推定である。[12]

本遺跡では、大形独尊塼仏と方形三尊塼仏の二種類が出土した。(一)大形独尊塼仏はただ一点であるが、如来像の上半身部が残る。現存長約一二・三センチ。これと同型、同范と思われるものが、川原寺の近傍の紀寺跡と山田寺から出ている。山田寺のものは、胸部と脚部の断片であるが、紀寺のものは、胴部から蓮座部分まで残っていた上、同寺金堂跡から、欠けていた頭部が発掘され、ほぼ全体像が復元出来た。[13]それによると、この独尊塼仏は、蓮華座の上に結跏趺坐し、両手を腹前で組んだ如来像であるが、ふくよかなお顔といい、薄い衲衣を通して表現されたはりのある肉体といい、明らかに初唐様式を受けた白鳳彫刻の特徴を示している。さらに塼仏の蓮華座の文様が川原寺や紀寺の創建期軒丸瓦の複弁蓮華文の文様と一致することも、右の年代観を強く裏書するものである。以上述べたことから、本遺跡出土の大形独尊塼仏は、川原寺や紀寺の創建された天智～天武朝の作と考えてよいであろう。ただ山田寺の創建年代は大化前代に遡るが、同寺の造営が本格的に進められた天智～天武朝になって、この塼仏が造られたと考えることが出来るだろう。[14]

（二）方形三尊塼仏（図1）は（一）に比べて極めて大量に出土している。いずれも火中して、表面が焼けただれたり、破損したものが多いが、完形品に復元出来るもの約三〇面、全部で二〇〇面くらいになるであろう。まずその形状についてみると、縦約二三・四センチ、横約一八・六センチ、厚さ約二・〇～二・四センチの方形塼である。次にその像容についてみると、中尊の如来像は、偏袒右肩に衲衣を着し、定印を結んで宣字座に倚座する。台座は二重蓮台に両足を置き、背後には上広がりの宝屏と二重円相の頭光を負い、左右には先端に花を咲かせた宝樹が立ち、頭上に天蓋を配するが、その頂辺には宝珠を置き、蓋の先端から鈴が垂下している。次に脇士は菩薩の立像で、二尊とも合掌印を結び、円相の頭光を負い、天衣を垂れ、蓮華座に住立する。両脇士の上には飛天が舞うが、向かって左側の飛天は両腕を広げ、右側は左腕を曲げる。なお、蓮華座は三尊とも茎によって支えられ、水面から伸びた蓮の様子を示しているが、それらは根元で一本につながっているように描かれていることに注意しておきたい。このような姿を可視的に表現したものとして、有名な「山田殿像」の銘記を持つ阿弥陀三尊像や、押出仏の原型として知られる法隆寺蔵の鋳出三尊像を想起することが出来る。

図1　川原寺裏山遺跡出土三尊塼仏（明日香村教育委員会所蔵）
画像提供　奈良国立博物館（撮影　森村欣司）

以上、やや詳しく考察した通り、この三尊塼仏も豊かな感性とすぐれた技術を示した逸品で、中尊や脇士にみるふくよかな顔容、三尊の着衣や飛天の着裳にみる流れるような衣文など、様式的にも白鳳前期の特色をよく示している。普通塼仏といえば、陽刻した原型を粘土に押しあて焼きしめて造った陰刻の「塼仏型」を用いて作るが、本例の場合は、恐らくこの塼仏型に直接彫り込んだものと思われ、飛天の肢体や蓮華座にみる独特のふくらみは、可塑性のある状態の粘土に指やヘラを圧することによってはじめて可能なものだという。[15]この観察はたぶん誤っていないであろう。さらに倚座した中尊に脇士が侍立するという三尊形式は、北斉から初唐にかけて多くみられるもので、わが国では先述の「山田殿像」をはじめ、法隆寺押出仏や本例など、白鳳時代の押出仏や塼仏の世界で多用された。もともと椅子に腰をかけた倚座像はインド・西域の風であるが、それが初唐の一時期に流行したものらしい。思うに六世紀から七世紀初期に朝鮮を通じてわが国に伝えられた仏教美術は、中国化され朝鮮化されたものがまず入り、飛鳥美術を生んだが、次の白鳳時代には、玄奘の渡天などもあって、インドの仏教および仏教美術への認識が深まり、そうした芸術が直接わが国に伝えられたのであろう。[16]これまた白鳳期の時代的標識とすることが出来よう。

次にこれらの塼仏の用途について考えてみると、大量の出土量からみても、また塼仏の上下や左右辺に釘穴の痕跡を残すものがあることからみても、堂塔の壁面にいわゆる千仏像形式で張り付けたものとしか考えられない。全部で完形品にして二〇〇面以上といえば、仮に縦に九面、横に二二面を張り付けると、縦約二・一メートル、横約四・一メートルの壁面を飾ることが出来る。遺物の表面には、金箔や彩色の跡が残るものがあることから、完成当時のきらびやかな様子は想像しただけでも壮観である。この場合、先の大形独尊塼仏の扱いが気になるが、これについてはすでに先学が指摘されたように、長谷寺蔵の銅板法華説相図が参考になり、一定の秩序ある構図の下に配列されたことであろう。[17] この場合は、大形独尊塼仏を中心に、その周囲を三尊塼仏が取り囲む千仏像形式が採られたに違いない。

ちなみに、同形の大形独尊塼仏が出土した紀寺跡および山田寺でも事情は同じであり、これらの両寺では、三尊塼仏ではなく、小形の独尊塼仏が大量に出土し、千仏像形式で、大形独尊塼仏を取り囲んだことであろう。比較的に資料の整った山田寺の場合についてみると、ここでは、二種類の小形独尊塼仏が出土し、一つは約三センチ四方と小さいが、見事な造りのもの。もう一つは、縦約六センチ、横約三・六センチ、厚さ約一・二センチの小形の独尊塼仏が、十二尊連坐、もしくは四尊連坐の形であった。この内もっとも多かったのは十二尊連坐のもので、横四面、縦三段に並び、中央の二尊の四隅に釘穴を穿ち、縦一八・三センチ、横一四・六センチを測る。この塼仏の大きさは、あたかも『護国寺本諸寺縁起集』山田寺条の「五重塔付銅板小仏、高五六寸、広四寸、石居不思議也[18]」の寸法と一致する。ここでも金箔を施した塼仏断片が出土しているから、金箔を押した塼仏を銅板に見誤ったものであろう。治安三年（一〇二三）十月十八日夜半、藤原道長は南都諸大寺と高野山参詣のついでに山田寺を訪れ、同夜はここで一宿し、翌朝、堂塔を巡覧し、金堂の本尊を拝した。『扶桑略記』には、この時の道長の感動ぶりを「堂中、奇偉の荘厳を以て、言語云黙し、心眼及ばず」と述べている。[19] この「堂中奇偉」とは、恐らく連子格子から差し込む朝日を受けて金色に輝く塼仏製千仏像が醸し出す幻想的な光景をみて述べたものであろう。[20] そしてこのような光景は、裏山出土の塼仏群が構成する千仏像――それは川原寺のどこかの堂もしくは塔を飾っていた――においてもみられたことに違いないのである。

このような千仏像形式は、先にも触れた通り、中国より伝来したものであるが、わが国には塼仏の技法よりも一足早く、押出仏の技法とともに伝えられたようで、そのもっとも早い例が法隆寺蔵の玉虫厨子である。この厨子の宮殿部の扉および内壁には、小さな如来形を打ち出した銅板の千仏像を一面に張り付け、その総数は四四六八体を数えるという[21]。玉虫厨子は、その須弥座の絵画からみて、飛鳥時代末期の作と考えられているが、わが国における千仏像の初例であり、同時に押出仏の最古の遺品ということになる。天平十九年（七四七）の『法隆寺伽藍縁起幷流記資財帳』にみえる「宮殿像弐具」の内、「一具金泥押出千仏像」とあるのがこれにあたると思われ、すでに八世紀に「押出」の称が用いられたことがわかる。同年の『大安寺伽藍縁起幷流記資財帳』にも同様の「宮殿像弐具」がみえ、一具は「千仏像」、他の一具は「三重千仏像」とある。『日本書紀』白雉元年（六五〇）是歳条に、山口直大口が勅を奉じて造ったという「千仏像」も恐らくは押出仏であったであろう[22]。

塼仏の技法がわが国に伝来したのは、押出仏の伝来よりやや遅れた天智朝の初年のことと考えられており、その最古の遺例とされるのが、橘寺出土の三尊塼仏である。同寺出土の三尊塼仏には方形と火頭形の二種があり、この内方形のものが、本例とすこぶる類似し、恐らく同范とみてよいものである。ただよく観察してみると、橘寺のものには四周に幅〇・七センチ程の高い立ち上がりのある縁取りをめぐらしているが、川原寺のものにはそれがなく、また全体に、橘寺のものに比べて、川原寺のものは作りが薄手である。これらは明らかに製作上の利便を考えたもので、一歩進んだ技法と解される。従って川原寺裏山出土のものは、橘寺出土のものより一時期遅れた作と考えられるであろう[23]。次に火頭形のものは、三尊の姿態はまったく同じであるが、中尊後背の宝屏がなく、代わりに身光が作られ、また菩提樹や二人の飛天が省かれ、代わりに火炎を配するなど、構図上の相異がある。しかし、土質や焼成がほぼ同じであることから、ほぼ同時期の作と考えられている。なお壺阪寺からもよく似た方形塼が出土しているが、法量がやや小さく、かつ表現に不鮮明なところがあることから、その踏み返しではないかと推定されている[24]。橘寺と川原寺は境内を接し、壺阪寺もさほど遠くないところである。この辺りが、もっとも古い塼仏製作の舞台をなしたことは、地理的関係からも納得出来るように思う。

以上によって、上記一群の三尊塼仏がわが国における塼仏のもっとも古いグループをなすこと、そして川原寺裏山出土の方形三尊塼仏もまたこのグループに属することがわかったが、次にこれらの三尊塼仏の直接の原型と思われるものが、わが国に伝わる中国製の古い塼仏の中に見出されることについて述べておきたい。それは、久野健氏が紹介された東京国立博物館蔵の如来三尊像塼仏である。火頭形をなし、縦一四・〇センチ、横一〇・八センチの小品であるが、中尊は倚座し、両脇士は合掌して左右に侍立する形式で、三尊の印相から、例の上広りの後屏の形式に至るまで、橘寺や川原寺裏山出土の方形三尊塼仏とみごとに一致する。恐らく橘寺などの方形三尊塼仏は、この種の塼仏を模本として造られたものであろう。(25) この塼仏の背面には、「大唐善業、泥圧得真、如妙色身」の銘文が三行に陽刻されており、初唐の作であることをうかがわせる。その伝来の事情は明らかではないが、斉明朝から天智朝にかけて百済救援の役を契機に彼我の交渉が盛んになり、天智朝の初年には多数の唐俘（唐人の捕虜）や亡命百済人の渡来が伝えられている。(26)「大唐善業」銘の塼仏は念持仏として、これらの人々の内の誰かによってもたらされ、そして模作の手本にされたのではないだろうか。川原寺とその周辺は、当時こうした新来の渡来人たちが活躍するのにもっともふさわしい環境であったと考えられる。

三尊形式の塼仏は、その後も何種類か造られている。三重県名張市の夏見廃寺では、金堂跡から大量の塼仏が屏壁に張り付けられたまま倒れた状態で発掘された。復元研究の結果、説法印を結んだ阿弥陀如来を中尊とし、二菩薩、二比丘、および八部衆が取り囲んだ構図の大形方形塼仏を中心に、小形の独尊塼仏や中形の三尊塼仏など五種七〇四面を組み合わせ、縦二・八メートル、横二・一メートルの来迎壁を飾っていたと推定されている。(27) この内の三尊塼仏についてみると、三尊の姿態や印相は川原寺裏山出土のものと共通しているが、中尊後背には、上広がりの宝屏の代わりに、火炎をあしらった円相の身光とC字形の装飾をめぐらした円相の頭光を置き、頭上の天蓋の上下には一面に菩提樹の葉を茂らせ、飛天も両腕を曲げるなど、図相の細部にかなりの変化が認められ、法量も、縦約二一・三センチ、横約一四・〇センチ、厚さ約一・六センチと、一回り小さくなっている。川原寺裏山や橘寺出土の古い三尊像形式に基づきながら、次第に改変の手が加えられていった様子がうかがわれるとともに、その間の時間的推移を感じさせるものである。この夏見廃寺の塼仏の中心に置かれた大形方形塼仏は、大小無数の破片となって出土し、復元にあたった調査員たちは、難解なジグソーパズルに取り組むような苦労を味わったらしいが、その片隅から、「甲午年□□中」と記された文字塼が発見され、本塼仏の製作年代が確認された。(28) 甲午年は持統天皇八年（六九四）にあたり、この年記は、大伯皇女（六六一～七〇一）が天武天皇（六八六崩）のために建立したという夏見寺（法号昌福寺）創建の由緒に符合するばかりでなく、(29) 古代における塼仏芸術の発展を探る上に、一つの貴重な年代的基準を与えてくれるものである。

以上、川原寺裏山遺跡出土の二種の塼仏を中心に、わが国古代における塼仏や押出仏の受容と発展の歴史を考察した。その結果、本遺跡出土の二種の塼仏はいずれもそのもっとも古いグループに属し、実年代でいえば天智朝から天武朝にかけての頃、すなわち白鳳前期の製作であることがわかった。これらの遺品が示す芸術的な諸表現が、様式的にみて白鳳前期の時代的特色を示すことはすでに指摘した通りであって、たとえば夏見廃寺の塼仏群が典型的に示すような白鳳後期様式とは明瞭に区別されるものであった。(30) 天智～天武朝といえば、天智天皇発願の川原寺の創建期にあたり、堂舎の造営がもっとも活発に進められた頃である。これらの塼仏は、同寺のいずれかの堂塔の内壁を千仏像形式で装飾したことであろう。このような千仏像形式による堂内荘厳は、インドや中国の石窟寺院における千仏洞を模倣したものと思われるが、それまでは玉虫厨子のような小さな厨子類で試みられることはあっても、堂塔の規模で実現されたことはなかった。この新しい堂内荘厳は、それが醸し出す神秘な雰囲気と相まって、人々に新奇の眼をもって迎えられたことであろう。白鳳という時代は、こうした新奇で異国風なものをよろこんで迎え入れる時代でもあったのである。

三

川原寺裏山遺跡では、かなりの量の緑釉塼の断片が出土した。緑釉塼というのは、いわゆる彩釉の一種で、鉛丹系の釉薬に緑青を加えて塗布し、低火度で焼き上げた塼をいう。彩釉には三彩（緑・褐・白）、二彩、単彩があり、陶器や瓦塼類にも用いられるようになった。こうした技術は、唐代に入って則天武后の頃から急速に成熟したので、「唐三彩」と呼ぶ。日本には、奈良時代の初期に伝来し、主として平城京の官営工房で生産されたと考えられたことから、国産の三彩陶器には「奈良三彩」の称が与えられ、好事家垂涎の的となっていることは周知のところである。正倉院に伝わる五七点のまばゆいばかりの三彩陶器が特に有名であるが、年代の明らかなものとしては、天平元年（七二九）に没した小治田安萬侶の墓から出た三彩蔵骨壺が最古例である。ところが、畿内各地から白鳳期に属する緑釉陶が相次いで発見され、奈良時代に始まったという通説が大きく見直されるようになった。本例のごときは、そのもっとも代表的なものといわねばならない(31)。

本遺跡からの出土品は、総数二五点を数える。すべて断片であるが、いくつか組み合わせることによって、ほぼ原型を復元出来るものがある（図2）。いまこれらによってその形制をうかがうと、素材にはいずれも良質の白色胎土を用い、法量は、上述した復元品で、縦約一五・五センチ、横約三一・〇センチ（すなわち五寸×一尺）

図２　川原寺裏山遺跡出土緑釉塼渦文塼・水波文塼
（明日香村教育委員会所蔵）
画像提供　奈良国立博物館（撮影　森村欣司）

の数値を得る。ただし、規格には大小があったらしく、縦約一二・五センチ（四寸）、横（現存長）約九・〇センチという破片もある。厚さは、いずれの場合も約一・五センチ前後である。表面には、幅約一・〇～二・〇ミリの力強い篦描沈線の手法で水波文もしくは渦文を描き、その上から緑色の釉薬を施して焼き上げているが、火災に遭ったため、若干の変色ないし褪色は免れていない。ただし、本資料の焼成法については、今後慎重な検討が必要である。

表面の文様について、網干氏の報告では水波文塼と渦文塼があったように述べられているが、よくみると両者の区別は付き難く、本来は全体が一続きの図柄をなし、所によって水波文を呈したり、渦文を呈したりしたのではないだろうか。それはちょうど、有名な法隆寺蔵の橘夫人念持仏の龕身部内陣を飾った金銅製台盤の蓮池（図３）の図柄のようなものであったと思われ、このことは、すでに網干氏も指摘された通りである。この蓮池の水波文は、波状曲線を重ねた形に、緩やかに蛇行する波文を加え、所々に渦文を配している。本尊の阿弥陀三尊像は、蓮池から上方に伸びる蓮華上に安置されるのであり、蓮池の写真の中央部やや上寄りに

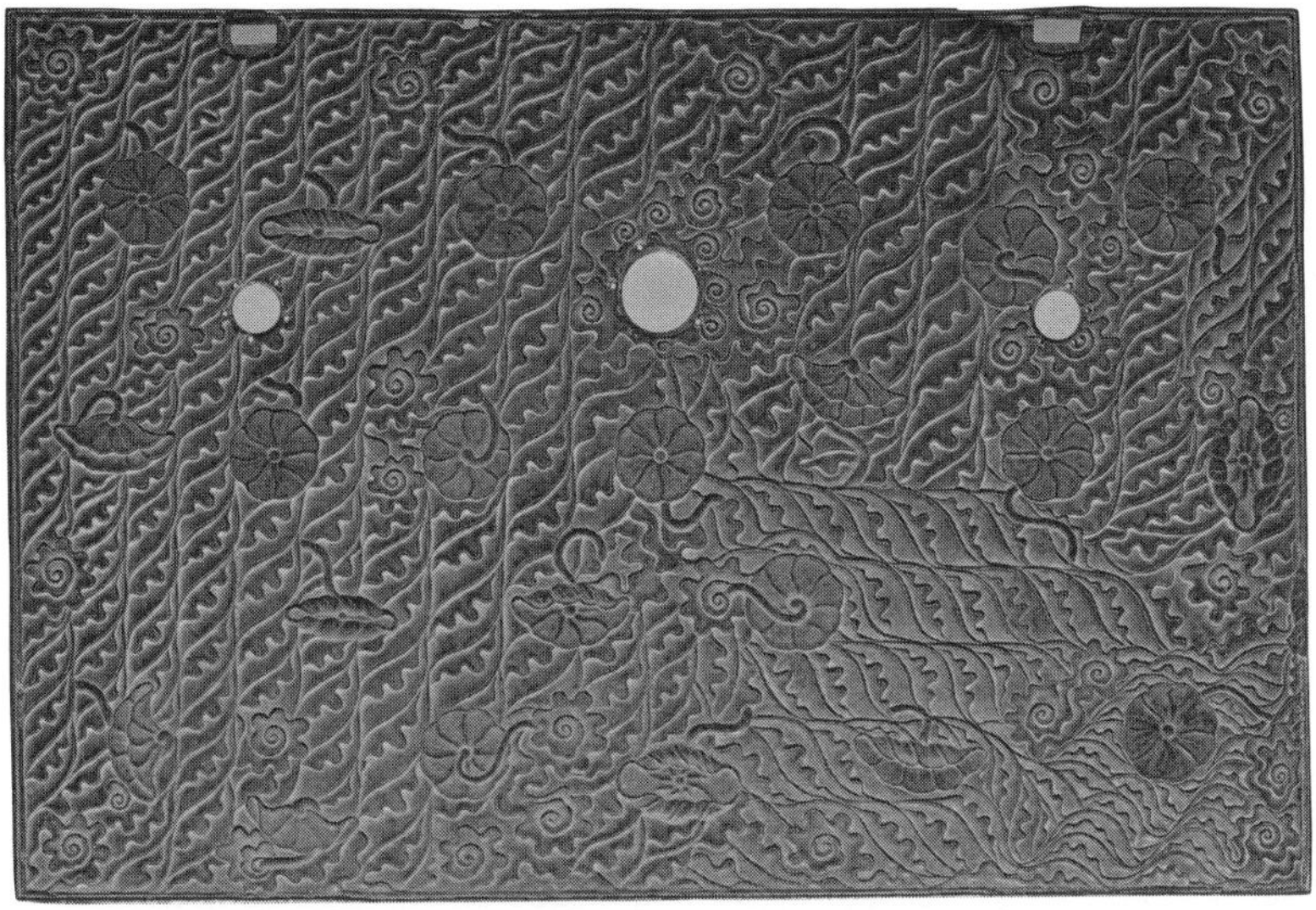

図3　阿弥陀三尊像台座蓮池（法隆寺所蔵）　画像提供　奈良国立博物館（撮影　佐々木香輔）

みえる大小三つの円孔は、この三尊の蓮華座を支える茎の取り付け部である。このように、本厨子の内陣構成は、十三世紀の『太子伝私記』が「内に弥陀三尊在わす、金銅を以て地に敷けり、波文を作して中に蓮花三本を生ぜり、其の上に三尊を坐ら令む」と甚だ的確に述べたように、「蓮華化生」のモティーフで一貫しているが、蓮池の図柄自体は、極めて図案化されたものになっているのである(32)。

これに比べて、川原寺裏山出土の緑釉塼の文様は、もっと自由奔放に描かれたもので、製作年代も橘夫人念持仏の蓮池に先行するであろう。その製作にあたっては、たぶん相当大きな板状の素材を用意し、その上に塼工が篦を用いて水波文ないしは渦文を描いてから、一定の規格に従って裁断し、その後施釉・焼成するという工程を取ったと考えられる。その際、配列の順序を忘れないための工夫が必要で、遺物の裏面に「第十一□三」「八大」「中」などの文字が篦描や墨書で残っているのは、そのためであろう。

以上述べたところによって、すでに察知されるごとく、本遺跡出土の緑釉塼の用途は、寺院の仏殿の内陣まわりの須弥壇などに敷き詰められたものであろう。ただ敷塼とするにはやや薄いと感じられ、この点についても留意が必要である。意外と小仏殿に属するものであったかもしれない。その形状や規模はまったく不明であるが、強いて想像すれば、復元された規格品が五寸×一尺の長方形の塼であり、小規格のものも一辺四寸の方形もしくは長方形の塼であったから、全体の形も方形もしくは長方形の須弥壇であったと考えたい。次に、その規模については、上述の塼の裏面の箆描に「第十一□三」とみえるのが、塼の並べ方の指示とすれば、縦横いずれかに少なくとも一一×三個を配列したことになり、その規模をある程度推測することが出来る。

本例と相前後して、箆描沈線の手法を用いた緑釉波文塼が、平城京内の数ヵ所から出土し、本事例の理解のための参考となる。それは(1)興福寺東金堂付近、(2)左京一条三坊一五・一六坪付近、(3)東大寺二月堂付近である。以下これらの事例を簡単に眺めることにしよう。

(1)興福寺東金堂付近　昭和十二〜十四年に行なわれた東金堂解体修理の際、須弥壇や基壇まわりから、合計三二点の緑釉波文塼が出土した[33]。その後昭和五十二年になって同寺の防災工事に伴う発掘調査が実施され、その際、東金堂東の配管用トレンチから二七点、東金堂北から一点、合計二八点の同様な緑釉波文塼が発見された。使用された胎土の質、塼のつくり、雄勁な箆描沈線による水波文など、川原寺裏山出土のものに極めて近い。残存状況の良好なものについてみると、完形品は一辺一八・二センチ（六寸）の正方形の塼と考えられているが、中には少量だが隅角一一〇度のものが混じる（これは五角形須弥壇の可能性を示す）。裏面に「□十六」などの箆描のみられることもよく似る[34]。興福寺の東金堂については、『護国寺本諸寺縁起集』の引く「興福寺縁起」東仏殿条に、聖武天皇が元正太上天皇の病気平癒のために、神亀三年（七二六）建立するところで、本尊は丈六の薬師仏像とある。その後に「漆着大床瑠璃地」と記したのが、この緑釉塼を用いて造った須弥壇にあたる。[35]

(2)左京一条三坊一五・一六坪付近　現奈良市法華寺東町の旧東三坊大路沿いの地。国道二四号線のバイパス建設工事に先立つ事前発掘調査の際、この両坪に跨がって池泉を伴う立派な高級貴族の邸宅址が検出された。随伴して出土した瓦や木簡から、この邸宅は七一〇～七二〇年代には、政府直属の官司が造作を主導する親王級貴族の住宅として栄えたが、七二〇年代の終わり頃には廃絶し、八世紀末頃まで空地として放置されたことが推定された。[36]この敷地内から合計八点の緑釉塼が出土したが、それ以外に隣接する一条高校グランドから出たものや法華寺出土と伝えられる緑釉塼各一点があり、これらも同類のものと判定された。いずれも前記の川原寺や興福寺出土例に比べて厚さ三・五～四・四センチと厚手に造られており、平面形はもっとも残りのよい伝法華寺例について見ると、一辺一四・五センチ（五寸）の正方形を呈する。表面の文様には、水波文と刻線文の二類あり、前者は須弥壇上面に、後者は側面（羽目）に用いられたようである。裏面には、箆描で「九条□」「主」「十三条十」などの文字が残る。なお隅角一三五度のもの、四五度のもの（直角とあわせて一三五度になる）が各一点ずつ出土し、八角形の須弥壇である可能性が大きい。いま仮に上記の箆描の刻書によって方五寸の方塼が縦に一〇枚以上、横に一三枚以上並んだとすると、その八角形は直径六・五尺（一・九五メートル）以上と甚だ具体的な推測も可能となってくるのである。[37]緑釉波文塼を用いた八角形須弥壇の実例が次の(3)である。

(3)東大寺二月堂付近　昭和五十七～五十九年、お水取りで有名な二月堂に程近い仏餉屋の修理工事が実施された際、緑釉瓦一点とともに二彩釉波文塼二点が出土した。どちらも一〇・〇センチ内外の小片だが、水波文を線刻し、緑釉と透明釉を施す。胎土は乳茶色を呈し、厚さ約三・〇センチ。[38]その後、平成六年の調査で、すぐ近くの絵馬堂付近からも二彩釉波文塼の小片一点が出土した。前記仏餉屋からの出土例とは焼成・施釉の点でやや異なるようである。[39] 実はこれらより早く、二月堂付近で採取と伝える個人蔵の緑釉波文塼の逸品が知られている。これは残存長一一・五センチの小品ながら、精良な白色胎土を用い、緑釉を厚くかけ、焼成は極めて堅く、しかも表面の水波文の躍動的な流線美の光る作品である。[40] このように緑釉塼それも波文塼が相次いで出土する二月堂仏餉屋周辺には、それを使用した何らかの施設があったのではないだろうか。この辺りは上院地区と称し、「東大寺の古層」すなわち東大寺の前身寺院の存在した地区である。吉川真司氏は初期の東大寺に関する古絵図・文献史料・出土瓦の考察と整理分析を通じて、東大寺成立に至るまでの諸堂宇（前身寺院）の変遷を明らかにされたが、それによると、いま問題とする二月堂仏餉屋付近こそは、『正倉院文書』にその名を留める「阿弥陀悔過院」の遺址であろうという。[41] 天平十三年（七四一）当時、そこに存在した同院の結構を偲ばせてくれる部分に限って引用すれば、左の通りである。[42]

、阿弥陀浄土変一鋪
、宝殿一基　漆　八角　高一丈六尺三寸
、蓋　頂居金花形一株　八角居金鳳形八口　各昨雑玉幡　裏着大蓮花形一枚　並以金銀墨畫飛菩薩鳥雲花等形
、柱八枝　並以金銀墨畫鳥花等形
、基二基　上階池磯敷瑠璃地辺着金銅鏤辟金並畫飛菩薩等形　下階在連子着金銅鏤辟端裹等高欄上居金花八株
、阿弥陀仏像一軀
、観世音菩薩像一軀
、得大勢菩薩像一軀　以上二菩薩並在雑玉宝冠
右三坐仏菩薩、並壥金色

（中略）

右、以天平十三年三月造作畢、安置浄土並来集物等如件、

これによれば、阿弥陀悔過院には高さ約四・八メートルもある大型の八角の厨子（宝殿）を置き、阿弥陀浄土変一鋪を掲げた。頭上には八角の天蓋を頂き、二層の基壇上階には「池磯」を象って「瑠璃地」を敷き、下階には「連子（蓮子か）」を象ったという。この「瑠璃地」が緑釉波文塼をさすことは、すでに(1)の例にみた通りであり、このように緑釉波文塼で蓮池を象った基壇の上に、本尊として阿弥陀三尊像を安置したのである。なおこの三尊像がいずれも「塞」すなわち塑像であったことも注意しておきたい。

以上みてきた通り、緑釉波文塼は寺院の仏殿もしくは貴族の邸内に設けられた持仏堂の基壇や須弥壇の上面（水平面）を飾り、蓮池を象ったものであった（壁面すなわち垂直面に張り付けた例はない）。川原寺裏山出土の緑釉波文塼は、これら三例に先立つものであったけれども、やはり同じ用い方をされたと考えて誤りないであろう。

四

すでに予定の紙数も尽きたので、二、三の見通しを簡単にまとめておきたい。

(1)川原寺裏山出土の塼仏群は、わが国における塼仏の最古相に属する遺例であるが、天智～天武朝の製作で、当時造営中の川原寺のいずれかの堂塔の内壁を千仏像形式で飾ったものであろう。

(2)同所から出土した緑釉波文塼は、橘夫人念持仏厨子の蓮池や緑釉波文塼使用の傍例などからみて、仏殿の須弥壇上面を飾り、蓮池を表わす「瑠璃地」を構成したものである。製作の時期は明らかでないが、仏殿の基本構

造にかかわる設備であるだけに、上記(1)の塼仏とほぼ同時期、すなわち白鳳前期の作と考えたい。

私は前節の末尾で、天平十三年に奈良の東山に造られた阿弥陀悔過院の八角形の宝殿の形状を詳しく観察しながら、ここに立体的に表現された仏殿荘厳を平面的に描き直すと裏山出土の三尊塼仏や夏見廃寺の方形塼仏とまったく同じになることに気付いて愕然とした。これこそ、三尊塼仏と緑釉波文塼の密接不可分の関係を示すものではないだろうか。

(3)同所出土の塼仏群や緑釉波文塼が構成した仏殿空間の具体的な姿は、十分明らかに出来なかったが、それが中国や西域の千仏洞を模倣したことだけは確かである。三尊塼仏の図相や緑釉波文塼が表現しようとしたモティーフは「蓮華化生」すなわち浄土往生の思想である。当所出土の三尊塼仏を阿弥陀三尊に特定することは出来ないけれども、このような礼拝形式が浄土信仰を醸成したことは認めねばならぬ。

＊

本遺跡から大量の塼仏が発見されたことを聞いた時、私がまず想起したことは、『日本書紀』朱鳥元年（六八六）七月条にみえる「宮中御窟院」のことであった。ここで七〇人の得度が行なわれ、設斎したとあるから、後の内道場のごとき仏殿施設と考えられる。岸俊男氏は「ミムロノマチ」という和訓から、後の僧房（和訓「ホシノムロ」）を連想されているが、これはいかがなものであろうか(43)。私は、「窟」の用字から、石窟寺院や千仏洞を連想し、大量の塼仏が構成する神秘で荘厳な空間を想像したわけである。川原寺と飛鳥浄御原宮とは境を接するとはいえ、両者の間には、飛鳥川の流れがあり、裏山出土の遺物をただちに宮中御窟院に結び付けることは困難と思われるが、当時塼仏を用いて千仏像を造る寺院が少なくなかったことを思うと、御窟院もまたそのような構造を持った施設ではなかったかと思う次第である。

このような問題の多い遺物群を発掘され、学界に多くの夢と話題を提供された網干善教教授の学績を讃えるとともに、教授の古稀を祝う論集にこの粗雑な小論を捧げることをお許しいただきたい。

註

(1) 網干善教「飛鳥川原寺裏山遺跡と出土遺物（撮記）」（『仏教芸術』九九号、一九七四年）。
(2) 網干善教『川原寺裏山出土の塼仏と塑像』（飛鳥古京顕彰会、一九七六年）。
(3) 『弘福寺―川原寺発掘調査報告書』（奈良国立文化財研究所学報第九冊、一九六〇年）三八頁。
(4) 福山敏男「川原寺（弘福寺）」（同『奈良朝寺院の研究』高桐書院、一九四八年）。
(5) 註(3)報告書三一頁以下。
(6) 『平安遺文』一〇四四号（第三巻）。
(7) 『日本三代実録』貞観元年四月十八日条参照。
(8) 『平安遺文』四五一〇号（第九巻）。
(9) 岸俊男「川原寺の創建と焼亡」（同『宮都と木簡』吉川弘文館、一九七七年）。
(10) 註(1)網干論文。
(11) 「塼仏型」の呼称は大脇潔氏による。同「塼仏と押出仏の同原型資料」（『MUSEUM』四一八号、一九八六年）。
(12) 久野健『押出仏と塼仏』（日本の美術一一八、至文堂、一九七六年）六四頁以下。
(13) 泉森皎「明日香村紀寺跡の調査」（『明日香風』第四六号、一九九三年）。
(14) 山田寺の造営については『上宮聖徳法王帝説』の裏書に詳しい。それによれば山田寺は舒明朝の発願であるが、造営が本格化するのは天武朝と考えられる。天武十四年八月の行幸（『日本書紀』）は同寺の造営完了を意味するであろう。

(15)『謎の大寺・飛鳥川原寺―白鳳の仏』(群馬県立歴史博物館、一九九六年)一七頁。
(16)久野健「押出仏・塼仏の鑑賞」(註(12)著書)。
(17)石田茂作「我国発見の塼仏に就いて」(同『仏教考古学論攷 二 仏像編』思文閣出版、一九七七年)。
(18)『護国寺本諸寺縁起集』は藤田経世編『校刊美術史料 寺院編上巻』(中央公論美術出版、一九七二年)による。
(19)『扶桑略記』治安三年十一月一日条によれば、十月十七日から同日までの記事は修理権大夫源長経が道長の命を受けて記録した旅行記に基づいて書かれたものである。
(20)猪熊兼勝ほか「その後の山田寺」(『山田寺展』飛鳥資料館、一九八一年)。
(21)註(12)久野著書二〇頁。
(22)註(12)久野著書二一頁。
(23)光森正士「塼仏雑想観」(『末永先生米壽記念獻呈論文集 坤』同記念会、一九八五年)。
(24)註(17)石田論文。
(25)註(12)久野著書六四頁。
(26)薗田香融「古代の知識人」(『岩波講座日本通史 第五巻 古代4』岩波書店、一九九五年)。
(27)註(15)図録六五頁。
(28)水口昌也ほか『夏見廃寺』(名張市教育委員会、一九八八年)。
(29)毛利久「薬師寺縁起の一記文と夏見廃寺」(『史迹と美術』第二一五号、一九五一年)。
(30)夏見廃寺の塼仏の中央に飾られた大形方形塼仏の群像形式は、法隆寺金堂の第一〇号大壁に描かれた薬師浄土変相図のそれと酷似し製作年代の近いことを思わせる。白鳳後期様式の典型としてよいであろう。
(31)八賀晋「彩釉瓦塼について」(『日本の三彩と緑釉』五島美術館、一九七四年)。
(32)『奈良六大寺大観第五巻 法隆寺五』解説(執筆林良一)(岩波書店、一九七一年)。

(33)『国宝興福寺東金堂修理工事報告書』(同修理事務所、一九四〇年)。
(34)『興福寺防災施設工事発掘調査報告書』(興福寺、一九七八年)。
(35)『護国寺本諸寺縁起集』興福寺の項（註(18)参照)。
(36)『平城宮発掘調査報告Ⅵ』(奈良国立文化財研究所学報第二三冊、一九七五年）一六三頁。
(37)註(36)報告書一四三頁。
(38)『重要文化財東大寺二月堂仏餉屋修理工事報告書』(奈良県教育委員会、一九八四年)。
(39)『史跡東大寺旧境内・名勝奈良公園　一九九四年度発掘調査報告』(奈良県立橿原考古学研究所、一九九五年)。
(40)『東大寺二月堂とお水取』(奈良国立博物館、一九九七年)。
(41)吉川真司「東大寺の古層―東大寺丸山西遺跡考―」(一九九七年八月、日本宗教史懇話会セミナーでの報告)。
(42)「阿弥陀悔過料資財帳」(『大日本古文書五』六七一頁以下)。
(43)岸俊男「宮宅と寺院」(同『古代宮都の探究』塙書房、一九八四年)。

附記
本章を成すにあたり、左の諸氏より種々ご教示を得ました。ここに芳名を勒し、篤く御礼申し上げます。
網干善教、平松良雄、深野信之、藤原学、右島和夫、光森正士、水口昌也、吉川真司、米田文孝。

VI　間写経研究序説

はじめに

私に与えられた課題は、奈良時代の仏教における救済の論理を考察することであるが、本論に立ち入る前に、小論の構想と、こうした構想を必要ならしめた当代仏教の基本的特質について略述しておきたい。

周知のごとく、六世紀の中頃、わが国に伝来した仏教は、その後飛鳥時代の約一世紀間を通じて、宮廷をめぐる貴族層に定着し、続く白鳳時代には、広く各地の豪族層に浸透し、さらに奈良時代に入ると、地方の民間社会にも幅広く受容されるようになった。ここに取り上げようとする奈良時代の仏教教学、特に南都の官大寺を中心に形成された当時の正統派教団における教学の隆盛という事態も、基本的には、こうした前代以来の仏教受容の拡大と深化に動機付けられたものとみることが出来る(1)。従って南都仏教教学の説く救済の論理は、直接には国家やその支配者である貴族層のためのものであっても、他面では常に、広汎な各地の共同体やそれを構成する民衆ひとりひとりの要求を反映したものであったことを忘れてはならないであろう。このような国家仏教と民間仏教との並存、そしてそれにもかかわらず両者の間に認められるダイナミックな相関関係こそ、奈良仏教の時代的特質である。そこで小論では、まずはじめに国家仏教の側面における救済論の成立を考察することにし、他日、民間仏教的側面の考察を試み、この両者を照合してみようと思う。

ところで、右に私は南都仏教教学を規定して、当時の官大寺を中心に形成された正統教学といったが、しかしそれは決して単一の立場をとる教学であったということを意味しない。いうまでもなく日本仏教は、その伝来の当初から厖大な漢訳仏典と、それに盛りこまれた複雑多岐な教義体系を背負う複合的な宗教であった。しかも日本仏教は、これら厖大な仏典群の受容に極めて熱心であり、仏教初伝の記事とされる『日本書紀』欽明十三年十月条にも、百済の聖明王が仏像・法具とともに「経論若干巻」を伝えたとし、また敏達六年十月条にも、「経論若干巻」を献じたとするように、仏典の輸入をもって、いわゆる「仏教伝来」の実質的内容とする意識が強かったと考えられる。その結果、奈良時代の末には、およそ一八二九部九一〇二巻という厖大な仏典を累積保有するに至ったことが、石田茂作氏の丹念な調査によって明らかにされている(2)。それは唐の開元釈教録入蔵の一〇七六部五〇四八巻をはるかに凌ぎ、開元録未収のいわゆる新翻経をも数多く含んでいるのである。

さてこうした厖大な仏典群を基礎に形成された南都教学では、救済論の構成も単一ではあり得ず、いくつかの救済論理が並存していたとみてしかるべきであろう。もっともこういうと、すぐ「南都六宗」を想起するのが常であるが、私は必ずしも南都の六宗をもって、それぞれ独自な救済論を有したものとはみない。この点についての詳論は後述に譲るが、ともかく南都仏教の救済論が、厖大な仏典群を背景として、多元的に形成されていたことが推定されるとすれば、考察はまず仏典の伝来と普及の実態を明らかにすることから始められなければならないだろう。そこで以下節を改めて、まずこの問題から検討してゆくことにしたい。

一　仏典の伝来と受容

釈迦仏像と「経論若干巻」の伝来から始まった日本仏教が、その後も仏典の輸入に異常な努力を傾けてきたことはすでに述べた通りであるが、奈良時代以前の仏典伝来の実態となると、史料の不備によってなかなか具体的に知り得ないというのが実情である。石田茂作氏は、奈良時代以前の経典伝来の具体相に関して、次の五つの点から推測を試みていられる。

(1)現存する古写経
(2)書紀・続紀等、当代の記録にみえる経典名
(3)現存する当時の著述にみえる引用書目
(4)正倉院文書にみえる元興寺禅院本による道昭（天智初年に帰朝）将来経典の推定
(5)「一切経」の伝来状況

そして、以上による推定の結果として、奈良朝以前の所伝の経典は、「全体的には、大唐内典録所載の一切経であろうといい得ると同時に、具体的には書紀等に題名の見える十一部及元興寺禅院本の上述九十一部の如きは、当代既に伝来していた事をまずまず信じてよかろうと思う[3]」と結んでいられる。この内(1)(2)のごときは異論のないところであるが、(3)以下については多少の検討を要するであろう。まず(3)の現存する当代の著述といえば、聖徳太子の作とされる三経義疏に限られることになるが、これを太子真撰とするについては疑義も多い[4]。しかし義疏の引用書目をみると、梁の法雲（四六七〜五二九）の法華義記をはじめ六朝以前の著作が多く、奈良時代および

それ以降の成立だとすれば、当然引用されてしかるべき隋唐諸家の説がまったく参考にされていない。このことは、本書の成立が奈良時代以前であったことを推測せしめ、従ってまた本書の引用書目をもって、奈良時代以前の伝来とする石田氏の推定を結論的に支持することになろう。次に(4)の道昭将来経については、『続日本紀』文武四年三月己未条の彼の没伝に、斉明朝の末もしくは天智朝の初年に帰朝したと推定される道昭が、多数の経論を唐よりもたらしたこと、それらの経論は平城右京の元興寺禅院にまとめて保管され、いずれも「書迹楷好、並不錯誤」といわれる良本であったことがみえている。一方、正倉院文書の中にも、経本所蔵者として「禅院」もしくは「禅院寺」の名が各所に散見するが、なかんずく天平十九年十月九日の写疏所解（大日本古文書二巻707頁、以下「古文書二707」などと略称する）には、「禅院寺より請け奉る疏論等の歴名」として九一部の論疏名を書き上げてある。石田氏は、解文にみえる禅院寺を元興寺禅院に比定し、その所蔵する九一部の論疏は、当然道昭の将来本であろうと推定されている。この推定には、解文の「禅院寺」がどうして元興寺禅院と同一視出来るかという点についての論証を欠き、なお一抹の不安を残していたが、その後の藤野道生氏の研究によってこの点があざやかに論証され[5]、石田氏の推定は、これまた結論的に補強されることとなった。ただし松平年一氏[6]や福山敏男氏が指摘されたように[7]、この九一部の中には聖徳太子撰の勝鬘経義疏のごとく明らかに道昭将来本でないものもあり、その後の追加の蔵本も含まれていたと考えなければならない。しかしそれにしても、九一部の大部分を道昭の将来とする石田氏の推測は、大局的には承認されてよいであろう。

以上、石田氏が奈良朝以前における仏典の伝来状況を知るために取り上げられた五点の内、(1)から(4)までの四点を、その後の学界の成果に照らして検討してみたのであるが、その結果、僅かな修正を必要とする以外は、石田氏の推定の妥当性もしくは有効性が再確認された。われわれはあらためて石田氏の炯眼に服するものであるが、しかしこれまでのところは、石田氏の言を借りるならば、伝来経典の書目まで「具体的に」推測出来る個別的な事例であったが、最後の(5)の問題は、石田氏のいわゆる「全体的」な推測の根拠となったところであるから、より一層慎重に検討される必要があるであろう。

『日本書紀』によれば、孝徳天皇の白雉二年（六五一）十二月晦日、摂津の味経宮に二千一百余の僧尼を請じて一切経を読ましめたことがみえ、ついで天武天皇の二年（六七三）三月には、書生を集めて川原寺で一切経を写させ、同四年十月には、四方に使を遣わして一切経を求めしめ、さらに同六年八月には、飛鳥寺に設斎して一切経を読ましめたという。以上が当代記録にみえる一切経関係の記事のすべてである。これらの記載から石田氏は、この時代すでに一切経がわが国に伝わっていたことを推定し、さらに白雉二年の一切経は、二千一百余という請僧数が仁寿二年（六〇二）隋の彦琮撰するところの『衆経目録』の所載部数（二一〇九部）とよく一致することから、これを彦琮録による一切経と推定、天武二年（六七三）のそれは、「時代から云って」唐麟徳元年（六六四）に成った『大唐内典録』によったものと推測している。(8)しかしこれについては疑義もあり、たとえば井上薫氏は、「味経宮や飛鳥寺での一切経の読誦は、読まれた巻数が多量であったということであり、書紀における用語の一切経は多量の経典という意味と思われる」と疑問を呈し、さらに「天武四年使を四方に遣わして一切経を求めさせたという場合も、地方に散在的に所蔵される経典を求めさせたという意味に解されることも、右の解釈の傍証となろう」としていられる。(9)

『日本書紀』の記載にみえる一切経は、これをどのように解すべきであろうか。私は、「一切経」という制度もしくはシステムと、それに基づくコレクションとは、現実には区別しなければならないことに注意したい。ここで一切経の起源を顧みると、厖大な仏典を集成し、あるいは分類する方法として、すでに仏教の祖国インドでは経・律・論という部立てを持つ「三蔵《ティピタカ》」が成立している。これをもとにして中国で案出されたものが漢訳仏典の総集である「一切経」もしくは「大蔵経」の組織であった。漢訳仏典の総集目録としてもっとも早いものは、前秦の道安（三一四〜三八五）による『綜理衆経目録』であり、現存しないが、僧祐の『出三蔵記集』によれば六三九部八八六巻を載せていたという。その後、漢訳仏典の訳出の増加に伴い、次々と衆経目録が編纂されるわけであるが、本論に関係する唐代以前のもので、所収の部・巻数の明らかなものは、次の二〇種である（第1表）。

もともとこの種の総集目録は、仏典の網羅的な集成と、集められた仏典の合理的な分類という二つの違った目的を同時に担っていた。集成については疑偽経の判定やいわゆる別生経・異出経などによる重複の整理など、厳密な文献批判を必要とし、第1表にもみられるように、時代が降るにつれて訳出経典が増加したはずであるのに、部巻数において却って減少したことがあったのも、こうした文献批判による陶汰の結果であろう。また分類に関しては、同時代の仏教学、特に判教の学と無関係ではあり得なかったと思われる。要するに中国では、一切経のシステム（もしくは目録）は、当代の仏教学や仏典学の知識の総和と水準の上に成り立っていたのである。

しかるに当時の日本では、こうした点にまで充分理解が及ばず、一切経といえば、ただ最新の目録に従って仏典を洩れなく収集することにのみ関心が払われたのも、またやむを得ないことであったろう。上述の味経宮での一切経読誦にあたって「二千一百余」の僧尼を請じたのは、石田氏によれば、彦琮録の部数に基づいたものとされ、この推測は、経典の読誦の際、巻数に準じた数の僧尼を招請する後代の例(10)からも支持されるが、そこにも部巻数に対する異常な関心を見出すことが出来る。してみると、井上氏のように『日本書紀』に現われる「一切経」を単に「多量の経典という意味」と解されるのはどうであろうか。

《第1表》　唐末以前の大蔵経目録一覧

	撰述年代	撰者（その年代）	目録名	部・巻数
1	前秦	道安（三一四～三八五）	綜理衆経目録（欠）	六三九部　八八六巻
2	宋		宋世衆経別録（欠）	一〇八九部　二五九六巻
3	梁（四九八～五一〇頃）	僧祐（四四五～五一八）	出三蔵記集（存）	二二一一部　四二五一巻
4	魏	李郭	魏世衆経目録（欠）	四二七部　二〇五三巻
5	梁	宝唱（?～五〇五）	梁世衆経録目（欠）	一四三三部　三七四一巻
6	梁	阮孝緒	仏法録（欠）	二四一〇部　五四〇〇巻
7	斉	法上	斉世衆経録目（欠）	七八七部　二三三四巻
8	隋（開皇十四・五九四）	法経	衆経目録（存）	二二五七部　五三一〇巻
9	〃（同十七・五九七）	費長房	歴代三宝紀入蔵録（存）	一〇七六部　三二九二巻
10	〃（仁寿二・六〇二）	彦琮（五五七～六一〇）	衆経目録（存）	二一〇九部　五〇五八巻
11	〃	知果	諸経目（欠）	一九六二部　六一九八巻
12	唐（麟徳元・六六四）	道宣（五九六～六六七）	大唐内典録入蔵録（存）	八〇〇部　三三六一巻
13	〃（〃）	道宣（同右）	続大唐内典録（存）	〔右の稿本か〕
14	〃（麟徳二・六六五）	静泰	大唐東京大敬愛寺一切経論目録（存）	二二一九部　六九九四巻
15	〃	靖邁	古今訳経図紀（存）	二〇二〇部　六一八〇巻
16	〃（天冊万歳元・六九五）	明佺	大周刊定衆経録目入蔵録（存）	八六〇部　三九二九巻
17	〃（開元十八・七三〇）	智昇（六五八～七四〇）	続古今訳経図紀（存）	〔一六〇部　六四〇巻追補〕
18	〃（〃）	智昇（同右）	開元釈教録入蔵録（存）	一〇七六部　五〇四八巻
19	〃（貞元十・七九四）	円照	大唐貞元続開元釈教録入蔵録（存）	〔三四三巻追補〕
20	〃（貞元十六・八〇〇）	円照	貞元新定釈教目録入蔵録（存）	一二五八部　五三九〇巻

しかしだからといって、石田氏のように、白雉年間や天武朝の頃に、彦琮録や内典録に基づく一切経が実際に伝来されていたと考えることも速断にすぎるであろう。換言すれば、彦琮録や内典録による一切経のシステムそのものは知られていたであろう。しかし、それに基づく経典のコレクションが具備されていたとは思われないのである。この点に関して参考になるのは、やや時代は下るが、わが国古写経中の白眉とされる光明皇后発願の宮一切経（いわゆる五月一日願経）の場合である。近年、皆川完一氏によって宮一切経の書写の経過が克明に跡付けられたが、(11)それによると、この一切経は玄昉将来の開元釈教録による一切経五〇四八巻の書写を目標として、天平八年（七三六）九月に開始、前後およそ二十年を費やして、天平勝宝の末年（七五六〜七五七頃）まで書写事業が継続されたという。いま、一切経のシステムと実際のコレクションの関係という点から注目されるのは、この写経事業が天平十四年の末頃になって一種の行き詰り状態に達したという事実である。皆川氏の言をそのまま借りると、「この十四年十二月十三日は、その後の史料から類推すると、五月一日経の書写が一段落した時であり、もはやこれ以上写経の底本を求めようとしてもほとんど入手できず、開元釈教録所載の一切経完成は不可能に近い状態に到達していた」(12)のであり、その「不足分は八〇〇巻位ではなかったか」(13)と推定されているのである。

前にも述べたように宮一切経の発願は、その前年、天平七年に帰朝した玄昉将来の開元録による一切経の伝来を契機としてなされたものであり、事実、この事業の初期には、もっぱら玄昉の蔵書を借り出し、これを底本として書写が進められていた。しかるに事業開始後六年にして、右に述べたような事情によって一頓挫を余儀なくせしめられたことは何を意味するか。『続日本紀』天平十八年六月己亥条の玄昉没伝に、「天平七年随大使多治比真人広成還帰、齎経論五千余巻及諸仏像来」と明記され、史上に著聞した玄昉の一切経将来も、実は開元録所載の経論五〇四八巻を完備しておらず、少なくとも八〇〇巻以上の不足を残していたことを示すものに他ならないであろう。しかし考えてみると、印刷による大蔵経開板後のことならばいざ知らず、すべてを筆写に頼っていた当時として、それはあたり前のことではなかったか。このような時代には、一切経のシステム（目録）を輸入することは出来ても、それに基づく完全なコレクションの将来はまず不可能なことだったろう。古代仏典伝来史上、画期的な将来といわれる玄昉の場合でもしかり、いわんや白雉年間や天武朝の一切経が、そのコレクションを完備していなかったとしても何ら不思議はない。井上氏は、天武四年、使を四方に遣わして一切経を求めしめたことをもって、一切経が伝わっていなかったことの傍証とされるが[14]、却ってそれは、当時の為政者が（システムとしての）一切経の存在を知っていた証左とされるのではなかろうか。ちなみに天平十四年末、一頓挫をきたした宮一切経の書写事業は、その後翌十五年五月一日に再開されるが、その際、最初の方針を変更し、開元録による一切経完成を断念する一方、平摂・智憬など当時の仏典通の協力を得て諸寺の学僧の蔵書を幅広く収集し、開元録不載の章疏にまで書写の範囲を広げ、天平勝宝末年までにおよそ七〇〇〇巻位の巻数を達成したことが明らかにされている[15]。天平年間の宮一切経の例から類推すれば、天武四年に使を「四方」に遣わして一切経を求めさせたというのも、主として京畿諸寺に住む僧侶の蔵書を探求したものと推察され、そして同六年八月の飛鳥寺における設斎・読経は、一切経書写事業の一応の達成を記念する仏事であったと考えられるのである。

以上私は、石田氏の推定の第五の論拠とされた奈良朝以前における一切経の伝来およびその伝写の状況を検討したわけであるが、『日本書紀』にみえる断片的な記載を天平年間における一切経書写事業に照合してみた結果、およそ次のようなことが明らかになった。

(1)　わが古代仏教では、遅くとも白雉二年（六五一）以前に、一切経のシステムの存在が知られていたこと。

(2)　天武朝に入ると、恐らく大唐内典録に基づく一切経の制が輸入され、同二年には内典録に基づく一切経の書写が国家的な事業として川原寺で開始され、同六年頃一応の達成をみたらしいこと。なおこれは恐らくわが国における一切経の書写の初例であろう。

(3) かように一切経の制は早くから知られていたが、一切経のコレクションはこれに伴わず、川原寺での写経にあたっても底本の入手に八方手を尽したらしいこと。しかしそれにもかかわらず、コレクションは恐らく完備することが出来なかったであろうこと。

(4) 仏典の受容、特に一切経の書写や読誦にあたって、部巻数に対する異常な関心が払われたこと。古代のわが国では、一般に写経は一種の功徳業として行なわれる傾向が強かったが、このことは川原寺一切経のような官営の写経事業においても例外ではなく、部巻数に対する異常な関心も、このことと密接な関係があるであろうこと。

などである。仏典の伝来と普及は、仏教学発達の基礎条件をなすが、それが必ずしも教学の発達や救済論の形成を意味するものではないことは、右の最後に指摘したことがらと関係する。換言すれば、初期の日本仏教では、仏典の輸入に非常な熱意を傾け、一切経に関する知識が輸入されると、早速これに基づく写経事業が開始されたが、その収集の側面にのみ目を奪われ、写経を功徳業とする観念と相まって、部巻数の充足にのみ異常な関心を示し、「一切経」の有するもう一つの側面、すなわち分類―判教の側面には充分理解が行き届かなかったのではないかと思われる。従って、一切経の知識の輸入に伴って、これに基づく仏典の部巻数が充足されたとしても、それがただちに批判的な教学や救済論の成立を示すものではないのである。こうした傾向は、古代仏教の黄金時代といわれる奈良時代、特に天平年間ではどうであったろうか。そこで次に奈良時代における仏典の普及について考察を試みることにしたい。

二　奈良時代における一切経書写事業

天武朝における川原寺写経を初例として、一切経の書写は、その後も盛んに行なわれるようになった。奈良末以前に限ってみても、写経自体の遺存したもの、その他の文書や記録などによって知られるものを数えると、およそ次の二十数本を挙げることが出来る。

《第2表》　奈良末以前書写一切経一覧

	一切経名称	願主	書写年代	巻数	備考
(1)	川原寺一切経	天武天皇	天武二～六年	不明	日本書紀巻二九
(2)	知法発願一切経	沙門知法	和銅三年願文	不明（現存一巻）	写経跋語
(3)	大安寺一切経	元正天皇	養老七年施入	一五九七巻	大安寺資財帳
(4)	勅旨一切経	聖武天皇	天平六年願文	不明（現存三巻）	写経跋語
(5)	五月一日経（宮一切経）	光明皇后	天平八～勝宝末年	約七〇〇〇巻（現存九〇七巻）	同右
(6)	藤原夫人発願一切経（元興寺一切経）	藤原夫人（房前女）	天平十二年願文	不明（現存十数巻）	同右
(7)	五月十一日経	光明皇后	天平十三年願文	不明（現存九巻）	同右
(8)	大官一切経（先一切経）	聖武天皇	天平十五～二十年	不明	古文書八 171
(9)	元興寺北宅一切経	不明	天平十五年以前	不明	古文書八 187・二四 258
(10)	元興寺一切経	不明	天平十六年以前	不明	古文書八 193
(11)	後写一切経	聖武天皇	天平十八～勝宝元年	三四三一巻	古文書九 1・一一 83

(12)	武蔵国一切経	不明	天平十八年以前	不明	古文書九512
(13)	六人部東人知識一切経	六人部東人（国医師従八位上）	天平勝宝七歳願文	不明（現存二巻）	写経跋語
(14)	善光印一切経（元興寺一切経）	不明	天平勝宝八～宝字五年	不明（現存二〇巻）	同右
(15)	光覚知識経（法隆寺蔵印）	僧光覚	天平宝字五～六年	不明（現存一八巻）	同右
(16)	坤宮官御願一切経	光明皇后	天平宝字四～五年	五三三〇巻	古文書一四36・一五123
(17)	賢璟発願一切経	僧賢璟	天平宝字年中	四千二百余巻	唐招提寺縁起
(18)	吉備由利発願一切経	吉備由利（真備女）	天平神護二年願文	一〇二三部五二八二巻（現存数巻）	写経跋語・西大寺資財帳
(19)	行信発願経（千歳経）	大法師行信	神護景雲元年願文	大乗経論二七〇〇巻（現存四巻）	写経跋語
(20)	勅旨一切経（景雲経）	称徳天皇	天平宝字八年発願	不明（現存七四二巻）	写経跋語・続日本紀景雲元年八月条
(21)	東大寺一切経	東大寺	宝亀元年始写	四五三九巻	古文書六124・二一121
(22)	二部一切経	同右	宝亀二年始写	五四七七巻（？）	古文書六222・二一121
(23)	四部一切経のうち	同右	宝亀三～四年	四六〇九巻	古文書六544・576・二一121　この内二部は薬師寺へ納められた（古文書二二181）
(24)	西大寺（弥勒堂）一切経	称徳天皇（官御斎会時）	神護景雲年中	八七四部四六一三巻	西大寺資財帳
(25)	西大寺（薬師堂）一切経	同右（官納）	宝亀十一年以前	七二三部二九四二巻	同右
(26)	西大寺（十一面堂）一切経	不明	同右	四三八三巻	同右

右の表中には、一部重複したものがあるかもしれないが、[16]それにしても奈良朝七十余年の間に、少なくとも二十余本の一切経が書写されたことは驚く他ない。たとえば奈良中期の元興寺には、少なくとも⑼⑽二部の一切経が所蔵され、同末期の東大寺には㉑㉒㉓の五部、[17]西大寺には⒅㉔㉕㉖の四部が安置されていた。当時の奈良の諸大寺では、恐らくこれと同様に、各寺それぞれ数部の一切経を所蔵していたことが推定され、こうした仏典伝写の普及が、奈良時代における教学発達の基礎をなしたことをまず確認しておきたい。

右にみたように、書写された一切経は、多くの場合、最終的には諸寺の蔵に帰したらしいが、書写事業そのものを眺めてみると、⑵⑹⒂⒄⒅⒆のように貴族や僧侶の私的な発願によるものがあり、また⒀⒂のように「知識」によるものがあった。しかし一切経のような大事業となると、もっとも多いのが天皇や皇后の発願に基づく、いわゆる「御願一切経」⑴⑶⑷⑸⑺⑻⑾⒃⒇㉔㉕であり、それらはいうまでもなく官営の写経所で造写されたものであった。奈良時代の写経事業の主流をなすものは、官営写経所における官主導型の一切経書写にあったとして過言ではないであろう。そして、この官営写経事業の中心となったものが、正倉院に厖大な関係文書を留めた写経所であった。

この写経所は、その時々によって名称を変えるけれども、要するに「皇后宮職の写経所から発展して東大寺写経所となる同一系統の写経所」[18]であった。このことをはじめて明瞭に指摘したのが福山敏男氏であるが、[19]福山氏は、この写経所文書が現に正倉院に一括して伝存される以上、そこに系統の一貫した事業主体を想定するのが当然であるという基本的な認識に立って、次のような沿革を立証された。すなわち正倉院文書を残した写経所は、神亀末年に初見する皇后宮職写経所に始まり、天平十九年末頃には東大寺写経所と改められ、同二十年七～九月の頃、造東大寺司が設置されるやその所管の写経所となり、その後天平宝字末年から神護景雲三年頃まで一時活動を停止するが、道鏡失脚後、活動を再開して宝亀末年に至るところの官営写経所だったとされるのである。それは、奈良時代におけるもっとも大規模で、かつ活動的な「中央官営写経所」であった。その作業能力は、宝亀初年の実績でいうと、一ヵ月三〜四〇〇巻の書写をこなし、五千巻の一切経一部を一年数ヵ月で完成するに充分なものであった[20]。

次にその作業内容をみると、一切経特に御願一切経の書写を主としたことは、正倉院文書をざっと通覧しただけでも明らかである。これを第2表についていえば、(5)宮一切経、(8)大官一切経、(11)後写一切経、(16)坤宮官御願一切経、および光仁朝における(21)(22)(23)の五部の一切経がこの写経所で写造されており、宮一切経以前はしばらく措くとしても、それ以後の御願一切経は、ほとんどこの写経所の手に成ったのである。ただ例外をなすところの称徳朝における(20)(24)(25)の各一切経については、やや視角を転じて考察する必要があろう。

称徳朝、すなわち道鏡専権期における御願一切経の書写を行なったのは、同時期の正倉院文書に時々その名をみせる「奉写御執経所（後奉写一切経司と改む）」であったと考えられる。この写経所は文書への現われ方からみて、東大寺写経所とは、組織上、あるいは系譜上、明らかに区別される存在であり、その場所も内裏に置かれていたらしいことは、すでに福山氏の指摘された通りであるが、それにもかかわらず「この二者（奉写御執経所と東大寺写経所）は密接な関係[21]」にあったのである。福山氏のこの推測をさらに一歩推し進めると、両者の間にも、中央官営写経所としての機能の一貫性を認めることが出来るのではなかろうか。すなわち前述のように、この一時期にだけ東大寺写経所の活動が停止され、それに代わって、奉写御執経所もしくは奉写一切経司で活発な活動がみられたということは、却って両者の機能の一貫性を示すことになるのではなかろうか。具体的にいえば、それまで東大寺の写経所で行なわれていた官営写経事業が、道鏡の台頭とともに何らかの事情によって内裏の写経所に吸収され、後道鏡の失脚後、再び東大寺に戻されたのであろう。してみると、称徳朝の御願一切経もまた、従前の系譜を引く「中央官営写経所」で造写されたといって、決して不当ではなかろう。

ところで右の奉写御執経所を含めて、この中央官営写経所は、「写経」という世俗外の業務に携わる事業所であったにもかかわらず、意外にその時々の政治情勢を敏感に反映する「官衙」であった。このことは、すでに岸俊男氏や井上薫氏が詳しく追究されたところであるが(22)、藤原仲麻呂の全盛期には仲麻呂の股肱をなす官人が送りこまれ、道鏡専権期には彼の腹心の部下が実務を掌握した。このように仲麻呂や道鏡が写経所の実権を握るためにしのぎを削ったのも、造寺司や写経所が、その性格上、律令国家の最高意志である天皇に直結していたからであろう。こう考えてくると、「中央官営写経所」の動向を根本的に規定したものとして、帝王の意志に注目せざるを得ない。それは具体的には、光明皇后・孝謙（称徳）天皇母子の仏教尊重ということであって、奈良時代の官営写経事業は、この二人を抜きにして語ることは出来ないであろう。官営写経所の事業が、光明皇后発願の宮一切経の始写から本格化することも、右の推定を裏付けるものであろう。

以上の考察によって、奈良時代の写経事業の中軸をなしたところの中央官営写経所、すなわち皇后宮職写経所より出発して東大寺写経所となり、一時内裏に移って奉写御執経所などと呼ばれたが、後再び東大寺写経所となる写経機関の輪郭とその事業の概要を知ることが出来たであろう。それは同時代におけるもっとも大規模で、もっとも活動的な写経所であり、宮一切経の始写以来、御願一切経の書写を主たる目的とし、宝亀年間に至るまで、ほとんど断絶することなく作業を推進してきた写経所であった。そこで写造された経本は、料紙や装潢の材質がすぐれていたばかりでなく、経師・校正の技術も洗練されており、同時代の私写経や知識経に比べて、だんぜん卓越したものであった(23)。この一連の写経事業を根本的に動機付けたものは「御願」すなわち光明・孝謙（称徳）母子の意志であったが、一切経の書写こそ写経の最たるものであり、帝王の営むにふさわしい最高の功徳業だと考えられていたのであろう。

ところで奈良時代の写経事業は、右にみたように御願一切経の書写を中心とする官営もしくは官主導型の事業として展開されたが、完成した一切経はほとんど官大寺の蔵に帰したらしい。奈良末期の諸大寺の経蔵には、たいてい数部の一切経が収蔵されていたことは、すでに述べた通りである。このことが当時の仏教学の発達に大きく貢献したことはいうまでもないが、さらに一切経の書写事業そのこと自体が、仏典学の発達を促進したことも見逃せないだろう。平摂・智憬らの仏典通が、宮一切経の完成に協力を惜しまなかったことは既述の通りである（そしてこの時、開元録による一切経完成を断念する一方、開元録不載の章疏にまで書写の範囲を拡大して、七〇〇〇巻程の巻数を達成したことは、当時のわが国の仏典学のそれなりの見識を示すものである）。天平文化の精華と謳われる歴代御願の一切経の書写が、仏教学や仏典学の発達のために寄与するところが少なくなかったことは忘れてはならないだろう。

だが、一切経の普及が仏教学や仏典学の発達のための必要条件だったとしても、そのことからただちに教学の隆盛を結論することは出来ない。特に、どのような傾向の教学が盛んであったかという問いに対して、一切経の普及という事実は、何の解答をも用意しないであろう。何度も引用するように、石田茂作氏作成の経典目録によれば、奈良末現在で一八二九部（九一〇二巻）の仏典が保有されていたが、この厖大な仏典のコレクションの中で、果たしてどれだけの仏典が読まれ、あるいは研究されたかとなると、目録からは何の見通しも得ることが出来ないのである。この二千部に近い仏典の中で、本当に読まれ研究されたものは、恐らくその一割にも満たず、他の大部分は、仏典のコレクションとしての一切経を具備せんがために書写されたにすぎなかったのではあるまいか。国家の財力を傾けて行なわれる帝王好みの一切経書写が、部巻数の充足、コレクションの網羅ということに強い関心を示したことは、宮一切経の場合や、さらに遡れば白雉年間や天武朝の事例にもみられたところである。当時の教学の傾向や救済論の成り立ちを知るためには、また違った角度からのアプローチが必要とされるであろう。

問題は、どの経論がもっともよく書写され、読まれ、研究されたかである。この課題に答えるためには、当時の学僧の著述をみることも一つの有益な方法であり[24]、また学僧たちの仏典の借り貸しを調べることも有効な手段である。しかし、当時のもっとも詳細な史料である正倉院文書に基づいて、この点を具体的に立証してゆこうとすれば、前者の方法は不可能に近く、後者の方法も適切とはいえない。なぜなら、正倉院文書中には、経本の借り貸しを記録した「経疏出納帳」の類が収められているが、それらには一切経の書写の底本として借貸されたものが多かったと考えられるからである。そこで本論では、正倉院文書中にしばしばみられる間写経を通じて、当時の教学の動向や救済論の成り立ちをみてゆきたいと思う。それでは、「間写経」とは何か、あるいは間写経を考察することによって、どうしてこの課題に答えることが出来るのか。以下この点をやや詳しく述べてみたい。

三　常写と間写

以上述べてきたように、天平期の中央官営写経所では、歴代御願の一切経の書写を主たる任務としてきたが、それを当時の古文書では、「常写」と呼び、これと並行して行なわれる一切経以外の臨時の写経を「間写」と呼んだことが知られている。常写と間写との区別を明示した実例としてよく引き合いに出される天平十五年十月十七日付の写疏所解（大日本古文書二巻343頁、以下巻数・頁数のみを示したのは大日本古文書からの引用）は、同年五月一日より九月二十九日までの五ヵ月間における写疏所の行事（業務）を報告したものであるが、その中に、この五ヵ月間に書写した巻数を記して、

　合所写律集疏卌四巻　廿四巻　一切経内
　　　　　　　　　　　廿巻　　間写

と標挙し、続けて、

　毗尼律二巻　未了部　　用黄紙百七十二張
　法花玄賛二巻　部未了　　用黄紙百廿張
　法花摂釈一部四巻　　用黄紙二百九十一張
　小乗集十六巻　雑帙未了　　用黄紙三百九十四張
　　右常写一切経内者
　起信論疏二巻　上下　　用黄紙八十一張
　四分律十二巻　一部写畢　二部未了　　用白紙八百卌三張
　毗尼律一部四巻（マヽ）　　用白紙二百卌三張
　法花玄賛三巻　第一・第四・第五　　用白紙百卌五張
　　右間所写之者

と、その内容を示している。これによって知られる通り、毗尼律二巻以下の四種二四巻は「一切経内」に属する書写で、これを「常写」といったのに対し、起信論二巻以下の四種二〇巻は、「間写」もしくは「間所写」とさ

れたのである。

天平十五年五月一日といえば、前節にも述べたように、一時停頓していた宮一切経の書写が新しい方針で再開された時期にあたるが、この一切経の書写のプログラムでは、大乗経律論の書写をほとんど終え、主として章疏類を書写すべき段階に入っていたので、その業務を担当する部署を特に「写疏所」と呼んだのであろう。ちなみに、これと相前後する天平十五年四月一日には大官一切経（先一切経ともいう。前掲第2表の(8)）の書写が開始され、これを主たる任務とする「写官一切経所」（八222）も開設されていた。「写疏所」と「写官一切経所」とはそれぞれ別個の目的を持つ機構ではあるが、まったく無関係だったのではなく、ともに当時の中央官営写経所としての「金光明寺写経所」に付属し総括される下部機構であったことは、つとに福山敏男氏の明らかにしたところである。(25)

このような当時の写経所の状態から考えてみても、前掲写疏所解の「常写」二四巻が宮一切経に含まれるべき写経であること、従ってまたこれと区別された二〇巻の「間写」が、一切経以外の臨時の写経であったことも明らかである。こうして当時の用例における「常写」は、一切経内の写経、「間写」は一切経外の臨時の写経であったという定義は一応正しい。松平年一氏が、「間は臨時、常は常例の義である(26)」とし、福山敏男氏が「具体的に云へば常写の経は一切経を指し、間写の経は『一切経外写雑経』……を意味する(27)」とされたのも、ともに正しい。しかし「間写」については、次のような用例もあって、なお問題は残されている。

(一)　左に引く写書所解（三570）は、天平勝宝四年五月の写書所（これまた当時の官営写経所に与えられた呼称である）における書生等の執務延日数（食口）を報告した書類であるが、その中に次のような記載がある。

書生弐伯玖人

廿一人写間経　　　十三人写六十花厳経

百三人写□□（常疏）　　十二人写政所公文
五十一人写間疏　　七人供奉礼仏
一人遣使
四人造間経紙　　四人造六十花厳紙
十三人造常疏　　一人造政所公文
一人供奉礼仏　　二人張燈爐
装潢弐拾伍人
四人校間経　　四人校六十花厳
一人張燈爐　　卌八人校常疏
校正陸拾壱人
四人校間疏
（中略）
五月卅日　呉原

この文書の作成された天平勝宝四年五月は、あたかも大仏開眼会（同年四月九日）の直後にあたり、経師たちが供奉礼仏や燈爐張りに動員されていることがわかり、興味を引くが、写経に限ってみると、この月の写書所における業務内容は、(a)間経・疏、(b)六十花厳経、(c)常疏の三種に大別されている。(a)間経・疏とは、「装潢受紙墨軸等帳」（一一156）などから推して、最勝王経一部・仁王経一部・六巻抄一部・梵網経疏一部（天平勝宝四年二月一日錦織稲敷宣による）、薬師経七巻（同年二月十六日紫微令藤原仲麻呂宣による）等の書写をさしたものと思われ、(b)

六十花厳経とは、天平十九年八月二十五日の良弁宣に基づき継続的に書写されていた旧訳華厳経二一部合計一二六〇巻に及ぶ厖大な写経計画に属するものと思われ、そして(c)常疏とは、いうまでもなく一切経内の章疏の書写である。当時、写書所では、例の宮一切経の最後の仕上げを急いでいたと推定される(28)。

右にみたように、六十華厳経のような大部の、従ってまた長期にわたる連続的な写経の場合には、一切経外でありながら、一般の間写経と区別される場合もあった。天平の末年から天平宝字年間にかけては、こうした大部経典の書写が盛んに行なわれるようになり、右の六十華厳経二一部をはじめとして、次のような例を挙げることが出来る。

（経典名・部数）	（巻数）	（開始年）	（備考）
大般若経一部	六〇〇巻	天平十七年	
百部最勝王経	一〇〇〇巻	〃　二十年	
四千巻寿量品	四〇〇〇巻	天平勝宝　二年	
大般若経一部	六〇〇巻	〃　六年	
華厳経千巻 観世音経千巻	二〇〇〇巻	〃　七年	（華厳経は六十華厳一〇部、八十華厳五部）
金剛般若経	一〇〇〇巻	天平宝字　二年	（いわゆる千巻経）
千手千眼経千巻 新羂索経二百八十巻 薬師経百二十巻	一四〇〇巻	〃　二年	（いわゆる千四百巻経）

金剛般若経	一二〇〇巻	〃	二年
称讃浄土経	一八〇〇巻	〃	四年
大般若経一部	六〇〇巻	〃	六年
二部般若経	一二〇〇巻		六年

これらの大部経典の書写にあたっては、写経所内にそのための特別の部局（たとえば「写千巻経所」（一三242）、「奉写称讃浄土経所」（一四403）など）が開設されることがあり、そうした場合には、一切経外であっても、写経所の用例として間写経と呼ばないことが多かったのである。それ故「一切経外の写経」が常に必ずしも「間写経」なのではない。間写経とは、その本来の意味からすると、一切経外に属し、しかも臨時の（従ってまた当然のこととして小部の経典—いわゆる雑経）写経の場合をさしたということが出来る。これをしばらく狭義の間写経としておこう。

ところが、また別のところでは、右に挙げたような大部経典をも間写経とした例も見出される。たとえば右の天平勝宝四年五月の写書所解に、間写と区別して記載された六十華厳経が、天平二十年頃の帳簿（間写六十華厳経経師等手実帳、一〇198）では、

（端裏書）「間写六十花厳廿一部手実第二巻　廿年春季
丸部阿刀酒主」

とあり、これを明らかに「間写」としている。また天平二十年九月七日の造東大寺司解（一〇377）は、天平十五年から十九年までの間に書写を命ぜられて、まだ写功を終えていない間写経典四一部七七五巻の書目を書き出し

たものであるが、その中には大般若経一部六〇〇巻のごとき大部な経典をも含んでいる。こうした用例を広義の間写経の例としよう。

以上にみたように、間写経という概念には広狭二義があった。狭義のあるいは本来の間写経とは、官営写経所における一切経以外の臨時の写経、それも小部経典の書写を意味する用語であったが、もともとこの語義はかなり流動的なものであったらしく、天平末年頃より大部経典の書写が盛んに行なわれるようになって、写経所内にその機構が特設されるような場合でも、一切経外の写経であれば、これを間写経と呼ぶ広義の用法も行なわれるようになった。このことは詮じつめれば、前節に繰り返し述べたように、奈良時代の官営写経所設置の主目的が、歴代御願の一切経書写に置かれていたことと関連するであろう。すなわち天平期の官営写経所には、「大般若経所」とか「写千巻経所」とかのような御願一切経以外の大部経典の書写を目的とする機構が特設されることもあったが、全体としての官営写経所の目標は、あくまでも御願一切経の書写に置かれていたのであり、それ故これを常写と呼び、それ以外を間写としたのである。

㈡　常写と間写の定義に関して、福山敏男氏は、松平年一氏の論に触れて次のようにいわれる。(29)

松平氏が「間は臨時、常は常例の義である」という時は正しい。だがその後で「常写といふのは常例によって写す義で、写経所が上司の命により規定に従って写すものをいい、間写は臨時に写すものをいふのである」とつけ加へられるのは妥当でない。間写の経とは「上司の命により規定に従って写すもの」以外の何ものであるか。この句は常写を間写から区別するためには何ごとをも意味しないものである。（傍点原文）

福山氏の明快な指摘は、確かに右の文脈の中では正当である。だが「間写の経とは『上司の命により規定に従って写すもの』以外の何ものであるか」という部分を抜き出すと、また別の問題を生ずるであろう。なぜなら私たちは、天平期の官営写経所で行なわれた私写経の例を僅かではあるが見出すことが出来るからである。

たとえば天平十九年五月二十九日に始まる写一切経紙検定帳（九370）には、当時左大舎人頭であった高丘王の「所願経十六巻」の料紙の出納を記録し、天平勝宝二年二月に始まる装潢受紙墨軸等帳（一一156）には、少僧都良弁の「私経」としての梵網経三巻・勝鬘経三巻の料紙の出納を記し、さらに同年八月に始まる経本并納紙検定帳（一一363）には、「佐伯次官私経」の梵網経二巻・観無量寿経一巻の料紙および「為生江王田辺広足所奉写」の法花経二部の料紙買直の出納が記載されている。これらの記録は、高丘王・良弁・佐伯今毛人・田辺広足等の私経が官営写経所で書写されたことを推測せしむるであろう。なかでも良弁や造東大寺司次官佐伯今毛人の名は、間写経の書写命令の伝達者として文書の上にもしばしば見出されるところであり（第3表参照）、また写経所にとって、その直接の上司といって差し支えない人物である。しかし、右に示した「私経」の書写をもって間写経とはみなし得ないであろう。換言すれば「上司の命により規定に従って写すもの」というと、常写経はもちろん、間写経以外の若干の私写経まで含まれてくるのである。間写経の概念をはっきりさせるためには、この「上司の命」ということを掘り下げてみる必要があろう。

(三)「間写」の語義については、前述のように松平氏は「間は臨時の義」とされ、結論的にはそれで差し支えないわけだが、もともと「間」という字に「臨時の」という意義は含まれていない。手許の漢和辞典を引いてみると、間の字の本来の意味はスキマもしくはアイダであり、転じてヘダツ・マジル・タガウ・ヒソカ・シズカなどの義を生ずるという。これまでの用例と考え合わせて、右の語義の中からもっとも適当と思われるものを拾い出すと、スキマ・アイダ・マジルなどの義が注目される。すなわち間写とは、御願一切経書写を主務とする官営写経所の作業のスキマもしくはアイダにマジエテ書写する経典の意と解されるのである。

ところが正倉院文書を詳しく読んでみると、間写経の語義に関して次のような注目すべき事実が散見する。たとえば天平勝宝元年四月一日から八月三十日までの書生（ここでは疏師）の仕事に対する布施を申請した東大寺写一切経所解（三312）には、用紙集計の項に、

　用紙二千九百八十三張　一千卌四張間疏料　一千九百三十八張常疏料

とし、この五ヵ月間の写一切経所での作業の内容が、間疏と常疏の書写であったことがわかるが、あたかもこれに対応するのが、解の冒頭にみえる左の記載である。

　合奉写疏一百巻
　　参拾壱巻依間仰給所奉写
　　因明論疏一部三巻　依尼公去年十一月廿日宣所奉写
　　法花経疏二部廿二巻　依阿部朝臣縄麻呂今年六月九日宣所奉写
　　大恵度経疏六巻　依良弁師今年七月廿八日宣所奉写
　　陸拾玖巻一切経之内
　　涅槃経疏一部廿巻（下略）

以上の二つの記載をつき合わせてみると、用紙集計の項の間疏料一〇四四枚が因明論疏以下三一巻分の料紙であり、常疏料一九三八枚が涅槃経疏以下の六九巻の料紙であったことは明らかである。とすれば、間疏とは「依間仰給所奉写」の疏ということになり、常疏とは「一切経之内」なる疏であるということもまた明らかであろう。ここに「間疏」を「依間仰給所奉写」といいかえてあることは、間写の語義を考える上に甚だ貴重な示唆を与え

てくれる。すなわち「間写」とは、「官営写経所の本務としての一切経書写の仕事のスキマやアイダにマジエテ書写すること」というより、もっと直接的には「依間仰給所奉写」の略記だったのである。そしてこのことは、左に挙げるいくつかの事例からも傍証されよう。

(a) 天平八年七月一日写経所解（二4）は、同年五月十九日宣により奉写された薬師経二一巻に関する布施の申請書であるが、その末尾に、別筆で

「間仰給」

という記入がある。これはこの薬師経二一巻が間写経であることを示したものであろう。

(b) 前にも引いた天平二十年九月七日の造東大寺司解（一〇377）は、天平十五〜十九年に間写を命ぜられ、まだ奉請していない経論の書目と巻数を書き出したものであるが、その末尾に、

以前、従天平十五年、迄十九年、依間仰給、奉写経律論疏等未奉請、顕注如前、謹解

と結んでいる。上文にこの解をもって間経目録とみなした理由である。

(c) 天平十七年十二月二十一日付写疏所解（八590）は、弁中辺論一部三巻などの綺緒を請うた文書であるが、その最後にやはり、

右、間所仰疏等緒請如前、以解

とある。

同様の例はまだまだあるが、これで充分であろう。要するに間写とは、「依間仰給所奉写」の略であり、間経（疏）とは、「間仰給」に基づいて奉写された経もしくは疏である。同様に「間紙」（八198）とはそのための用紙、「間校」（八200）とはそのための校正、「間本」（二四276）とはそのための写経用底本である。布施申請文や写経手

実などでは、単に「間」と注記して、そのことを示す場合もあった。

それでは次に、「依間仰給所奉写」とは、どういうことで、またどう読むべきか。特にこの場合の「間」の一字の意味するところは何か。スキマやアイダという意味だろうか。それともマジルやヘダツの意義であろうか。この七字をもっともすなおに読めば、「アイダに仰せ給うに依り写し奉るところ」というのが、当時の訓み方としてはもっとも落ち着くのではなかろうか。このアイダというのは、「その時々の」という程の意味であり、この意味をくんで「ママ仰せ給うにより云々」と読んでもよかろう。

以上の推論にして誤りがなければ、間写経とは、その時々の仰せにより写された経典ということである。そういえば間写経を標挙した場合、その基づくところの宣の出された年月日と、宣者の名を注記した例が極めて多い。このそれぞれの年月日の指示するものこそ、「その時々の」の意味内容そのものに他ならない。次に、そうした注記に名をみせる宣者というのは、時々の仰せの取次者にすぎないであろう。間写の発意は、取次者にすぎない宣者によってなされたものでなく、あくまでも「仰せ」に基づいたのである。そしてこの「仰せ」とは、次の「写経目録」（八5）の記載（八25）がもっとも明確に示すように、

随求即得陀羅尼経　大仏頂経　幷複為一巻　三通写
竹幕紙廿一張二分切用　中菩薩像画　軸水精
右書　自内仰　大進宣

「内の仰せ」以外の何ものでもない。それはいうまでもなく律令国家の最高意志としての皇室の宗長の仰せであり、この場合、具体的には光明皇后の仰せに他ならないであろう。正倉院文書を残したところの中央官営写経所に対して、ほしいままに時々の仰せを下して写経を命ずることが出来たのは、この写経所の設置者である皇室

（実質的には光明皇后）を措いて他に考えることは出来ない。間写を定義して、単に「上司の命により規定に従って写すもの」というだけでは充分でない、といったのもまさにこの意味においてである。

以上の煩雑な論証の結果、明らかになったことはおおよそ次のごとくである。すなわち、正倉院文書にしばしば散見する「常写」・「間写」とは、前者は官営写経所の主務とされた歴代御願の一切経を意味し、後者はそれ以外に、その時々の皇室（特に光明皇后）の命令による経典の書写を意味した。一切経の書写は網羅的であることを主旨とし、必然的に部巻数の具備ということに関心が払われた。しかし間写経の場合には、そうした制約はない。そこでもし間写経の全貌を捉えることが出来るならば、当時の仏教界の動向を決定的にリードした皇室仏教——内裏の仏堂（内堂）を中心とした仏教——のその時々の傾向を捉えることも不可能ではないであろう。以下そうした観点から、天平期における間写経の実態を明らかにしてゆきたい。

四　天平年間における間写経

ここで述べようとするのは、奈良時代のいわゆる中央官営写経所で書写された間写経の実態を明らかにすること、いいかえれば、その時々の皇室の需要に応じて書写された経疏の書目や部巻数などを正倉院文書によって出来るだけ詳しく、かつ網羅的に拾い上げることである。従ってその結論は、次に掲げる第3表、すなわち天平年間における間写経一覧をもってすれば足りる次第であるが、ここには本表の作成手続きに関して若干の補足的説明を加えておきたい。

まず第3表が天平三年（七三一）に始まり、天平宝字八年（七六四）に終わっている理由から説明しよう。それは前節で述べた官営写経所の変遷、ないしは正倉院文書の残存状況と関連している。すなわちそこでも述べたように、藤原仲麻呂が没落し、道鏡が台頭する天平宝字末年の頃から、正倉院文書を残したところの官営写経所としての東大寺写経所の活動が中断され、代わって内裏に置かれたと推定される写経所（奉写御執経所あるいは奉写一切経司）の活動が活発化する。前節では、この両者の間に中央官営写経所としての機能の一貫性を指摘したわけであるが、正倉院文書に主として基づく限り、内裏の写経所の方の活動は間接的にしか反映されてこない。天平宝字末年を境として、東大寺写経所は写経事業の中枢機関としての立場を失い、それに経本（底本）を提供する協力者の立場に転落してしまったからである。従ってそうした受動的な立場における記録と、それまでの活発な写経活動の主体としての記録を同列に並べて論ずることは、もし出来たとしてもあまり重要な意味を持たないであろう。これが天平宝字末年をもって第3表の記載を打ち切った理由である。

次に第3表を天平三年から始めた理由は、正倉院文書の史料的制約という一事に尽きる。官営の写経事業が始まったのは、恐らく仏教伝来以後まもない頃であったと考えられるが、その頃は常写と間写の区別もなかったであろう。一切経の常写が始まり、従ってそれ以外の間写ということが生じたのは、早くとも天武朝における川原寺写経以後のことであるが、この川原寺一切経をはじめとして、養老七年施入・元正天皇発願の大安寺一切経、天平六年の願文を有する聖武天皇の勅旨一切経など、その書写に関する詳細は不明という他ない。ただ勅旨一切経を奉写した「写経司」の存在が知られているが、これも正倉院文書を残した写経所とは、別系統の写経所であったろうと考えられている。[30]また正倉院文書を残したところの写経所に関しても、その起源は神亀四年（七二七）にまで遡るが、当時の記録は断片的であって、常写と間写との区別を試みることすら困難である。これを要するに正倉院文書を素材として、しかもこの文書を残した官営写経所における間写経の記録を抜き出そうとすれ

《第3表》 天平年間における間写経一覧

No.	経論名（部・巻数）	開始～終了	備考	出典巻・頁
1	涅槃経84巻	天平3.8.10		7－5
2	涅槃経30巻・法花経8巻	〃 3.11.5	内進，為僧等施	7－5
3	最勝盻簡・円弘章4巻	〃 5.③.10	内進	7－5
4	法花経・最勝王経各1部	〃 5.③.—	内進	7－5
5	薬師経7巻・阿弥陀経240巻，随願往生経10巻	〃 5.1.—～5.2.30	内堂進納	7－6
6	大方等大集経60巻以下30部441巻	〃 5.8.—	専所御願（既坂寺僧四百口講説，斎会）	7－6
7	仁王経2巻・梵網経2巻，無垢称経6巻（複為1巻）			7－19
8	法花経（3品）最勝王経（2品），花厳経（2品），心経（複為1巻）	〃 5.9.—		7－20
9	随求・仏頂陀羅尼（複為1巻）	〃 5.9.—		7－20
10	最勝王経10巻（〃） 法華経8巻（〃）	〃 6.3.—		7－20
11	随求・仏頂陀羅尼（複為1巻—4巻）	〃 6.3.—～6.4.19		7－20
12	最勝王経10部100巻	〃 6.6.1～6.7.10		7－20
13	最勝王経10部100巻 法華経15部120巻	〃 6.6.—～6.8.2	七年六月七日，飛鳥寺斎会	7－21
14	無垢称経6巻，注維摩経6巻，理趣経1巻	〃 6.6.—～7.3—	宮院進御所	7－21
15	海龍王経4巻，最勝王経1部，金光明経1部，千手千眼経7巻	〃 7.3—～7.4.—	宮経，大宮写貢	7－21
16	最勝王経1部		宮院御	7－21
17	最勝王経1部		内親王御	7－22
18	唯識論10巻		后御	7－22
19	大灌頂経12巻			7－22
20	法華経疏10巻	〃 7.7.14		7－22
21	同 20巻		安宿家沙弥等所給	7－22
22	同 10巻	〃 8.1.15	内進	7－22

23	無垢称経疏６巻	天平９.10.30	内進	７—22
24	疏　　抄１巻			７—22
25	円弘章４巻	〃　７.６.８	沙弥御進	７—22
26	法花疏10巻	〃　７.６.６	為宮院御進	７—23
27	｛因明論６巻以下５部13巻｝		安宿宅沙弥等施給	７—23
28	法花疏10巻	〃　８.３.25	沙弥御所進，即僧等施給	７—23
29	｛円弘章４巻，七巻章７巻，弁中論疏３巻｝		安宿殿沙弥等所進	７—23
30	法苑林章14巻	〃　９.10.30	内進納	７—24
31	唯識疏20巻	〃　８.４.29	内進，人給料	７—24
32	金剛般若経１巻	〃　８.４.25	宮御所写進納	７—24
33	金剛般若経１巻		親王御写	７—24
34	｛薬師経１巻 千手経１巻｝		親王御所写宣，井上王施	７—24
35	法花疏10巻		親王御書，自内霊智師施	７—25
36	新翻・本願薬師経７巻	〃　８.８.13	奉為大上天皇御敬写，大進宣	７—25
37	薬師経21巻	〃　８.５.19	宣	２—１
38	｛随求・仏頂陀羅尼（複為１巻）３通｝		自内御，大進宣	７—25
39	｛最勝王経10巻・法花経８巻，雑経10巻，唯識疏10巻(窺基)，唯識疏10巻(円測)，弁中辺論３巻｝	〃　８.９.１	〔右経，以正月十一日内堂斎会転読〕為内親王御写	７—25，２—25
40	唯識論10巻，摂論10巻	〃　９.１.—	為安宿宅沙弥等写給	７—26
41	唯識疏10巻（円測）	〃　９.９.28	為人給写進納	７—27
42	｛大仏頂･随求陀羅尼(複為１巻）同上具経文（〃）｝	〃　９.10.19		７—31，２—21
43	｛能断般若経100巻，雑経10巻，雑経10巻，合110巻｝	〃　10.２.８		７—126，91
44	摩訶摩耶経１巻		奉皇子勅写	７—91，24—65
45	法華経８巻，大仏頂経４巻注	〃　10.３.30	従内親御所奉令旨写	７—168，24—66
46	摂論10巻，七巻章７巻	〃　10.５.１		７—168，24—65
47	｛法華経８巻，弥勒経３巻，梵天経１巻｝	〃　10.６.23	出雲佐官宣	７—168，24—64

48	最勝王経5部，千手経50巻	天平10.9.27	大進宣	7—170，24—70
49	金光明経4巻（紫紙）仁王経2巻	〃 10.12.8	奉入	7—144
50	灌頂経12巻，弥勒経3巻	〃 10.12.12		7—144，24—67
51	灌頂経12巻		更写，奉入内	7—144，24—68
52	千手経1000巻（？）	〃 10.7.1		7—195，226，239
53	大宝積経120巻	〃 11.4.27		7—179
54	方広経3巻	〃 11.7.—		7—228
55	{法華経100部800巻（99部白紙，1部紫紙）}	〃 11.4.15		13—92，2—16，166，7—256
56	千手経1000巻	〃 13.6.23〜15.4.—	（玄昉発願？）	2—341，7—542
57	最勝王経10巻	〃 14.2.—		8—1
58	{法花経4部32巻，薬師経1巻，観音経1巻，阿弥陀経1巻}	〃 14.2.—		8—18
59	{最勝王経10巻，六巻抄12巻，法花玄賛3巻，毗尼律3巻，弁中論3巻，起信論疏2巻，梵網経疏2巻，唯識論10巻}	〃 15.—.—		2—345，24—248，245
60	華厳経疏1部20巻（吉蔵）	〃 15.8.12	尼公令旨	10—375，24—276
61	唯識論枢要，1部4巻（基）	〃 15.11.17	尼公令旨，長官王宣	8—370，10—375
62	四分律抄1部6巻	〃 15.12.21	高屋赤麻呂宣	10—375
63	{華厳経孔目章4巻（真聖），一乗教分記3巻}	〃 16.7.—		24—278
64	大乗起信論2巻	〃 16.7—	会旨，長官宮宣（写一切経司長官市原宮）	24—278
65	十一面経疏1巻	〃 16.8.10	令旨，長官王宣（〃）	8—370
66	弁中辺論1部3巻，肇論1巻	〃 16.8.—	長官宮宣（〃）	24—279
67	最勝王経2部	〃 16.9.10	春宮坊政所宣	8—370，10—375
68	大乗起信論2巻，同疏4巻	〃 16.9.—	令旨，式部尊宣（鈴鹿王）	24—279

69	金光明経疏１部８巻（元暁）	天平16．9．27	令旨，式部尊宣（鈴鹿王）	8—371，24—280
70	百論３巻，百論疏３巻	〃 17．11．2	王宣	10—376
71	中論疏１部６巻	〃 17．11．2	大尼公宣	10—376
72	大般若経１部600巻	9．1勅（10—311） 〃 17．11．11 ～17．12．25	大官御願，奉令旨市原王	2—481，8—582，10—375
73	多心経768巻	〃 18．2．8	天平18年々料，奉為今帝皇后	9—64，11—170
74	唯識論１部10巻，弁中辺論１部３巻，百論１部３巻，肇論１巻	〃 18．2．12	王宣	10—376
75	仁王経61部122巻	〃 18．2．23	御願，〔天下仁王大会〕	9—64，71
76	十一面経疏１巻	〃 18．2．28	尼公令旨	10—375
77	尊勝珠林（序）１巻	〃 18．3．3	尼公令旨	8—370，9—64，10—375
78	仁王経義疏２巻	〃 18．3．—	市原宮宣	9—65
79	起信論疏４巻	〃 18．3．—	市原宮宣	9—65
80	法華経２部	〃 18．3．—	市原王宣，為良弁大徳	9—65，372
81	八敬六念幷四分戒本41巻	〃 18．4．22 ～18．6．29		2—515，8—206
82	薬師経21巻	〃 18．5．19 ～18．7．1	中納言尊宣（豊成）	9—66，246
83	法華遊意２巻	〃 18．8．—	市原宮宣	9—65
84	華厳経80巻	〃 18．9．10	市原王宣，為行弁師	9—321，372
85	理趣経100巻	〃 18．⑨．6 ～18．10．12	紀少進（文主）宣	9—65，321，371，24—385
86	法華経10部80巻	〃 18．10．11	市原王宣	9—66，371，10—375
87	十一面経11巻，金剛般若経１巻，阿弥陀経１巻	〃 18．12．7 ～18．12．29	紀朝臣文主宣	9—320，8—206
88	法華経８巻，維摩経３巻，弥勒経３巻，薬師経１巻，阿弥陀経１巻	〃 19．1．12		9—322
89	四分律六巻抄10部60巻	〃 19．1．18	大養徳国少允佐伯若子宣	9—67，373
90	四分律60巻	〃 19．2．18	同上	9—67，24—480
91	四分律六巻抄２部12巻	〃 19．2．28		9—67，373
92	理趣経７巻	〃 19．4．—	奉為天皇，良弁大徳宣	9—68，374

93	観世音経100巻	天平19．4．―	犬甘命婦宣	9―68，374
94	無垢称経2部12巻	〃 19．4．―	同上	9―68，374
95	千手千眼経21巻	〃 19．7．26	県犬養命婦（八重）宣	8―370，532，9―424，633，10―375
96	瑜伽論菩薩地疏5巻（真空），同7巻（竟），薬師経疏1巻（靖邁），法華論（菩提流支）1巻	〃 19．7．27	佐伯掾宣	9―68，376，10―375
97	観世音経1000巻	〃 19．8．16	出雲少進（屋麻呂）宣	9―68，466，633，2―690，3―568～572，9―466，478，536，617，
98	六十華厳経21部1260巻	〃 19．8．25～勝宝4．―	良弁師宣	632，12―223～236，24―425
99	大灌頂経1部12巻	〃 19.10.18	山田史姫島宣	9―375，632，639
100	成唯識論疏（円測）1部16巻	〃 19.11.19～勝宝2．12.23	因八麻中村宣	8―371，10―442，11―439
101	千部法華経8000巻	〃 20．1．11～勝宝3．6．―		3―1～，9―471，10―7，12―22，24―487
102	八十華厳経1部80巻	〃 20．1．24		9―375，637，3―151
103	薬師経196巻	〃 20．4．―		9―376
104	大虚空蔵経100巻	〃 20．5．―		10―266
105	最勝王経100部1000巻	〃 20．6．27～20．10．7	奉為春宮，大倭少掾佐伯宿禰宣	3―118，8―370，9―377，10―266，11―171
106	救護身命経100巻	〃 20．6．27	大倭少掾佐伯宿禰宣	3―471，9―376，10―266，588
107	多心経768巻	〃 20.10．―	天平20年々料	11―161，10―269，447
108	灌頂梵天神策経2巻	〃 20．8．2	造寺次官佐伯宿禰宣	3―471，9―378，10―269，589
109	理趣経1巻	〃 20.10．5	良弁大徳宣	3―471，9―379，10―589

110	因明論疏１部３巻	天平20.11.20	尼公宣	３—312, ９—379, 10—270, 11—439
111	十一面経11巻	〃 20.11.29	良弁大徳宣	３—471, ９—379, 10—270，587, 24—591
112	｛右遶仏塔功徳経２巻，浴像功徳経２巻，温室経２巻，盂蘭飯経２巻｝	〃 20.11.30	良弁大徳宣	３—471, ９—379, 10—270，589
113	華厳経疏77巻	〃 20.９.14 ～勝宝元.４.29		10—448，615, 631，24—608
114	瑜伽論１部100巻	勝宝元.２.— ～４.４.—		３—563～570, ９—380, 10—270, 11—72, 506～534
115	法花経１部８巻	〃 元.３.20	良弁師宣	３—478, ９—380, 10—593
116	摩訶摩耶経１巻，浄飯王経１巻	〃 元.５.—	良弁大徳宣	９—378, 11—16
117	多心経768巻	〃 元.５.—	天平21年々料，奉為二所	３—471, ９—378, 10—589
118	薬師経７巻	〃 元.５.30	佐伯宿禰今毛人宣	３—478, ９—380, 10—593, 24—594
119	法花経疏２部（基 撰10巻 吉蔵撰12巻）	〃 元.６.９	阿倍朝臣綱麻呂宣	３—312, 11—17，156, 439
120	大般若経600巻	〃 元.６.— ～2.６.—	依仰，右大臣宣（？）	３—463, ８—370, 11—94，145, 284～300
121	大恵度経疏６巻	〃 元.７.28	良弁師宣	３—312, 11—19，156, 437
122	大品経疏（吉蔵）１部10巻	〃 元.８.19	良弁大徳宣	11—90，376, 440，24—603
123	涅槃経義記(法宝)１部15巻	〃 元.９.９	同上	３—423, 11—91，440, 24—603
124	華厳経疏（恵苑）１部24巻	〃 元.９.12	同上	３—419, 11—82，440, 24—603

125	海龍王経10部40巻	勝宝2．3．1 ～2．8．6	玄蕃頭市原王宣	3－378, 8－370, 11－158，361
126	八十華厳経1部80巻	〃 2．3．28	御願	11－178
127	仁王経疏100部300巻	〃 2．4．2		3－378, 11－180～223, 347
128	百部法花経100部800巻	〃 2．5．－		11－228，324
129	四千巻寿量品4000巻	〃 2．6．20 ～3．8．12		3－495，521, 11－264, 12－199, 25－40
130	阿含経20部197巻	〃 2．7．23 ～2．9．1		11－161，346, 3－415
131	心　経1000巻 薬師経12巻	〃 2．－．－		11－347
132	十一面経11巻	〃 2．7．23	紫微台大疏 山口人麻呂宣	3－479, 11－19，157
133	最勝王経第2巻1巻, 理趣分1巻，金剛三昧 本性清浄不壊不滅経1 巻	〃 2．8．15	新家弟山宣	3－495, 11－371，475, 539
134	薬師経10巻	〃 2．8．30	少疏土師善人宣	11－158
135	無量義経100巻	〃 2．9．－		11－158，500
136	華厳伝5巻	〃 3．1．4 ～3．2．5	奉為嶋御所，次 官佐伯宿禰宣	11－11，159, 364，12－261
137	法華玄賛第1巻1巻	〃 3．1．9	佐味命婦宣	11－19，159, 365，12－37
138	弥勒経1巻	〃 3．1．－		11－490
139	法華経疏2部	〃 3．－．－	為即沙弥所	11－365
140	金字華厳経1部80巻	〃 3．2．－		3－505, 11－161，491, 496，514, 550，25－40
141	六字咒王経50巻	〃 3．4．4 ～3．4．21	良弁大徳宣	11－161，523, 548，12－174
142	法花玄賛1部20巻 梵網経疏1部4巻	〃 3．5．9	善光尼公宣	11－162，513, 12－37，173
143	六十華厳経胡桃紙1部 60巻	〃 3．10．－		11－165, 12－165，268
144	仏頂経2巻	〃 4．1．1	少僧都宣	3－560, 11－166
145	最勝王経1部10巻 仁王経1部2巻	〃 4．2．1	錦部稲敷宣	11－166, 12－220，315

146	六巻抄1部6巻 梵網経疏2巻	勝宝4.2.1 ～4.12.1	同上	11—167, 12—220, 316, 317
147	薬師経7巻	〃 4.2.12	紫微令藤原卿宣	11—167
148	理趣経疏3巻 弁中辺論疏3巻	〃 4.4.— ～4.12.1		11—168, 12—315, 319
149	六十華厳経1部60巻	〃 4.5.～	（三島宗万呂奉写）	11—21～24, 12～278, 13—27
150	金光明経1部 法華経1部 最勝王経1部 十輪経1部 理趣経1部 弥勒経1部 薬師経1部 41巻	〃 4.8.7 ～5.12.10		3—594, 12—342, 350, 13—43
151	六十華厳経1部60巻 八十華厳経1部胡桃紙80巻	〃 4.6.—		11—20, 169, 12—279, 317～321, 333
152	法花経1部8巻	〃 4.8.—	善光尼師宣，為故信勝尼	3—595, 12—333
153	法花経四品（薬王・普門・安楽行・寿量品）2巻，卅二相1巻	〃 4.9.—	良弁少僧都宣	3—595, 12—207, 334
154	六十華厳経〔緑紙〕1部60巻	〃 4.9.—	飯高命婦宣	3—595, 11—21, 12—279, 334
155	薬師経49巻	〃 4.12.—	飯高内侍宣（真道）	3—597, 12—320, 335, 25—54
156	最勝王経1部10巻 仁　王　経1部2巻 解深密経1部5巻	〃 5.2.7	飯高笠目宣	3—597, 12—320, 336, 416
157	楞伽経1部4巻	〃 5.2.7	錦部内侍宣	3—599, 12—337
158	種々観世音経21巻	〃 5.2.24	善光尼師宣	3—598, 613, 12—337, 411
159	勝鬘経1巻 注勝鬘経2巻	〃 5.—.—		12—320
160	仁王経32部64巻	〃 5.3.9	次官佐伯宿禰宣	12—280, 422
161	仁王経32部64巻	〃 5.3.11	飯高笠目宣〔為仁王会日〕	3—599, 613, 12—423
162	法華経16部128巻 無量義経16巻	〃 5.3.15	善心尼師宣	3—599, 12—280, 338, 25—168
163	六十花厳経（青褐紙）1部60巻	〃 5.3.—		3—604, 12—281, 13—33

164	観音経100巻	勝宝5．7．16		3－600，614， 12－280，340， 13－19，20
165	法花経１部８巻	〃　5．8．7		3－601， 13－2， 12－280
166	八十華厳経１部80巻	〃　5．8．28 ～5．10．2	飯高命婦宣，為故信勝尼師	3－602，634， 11－22， 12－281，341， 13－3
167	理趣経１巻	〃　5．9．2	気太命婦宣	3－602， 12－341， 13－3
168	注陀羅尼経２巻	〃　5．9．22	次官佐伯宿禰宣	3－601， 12－281，324， 340
169	顕無辺経１巻	〃　5．9．－		12－407
170	宝星陀羅尼経１部10巻	〃　5．10．1	錦部命婦宣	3－602， 12－341， 13－4，26
171	｛法花経１部，梵網経２部，観無量寿経１巻，無量義経１巻，浄飯王経１巻，摩訶摩耶経１巻｝	〃　5．12．3	犬甘命婦宣	3－603， 12－282， 13－6，25
172	梵網経１部２巻	〃　6．1．6	犬甘命婦宣	3－603， 12－323， 13－7，25
173	｛最勝王経１部10巻 仁王経１部２巻｝	〃　6．2．8		13－26
174	｛大般若経１部600巻 花厳経２部（１部60巻 １部80巻）｝	〃　6．3．16	〔法花寺に安置〕	3－604， 4－1， 12－282， 13－27，50， 25－184
175	梵網経100部200巻	〃　6．7．－	奉為太皇太后，飯高命婦宣	3－606， 4－15，19， 12－283， 13－10，73
176	法花経100部800巻	〃　6．8．－	同上	3－606， 12－283， 13－78
177	｛七仏神咒経１巻 無垢抄光陀羅尼経１巻 地蔵経１巻｝	〃　6．9．8	内侍因八万中村宣	3－606， 12－284，325
178	花厳経10部（５部60巻 ５部80巻）	〃　6．11．10	御願，奉為太皇大后	3－607， 4－69， 11－31， 12－284， 13－15

179	八十華厳経１部80巻 大集経１部60巻 大品経１部600巻	勝宝６.11.—	為奉写大唐和上所願	３—607, 12—284
180	最勝王経１部10巻 七仏所説神咒経１部４巻	〃　６.12.３	内侍因八万中村宣	３—608, 12—284
181	華厳経(10部60巻 ５部80巻) 1000巻 観世音経1000巻	〃　７.２.２	大納言藤原卿宣	３—610, ４—67，68 12—284～
182	法華経１部８巻，理趣経１部１巻，金剛般若経１部６巻	〃　７.12.７	三井命婦宣	３—610, 12—286, 13—161
183	灌頂経１部12巻	〃　８.４.—	三井命婦宣	３—611, 13—165
184	法華経３部24巻	〃　８.６.—		13—168
185	心経100巻	宝字元.６.14	紫微内相宣	３—611, 13—221
186	金剛寿命陀羅尼経1000巻	〃　元.９.19 ～元.10.14	同上	３—612, ４—242
187	諸仏集会陀羅尼経400巻	〃　元.９.— ～元.10.14		４—242
188	四分律３部180巻	〃　２.２.—		３—612
189	金剛般若経1000巻	〃　２.６.19	御願，内相宣	４—301, 13—238, 240—356，463
190	千手千眼経1000巻 新羂索経10部280巻 薬師経120巻	〃　２.７.４	紫微内相宣	４—274, 301，327, 13—357～381, 382～463，469
191	大般若経　第一巻１巻	〃　２.８.19	善福師宣	13—418
192	金剛般若経1200巻	〃　２.８.21 ～２.11.14	勅旨，大保宣	４—316，318, 323，345，348, 14—１～26, 54，65～177
193	大仏頂首楞厳経陀羅10巻 随求即得陀羅尼10巻	〃　３.９.27	宣	４—440, 14—349
194	法花経45部360巻 金剛般若経45巻 理趣経45巻	〃　４.１.11 ～４.３.20	坤宮官大疏高丘枚麻呂宣	４—399, 14—288～304, 372，25—256
195	最勝王経１部10巻 宝星陀羅尼経１部10巻 仏頂尊勝陀羅尼経１巻	〃　４.３.９ ～４.４.10	内侍印八万中村宣	14—369，372, 379，382，420
196	法華経１部８巻	〃　４.４.１ ～４.④.９	内侍印八万中村宣	14—330，377, 379，385，390
197	灌頂経１部12巻 梵網経１部２巻	〃　４.④.１	内侍印八万中村宣	14—387，394, 419

198	称讃浄土経1800巻	宝字４．６．７		14―409
199	大般若経１部600巻	〃　６．２．11 ～６．12．15		４―524， ５―58，107， 289，15―152， 159， 170，215，235， 245～254， 16―１
200	観世音経100巻	〃　６．５．―		５―457， 15―417， 16―119
201	理趣分２巻	〃　６．―．― ～６．12．５		５―289， 15―250
202	灌頂経12部144巻	〃　６．11．21 ～６．⑫．21	法勤尼宣	16―172～174
203	二部般若経1200巻	〃　６．12．16 ～７．４．―	少僧都賢太法師慈訓宣	５―290～327， 16―59～73， 91，120，137， 164，376
204	梵網経20部40巻 四分律戒本20 巻	〃　７．２．24		16―138， 334～346， 355～362
205	法華経２部16巻	〃　７．２．25 ～７．７．18	勅旨，大僧都宣	５―388，396， 451，16―336， 25―344
206	最勝王経11部110巻 宝星経１部10巻 七仏所説神咒経３部12巻 金剛般若経600巻	〃　７．３．10	内宣，弓削禅師宣	５―402，403， 413，418， 16―139，352， 363，364， 367，387
207	仁王経疏１部５巻	〃　７．４．17	宣	16―375，428
208	十一面経31巻 孔雀王咒経７巻 陀羅尼集経（４・９）２巻	〃　７．６．30	弓削禅師宣	５―447，449， 16―407，412， 414，25―341
209	法花経１部８巻 阿弥陀経10巻	〃　７．―．―		16―410
210	心経1,000巻	〃　７．12．24	宣	16―423，427
211	大般若経１部600巻	〃　８．７．28 ～８．12．17	勅旨，大臣禅師宣	５―488～492， 494，498～504， 513，16―505 ～552，16―１
212	観音授記経１部３巻 観音三昧経１部３巻	〃　８．10．29 ～８．11．29	奉為先帝，僧正宣	５―508， 16―561，562

ば、有効な射程は、おのずから第3表に盛られた天平三年（七三一）頃から天平宝字八年（七六四）頃に至る三三年間ということにならざるを得ないのである。

この三三年間は、わが国写経史の上で、かつまた古代仏教史の展開の上で、ことに注目すべき時代であった。天平七年の玄昉の帰朝を契機として宮一切経の書写が開始されて以来、官営写経所における大規模な写経事業が展開されたことはすでにみてきた通りだが、それと並行して、天平九年三月には国分寺創建の詔が、同十三年二月には国分寺造立の詔が発布され、同十五年十月には行幸先の甲賀宮において盧舎那大仏像の造顕が発願され、同十七年五月、平城還都とともにその事業は奈良の東大寺で引き継がれ、やがて天平勝宝四年四月に至って「仏法東帰してより斎会の儀、未だ嘗つて此の如く盛んなるは有らず」といわれた大仏開眼会がとり行なわれている。こう見てくると、この三三年間こそは、東大寺・国分寺を主軸とする国家仏教が確立され、その輪郭と体質とが決定された意義深き時代であった。第3表の間写経一覧は、この注目すべき時代において、当代仏教を主導する役割を果たした皇室（内堂）仏教の動向を如実に物語るものといわねばならないだろう。

ところで第3表に拾い上げられた間写経は、件数にしておよそ二一二件、巻数にして概算四万五八〇〇巻に達する。その中には、たとえば多心経（般若心経）のごとき小部の経典の大量複写の例なども含まれているが、それにしても四万五八〇〇巻といえば一切経一〇部程に匹敵する巻数である。この間、官営写経所で造写された一切経は、宮一切経、大官一切経、後写一切経、および坤宮官一切経の四部にすぎず、巻数にしても恐らく二万巻を出ないであろう。してみると、この三三年間における間写経は、量においては常写の一切経をはるかに凌駕したのであって、この厖大な間写経の目録を注意深く検討することによって、天平期における南都仏教の救済論の変遷を把握することが出来るはずであるが、今は紙数の関係で、その具体的な作業は他日に譲る他ない。

註

（1）薗田香融「知識と教化―古代仏教における宗派性の起源―」（『平安仏教の研究』法蔵館、一九八一年）。
（2）石田茂作『写経より見たる奈良朝仏教の研究』（東洋文庫、一九三〇年）。
（3）註（2）石田著書三一頁。
（4）井上光貞『日本古代の国家と仏教』（岩波書店、一九七一年）一五頁以下。
（5）藤野道生「禅院寺考」（『史学雑誌』六六編九号、一九五七年）。
（6）松平年一「元興寺禅院と道昭の将来経」（『現代仏教』六巻六二号、一九二九年）。
（7）福山敏男『奈良朝寺院の研究』（高桐書院、一九四八年）禅院寺の項。
（8）註（2）石田著書二四頁。なお石田氏はここで天武紀六年八月条の飛鳥寺における一切経斎会の記事を見落としていられる。
（9）井上薫『奈良朝仏教史の研究』（吉川弘文館、一九六六年）一二六頁。
（10）たとえば、『続日本紀』神亀二年閏正月十七日、天平十七年九月廿三日条などによると、六〇〇僧を請じて大般若経（六〇〇巻）を読ましめ、また天平六年十一月八日・同十五年正月十八日・天平勝宝三年八月廿三日条などによれば、四九僧を招いて薬師経（七巻）を読ましめたとあるのは、経典の巻数に準じて僧尼を屈請した例である。
（11）皆川完一「光明皇后願経五月一日経の書写について」（坂本太郎博士還暦記念会編『日本古代史論集』吉川弘文館、一九六二年）。
（12）註（11）皆川論文五三六頁。
（13）註（11）皆川論文五三五頁。
（14）註（9）井上著書一二六頁。
（15）註（11）皆川論文五四二頁。

(16) 第2表の中で、(6)藤原夫人発願一切経（元興寺一切経）は、(9)(10)の元興寺一切経のどちらかと重複するかもしれないし、また(16)坤宮官御願一切経と(24)西大寺（弥勒堂）一切経ともまた同じかもしれない。後考をまつ（古文書二二182参照）。

(17) (21)(22)(23)の東大寺一切経は、合計七部を数えるが、この内(23)の二部は薬師寺に安置されたから（古文書二二181）、結局東大寺に残ったのは五部となる。これがいわゆる「五部一切経」（古文書六251など）であろう。

(18) 註(11)皆川論文五一〇頁。

(19) 福山敏男「奈良朝に於ける写経所に関する研究」（『史学雑誌』四三編一二号、一九三二年）。

(20) 註(19)福山論文一〇八頁。

(21) 註(19)福山論文一〇二頁。

(22) 井上薫「大仏造顕をめぐる政治的情勢」（『ヒストリア』一五号、一九五六年）。岸俊男「東大寺をめぐる政治的情勢」（『ヒストリア』一五号、一九五六年。のち同『日本古代政治史研究』塙書房、一九六六年に所収）。

(23) 田中塊堂『日本写経綜鑒』（三明社、一九五三年）一三〇頁。

(24) たとえば井上光貞氏の「東域伝灯目録より観た奈良時代僧侶の学問」（『史学雑誌』五七編三・四号、一九四八年）などは、そうした視角よりした有益な研究成果の一である。

(25) 註(19)福山論文。

(26) 松平年一「福山氏の〈奈良朝に於ける写経所に関する研究〉について」（『史学雑誌』四四編四号、一九三三年）。

(27) 福山敏男「再び奈良朝に於ける写経所に就いて」（『大和志』二ノ九、一九三五年）。

(28) 註(11)皆川論文。

(29) 註(27)福山論文九頁。

(30) 註(19)福山論文九九頁以下。

VII　最澄とその思想

一　最澄の著述について

最澄の思想を解明しようとする場合、まず問題になるのは、彼にはどのような著述があり、またその内どの程度のものが残されているかということである。最澄の撰述目録としてはもっとも早く成立し、かつもっとも権威ありとされるものは、修禅院和尚すなわち義真が記したと信ぜられている「伝教大師御撰述目録」（「修禅録」）であるが、それによると、まず一八八部二六八巻を録して、「已上、伝教大師御経蔵目録中より書す」といい、次に五部五巻を出して、「已上、伝教大師御記」と記し、さらに「右の外」として八部一〇巻を挙げ、都合二〇一部二九三巻を収録している。次に江戸時代の中期、叡山無動寺の学僧可透が作った「伝教大師撰集録」（「可透録」）は、書誌的考証の行き届いた目録として定評のあるところであるが、これには最澄の著作を宗承教観部（二八部四〇巻）、弘賛経論部（五五部八四巻）、光顕大戒部（一四部一九巻）、闡揚密乗部（四三部六四巻）、破権顕実部（六八部九三巻）、図伝雑録部（五八部八八巻）の六類に分ち、他に疑偽書として一一部一二巻を加え、合計二七七部四〇〇巻を挙げている。

このように「修禅録」や「可透録」の挙げる最澄撰述の部巻数はすこぶる多いが、この内現存するものは僅かである。「修禅録」には一々の書目について存欠を示す注記はないが、「可透録」には「見行」もしくは「某処に本有り」の注記をもって現存するものを指示している。まず真撰とされるものについては、「見行」と注されたもの一九部四三巻、「有本」の注を有するもの五部七巻、都合二四部五〇巻を数えるが、それは本録の全収載書目（真撰）二六六部三八八巻に対して、部数にして約一一分の一、巻数にして八分の一弱にすぎない。却って疑偽書とされた一一部一二巻については、その内一〇部一一巻が「見行」と注されているという皮肉な結果を示している。思うに、中古天台において口伝法門が盛行し、それぞれの流派で自家の説を権威付けるため、宗祖の名に仮託して多数の秘事書が捏造された結果、こうした疑偽書の横行を招いたのであろう（硲慈弘『日本仏教の開展とその基調』下巻第二・三章）。

現行の『伝教大師全集』（全五巻、以下『全集』と呼ぶ）にも、こうした疑偽書の類がかなり大幅に収載されていることは周知のところである。塩入亮忠氏は、『全集』所収の一三四種について、真・真歟・真偽未決・偽歟・偽および非親の六種の分類を試みているが、真、すなわち間違いなく真撰として判定されたものは六一部八五巻である（塩入亮忠『伝教大師』四九八頁以下）。この数字は、「可透録」中の「見行」「有本」の注記を有する真撰、二四部五〇巻を大幅に上廻っているが、これは『全集』と「可透録」との数え方の違いと、また『全集』が、「願文」や「請十大徳書」（いずれも『叡山大師伝』より分出）のように他書から別出したものを数多く取りいれたことによるものであって、「可透録」に比べて『全集』が、大師の真撰として増広し得たものは、『天台霊応図本伝集』（現存二巻）、『付法縁起』（三巻内、逸文）など、数種に限られている。

以上の概観の通り、最澄の真撰として知られるものは、「修禅録」や「可透録」によると二〇〇部以上を数えた。しかるにいま現に伝わるものはその内のごく一部で、『全集』流に分出本を加えたとしても六〇種前後にすぎない。この数値は、最澄の思想を考察しようとするわれわれに対して一応は悲観的な見通しを与える。そこで次の問題は、現存する最澄の真撰が、彼の全著述において占める地位もしくは比重についてである。ここで再び「修禅録」や「可透録」についてその一々の書目にあたってみると、これらの目録に収載されたものには比較的に小部なものが多く、しかもその小部のものには、大部の著述の別行本、もしくは草稿本とみられるものが少なくないことに気が付く。たとえば「可透録」の破権顕実部には、上述のように六八部九三巻という多数の書目を収めているが、それらの書目を検討してみると、『守護国界章』など、現存する大部の論争書の内容（具体的にいうと章名）と共通するものが少なからず含まれており、前者は後者の別行本もしくは草稿本（執筆にあたって用いられたノート）とみなされる場合が甚だ多いのである。このことは、叙上の目録の考察によって悲観的な見通ししか与えられなかったわれわれに再び明るい見通しを与えてくれるとともに、目録に収録された多数の小部撰述が早く散佚してしまった理由をも説明するものである。

さて最澄の主要な著述は何かという問いに対して一つの解答を与えてくれるものに、『叡山大師伝』（以下『伝』と呼ぶ）の記載がある。いうまでもなく『伝』は、最澄の滅後数年を出ない以前に彼の直弟「一乗忠」の撰したところで、最澄伝の根本史料たることはもちろん、この種の僧侶の別伝としても出色の史料的価値を有するものであるが、近時、学界の一部で不当な論拠をもってその史料的価値を疑う議論が横行していることは慨嘆にたえない。それはともかくとして、『伝』には、その末尾に近いところで、「凡そ注記・撰集・著作の諸文筆有り」として、最澄の撰述一九部六一巻の書目を挙げているが、これらはその記載の仕方からみて、彼の代表的な著述を挙げたものとみなして差し支えないであろう。いまその書目を引けば左の通りである（（　）内は筆者の後補）。

註法華経十二巻　（欠）　　註金光明経五巻　（欠）
註仁王般若経四巻　（存、現行三巻）　　註無量義経三巻　（存）

天台霊応図（本伝）集十巻　（現存二巻）　頭陀集三巻　（欠）
守護国界章十巻　（存、現行九巻）　法華去惑四巻　（存）
法華輔照（又、秀句）三巻　（存）　照権実鏡一巻　（存）
決権実論一巻　（存）　依憑（天台義集）一巻　（存）
新集総持章十巻　（欠）　顕戒論三巻　（存）
顕戒（論）縁起二巻　（現存一巻）　（内証仏法）血脈（譜）一巻　（存）
付法縁起三巻　（欠、一部逸文存）　長講願文三巻　（存）
六千部法華銘一巻　（存）

以下これら一九部についてやや詳しくみてゆくと、まず『註法華経』以下の四部は、それぞれの経典についての注釈である。現存する二部についてみると、経文の逐語釈であり、欠失の二部も同様なものであったと考えられる。現存する二部の内の『註仁王般若経』が嘉祥（吉蔵）の『仁王経疏』をまったく写したものであることは、早く宝地房証真が指摘したところで（「可透録」）、塩入氏がこれを「非親撰」としたのも同じ理由に基づくであろう。

次に『天台霊応図集』と『頭陀集』は、「可透録」には図伝雑録部に収める。『頭陀集』はいま伝わらぬため、内容をうかがい知ることが出来ないが、『霊応図集』は一〇巻の内、第一・第二巻を存している。巻首に序を付し、まず孫興公の「遊天台山賦」を収め、以下智者大師の伝記数種を収める。序によれば、最澄在唐中の貞元二十年（八〇四）十一月、国清寺の蔵本について模写した「天台智者霊応の図」なるものに添えた「霊応本伝」だという。「台州録」をひもとくと、果たして「天台智者大師霊応図一張」がみえ、また智者大師の伝・讃・碑の類が多数将来されたことがわかる。『日本紀略』弘仁七年（八一六）三月丙戌（二十一日）条によると、この日最澄は、嵯峨天皇の下に「天台霊応図及本伝集十巻、新集聖教序三巻、涅槃獅子吼品一巻」を献上している。『霊応図集』一〇巻は、恐らくこの時、霊応図の模本に添えて献上すべく、唐より将来した智者大師の伝記類を集めて作られたものであろう。

次に『守護国界章』以下の五本は、奥州会津に住む法相宗の学僧徳一との間で行なわれた有名な三一権実論争の所産で、弘仁八年から十二年（八一七〜八二一）、最澄の五十一歳から五十五歳の頃の撰述と考えられる。これら一群の論争書の成立については後述に譲るが、ここでは『依憑天台義集』について触れておきたい。なぜなら、この書もまた対徳一の論争書の中で、しばしば引用されているからである。現存の本書についてみると、序に弘仁七年丙申歳の年記があり、巻尾には弘仁四年九月一日の日付を有する。巻末の日付は本文の編述が行なわれた日を示し、序の弘仁七年という年記は、本文に序を付けて一本に成書された年次を示すものであろう。本書の内容は、唐・新羅の諸宗学匠が、自らは余宗に属したにもかかわらず天台宗義に「依憑」したことを物語る文証を集め、もって天台宗の余宗に卓越することを内外に明示しようとしたものである。かかる最澄の、自宗の卓越を誇り、諸宗を批判する態度の昂揚は、そのまま対徳一論争の必然性を予告するものである。「依憑」一巻は、厳密には対徳一論争の所産ではないが、むしろ論争の発端をなした書ということが出来、この意味で私は、本書を上記一群の論争書の部類に加えてよいと思う。

次に『新集総持章』一〇巻は、いままったく伝わらない。「修禅録」には「弘仁新集六巻百四十六紙」としてみえ、「可透録」には闡揚密乗部に分類し、「新集総持章十二巻修禅録云或云弘仁新集或云六巻」とする。残るところの少ない最澄の密教部の撰述として、本書の散佚は惜しまれる。

次に『顕戒論』および『顕戒論縁起』は、いうまでもなく大乗戒の独立と日本天台宗の存亡をかけて、南都・

僧綱との間で展開された大戒論争を契機として成ったもので、前者は弘仁十年（八一九）、後者は同十一年、最澄五十三、四歳の撰述である。両書の成立については、その詳細は後述に譲るが、この両書に関連して「血脈一巻」についてみておきたい。「血脈」、詳しくは『内証仏法血脈譜一巻』は、最澄・義真の受けた日本天台宗の伝法相承の系譜を表示したもので、禅・天台・菩薩戒・両部密教・雑部密教の五つの系譜より成り、末尾に弘仁十年十二月五日の撰上と記している。弘仁十一年二月二十九日の「上顕戒論表」に、『顕戒論』三巻とともに上ったという「仏法血脈一巻」が、すなわち本書にあたるであろう。「可透録」には、『顕戒論』を光顕大戒部に、『血脈譜』を宗承教観部に分類しているが、両書は少なくとも、その成立の時期と動機とを共通したことは認めなければならないであろう。思うに『顕戒論』は、後に詳論するごとく、単なる戒律論ではない。それはむしろ戒律論を通じて表現された教団改革の書、教団理論というべきであって、事実この書によって叡山教団はその教団的独立の理論的根拠を与えられたのである。ところで、叡山教団が仏教教団である限り、その宗派的独立を確保するためには、釈迦牟尼以来の嫡々の師承を示さねばならない。それはいわば、宗教教団の免れ難い本質的制約ないしは宿命である。ここに『内証仏法血脈譜一巻』が、『顕戒論』とともに撰上されねばならない必要があった。この意味で私は、この両書を切り離して論ずべきではないと思う。なお次の「付法縁起三巻」も、伝えられる逸文が、零細な断簡にすぎないため、その成立の年次や事情を詳らかにせぬが、『血脈譜』とほぼ同じような動機に基づいて製作されたものと考える。現在集められた「付法縁起」の逸文には、聖徳太子に関するものが多いが、恐らくそれは天台宗の高祖慧思大師が日本の聖徳太子に転生したという伝説に関連して引かれたものであろう。凝然の『三国仏法伝通縁起』日本天台宗の項に、「伝教大師天台付法縁起三巻を作り、その中、道璿・鑑真並びにその門人法進等を列ね、天台を弘むるの匠となす」とみえ、本書の内容の一端を伝えている。聖徳太子の慧思転生説は、早く宝亀年間（七七〇～七八〇）成立の『七代記』にみえ、思託等、鑑真の徒によって喧伝せられたところという（福山敏男「唐招提寺建立年代の研究」『東洋美術 特集寧楽時代』下）。この転生説話は、『伝』所引、延暦二十一年八月三十日の沙門善議等の謝表にも「聖徳太子は霊山の聴衆、衡岳（慧思を指す）の後身なり」とみえるところで、当時広く流布された説話であったらしい。天台宗を広めるためには甚だ好都合な説話であったから、最澄もまたこれを盛んに用いたであろう。「付法縁起三巻」は、太子をはじめ道璿・鑑真・法進等、日本における天台宗の先駆者の事蹟を集めた書であったと推定される。

次に「長講願文」と「六千部法華銘」についてみよう。「長講願文三巻」は、右の表示には、一応「存」としたが、これには多少問題がある。三浦周行氏の『伝教大師伝』には、「長講願文一部三巻たるか、又は現存する長講金光明経会式一巻、長講仁王般若経会式一巻、長講法華経先分発願文、同後分略願文二巻の総称たるか明ならず。若し後者とすれば四巻となりて三巻といふに合はず」（二五一頁）と疑を存し、福井康順氏は、上引の現存する四巻につき詳細な検討を加えた結果、(1)法華経の先分上巻だけは（いまある仏名の、後からの改修であるらしい点を除いて）真撰であり、後分下巻は断じて偽撰であること、(2)現存する四巻は、普通、「三部長講会式」の名をもって呼ばれているが、それは別伝にいう「長講願文三巻」とは似て非なる別ものであること、(3)長講法華経後分略願文の神分と仁王・金光明二式の神分とは同一人の造作であること、などを論証している（福井康順「長講法華経願文の研究」『東洋思想史論攷』所収）。福井氏の論考は長講法華経願文を当面の研究対象としているため、仁王・金光明二式の全体を偽撰とするのかどうか、真撰とする法華の先分上巻と『伝』のいう「長講願文三巻」とはどう関係するのか、などの点が充分明らかにされていないが、いまはしばらく現存の四巻に、『伝』のいわゆる「長講願文三巻」のある程度の投影を認めて「存」としたわけである。こうした講式・会式の類は、製作後も継続的に諷誦・伝持される性質のものであるから、後人の手が加わりやすいという特殊事情も合わせ考えるべきであろう。最後に「六千部法華銘」については、普通、『延暦寺護国縁起』の載せる「六所造宝塔願文」をこれに比定している。これは一紙にも満たない短文で、最後の四言の偈は、六所宝塔の内の「安総」すなわち近江宝塔院にのみ関するもののようである。しからば現存の願文は抄本であり、もとの銘には他の五ヵ所の宝塔に関する同様の偈文が付せられていたのであろうか。しばらく疑を残して「存」と判定する。

以上、簡単ながら『伝』の記載に従って、最澄の主要な撰述と考えられる一九部についての考察を試みた。その結果、一九部の内、完全に現存するもの九部、部分的に残存するもの二部、若干の疑問を存しつつ現存本を比定し得るもの二部、そして逸文を存するもの一部である。最澄の全著作についてみれば、現存するものは僅少といわねばならなかったが、彼の主要な撰述に限っていえば現存率は極めて高い。ことに最澄の教学面を代表せしむるに足る『守護国界章』以下の一群の論争書と、教団改革者としての最澄の真面目をうかがわしめる『顕戒論』以下の大戒問題関係の著述が、ほぼ完全に伝えられていることは、われわれにとって甚だ幸運である。恐らく最澄は、同時代の空海とともに、思想的文献を大量に産出し、そしてこれを、まとまった形で後世に残すことの出来た日本史上における最初の思想家である。

『日本思想大系4　最澄』には、最澄の教団論に関するものとして、『顕戒論』と『顕戒論縁起』の両著の他、若干の関連文書を収めた。「上顕戒論表」は、『顕戒論』撰上に際して添えられた表文。『山家学生式 付得業学生式・表文』として一括したものは、いずれも大戒論争の発端と経過を物語る貴重な文献であり、なかんずく「四条式」は、『顕戒論』の主文ともいうべきもの。『顕戒論』は「四条式」の脚注として書かれたという表現も可能であって、日本仏教史上、革命的な意義を担う教団改革の宣言書である。

次に教義論に関するものとしては、『守護国界章』の一部と、『決権実論』を収めた。これらの論争書の成立する動機となった対徳一の論争の全貌を捉えるためには、『守護国界章』と『法華秀句（輔照）』を全文収載することがもっともものぞましい。しかし両書とも現存著述中のもっとも大部のものに属し、限られた紙面に収めることが到底許されないので、最澄の止観（禅）論（実践論）の語られた『守護国界章』巻上之下の第十・第十一・第十二・第十三章の部分と、対徳一論争の問題点を要約した『決権実論』を収めるにとどめた。

最後に収めた「願文」は、比叡入山の当初、修禅の隙に作られたものといい、若い日の最澄の手に成るただ一つの思想的文献である。思想家最澄の出発点を窺知せしめる貴重な文献として収載した次第である。

以上によって私は、最澄の全著述のあらましと、その中において占める現存著述の地位ないしは比重を概観し、さらにそれらの現存著述の中から、いかにして『日本思想大系4　最澄』の収載書を選んだかについて概述した。ここに収載した著書は、それによって最澄の思想の全貌を隈なく探求するためにはあるいは不充分かもしれないが、彼の思想の核心を捉えるためには不足のないはずである。そこで次に節を改め、一々の文献について詳しい解説を試みることにしよう。

二　生い立ちと環境

右にみてきたように、主要な著述の大半が、彼の晩年に属する二つの論争を契機として執筆されたということは、最澄の思想の成り立ちを探る上で注目すべき事実であるが、だからといって彼の思想が、一朝一夕にして成ったということでは決してない。すでに「修禅録」や「可透録」にみえる、いまは失われた夥しい数の小部撰述の存在に関して指摘したごとく、彼の思想は長い蓄積の上に徐々に築かれてきたものであった。この意味から、ここではまず彼の生い立ちやその生活環境についてみておきたい。

彼の幼少時代に関する基本的な史料として、現在われわれは、『伝』の僅かな記載と、「国府牒」・「度縁」・「戒牒」という三つの公験（証明書）を持っているにすぎない。『伝』については上述したが、大原の来迎院に現蔵される「公験」は、この内原本は戒牒だけで、他は案文（写）にすぎないけれども、いずれも国府や僧綱などの公的な機関が発給したもので、公文書としての権威と客観性を備え、『伝』に勝るとも劣らぬ史料的価値を有する。しかるにこの『伝』と公験類との間には、彼の出生年という伝記研究上避けて通ることの出来ない基本的事実をめぐり、相異なる記述が見出されるのである。この問題に立ち入る前に、まず『伝』によって、出生から延暦四年（七八五）の受戒に至るまでの彼の行実を示そう。

最澄は、俗姓三津首、近江国滋賀（郡）の人である。先祖は後漢の孝献帝（献帝）の末裔、登万貴王で、応神天皇の世に来朝し、滋賀に居地を賜わって三津首の姓を称した。最澄の父は百枝といい、私宅を寺となし、礼仏誦経につとめる熱心な仏教信者であったが、常に子のないことを悲しみ、比叡山に登って好地を求め、草庵を営み、至心に懺悔すること数日、ついに四日目の明け方に至り、夢に好相を得て生まれたのが最澄であった。幼少の頃から聡明だった彼は、七歳で村里の小学に入って陰陽・医方・工巧等を修めるが、十二歳の時近江国分寺に入り、大国師行表の弟子となり、唯識の章疏等を学び、やがて十五歳の時国分寺の僧闕を補って得度し、さらに二十歳の時には具足戒を受け、正式の僧となった。

以上は『伝』の書き出しの部分を要約したものだが、ここまでの記載に「公験」と矛盾する点はない。ところが『伝』の末尾に近いところで彼の入滅を記して、弘仁十三年（八二二）六月四日の滅、春秋五十六とすることから問題が生ずる。すなわちこれを基礎に逆算すれば、彼は神護景雲元年（七六七）の出生となるが、「国府牒」以下には、宝亀十一年（七八〇）十五歳得度、延暦二年（七八三）十八歳で度縁追与、同四年二十歳で受戒と記し、逆算して天平神護二年（七六六）の出生となり、『伝』の記載と一年の差違を生ずるのである。すでに江戸時代末期の学僧慈本がこのことに気が付き、『天台霞標』の中でこの問題に触れ、得度試業には年十五以上をとったことから、実は十四歳であったものを表向き十五歳とし、以下因循して一年を加えたのであろうと推測した。この慈本の説は、最澄の生年に関する通説として長らく一般の承認を受けてきたのであるが、近年、嗣永芳照・福井康順の両氏によって疑問が提出されるに至った。嗣永氏は、慈本のいう得度試業の制に、年十五以上に限るという規定がどこにもみえぬばかりか、当時の実例についてもそのような規定を認めることが出来ないとし（嗣永芳照「伝教大師伝に関する一、二の考察」『歴史教育』一三ノ五）、福井氏は、『伝』と「公験」の史料的価値を対比し、『伝』の現行の諸本に誤写の多いことから、最澄の生年は原本の伝わる「公験」に準拠すべきであり、『伝』の没年「五十六」は、伝写間の誤写に基づく誤りであろうと論断した（福井康順「宗祖生誕年時考」『天台学報』一〇）。両氏の論調には、公文書としての「公験」の有する史料的客観性を尊重しようとする態度が強く認められるが、この点を鋭く批判し、公文書の信憑性という立場からこの問題を詳しく論じたのが勝野隆信氏の反論である。勝野氏によれば、当時の公文書は公文書なるが故に必ずしも信用すべきものではなく、また『伝』については、伝写の過程で誤写の恐れなしとしないが、公文書に比して決して史料的価値の劣るものでないことを論証し、さらにいくつかの傍証を加えて、『伝』の伝える神護景雲元年出生説を再確認している（勝野隆信「伝教大師最澄生誕年時の問題」『仏教史研究』四）。

最澄の生年をめぐる近年の論争についてこれ以上深入りする余裕はないが、公文書なるが故に「公験」の記載を無条件に尊重する嗣永・福井説に対して、公文書と宗内史料を、それぞれの成立した歴史的条件に位置付けて検討を試みた勝野説の方により妥当性を認めざるを得ないであろう。ただ勝野説について疑問の残るのは、最澄の生年詐称の基づく理由として述べた勝野氏の説明である。すなわち、上述した嗣永説によって慈本の説が成り立たなくなった以上、『伝』による出生年を正しいとするためには、「公験」にみられる年齢詐称の理由を他に求めなければならないが、勝野氏は、当時の得度制の準則とされた天平六年十一月太政官奏の「浄行三年以上」という規定に注目し、次のごとくいわれる。すなわち、「別伝にいうごとく、『年十二にして近江大国師伝燈法師位行表の所に投じて出家修学』した最澄は、十二歳から三年以上、すくなくとも『年十五』でなければ得度の資格が得られないわけである。十四歳の愛弟子を前にした大国師行表の苦衷はここに存する」と述べ、たまたま国分寺僧の定員に死闕を生じたことから、「この機を逸せず直ちに得度させて、僧への道を開いてやりたいと希う」師主行表の師としての恩情が、年齢詐称の原因であったとするのである。

私見によれば、公文書にみられる生年の詐称は、最澄の所為でもなく、いわんや師主行表の所為でもない。試みに「公験」の内、原本の伝わる「戒牒」について問題の箇所を引いてみよう。それは、

僧最澄年廿　近江国滋賀郡古市郷戸主正八位下三津首浄足戸口同姓広野 黒子　頸左一　左肘折上一

という僅か一行の記載である。当時の制度によれば、出家得度の際には、必ず本貫に照合して課役免の手続きをした上で「僧尼籍」(雑令造僧尼籍条)に編入したが、その際、本貫の戸籍に照合することを「勘籍」(民部式勘籍条)といい、位子・雑色の場合は「三比」、諸衛の場合は「五比」であるが、得度者の場合は「三比」、すなわち過去三回分の戸籍(六年一造)に遡って勘合を行なったのである(同上)。いま右に引用した最澄の年齢と出身を示す記載も、彼の本貫の戸籍に基づいて記されたことは、「某国某郡某里、戸主某戸口某」といった書き方、あ

るいは首の左と左肘の屈折部の上に二つの黒子《ほくろ》があったという記載などからみて明らかである。しからば公文書における最澄の年齢の詐偽を行なったものは、彼自身でも行表でもない。彼の出生後、最初の造籍の年といえば、彼が四歳の時の宝亀元年（七七〇）であるが（虎尾俊哉『班田収授法の研究』）、この時、彼の属する生家の戸主が、四歳を詐って五歳と記載したことに基づくのである。それはいうまでもなく造籍の翌年か翌々年かに予定される班田収授（六歳以上に給す）にあたって有利な条件をつくり出すためであったに違いない。

現在、正倉院に残る奈良時代の戸籍や勘籍には、こうした年齢に関する詐偽が少なからず見出されるが、それらはすべて口分田の給付と課役の負担に有利な条件を得るために行なわれた作為である。そのもっとも典型的な例として、天平勝宝二年三月二十一日の日付を持つ経師、大伴若宮連大淵の勘籍（『寧楽遺文』五三五頁）を挙げよう。いま仮に天平勝宝二年（七五〇）当時の「年廿八」の記載を大淵の実年齢とすれば、神亀四年（七二七）籍では五歳でなければならないのに一年を増して六歳とし、天平十二年（七四〇）籍では十八歳であるべきはずが、今度は逆に一年を減じて十七歳と記している。前者は口分田を得んがための、後者は中男作物（十八歳以上）の課役を忌避したための結果に他ならないであろう。

以上によって知られるように、戸籍に基づく公験の年齢記載は必ずしも信用し得るものではない。少なくとも直弟子の執筆した『伝』や『伝述一心戒文』（光定撰）などの宗内の一等史料が一致して伝える弘仁十三年、五十六歳入滅説をくつがえすに足る程有力なものではない。そして以上の論証によって、最澄の生家も、戸籍を偽らねばならない程度の家、いわば当時の平均的な農村家族であったことが推測されるに至った。われわれは、かかる戸籍の詐偽ということ自体を一つの歴史的事実として受けとめ、最澄伝を構成してゆく心がけが必要であって、このことは福井氏のいわれるように「宗祖をして妄語戒を犯させる」ことには決してならないであろう。

「国府牒」以下の「公験」にみえる年齢記載については右にみた通りであるが、その他の点に関する「公験」の記載は、最澄の出自に関していくつかの重要な事実を付け加えてくれる。第一は、彼の生家が滋賀郡古市郷に属したことであり、第二は、彼の生家の戸主が父の百枝ではなく、正八位下の肩書を持つ三津首浄足であったことであり、第三は、彼の幼名が広野であったことである。これらは、それぞれ『伝』の記載の不備を補うものである。第一の生家の所在地について、『伝』には滋賀の人といい、郡名を示すにとどまったが、「公験」によって郷名まで知ることが出来る。滋賀郡は、いまの大津市域とほぼ重なり合う地域であるが、『和名抄』には古市・真野・大友・錦部の四郷がみえる。古市郷の名は、古く『日本書紀』天武即位前紀にみえる「粟津の市」に基づくもので、滋賀郡の最南部を占め、現在の大津市膳所・粟津・石山付近と考えられており、郡中のもっとも殷盛の地であった。郷内に国分寺が所在したことも、彼の出家の事情を理解しやすくするであろう。ただし、彼がこの古市郷で生まれたかどうかについてはいささか問題がある。古くからの伝承では、最澄の出生地を東坂本（当時の大友郷に属する）といい、いまの生源寺をその跡と伝えるからである。生源寺は、宗祖の生誕根源の地を意味する名と考えられるから、すでに安元二年（一一七六）の古文書（『平安遺文』三七六九号）に「生源寺」の名がみえることは、この伝承のかなり早い成立をうかがわせるであろう。また三津首という姓が坂本の津を意味する三津（いま、坂本の小字として三津の地名が残る）に基づく名と思われること、最澄の父が比叡山に登って子の出産を祈ったということなども、この伝承にとって有利な傍証となる。かくて、有力な古来の伝承と「公験」の記載との調和を図ろうとすれば、最澄の生家が、彼の出生の後、大友郷から古市郷に移ったとするか、彼の母の実家が坂本にあり、彼はそこで生まれたとでも解するしかないが、当時の実情からみて、前者より後者の方が、事実に近い想定ではなかろうか。

次に彼の生家については、当時の郷戸が傍系親族を含む大家族制をとっていたことを思うと、浄足は恐らく彼の祖父か伯父であったと思われる。正八位下という低いながらも官位を帯びていたことは、生家の社会的地位をある程度物語るであろう。しかし、地理的に近い山背国愛宕郡出雲郷（京都市北区）の神亀三年（七二六）の計帳（『寧楽遺文』一四四頁以下）によれば、この史料によって知られる郷戸一三戸の内、有位者の戸主を有する戸八戸、他に戸内に有位者を含む戸二戸を数え、その内出雲臣真足の戸のごときは一戸の内に有位者四名を含んでおり、当時の一般公民が何らかの理由で官位を帯びることは、さほど珍しいことではなかったことがわかる。要するにこれらのことは、彼の生家が平均的な農村家族であったという先の推定と決して矛盾を生ずる事実ではないのである。

三津首を名のるものとしては、天平四年（七三二）のものと推定される山背国愛宕郡計帳の戸主秦人広幡石足の戸に、「御津首持麻呂、年参歳、緑子」（『寧楽遺文』一七一頁）という記載がみえる他に、カバネは明らかでないが、正倉院文書に三津若万呂（「勝宝二号経所解」）と三津広前（「宝亀二奉写一切経所解案」他）という人名がみえ、最澄の同族のものが奈良時代の東大寺写経所において経師もしくは校生として活躍していることが注意される。しかし史料への現われ方からみて、最澄の生家である三（御）津首氏が、あまり大きな氏族でなかったことも確かである。なお右の御津首持麻呂には、「放賤従良、天平四年七月九日」の注記があり、同戸「別項」に「婢刀美売」（戸内の項では「富売」）とともに記された「奴持麻呂、年参歳」と同一人物であったことがわかる。恐らく持麻呂は、婢の刀美売が御津首姓を名のる良民と通じて生んだところで、「公私奴婢、与二良人一為二夫妻一所生男女、不レ知レ情者、従レ良」（戸令為夫妻条）の適用を受けて、賤民の身分を解放されて良民に従ったものであろうが、彼の父については推測する何の手がかりもない。

ところで『伝』によれば、三津首氏は後漢王朝最後の皇帝であった孝献帝（献帝）の苗裔、登万貴王の後と伝える帰化氏族であった。このことは、彼および彼の生家にとって、どれほどの具体的な意味を持ったであろうか。以下この点について考えてみよう。

弘仁六年（八一五）成立の『新撰姓氏録』によれば、後漢の献帝の後と伝える氏族に、当宗忌寸（左京・河内）、台忌寸（右京）、志賀忌寸・台直（摂津）、広原（河内）、志賀穴大村主（未定・右京）があり、この内の台忌寸と同祖で「魯の白竜王の後」と伝えるものに、山代忌寸（左京）、河内忌寸（河内）、凡人中家（和泉）がある。また『続日本後紀』承和四年（八三七）二月条には、近江国人永野忌寸石友等を左京に貫附し、後漢献帝の苗裔なりといい、同年三月条には、右京人槻本連良棟等に安墀宿禰の姓を賜わり、献帝の後なりといい、同年十二月条には、近江国人志賀史常継・錦部村主薬麻呂・錦部主寸人勝・大友村主弟継らに春良宿禰の姓を賜わり、献帝の苗裔なりと述べている。かように、最澄の属する三津首氏以外にも、「後漢献帝の苗裔」と称する帰化氏族がかなりたくさん見出されるが、いま注意されることは、これらの内に近江国に関係ありと推定される氏族が少なくないことである。すなわち、『新撰姓氏録』所見の志賀忌寸・志賀穴大村主、『続日本後紀』所見の永野忌寸・槻本連・志賀史・錦部村主（主寸）・大友村主らがそれである。

まず志賀忌寸については、『続日本紀』延暦六年（七八七）七月条に、右京人大友村主広道・近江国野洲郡人大友曰佐竜人・浅井郡人錦曰佐周興・蒲生郡人錦曰佐名吉・坂田郡人穴太村主真広らに志賀忌寸の姓を賜わり、『日本後紀』延暦十八年（七九九）三月条に、近江国浅井郡人穴太村主真杖に志賀忌寸の姓を賜わっている。これによって、志賀忌寸の旧姓が大友村主・大友曰佐・錦（部）曰佐・穴太村主等であったことがわかる。彼らは右の賜姓の時期には、近江国諸郡に広く蟠踞していたが、その姓の一部に含まれる「大友」「錦部」「穴太」等の名は、近江国滋賀郡の地名に基づいたものと考えられる。大友・錦部は上述した通り滋賀郡内の郷名であり、穴太は大津市坂本の南にいまも地名として残っている。これら帰化氏族の氏族としての社会的形成を遂げた故地が、いずれも近江国滋賀郡内であったからこそ、延暦の改賜姓にあたって、それらを総括する「志賀」忌寸の姓が与えられたと解することが出来る。彼ら滋賀系の帰化氏族は、一部は朝廷に出仕し、他は近江国一円に広く分布していたけれども、彼らにとっての先祖発祥の地は滋賀郡であり、同じく「後漢献帝の苗裔」という氏族伝承によって結ばれた同族だったのである。最澄の属する三津首氏も、こうした滋賀系の帰化氏族の一つとして捉えなければならない。

滋賀系の帰化人として、なおいくつかの姓を加えることが出来る。「大友」の地名を冠するものに大友漢人（「志何郡計帳」）があり、「穴太」を冠するものに、穴太曰佐（「宝亀九近江国某郡売券」）・穴太史（「天平二十近江国坂田郡司解」他）・穴太野中史（天平十七仕丁送文）がある。また前引の槻本連の旧姓は槻本村主（朱鳥元紀）であり、天平頃には「志賀采女」（天平八・同十七紀）を貢する滋賀郡郡領の地位は、その一族によって占められていた。大友槻本連（貞観三録）もその同族であろう。以上に掲げた滋賀系の帰化諸姓に若干の整理を施して図示すれば次の通りである。

志賀史
大友村主・大友曰佐・大友漢人
錦部村主・錦部曰佐
穴太村主・穴太曰佐・穴太史
（以上）→志賀忌寸・春良宿禰
槻本村主（連）→安墀宿禰

これら滋賀系の帰化氏族は、わが国の古代に数多く存在した帰化氏族や渡来氏族の中で、どのような地位を占めるものであったろうか。すでに前掲図の中に大友漢人の姓がみえ、また彼らがいずれも後漢の献帝の後裔を称したことからも推測されるように、これらの諸族は、わが国古代の帰化および渡来氏族の中の雄族、東漢氏系に属する氏族であったと考えられる。関晃氏の「改編新撰姓氏録諸蕃之部」（『東北大学文学部研究年報』一一・一二）でも、これら滋賀系の帰化氏族を、すべて漢氏系の中に分類している。周知のごとく、大和国高市郡に本居を有する東漢氏は、応神天皇の世に来朝した阿智王の後と伝えるが、その阿智王は、「後漢霊帝の曾孫」（延暦四紀、坂上苅田麻呂上言）と称するのが普通であった。しかるに滋賀系の漢人は、河内に本居を有したと思われる台忌寸や当宗忌寸などとともに、霊帝の後とは称せず、あえて霊帝の子の献帝の後と称したのである。ここに同じ漢氏系に属しながら、自らを東漢氏と区別しようとした滋賀および河内の漢人たちの同族意識を認めなければならぬ。

ところで前掲の整理図にみられるごとく、滋賀系の漢人は、志賀・大友・錦部・穴太・槻本など、滋賀郡内の地名を負うとともに、村主・曰佐・史・漢人などのカバネを有し、彼らの姓は、一定の地名とカバネの組み合わせから成っている。これに関連して想起されるのが、「坂上系図」所引、『姓氏録』逸文にみえる次の部分である。すなわちそこでは、応神天皇の世、本国より多数の人衆を率いて渡来した阿智王が、大和国今来郡（後の高市郡）に居住したが、人衆が巨多であり、居地隘狭であったため、一族のものを諸国に分置したことが述べられている。いま注目されるのは、その後に、「摂津・参河・近江・播磨・阿波等の漢人の村主是れなり」と述べられていることである。右に明らかにしてきたところの、滋賀系の漢人こそ、「坂上系図」のいわゆる「近江の漢人の村主」そのものに他ならないであろう。

ここで次のようなことが考えられる。前掲図に掲げた諸姓は、奈良時代およびそれ以後の文献から抽出したものであるが、天智朝に始めて造籍定姓が行なわれる以前、彼らに対して与えられた社会的称呼として考えられるものは、「大友村主」（推古十紀）と「志賀漢人」（推古十六紀）だったのではなかろうか、ということである。恐らく「志賀漢人」は、彼らに与えられた一般的称呼、「大友村主」は志賀漢人の一部をなし、大友郷付近に居住した一族をさす内部的称呼であろう。よって以下、近江滋賀の地に本居を有した漢氏系の帰化諸族を「志賀の漢人」と総称することにしたい。最澄の生家、三津首氏も、恐らく傍系の小氏族であったと思われるが、「志賀の漢人」に含まれる帰化氏族であったと考えられる。従って、彼の生家なり、幼時の環境を知るためには、これら「志賀の漢人」の史上における社会的・文化的活動を考察しておくことが必要である。

この一族の中でもっとも早く史上に著聞するのは、大友村主高聡であるが、彼は推古十年（六〇二）十月、百済より来朝した僧観勒について「天文遁甲」を学んだという（紀）。遁甲は『後漢書』方術伝の注に「推二六甲之陰一、而隠遁也」とみえ、後の陰陽道にあたる方術である。神堀忍氏は、『万葉集』巻二の柿本人麻呂作「吉備津采女死時」歌にみえる「天数ふ大津の子」の解釈をめぐって、奈良時代に首・大浦等、陰陽道の大家を輩出した大津連（造）も、志賀の漢人系の一族であったことを考証している（神堀忍「「吉備津采女」と「天数ふ大津の子」」『万葉』八三）。大津連首は、はじめ沙門智法として入唐したが（慶雲四紀）、帰朝後「占術」をもって出仕せんがために還俗（和銅七紀）、後陰陽頭に任じた人物。首の子であったと思われる大津連大浦も陰陽頭となったが（宝亀二紀）、その卒伝に「世々陰陽を習ふ」（宝亀六紀）とあり、上述した推古朝の大友村主高聡と特別の関係が推定される。なおこの一族には遣唐大通事となった広人（大宝元紀）、但馬守の船人（天平九但馬税帳）、讃岐大目の上万呂（宝字五官人歴名）などがある。

ところで「志賀漢人」を名のる人物として史料に現われるものは、推古紀の志賀漢人慧（恵）隠だけであるが、彼は推古十六年（六〇八）、小野妹子に従い、学問僧として入唐。同行の「学生」には倭漢直福因・奈羅訳語恵明・高向漢人玄理・新漢人大圀あり、「学問僧」には新漢人日文・南淵漢人請安・新漢人広済あり、これら東漢系の漢人たちに伍して、彼は志賀の漢人を代表して一行に加わったことが推測される。舒明十一年（六三九）に帰朝し、その翌年（六四〇）と白雉三年（六五二）に、内裏に召されてはじめて『無量寿経』を講じたことは有名である。

志賀漢人系の諸族の中で本宗的な地位を占めたのは大友村主・大友曰佐など、大友郷に本居を有した一族であったと考えられるが、大友村主では、前述の高聡をはじめ、天平期には主船佑兼南藤原夫人家書吏の広名（天平十九同家解）、山背史生の真名（天平二十山背国加美郷売券）、近江少掾の広国（勝宝九某廊使解）があり、ついで稲一万束・墾田一〇町を西大寺に献じた人主（景雲元紀）、やや降って太政官史生の弟継（承和四紀）、施薬院使の家人（貞観十一録）がある。大友曰佐では、近江蒲生郡桐原郷出身の経師、広国が天平期の東大寺写経所で盛んに活動し（天平十七経師等調度充帳他）、志何史堅魚麻呂を優婆塞として貢進した椋麻呂は栗太郡木川郷戸主であった（天平十七貢進文）。降って平安初期、東大寺三論別供衆学頭の安宝も滋賀郡真野郷の大友曰佐氏の出身であった（仁寿四近江国大国郷売券）。なおこの他に村主と曰佐の区別を記さないで単に「大友」を称する多数の経師の名が、正倉院の写経所文書に見出されるが、彼らの活躍が天平十二～十五年（七四〇～七四三）、天平宝字五、六年（七六一～七六二）の二つの時期に集中するのは、前者は近江甲賀宮への遷都、後者は近江保良宮への行幸および石山寺の造営にそれぞれ関連するであろう。すなわちこれらの出来事が、近江国に住む志賀の漢人たちの朝廷に出仕する契機をなしたことが推定される。なお石山寺の造営に関係した「大友禅師」（宝字五造帳寺料銭用他）も、大友氏出身の僧であったと考えられる。

次に「錦部（織）」を冠した志賀漢人系の諸氏では、中宮職美作国主稲の錦部主村石勝（天平四播磨税帳）、東大寺坂田庄領の錦部小老（宝字六造石山院所符案他）、経師の錦織曰佐（行）大名（天平十四装潢本経充帳他）、同じく経師の錦織曰佐（行）広継（勝宝七経師等紙筆墨充帳他）、やや降って左衛門少志の錦部村主薬麻呂・越中少目の錦部主寸人勝（承和四紀）がみえる。また「穴太」を冠する諸姓では、近江坂田郡主帳の穴太村主麻呂（天平十九同郡司解）、近江員外少目の穴太史老（勝宝三甲可郡司解）、竪子所竪子で経生となった穴太村主雑物（宝字六石山院奉写大般若所牒案）、降って右衛門少志の穴太曰佐門継（仁和元録）を挙げることが出来る。

次に「志賀采女」を輩出した槻本連は、志賀系漢人の在地における有力氏族であったと思われるが、この一族では槻本村主勝麻呂が、朱鳥元年（六八六）六月、連姓を賜わり、勤大壱位に叙し、さらに封二〇戸を賜わっているが（紀）、これは天武天皇の病床に侍医として仕えた賞賜と考えられている。また僧霊福が優婆塞として貢進した槻本連堅満侶（天平十四貢進文）、造寺司大判官の蓑麻呂（天応二正倉院御物出納目録）、降っては遣唐知乗船事の良棟、およびその弟の民部少録の豊額（承和四紀）があり、伊勢少目の大友槻本連真吉（貞観三録）もその同族と考えられる。

以上の例示によって知られるごとく、志賀の漢人の諸姓に属した人々の活躍は、すこぶる多彩である。これらの内、数の上でもっとも多いのは、経師、諸国の掾や目、中央諸官司の下級書吏などの文筆的活動に携わった人々である。またそれに関連して、遣唐大通事や遣唐知乗船事など、外交事務に携わった人々、遣唐使に従って入唐した慧隠や智法のごとき学問僧の輩出も注意される。志賀の漢人たちに与えられたカバネの中に、曰佐（訳語）や史のあったことが想起されてよいであろう。さらに特殊な学術に長じたものとして、早く天文遁甲を学んだ大友村主高聡や陰陽道の大津連首と同大浦、天武天皇の侍医をつとめた槻本村主勝麻呂の存在は、もっとも注目されるところである。このように志賀の漢人の活動分野は、主として文化面にあり、一族の中から、さしたる高位高官のものは輩出しなかったけれども、中央・地方の行政機構の下級官僚として幅広く進出し、文筆活動を通じて古代国家の支配体制の一翼を担ってきたのである。そして、そうしたところに、帰化氏族としての志賀の漢人たちの、古代国家において果たす一定の役割が認められていたのである。平安時代に入ると、左衛門少志や右衛門少志などの武官となった例も二、三認められるが、それは文事を主とした志賀漢人の氏族的伝統の失われた結果とみなすべきである。

このような志賀の漢人の氏族的伝統を念頭に置いて、最初に述べた最澄の『伝』の書き出しの部分を読み直してみると、一々肯綮にあたるところが多い。最澄の父が、私宅を寺となし、礼仏誦経につとめた熱心な仏教信者であったということも、早く慧隠や智法を輩出し、またその後、天平期には「大友禅師」をはじめ、何人かの優婆塞（もっとも彼らが無事成業して一人前の僧侶となったかどうかは不明であるが）を出した志賀の漢人の伝統からみて、何ら異とするに足らない。また七歳に達した最澄が、「村邑の小学」（『伝』）について陰陽・医方・工巧を修練したという叙述も、『万葉集』に「天数ふ大津の子」（神堀忍氏によれば、「天数ふ」は、天体・気象の観測を踏まえ、陰陽五行の往来消息を通じて、人事・世事の祥瑞・災異を洞察することとされる）と謳われた陰陽師たちや、臨終の天武天皇の脈をとった侍医を輩出した、志賀の漢人の伝統を思えば、極めて無理なく理解出来る。ちなみにこの「村邑の小学」について、その実態は必ずしも明らかではないが、彼ら志賀の漢人たちがその氏族的伝統を保持し得た秘密を解く鍵として注意される。志賀史たちは、東漢氏系の東史《やまとのふひと》、西文氏系の西史《かわちのふひと》のように、帝都にただ一つの大学に入学する資格を与えられてはいなかった（学令大学生条）。とすれば、彼らの特異な氏族的伝統を守ってゆくためには、子弟の教育のために何らかの手段を講じなければならなかったであろう。『伝』の「村邑の小学」は、この疑問に答えるほとんど唯一の貴重な史料といわねばならぬ。

以上述べたところによって、幼時の最澄を取り巻く環境は、予想以上に開明的で文化的なものであったことが推測されたが、近江滋賀の地は、天智天皇の大津宮が置かれて以来、しばしば直接に中央文化に触れる機会を持った。天平十二年（七四〇）九月、藤原広嗣の乱が起こるや、聖武天皇は同年十月、突然伊勢に行幸し、ついで美濃を経て近江に入り、十二月十一日には志賀郡の禾津頓宮に到った。「禾津」は粟津であり、最澄の生家の属した古市郷内に含まれる。同月十三日には、志賀山寺に行幸あり、礼仏が行なわれた。十四日には粟津を発って山城の恭仁宮に向かったが、粟津滞在中に行幸のあった志賀山寺とは、現在大津市滋賀里町の山中に寺跡をとどめる崇福寺である。天智天皇七年（六六八）、天皇が夢告によって発願建立するところと伝える（『扶桑略記』）。天皇の死とそれに続く壬申の乱によって大津宮は廃墟に帰したが、天智勅願の崇福寺は、近江朝の余光を伝える唯一の記念物として法燈を伝え、文武天皇四年（七〇〇）には封戸の施入があり（大宝元紀）、和銅六、七年（七一三～七一四）の頃には、時の近江守藤原武智麻呂が当寺に詣で、受戒長斎して神剣を造り、天皇に献上したという（『家伝』武智麻呂伝）。『内証仏法血脈譜』によれば、最澄出家の師行表は、近江大国師となる前に崇福寺の寺主足りしことあり、同寺に像高一丈余の千手千眼観音像を敬造したといい、最澄にとっても忘れることの出来ない寺であった。

さて山城の恭仁宮に到った聖武天皇は、そのまま恭仁にとどまって平城に還都しなかったが、天平十四年（七四二）八月、近江国甲賀郡に紫香楽《しがらき》宮を造って行幸し、その後、恭仁と紫香楽を往復する状態が続いた。特に十五年七月から十一月までは紫香楽宮滞在四ヵ月に及んだが、この間に天皇は甲賀寺を造り、ここで盧舎那大仏像の造立を発願、翌十六年十一月にはその「像体の骨柱」を建立した。これ実に東大寺大仏の前身である。天平十二年の粟津滞在はいうに及ばず、紫香楽宮への行幸、甲賀寺や大仏の造立が、隣接する滋賀の地にさまざまの影響を及ぼしたことは察するに難くない。国分寺の建立が発願されたのも、また同じ頃であった。唐の毎州官寺の制に範を求めた国分寺建立の計画は、すでに天平九年の頃から天皇の胸中に描かれていたらしいが、それが次第に具体化され、はっきりした形を整えるのは天平十三年二月十四日の勅においてであった。この勅も志賀行幸の直後、恭仁宮で発布されている。後年、最澄が入寺するであろう近江の国分寺も、この勅の発布によって建立に着手せられたであろう。近江国分寺は古市郷の南辺、現在の大津市国分《こくぼ》にあったと考えられる。

この国分寺の南に接して石山寺が建立されたのもほぼ同じ頃であった。寺伝によれば、石山寺は天平勝宝元年(七四九)、東大寺の開山良弁僧正が夢想に基づいて草創するところというが、最初は良弁私願の小寺院にすぎなかったようだ。石山寺がいまある大寺院としての地位と体裁を備えるに至ったのは、天平宝字五、六年(七六一~七六二)頃に行なわれた大規模な造営によるものである。そしてその造営の端緒をなしたものは、天平宝字五年十月から翌年五月にかけて行なわれた淳仁天皇の保良宮への行幸であった。この頃奈良の平城宮が老朽化し、その改作のために一時皇居を近江の保良に移すことになり、天平宝字三年十一月、行宮の造営に着手した。同五年十月十三日、天皇は孝謙上皇を奉じ、百官を従えて保良に行幸し、翌年五月二十三日まで滞在した。行宮とはいえかなり長期の滞在であったから、宮殿の造作も立派なもので、随行の官人たちにも宅地が班給された。現在、大津市国分の西南丘陵上にある旧保良神社の辺りが保良宮跡とされ、その西麓一帯が官人たちの宅が軒を並べた京域に推定されている(滝川政次郎「保良京考」『史学雑誌』六四ノ四)。従って近江の国分寺は保良京に包みこまれた恰好となり、またそのすぐ南に接して、良弁私願の石山寺が存在するという形であった。

この頃政治の実権を握っていたものは太師(太政大臣の唐名)藤原仲麻呂であるが、良弁はこの仲麻呂と政治的に親密な関係にあった。天皇に風光明媚な保良への行幸を奨めたのも、石山寺を造って付近の事情をよく知る良弁であったかもしれぬ。石山寺の北に接して保良宮が営まれたのも決して偶然ではなかった。果たして、保良宮行幸を契機として石山寺の造営工事が始まっている。正倉院文書の中には、この石山寺造営に関する文書が多数残されているが、造営事業は大体天平宝字五年末に着手され、まず近江にある東大寺の杣山より用材を伐り出し、六年三月頃には仏堂の建立にかかり、同年八月頃には、丈六観音菩薩像を安置する七間と四間の仏堂一宇を始め、僧房四宇、経蔵・法堂・食堂各一宇、その他雑屋がことごとく成った（福山敏男「奈良時代における石山寺の造営」『日本建築史の研究』所収）。またこれと並行して勅旨による大般若経一部六〇〇巻の書写が行なわれた。この写経には費用およそ五〇〇貫以上を要し、石山寺の造営に要した全費用四〇〇貫を凌ぐというから、いかに重視されたかがわかる（福山敏男前掲論文）。この写経にあたっては、穴太村主雑物や大友路万呂など、「志賀の漢人」出身と推定される経生たちが大いに活躍したことはすでに指摘したところである。石山寺の法堂・食堂には、紫香楽宮の旧殿舎が利用されたらしいが、この旧殿を甲賀から石山へ「壊運」する工事には、例の「大友禅師」が事にあたった。彼は僧侶の身とはいえ、建築技術に才能を有したのではなかろうか。そうしたところに「志賀の漢人」らしい器用さを見出すことが出来るかもしれない。石山寺の造営にあたっては、滋賀郡人の画師、上村主楯が仏像の彩色を担当し（宝字六造石山院所労劇文案他）、同じく滋賀郡古市郷の人、大友但波史吉備麻呂（志何郡計帳）が、田上山（栗太郡）にあった東大寺の山作所に赴き、何かの買田料を受け取っている（岸俊男「但波吉備麻呂の計帳手実をめぐって」『日本古代籍帳の研究』所収）。大友禅師といい、吉備麻呂といい、在地出身の僧侶・下級官人たちは、土地の事情に通じたという利点を生かして、何かと寄与するところが大きかったと思われる。建築に長じた大友禅師が「志賀の漢人」に属したことはすでに述べたところであるが、上村主楯や大友但波史吉備麻呂（いずれも帰化系）をも、広い意味での「志賀の漢人」に属せしむることが出来るならば、最澄が、その『伝』に村里の小学で修めたという工巧も具体的意味を帯びてくるであろう。

保良宮の造営や石山寺の造立は、天皇はじめ中央貴族の発願するところで、在地の民衆には犠牲をのみ強いる事業であったと考えられやすいが、このようにみてくると、必ずしもそうでなかったことがわかる。最澄の生家は、経済的にはさほど豊かとは思われぬ当時の平均的な農村家族であったが、幼時の最澄を取り巻く文化的環境は、近江朝や天平文化の残照を伝える記念物で満たされ、またそうした文化創造に一翼を担った「志賀の漢人」たちの氏族的伝統に彩られていた。保良宮や石山寺が近江国滋賀郡に造営されたのは、最澄の生まれる僅か五年前のことである。

三　「願文」をめぐって

延暦四年（七八五）四月六日、最澄は当時の教団のしきたりに従って、南都に赴き東大寺の戒壇に進んで僧戒を受けた（「戒牒」）。受戒とは、正式の僧侶の資格を授与するにあたって、戒律の条項（僧は二五〇戒、尼は三四八戒）の遵守を誓う厳粛な儀式である。時に最澄は弱冠十九歳、もっとも戸籍面では二十歳を称していたが（『東大寺授戒方軌』によれば、二十歳に満たざるものには授戒を許さぬことになっていた）、それにしても順調な出身である。しかるになぜかその年の七月中旬、彼は突如として身をひるがえすようにして比叡山に登り、樹下石上の禅行生活に入った。最澄の生家や環境をみるにつけても、これまでの彼の辿った足どりは生まれながらにして与えられた条件への順なる対応であったが、ここではじめて彼は「入山」という行為を主体的に選びとった。

この間の事情を伝えたものとして、われわれはやはり『伝』の簡単な記載しか持たないが、それには、「延暦四年を以て、世間の無常なる、栄衰の限りあるを観じ、正法の陵遅し、蒼生の沈淪せるを慨いて、心を弘誓に遊ばし、身を山林に遁れんとす。その年の七月中旬、憒閙の処を出離して寂静の地を尋求し、直ちに叡岳に登りて草庵を卜居す」といい、一般に具体的な叙述に富む『伝』としては、珍しく内容空疎な文体といわねばならぬ。「その年の七月中旬」という一句を除いて、恐らく『伝』の筆者は、入山前後の事情について何の資料をも持ち合わせていなかったのであろう。

かくて彼の入山の動機を探るためには、しばらく当時の社会情勢に目を転じなければならない。童形の行者として行表の膝下にあった広野が、髪を下ろして得度し、国分寺僧最寂の死亡の闕を補って最澄を名のったのは、宝亀十一年（七八〇）、彼の十四歳の年の十一月であるが（「国府牒」）、この年の三月には、陸奥で蝦夷の族長、伊治呰麻呂の大規模な反乱が勃発している。この事件は、律令政府に大きな衝撃を与え、光仁天皇は失望の内に位を皇太子山部親王に譲り、まもなく世を去る。得度した最澄が正式の「度縁」を得たのは、山部親王が即位し、桓武天皇となって三年目の延暦二年（七八三）正月のことであった（度縁追与の事情については、前掲の嗣永論文に詳しい）。現存する「度縁」をみると、まず行表が師主として署名し、ついで近江国師（四員）と近江国司（七員）が判を加えている。これは、当時の度縁の実例として貴重なものだが、いま注目されるのは末尾の国判である。まず守（長官）の藤原朝臣は「在京」とあり、上京して不在のため判署を加えなかったらしいが、「参議正四位下行左衛士督兼守」という肩書よりして、当時の重臣、藤原種継であったことがわかる。彼は、桓武即位とともに左衛士督兼近江守に任じ、ついで抜擢されて参議となり、「天皇甚だ委任し、中外の事、皆決を取る」（延暦四紀）といわれた人物。この種継の首唱によって、延暦三年十一月、都が奈良から長岡へ移されたことは有名である。次に介（次官）として署名した大伴継人は、宝亀八年（七七七）遣唐判官として入唐し、翌年帰途、海難に遭ったが、九死に一生を得て帰国し、まもなく能登守に任じ、伯耆守に転じ、種継の近江守就任と同時に近江介となった。彼らの判署が、なぜいま特に注目されるのかといえば、長岡遷都の翌年九月に起こった種継暗殺事件に筆を進めなくてはならない。

この事件は、延暦四年九月二十三日の夜に起こっている。この頃長岡宮の造営は昼夜兼行で進められ、造営事業の最高責任者として、種継はこの日も夜間工事を催検するため現場を見廻っていたが、突然、闇の中から飛んできた二本の矢にあたって倒れ、翌日息を引き取った。すぐさま下手人の探索が始まったが、犯行の張本として捕えられたのは、意外、最澄の「度縁」に種継と肩を並べて判署した当時左少弁の大伴継人とその一味のものであった。種継の死は、当時の政局に波紋を巻き起こし、ついに皇太弟早良親王の廃立——憤死という事態にまで発展した。遷都によって人心を刷新し、宝亀末年以来の政情不安を一掃しようとした天皇の意図はもろくも挫折し、政局は一層混迷の度を加えるに至った。以上が藤原種継暗殺事件の概要である。

この事件の起こった延暦四年九月といえば、すでに最澄の入山二ヵ月後である。しかし自分の所持する度縁に肩を並べて判署を加えた、かつての近江の守と介が加害者と被害者になった暗殺事件に、無関心ではあり得なかったであろう。そしてこの事件の伏線をなしたところの宝亀末年以来の政情不安が、いま問題とする入山の動機としての無常感の形成に一役を買ったことも確かであろう。近江滋賀の地は政治的にも文化的にも辺境地域ではない。彼が起居した近江国分寺は、既述の通り大津市国分の伽藍地山にあり、瀬田川を距てて対岸に、種継や継人が執務した近江国衙（大津市三大寺山）をのぞみ、脚下には東海・東山・北陸の三道をたばねる東西交通の要路が走っていた。東北情勢が悪化し、遷都の事業が始まってからは、兵士や役民・運脚など、人の往来もとみに激しくなったことであろう。

もっと身近なところでは、同じ延暦四年に、最澄の属した近江国分寺が火災に遭って焼失している。『日本紀略』弘仁十一年十一月条によれば、近江国が、延暦四年に焼尽した国分寺の代わりとして、定額寺の国昌寺（『日本思想大系4 最澄』四二四頁補注参照）を国分寺に指定してほしいと上言している。この記事には単に延暦四年としかいっていないので、最澄入山の七月中旬以前とも以後ともわかりかねるが、火災は恐らく七月以前に起きたのではなかろうか。どうも国分寺の火災が、もっとも直接的に最澄の隠遁を動機付けたように思われるからである。

以上にみてきたように、感じやすい青年の日の最澄を取り巻く諸情勢は、有為転変ただならぬものがあった。しかし、そのことからただちに彼の入山の動機を、『伝』のいう「世間の無常なる云々」の叙述に短絡させてしまうわけにはゆかない。確かに上述のごとき彼を取り巻く諸情勢は、この頃彼が懐いたであろう無常感を説明するものではあるが、彼が宗教的決断として選びとった「入山」、あるいはそれを動機付けた無常観を説明するに足るものではない。入山の動機を最澄の内面に即して理解するためには、ここで「願文」を取り上げねばならないであろう。

「願文」は、入山後まもなく「坐禅の隙に」（『伝』）作ったものといい、全文僅か五五〇字程の小品であるが、前文、五条の誓願、結文の三つの部分から成り立っている。「悠々たる三界は純ら苦にして安きことなく、擾々たる四生はただ患にして楽しからず」という名文句で始まる前文の基調をなすものは、深刻な無常観であるが、書き出しの数句は、彼が行表の下にあってすでに得度以前に誦し覚えた「法華経」（国府牒）譬喩品の「三界無安、猶如火宅、衆苦充満、甚可怖畏」辺りから、その意を取って構成したものであろうか。最澄の目に直接触れたとは考えられないが、光明皇后執筆の「東大寺献物帳（国家珍宝帳）」の願文のはじめに、「妄聞、悠々三界、猛火常流、杳々五道、毒網是壮」（『寧楽遺文』四三三頁）という類似の句のあったことも思い出される。こうした文献上のいくつかの先蹤が認められるにもかかわらず、「願文」の基調をなす無常観が、最澄自身の言葉となり思想となっていることは、前文末尾の「愚が中の極愚、狂が中の極狂、塵禿の有情、底下の最澄」という、鋭い自己省察の言葉と照らし合わせることによって確かめることが出来る。四〇〇年後の親鸞が、最澄のこの悲嘆の言葉に示唆を得て「愚禿親鸞」を名のったことは有名であるが、親鸞が「愚禿」を称したのは三十五歳の春、それも流罪という深刻な体験を媒介としてであった。それと同じ深みを持った自省の語が、二十歳そこそこの最澄の口から吐かれているとすると、彼は驚くべく非凡で早熟な宗教家であったといわねばならない。彼は自らをおそった無常感を「世間の無常」に解消してしまうことなく、自己の内なる罪悪感をもってこれを受けとめ、主体的な無常観へと昇華させることに成功している。

　最澄の「願文」にみられる無常観のかかる構造が明らかになると、そうした彼の透徹した自己洞察を導き出す契機を示したものとして注目されてくるのが、前文中段の次の部分である。「伏して己が行迹を尋ね思ふに、無戒にして竊かに四事の労りを受け、愚癡にしてまた四生の怨と成る」のくだりは、彼の入山の動機が那辺に存したかを、また彼の入山が南都での受戒の直後に決行されたことの意味を的示するものである。すなわち最澄は、南都での受戒をきっかけとしてこれまでの自分の生活を顧み、痛切な慙愧心におそわれ、もはやこれ以上、国分寺僧として官の僧供（四事の労り）に甘んじる生活に安住していることが出来なくなったのである。恐らくこれが、最澄の内面に即して語られた、事の真相である。

　当時の授戒の方軌を記したものとしては、鑑真の弟子、法進の作った『東大寺授戒方軌』（『東大寺要録』巻九）

があるが、これによると、諸寺より参集した受者たちは、まず戒壇院中門内にて治部省玄蕃寮官人の簡検を受け、ついで食堂に入って粥を受けた後、当時「厳清無比」（『伝述一心戒文』中ノ八）と称された戒壇に進み、「三師七証」（戒和上・羯磨師・教授師の三師と七人の証師）を前にして「白四羯磨」の作法（和上の質問、すなわち一白に対して三度重ねて誓約の文言を繰り返す作法）をもって大僧二百五十戒の遵守を誓うのである。当時一般の常識では、この荘重極まりない儀式も、その本来の精神が忘れられて、資格授与の単なる儀式としかみなされていなかった。しかるに十九歳の純粋な最澄は、受戒の実質と形式との乖離を見抜き、世の多くの僧侶たちのようにその矛盾をごまかすことなく、自らの問題として解決することを図り、ついに入山行を選びとったのである。

このことは、続く五条の誓願をみることによって一層明らかになる。五つの誓願は、前の四条と後の一条に分けることが出来るが、前の四条は、それぞれ具体的な目標を掲げて、それが成就されるまでは断じて山を下りないという、不退転の決意を示した別願であるのに対して、最後の一条は、山中での修行の成果を決してひとり占めせず、あまねく衆生に回施することを誓った大乗的な誓願であり、全体に通ずる総願である。あるいは前の四願を最澄自身のための往相の願、後の一願を広く他に施す還相の願ということも出来よう。

次にその誓願の内容をみると、第一に掲げた「六根相似位」とは、主として天台宗で用いる語で、六根清浄位ともいい、眼・耳・鼻・舌・身・意の六根が仏と同じく清浄となる境位をいう。前述のように最澄入山の動機が、南都の戒壇に登って遵守を誓った一定の戒律の条項がどうしても守れないということへの反省にあったとすれば、彼がここで山中での修行の目標として、「六根相似位」すなわち、おのずから戒律を守ることの出来るような境地の獲得を設定したということは、極めて自然である。同じことは、第二の「照理心」（禅定の達成によって獲得される観智）、第四の「般若心」（智慧の至極）についていうことが出来るが、特に第三に「具足浄戒」を挙げていることからみても明らかであろう。彼が、南都での受戒を否定的な契機として山林修行にとびこんでいったことは、個々の誓願の考察からも裏付けることが出来るのである。最澄は晩年に至って南都の戒を否定し、叡山に新しい大乗戒を打ち立てようとするが、この段階ではまだそこまでいっていない。この頃の彼は、南都での受戒をそのまま是認し、むしろ自己の煩悩の制御をめざして山中の苦行に入っている。しかし、ここには早くも彼が生涯の課題として「戒」の問題と取り組まねばならない運命が暗示されているであろう。

ところで右にみた五つの願を、「すべて、きびしい世俗からの自己断絶の誓いである」とする解釈がある（梅原猛「日本の内面道徳――最澄」『仏教の思想』5所収）。これは個々の願文の「……より以還《このかた》、……せじ」、いいかえれば「……せずば、……せじ」という形の後半部に力点を置いた見方であり、文の当面に即する限り、そうした解釈も不可能ではない。しかし、こうしたいいまわしは仏教の誓願文に通有のスタイルであって、後半の「……せじ」によって前半の「……せずば」を逆説的に強調した文脈なのである。具体的にいえば、第一の願で「六根相似位を得ない限り、出仮しない」といったのは、「出仮しない」というところに終局の目標が置かれていたのではなく、「六根相似位を得る」ことにこそ重点が置かれていたといわねばならない。従って梅原氏の解釈は、「願文」の正しい読み方とはいい難いのであるが、ただ最澄の場合に限っていえることは、この解釈が彼の山林修行の実態を結果として正しく捉えているということである。なぜなら最澄は、「願文」のこの逆説的ないいまわしを、そのいいまわし通り忠実に遂行するきまじめさを持ち合わせていたからである。事実、われわれが現在みることの出来る史料による限り、最澄は延暦四年（七八五）、十九歳の秋に叡山に入ってから、延暦十六年（七九七）、内供奉十禅師に任ぜられるまでの一二年間、山を出た形跡はない。後年、彼は自己の門弟たちに十二年間一紀籠山の修行を義務付けるが、それはこの時の彼自身の体験に基づいたものであろう。彼は、その人柄をみても、自分に出来ないことを他人に強要するような人物ではなかったからである。

こうして比叡山に入った最澄は、「毎日、法華・金光明・般若等の大乗経を読誦して一日も闕かず、懈怠あることなし」（『伝』）という生活に入ったが、彼の籠山生活の実態をうかがわせるものとして、彼が入滅に際して門弟たちに与えた「遺誡文」（『伝』）を挙げることが出来る。

それによれば、山上の生活は質素そのものでなければならなかった。路傍に打ち捨てられた古着を着用し、小竹で編んだ小さな円房に住し、藁を寝具とする生活を最上とした。そして「不求自得の食」、すなわち求めずして与えられたものだけが、彼らの食糧でなければならなかった。ここでも、自分に出来ないことは他に要求しないという彼の人柄を想起すれば、「遺誡文」に描かれた生活こそ、彼自身の籠山生活の実態ではなかったろうか。

また光定の『伝述一心戒文』（巻下）には、人口に膾炙するもう一つの遺偈が残されている。「道心の中に衣食あり。衣食の中に道心なし」（伝全一、六四三）。およそ飢えと寒さを凌ぐための衣と食とは、人間生存の最低条件である。最澄は、それすらも「道心」のためには賭けよ、というのである。この語は、彼の晩年の言葉だが、恐らく十九歳の秋、比叡入山にあたっての覚悟でもあったであろう。いまこの語の「衣食」を「国分寺の僧供」に、「道心」を「六根相似位」や「具足浄戒」に置きかえてみるとよくわかる。彼は、無戒にして国分寺の僧供を貪るよりは、浄戒の具足のために山中で餓死することも、あえて辞さなかったのであろう。飢えと寒さとの格闘こそ、後長く叡山教団の伝統をなすが、それは最澄の原体験に淵源するものである。

このように最澄の入山の目的は、あくまでも宗教的な絶対自由の達成にあり、世俗との断絶はそのための手段にすぎなかった。しかし、彼が入山を決意した背景には、苦行と脱俗を看板とした奈良時代以来の山林修行の伝統が大きな影響を与えていることも否定出来ない。奈良仏教の主流は、平城京に営まれた官大寺を中心に展開したが、それと並んで幽邃な深山に営まれた数多い山寺・山房と、そこに拠った多数の山林行者が存在したことを忘れてはならない。こうした山林仏教は、インド以来の仏教固有の山林修行と、わが国古来の山岳信仰とが結び付いて形成されたもので、著しく神秘的・呪術的な色彩を帯びたものであった。大和周辺では、葛城山系や吉野・熊野の連峰が練場として早くから知られており、後世、修験道の祖とされる役小角が葛城山で練行して神秘な呪力を得たことや、同じく葛城山中に苦修して如意輪・宿曜の秘法を習得したという道鏡などの例が有名である。道鏡が自ら山林行者の出身でありながら、一旦権力の座につくと山林修行を禁止したのは、自己と同じ道を通って権勢を狙う後続者の出現を警戒したからであろう。しかし、この禁令にもかかわらず山林の仏徒は跡を絶たず、世俗化した官寺仏教への批判的な分子を吸収した。道鏡失脚の後、仏教界の主流に戻った僧侶たちには、こうした山林行者が多く含まれていた。宝亀三年（七七二）三月、十禅師に迎えられた広達（『続日本紀』）は、長らく吉野金峰山に入り、「樹下を経行して仏道を求」めた行者であったし（『日本霊異記』中ノ二六）、同じく永興は、紀伊国牟漏郡に住んで『法華経』を持ち、看病を能くし、土俗これを「南菩薩」と尊称した禅師であった（同下ノ一・二）。『日本霊異記』には、その他国史に名をとどめない無名の山林僧の消息を数多く伝えている。

しかし奈良時代の山林修行は、必ずしもこうした反体制的な民間修行者の独占するところではなかった。たとえば宝亀年中（七七〇～七八〇）、興福寺の僧賢璟の開創した大和の室生寺は、賢璟・修円に代表される興福寺法相学派の歴たる官僧たちのための山林道場であった（薗田香融「草創期室生寺をめぐる僧侶の動向」『平安仏教の研究』所収）。奈良猿沢池を隔てて興福寺に対峙する元興寺にも、もう一つの有力な法相学派が形成されていたが、この派の勝虞（悟）・護命たちは、吉野の比蘇山寺によって「虚空蔵求聞持法」を修め、「自然智宗」の名をもって呼ばれていた。そしてその先駆は、奈良時代前期の神叡や道璿にまで遡ることが出来る。

神叡は持統朝の頃来朝した唐僧で、養老の頃（七一七〜七二四）、道慈と並んで「釈門の秀」（天平十六紀）と呼ばれた学僧であるが、患によって芳野現光寺（比蘇寺）に入り、苦修すること二十余年、ついに自然智を得たと称せられた（『扶桑略記』所引「延暦僧録」）。『今昔物語集』の説話（一一ノ五）によると、現光寺の塔の杓形（水煙）には虚空蔵菩薩の像が鋳付けてあり、神叡はそれに緒を取り付けて祈願し、ついに自然智を得たと伝える。この説話は、神叡が比蘇山寺で虚空蔵求聞持法を修めたことを物語風に伝えたものであろう。神叡の学統を引く護命は、後に最澄の論敵となって戒壇問題を争う法相宗の学匠であるが、その若年のみぎり、「月の上半は深山に入つて虚空蔵法を修め、下半は本寺に在つて宗旨を研精」（承和九紀）したという。「求聞持法」とは、虚空蔵菩薩を別尊として、聞持の智慧、すなわち記憶力（自然智）の増進を祈る密教の修法である。複雑な法相唯識学の研究に携わった彼らが、この秘法の習得に熱中した理由もわからないではない。

次に道璿は、天平八年（七三六）、鑑真に先立ってわが国に招かれ、戒律を伝えた唐僧であるが、彼は、また如来禅を伝え、さらに華厳の学にも通じた学僧である。吉備真備作るところの「道璿和上纂」（『内証仏法血脈譜』）によると、天平勝宝三年（七五一）、朝廷は彼を律師に任じたが、病と称して比蘇寺に退居し、持戒修禅につとめたといわれる。最澄の出家の師主、近江大国師行表は、実にこの道璿の弟子であった。「内外清浄にして仏法を住持す」（『内証仏法血脈譜』）とか、「離欲清浄にして潔く物色に染せられず」と称された行表の清潔な行持が、最澄の山林修行のあり方を強く支配したことはいうまでもないであろう（薗田香融「古代仏教における山林修行とその意義」『平安仏教の研究』所収）。

こうみると、奈良時代の山林修行は、民間の行者のみならず、官大寺に籍を置く当時の代表的な学僧にとっても欠くことの出来ないものであった。しかし、それは「求聞持法」や「如意輪法」などといった呪術的な修法と結び付いたものであり、また二次的なものでしかなかった。たとえば、護命は月の半分は山林修行に熱中したが、表面的にはあくまでも元興寺に属する著名の法相学徒であったごとくである。それに対して最澄は、いままでの山林修行から呪術的な要素を払拭し、これを表面に押し立て、公的・第一義的な意味を持たせるであろう。彼は、「如意輪法」や「求聞持法」といったもろもろの秘法による特殊な能力（呪力）の獲得をめざしたのではなく、却って煩悩の捨離を願って山居の生活に入ったのである。ここに最澄の「願文」が、思想史的文献として高く評価されねばならない理由が存する。最澄の比叡入山は、奈良時代の山林仏教の伝統を継承しながらも、それを止揚し、克服する意義を有した点を見逃すことは出来ない。

四　『顕戒論縁起』をめぐって

『顕戒論縁起』二巻は、弘仁十二年（八二一）三月、史記官すなわち太政官の外記局に進上されたもので、序には「今この縁起は、その新文を拾ひて顕戒の由を示す者なり」といい、前年『顕戒論』を撰上したにもかかわらず、大戒問題がはかばかしく進展しないことに業を煮やした最澄が、『顕戒論』撰上の動機と必然性を示す文証を集めて上覧に供したものである。「史記官に進む」としながら、嵯峨天皇の上覧を期待したことは、序に「もしこの文を墜さば、恐らくは偏執の者、まさに聖化を断ぜんとす」といったところから察せられる。

本書は二巻の内、いま上巻を残すのみであるが、幸い巻首に収めた目録によって、下巻の内容も明らかにすることが出来る。下巻に収める文書九首の内、はじめの表と式は、弘仁十年三月に撰上した「四条式」とそれに添えられた「請立大乗戒表」にあたるであろう（いずれも現存）。続く六首の牒は、南都の六大寺より僧綱に送られた文書で（「牒」は上下被管の関係にあらざる官司と諸機関との間で取り交わされる公文書の形式）、内容は「四条式」に対する六大寺側の反論であったことはいうまでもない。最後の東大寺景深和上の論というのは、『顕戒論』にもしばしば引用される景深の『迷方示正論』のことで、これまた「四条式」に対する反論の書である。以上六首の牒と一篇の論は、大戒に対する南都側の意見を述べたもので、『顕戒論』が直接論破の対象とした僧綱の「表対」は、これらを集約して書かれたものである。従って、下巻の伝わらないことは惜しむべきであるが、その内容は『顕戒論』に引かれた僧綱の「表対」によって、ある程度推測を加えることが可能である。

かように本書の下巻は、『顕戒論』撰述の直接の動機となった諸文献を集めたものであるが、現存する上巻の方は、時間的にもやや隔たった延暦末年における天台宗年分度者の設置に関する文書、およびそれの前提となった最澄・義真の入唐に関係する文書、合わせて二四点を収めている。いまこれを大別すれば、五類に分かつことが出来る。(1)入唐の動機を明らかにする文書二点、(2)入唐中の事蹟を物語る文献一〇点、(3)帰朝復命の表およびその時与えられた伝法公験など四点、(4)訳語として同行した義真に関する文書四点、(5)天台宗年分度者に関する文書四点、である。この内、いまもっとも重要なものは(5)の文書、特に二三番目に収める天台宗年分度者の設置を認めた延暦二十五年（八〇六）正月の太政官符である。(1)から(4)までの文書は、いわばこの官符の成立する前提を示すために集められたものに他ならず、天台宗年分度者の設置という事実こそ、上巻に収めた文書の物語る一連の事実の帰結であり、そして下巻に収められた大戒問題の発端をなすものであった。こうして年分度者の問題を中心に据えることによってのみ、上巻と下巻との対応関係を確かめることが出来る。

年分度者の問題は、大戒建立を必然ならしむる主要な動機をなすとともに、それが桓武天皇の勅許に基づいたという点において（太政官符は勅を奉ずることによってはじめて発効する）、時の天皇に大戒建立の勅許を要求し得る理由を構成するものでもあった。最澄によれば、叡山に建立しようとする大乗戒は、桓武勅許の天台宗年分二人のための施設であり、その本来の使命を発揮せしめるための手段である。ここに最澄が、時の天皇に対して執拗に大戒勅許を迫り得た論理と権威とがあった。そしてこの論理と権威とを、事実の文証をもって実証したものが『顕戒論縁起』二巻に他ならない。最澄のこのような態度、すなわち大戒の建立が桓武勅許の年分度の問題に基づくことを強調する態度は、すでに「六条式」の「先帝の御願、天台の年分」といういい方、「請立大乗戒表」の大戒の授与を「毎年春三月、先帝国忌の日（三月十七日）」に行なわんとしたところに認められるが、特に『顕戒論』の初篇には、「今私に式を造りて輙く以て奉献す」という僧綱の問難にこたえて、「今造る所の式は先帝の制を述ぶ。何ぞ私に造ることあらん。元由を知らずして輙く私に造ると言ふ。あに忠言にあらんや」といったところに明白に示されている。『顕戒論縁起』二巻は、まさしく右にいわゆる「元由」を明らかにするとともに、大戒の建立が「先帝の制を述ぶ」るゆえんを明らかにしたものということが出来る。

本書撰述の動機や意図は、ほぼ右に述べた通りであるが、現存する上巻は、入唐前後における最澄の行実を明らかにする伝記史料としても重要である。よって以下、これらの文書を中心に、入唐前後における最澄の思想遍歴の跡を辿ってみたい。

比叡入山当時の最澄の学的立場は、如来禅と菩薩戒を将来し、華厳学をよくしたという道璿（七〇二～七六〇）、およびその弟子である行表（七二二～七九七）の学的系統を受けたものであったと考えられる。道璿の伝としてもっとも精しい吉備真備作るところの「道璿和上纂」によれば、彼は常に梵網の文を誦し、かつその集註三巻を作ったことを述べている（『内証仏法血脈譜』）。この集註三巻は、「東域伝燈目録」にみえる「註梵網経三巻大安寺道璿師於日本撰文」、にあたると思われるが、光定の『伝述一心戒文』に二ヵ所まで引用されており（『伝全』

一、六一八・同六三三）、また『顕戒論』（中ノ三六）に引用された「南唐の註経」も道璿の『註梵網経』と考えられる。これらの逸文を考察した常盤大定氏は、本書の特色として、(1)濮陽智周の「疏」を参考にして成れること、(2)智周の「疏」は天台義に多くよっているが、道璿の「註」は、さらに一歩を進めて天台義への依存を強めていること、を指摘している（常盤大定「道璿律師の日本仏教史上に於ける位置」『日本仏教の研究』所収）。次に思託の「延暦僧録」にも道璿の伝を収めるが（『日本高僧伝要文抄』三）、それには彼が晩年「華厳浄行品」を実修し、その入滅の前日には、城中（平城京か）の一俗人の夢に、白衣を着けた道璿が六牙の白象に乗り、東に向かって去ったという説を伝えている。これらの伝えられる事実から道璿の学的立場はいかなるものであったと考えられるか。

近時の研究によれば、大乗戒経中の代表的な地位を占める「梵網経」の成立について、それが中国撰述であること、その際、既往の大乗戒に関する諸経典の系統を受けかつ統摂して成ったこと、その組織はまったく『華厳経』に依存していること、などが明らかにされている（大野法道『大乗戒経の研究』一〇章）。してみると、彼が常に梵網の文を誦したことと華厳浄行品を実修したこととは、いわば楯の両面をなす事実であったと解されるのではなかろうか。道璿は吉備真備の「纂」が伝えるように、梵網戒と如来禅を将来し、いわゆる戒禅一味の立場でこれを実修する清潔な実践的宗教家であったが、その教学上の立脚地は、これを華厳学に置いていたのであろう。凝然の『三国仏法伝通縁起』日本華厳宗の条に、彼を『華厳宗章疏』の日本への最初の伝来者に擬しているのも故なしとしない。ところで、もともと華厳宗は地論宗より出で、広義の唯識学派に属する。ただし、唯識学派の主流をなす法相宗が諸法の本質（性）よりも現象形態（相）を重視するのに対して、華厳宗は「性相融会」と称して、インド以来の中観と唯識の二大思潮の対立を解消し、両者を融会統一することに成功している。いわゆる華厳の法界縁起説がこれであるが、その大成者である法蔵（賢首大師、六四三～七一二）が、自説の形成にあたって天台智顗（智者大師、五三八～五九八）の学説を大幅に採り入れたことは、仏教史上有名なる事実である。してみれば、常盤氏の指摘した道璿の「註」に天台義の濃厚に認められるという事実も、華厳宗学にもともと内蔵されていた天台義の影響を示すものではなかろうか。道璿の学的立場は、天台学の影響を強くこうむりながらも、あくまでも華厳義に置かれていたと解すべきであろう。

右にみた道璿の学的傾向は、そのまま入山当時における最澄の学的立場に置きかえることが出来る。『伝』によれば、はじめ最澄は行表の下で「唯識の章疏等」を学んだというが、それは三乗実義・五姓各別を説く南都の法相唯識学ではなくて、道璿・行表譲りの、いわば華厳立ちの唯識学であったであろう。後年最澄は『内証仏法血脈譜』の中で、行表からの師承について「即ち和上（行表）に心を一乗に帰すべきことを稟く」と明記しているが、ここにいう「一乗」も、天台一乗ではなくて華厳一乗を意味するものに他ならないであろう。「願文」の中に、「六根相似位」という天台用語がみえることも、道璿の華厳学が著しく天台義の影響をこうむっていたことによって説明がつくであろう。

このような道璿・行表の学風を受けついだ最澄が、入山中の思想模索の中で、次第に『大乗起信論疏』（法蔵撰）や『華厳五教章』（同上）などの華厳の章疏に深い関心を示したことは当然である。そしてまたこれらの華厳の章疏を通じて、天台の学説の存在を知り、それに注意を向けるようになったとしても不思議ではない。華厳の学説が、天台の釈義の指南を受けるところ甚だ多かったことは、上述の通りだからである。『伝』には、「起信論疏、并に華厳五教等を披覧するに、なほ天台を尚んで以て指南となす。この文を見るごとに覚えず涙下つて慨然たれども、天台の教迹を披閲するに由なし」と、この辺の事情を描いて甚だ的確である。最澄はいわば、中国仏教の教学発展の跡を逆に辿る形で、唯識から華厳へ、華厳から天台へと到達するのである。

こうして天台の教籍を求める彼は、たまたまその所在を知った人に値遇し、『摩訶止観』・『法華玄義』・『法華文句』等の天台の基本典籍を写得することが出来たのであるが、それは「故大唐鑒真和上将来」の本であったという（『伝』）。鑑真が天平勝宝五年（七五三）十二月、わが国に来朝した時、「天台止観法門（玄義・文句各十巻、四教義十二巻、次第禅門十一巻、行法花懺法一巻、小止観一巻）」をもたらしたことは、『唐大和上東征伝』に明記するところであるが、これらの書は鑑真の滅後、弟子の法進の手によって東大寺の唐禅院の蔵に帰したようである。最澄は恐らく東大寺の唐禅院に就いて、これらの典籍を写得することが出来たのであろう。『守護国界章』（上ノ九）に「又案招提真和上並東大寺法進僧都及普照法師等将来第二本十巻円頓止観」（『伝全』二、二九三）を引き、『伝述一心戒文』（中ノ序）に「大師求之大日本人、未入唐前披一切経、璿和上経覧於叡岳、進和上経検於東嶺」といったふうに、鑑真将来本をさすに、法進もしくは東大寺の名を加えていることは、右の推測を裏付けるものである。また『天台霞標』所引、天長二年八月付の「伴国道書」には、鑑真将来の天台教籍は、「物機未熟」の故に久しく世に行なわれなかったが、延暦年中、比叡禅師（最澄）が天台の諸宗に卓越せることを知り、「東大寺に就きて玄義・文句・止観・四教義等を写し」、天台仏法が本朝に流布するに至ったと述べている。この消息は史料的にやや疑わしい点もあるが、いま問題とする部分は、疑問を入れる余地はなさそうである。以上によって、最澄が東大寺で天台典籍を写得したことはほぼ間違いのない事実である。しかるに『伝』がこのことを明記しなかったのは、恐らく後年の大戒問題のいきさつを考慮に入れたからであろう。東大寺唐禅院といえば、鑑真のために建てられ、後彼が招提寺に移ってからは法進が管し、最澄と同時の頃には大戒論争の好敵手、『迷方示正論』の撰者である景深律師の拠るところであった（『東大寺要録』四）。最澄は後年の敵の本営で珠玉を得たわけであり、逆に鑑真や法進にしてみれば、自らの将来した典籍によって、自らの建立した戒壇の意義が否定される破目に立ち至ったわけである。かかる運命の皮肉を担いながらもこれらの典籍は、鑑真将来後三十余年にして、最澄という真の理解者にめぐりあうことが出来たのである。それはまことに宿命的な人と法との出会いであった。

天台の教えは、籠山中の最澄に何を教えたであろうか。すでに述べたように、最澄入山の目的は、「無戒」の自覚の上に立って、宗教的な自在境をめざすところにあった。梵網戒の実践をもってしても、華厳の観念論をもってしても、それは不可能である。しかるに天台の実践哲学では、「止観」の極成において「諸法即実相」を説く。すなわちそこでは、諸法（現象）のあるがままが実相（実在）であるとする徹底した現象即実在論が説かれているのである。入山の課題は、かかる天台実践哲学に固有の「具」の論理によって解決が与えられるであろう。いまや最澄は、自信を持って山を下るべき時を迎えた。

ちょうどその頃、桓武天皇は都を長岡から山城国葛野郡宇太の地に移した。延暦十三年（七九四）十月の平安遷都がこれである。新京の東北方、比叡山で、厳しい修禅とたゆみない研学を続ける最澄の存在は、ほどなく宮廷にも知られるようになった。延暦十六年（七九七）、彼は内供奉（宮中に奉侍し、天皇の護持にあたる僧）に補せられ、延暦二十一年（八〇二）には、和気氏の主催する高雄神護寺における法華経講会に講師の一人として招かれ、やがてこれがきっかけとなって入唐求法の機会が与えられる。『伝』は、最澄入唐の契機となった高雄天台会に重大な意義を認め、これがために相当の紙幅を割いている。しばらく『伝』に従って、前後の経過を辿ってみよう。

高雄天台会に先立って、最澄は延暦十七年十一月、比叡山に法華十講を始めている。いわゆる叡山の霜月会の濫觴であるが、『伝』によれば、この時最澄は、「卑小の草庵」なりといえども、「六宗の論鼓を聴聞せん」と考え、七大寺の学僧を招請したという。かくて叡山の十講には最初から南都の大徳を招いたらしいが、特に延暦二十年十一月中旬には、勝猷（猷）・奉基・寵忍・賢玉・光証・観敏・慈誥・安福・玄耀等、「十箇の大徳」を招き、三部の妙典（無量義・法華・観普賢）すべて一〇巻の各一軸を講演せしめ、大いに「天台教迹の釈」を宣揚したという。招かれた九人の内、奉基は東大寺（宝亀四東大寺六宗未決）、玄耀は東大寺三論宗（『要録』五）の学僧、他の七人も「七大寺の英哲」（『伝通縁起』）であった。いまや天台への関心は、最澄あるいは叡山教団のみの独占するところではなく、広く南都の教界にも認められる現象となりつつあった。

こうした情勢の下に、問題の高雄天台会は、延暦二十一年一月十九日、南都の大徳一四人を集めて開催された。招かれた一四人の講師の顔ぶれをみると、善議・勤操・修円・歳光・道証の五人が新しく加わった以外は、前年の叡山の十講に参加した九人がそのまま顔を揃えている。叡山の十講と高雄の法会との間に密接な関連が推定される理由である。新加の五人の内、善議は大安寺三論宗に属する教界の耆宿で一座の上首をなし（弘仁三紀）、勤操はその弟子（『日本紀略』・『元亨釈書』）、修円は興福寺法相宗の学僧（『興福寺別当次第』）、道証も「学業精粋」と謳われた学僧（『元亨釈書』）であった。多彩な顔ぶれを集めて開かれたこの会は、後述のように少なくとも同年秋冬の頃まで継続された。講会としては長きにすぎるので、一月十九日を講師の招請状の日付とみる説もあるが、赤松俊秀氏が指摘したように、ここはやはり開講の日付とみなければなるまい（「最澄と空海」『大谷学報』五三ノ二）。皇太子に宛てた善議らの謝表によると、この法会では、天台智顗所造の『法華玄義』二十巻を講じ、ついで『法華文句』二十巻、『円頓止観』十巻と進む予定で、その進行状態は、開講以来春から秋にかけて『玄義』二十巻を念入りに講じ、九月二日ようやくこれを終わり、ついで九月六日から『文句』の初巻を開繙したことが知られる。わが国における法華経の講義は、延暦十五年（七九六）、石淵寺で行なわれた勤操の法華八講（四日二座）に始まるといわれ（『元亨釈書』）、天台の注疏に基づく講義としては、上述の延暦十七年の叡山の十講（五日二座）を嚆矢とするであろう。しかし天台三大部を中心に、かくも多彩な顔ぶれを集め、かくも綿密な講義を行なった例は、前後に類をみない。高雄天台会をさして、「日本、天台の会を開く。乃ちこれを初めとなす」（『伝通縁起』）といった凝然の評も決して不当ではない。

それではこうした注目すべき天台会が、なぜこの時期に開かれたのであろうか。その答えは、叡山の十講と高雄の法会との間に行なわれたこの年の宮中最勝会（一月八日～十四日に行なわれる例）の状況をみることによって与えられるであろう。宮中最勝会は南都維摩会と並ぶ当時の仏教界最大の年中行事であるが、とりわけこの年の最勝会は、例年と違った特別の課題を負わされていた。高雄の会の始まる六日前の一月十三日に出された太政官符（『類聚三代格』二）によれば、最勝会および維摩会に、六宗の学僧を均等に出すことを命じ、その理由として、「三論法相、彼此角争し、阿党朋肩して、已れの宗を専らにせんと」した状況を指摘している。三論・法相の相諍という事態は、この前後の法令にしばしばみられるところで、朝廷でも取り扱いに苦慮していた問題であった。すでに延暦十七年九月の詔に、僧の「偏へに法相に務め、三論に至っては多くその業を廃」する状態だから、誘導を加えて「両家並習せしめよ」といい（『類聚国史』一七九）、同二十二年正月勅には、「三論の学、殆んど絶えんとす」る状況だから、「自今以後、三論法相各五人を度せ」（同上）といい、さらに同二十三年正月勅には、「三論法相両宗の菩薩、目撃すれば相諍す」（『日本後紀』）という状況を伝えている。竜樹以来の中観学派を継承する三論宗と、世親以来の瑜伽唯識学派の正嫡をもって任ずる法相宗との思想的対立は、半ば宿命的なものがあったといえるが、それがこの時期に至って特に激化した事情は充分明らかではない。ただ上述の法令にも一貫して語られているように、奈良末期以来、元興・興福の南北両寺を中心に法相宗が隆盛化することは事実であり、これに対する三論宗側の反撥が主たる内部的原因をなし、さらに平安遷都による南都仏教の相対的地位の低下に伴う危機意識が、両者の対立に拍車を加えたのであろう。

いまこうした状況を念頭に置いてみると、両宗の協調を図ることを課題とした延暦二十一年の宮中最勝会に引き続いて、南都の名だたる大徳が和気氏の招請に応じて高雄に参集し、前後に比類をみない大規模な天台講会を営んだ理由がわかるように思う。最澄に宛てた和気広世の招請状にも、「今度《このたび》の会はただ世間常修の功徳の事に非ず」と、会の意義を強調している。すなわち、先にも指摘した南都仏教界における天台への関心の高まりは、三論・法相の思想的対立を克服するものとして要請せられたのであり、善議らの大徳が高雄に結集して天台の注疏を開繙した動機もまたここにあった。果たして、講たけなわの八月末、天皇の勅使差遣にこたえた善議らの謝表には、天台の妙理をさして「七箇の大寺、六宗の学生、昔より未だ聞かざる所、曾て未だ見ざる所。三論法相の久年の諍、煥焉として氷釈し、照然として既に明らかなり」と称揚し、その彼らの期待に背かなかったことを讃えている。高雄天台会を契機として南都の長老たちをまきこんだ、急激な天台研究の機運の高まりが、最澄入唐の花道を開くのである。

ところで最澄がこの会に招かれたのは、開講三ヵ月後の「夏始明日」、すなわち四月十五日のことであった。檀主の和気広世は、前年の叡山の十講に参加した九人の講師たちから最澄の名を聞き知ったのであろう。時に最澄は三十六歳、いかに多年の天台研究を積むとはいえ、まだ無名の山林僧であった。広世の招請状に「専らこの会の主となさん」といったのは、手紙文の常套として割引きして読む必要がある。しかし、一旦この会に参加してからの彼は、その天台学の蘊蓄の深さによって、たちまち一座の中で重きをなしたことと思われる。このことは、九月七日、天台宗興隆のことについて天皇の諮問を受けた広世が、まず最澄に相談し、二人は「弘法の道」

について終日談議したということからも裏付けられる。かくて最澄は、三論・法相は「論宗」であるが、「天台独り論宗を斥けて特に経宗を立つ」という、人口に膾炙する名句を含む上表文を上り、「留学生・還学生各一人」の差遣を請う。しかるになぜか、即日允許されたのは、円基・妙澄の二人の留学生であった。この理由は、九月十二日になって明らかにされるが、はじめ最澄は自ら入唐する意図を持たず、弟子の円基・妙澄を派遣しようとした。ところが九月十二日に至って、最澄自身を入唐せしめたいという天皇の意向が伝えられ、彼自身が還学生として入唐することを決意する。円基・妙澄の二人を留学生に指定したのは、最澄を還学生にしようという天皇の内意によるものであろう。ちなみに、円基については、円珍の『行歴抄』（大中七年十二月十五日条）に「貞元年留学円基、伴称眼疾、便帰本国、作外州県綱維知事」とみえ、妙澄については、空海宛最澄消息の中に二ヵ所「妙澄仏子」としてみえる（『伝全』五、四五二・同四五七）。『伝』の一切経書写のところにみえる「妙証」も同一人物かもしれない。円基は留学生として入唐したが成業せず、妙澄は結局入唐しなかったのであろう。

桓武天皇が、自分の治世の最後を飾り、かつは万代の都と褒めた平安京を修飾する新しい唐文化を将来するために、遣唐使の派遣を計画したのは、この少し前のことである。延暦二十年八月に大使藤原葛野麻呂以下の遣唐使を任命しており、高雄の法会の頃には、随行する留学生等の人選が進められていたことであろう。九月七日の天台宗興隆に関する和気広世への諮問も、留学生の人選という形で、すでに問題が具体化されていたと思われる。高雄天台会は、こうした意味からも、まことに時宜を得た試みであったといわねばならない。

以上縷述してきた高雄法会に関する『伝』の記載は、かなり複雑にこみ入っている。『顕戒論縁起』に収められた関係する二つの表、「謝勅差求法使表」と「請求法訳語表」とは、それぞれの日付を保存しており、前後の事実経過を確定する上で貴重な役割を果たしていることを注意しておきたい。同じようなことは、入唐中の事蹟に関する文書についてもいえる。以下こうした点に注意しながら、彼の入唐中の行状を述べてみよう。延暦二十三年（八〇四）七月六日、肥前田浦を四船同じく解纜した遣唐使船の内、最澄の乗った第二船は九月一日に明州（寧波）に着岸（延暦二十四年六月紀）、彼は中国大陸に第一歩を印した。九月十二日付の「明州牒」は一部が『伝』にも引用されているが、到着後の彼の身辺の消息を伝える好史料である。渡海の疲労のためであろうか、上陸早々彼はしばらく病臥したらしいが、まもなく病癒え、九月十五日に台州に向けて出発することになった。その時携行した荷物の詳細、従者の名前もこれによって知ることが出来る。携行した金字三部経は、「日本国の春宮永く封じて、未だ到らずんば開析することを許さず」とあり、前述の高雄法会に随喜した皇太子安殿親王（後平城天皇）が、最澄に託して「天台山修禅寺一切経蔵」（『伝』）に送らんとした経であることが知られる。高雄法会中の善議等謝表に、聖徳太子の慧思転生説話が引かれていることは、前に指摘したところであるが、『伝』の記載の上でもこのことはしばしば語られている。金字経を天台山に託送した皇太子の胸中には、『延暦僧録』等にすでにみえる聖徳太子の「先世持誦法華経七巻一部、一部一巻成小書」（『要文抄』三）を南嶽に取らしめたという故事を思い浮かべ、自らを太子に擬そうとする思惑が秘められていたのかもしれない。

さて九月十五日に明州を発った最澄の一行は、同月二十六日台州に到着、早速刺史陸淳に謁して、日本から持参した金一五両、筑紫の斐紙・筆・墨、そして火鉄・蘭木などの珍品を贈呈している（「台州相送詩叙」）。ついで念願の天台山に登り、国清寺などを訪れたことは確かであるが（『伝』）、『縁起』にはこの辺の行状を物語る史料は何も収められていない。修禅寺の経蔵に皇太子託送の金字経を奉納したことはもちろんであろうが、十一月には、国清寺で「天台智者霊応之図」を模写している（同本伝集序）。この頃、天台山修禅寺座主の道邃は、刺史陸淳に招かれ、台州の竜興寺で『摩訶止観』を開講中であった。天台山の巡礼を終えた最澄等はその講筵に列し、道邃から天台の付法と菩薩の三聚浄戒を受けた。また陸淳の加護を仰いでこの年の冬を研究と聖教の書写に宛て、同時に天台山仏隴寺座主の行満からも天台法門の伝授を受けた。『縁起』所収の「道邃和上書」は、台州を去るにあたって、道邃より最澄に与えられた書、「道邃行迹」「道邃道徳述」は、道邃に関する伝ないしは讃であって、「行迹」の方は「行業記」の名で「血脈譜」にも収められている。行満に関する文書が何も収められていないのは、しかるべき文献が手許になかったからで、後世の宗徒が揣摩臆測するように、道邃の付法と行満のそれとの間に次第を立てたり軽重を認めたからではなかろう。相伝の師承を示すものとしては別に「血脈譜」一巻があり、すでに天皇の下に上呈されていたから、『縁起』ではただこれを事実として裏付ける文証を示せばよかったのである。なお「台州求法略目録幷陸淳詞」は、「台州録」の末尾の部分を抄出したものであることはいうまでもない。ここにも、理証よりも事証を尚んだ『縁起』の編纂態度が現われている。

こうして天台中興の祖、荆渓湛然の高弟である道邃・行満の二師から、正統天台の付法と菩薩戒の伝授を受け、同時に陸淳の「慈造」をこうむって、天台の聖教一〇二部二四〇巻の書写の功を終え、入唐の主要な目的を果した最澄は、唐貞元二十一年（八〇五）三月下旬、台州を発って明州に戻り、遣唐使の帰便を待った。遣唐使一行は入京して天子との謁見をすませ、四月三日に明州に帰着したが、大使の乗船ははじめ福州に着岸したため、その廻運に手間取り、これが明州に到来したのはようやく四月一日のことであった（延暦二十四年六月紀）。こうした事情で出発までにはまだしばらく余裕のあることを見届けた最澄は、明州（寧波）と並んで揚子江河口南岸の港町として繁栄していた越州（紹興）へ求法の旅を試みる。四月六日付の「明州牒」にいわく、「台州に往きて求むる所の目録の外、欠くる所の一百七十余巻の経幷に疏等、その本、今見に具足して越州の竜興寺幷に法華寺にあり」と。最澄は、これらの経の存在と、ことによると順暁という阿闍梨が当地の竜興寺に滞在中であることも、どこかで聞き知っていたのであろう。明州と越州は距たることおよそ九〇キロ、明州・台州間よりも近い道程である。程なく越州に着いた最澄は、四月十八日、早くも越府の峰山頂の道場で、入壇して泰嶽霊厳寺阿闍梨の順暁から三部三昧耶の印信を受けた。順暁は善無畏の法孫にして新羅僧義林の直弟であった。『縁起』所収の「寂照闍梨書」は、密壇に必要な「六事の宝器」が、入壇した当の十八日の朝になってやっと調達がついたという興味深い事実を物語る私信である。越州竜興寺で密部を主とする経典一〇二部一一五巻を書写し、刺史の題記を請うたことは、台州の場合と同様である（「明州刺史詞」）。再び明州に戻った最澄は、船出前のあわただしい日程の中で、五月五日、明州開元寺の霊光より軍荼利壇法を、明州檀那行者の江秘より普集壇ならびに如意輪壇法を、寿州草堂寺比丘の大素より五仏頂法を受けるなど、忙しく動きまわった（『内証仏法血脈譜』）。越州や明州など、江南の港町にはさまざまの密教行者が雑密の壇法を張行していたことが知られる。

五月十八日、遣唐第一・第二船は同時に明州を出帆し海に入った。第一船は六月五日対馬の下県郡に達し、第二船は同月十七日肥前値嘉島に着いた。最澄は、往途は第二船に乗ったが、帰途には大使の搭乗する第一船に乗った（『顕戒論』初篇には、大使の処分により第一船に乗ったという）。彼は長門（山口県）に上陸してただちに入京し、七月十五日には早くも「進経疏等表」を上って正式に帰朝の復命を遂げ、法文若干・法具若干を天皇に贈呈した（『伝』がこれを八月二十七日のこととするのは、後述の内侍宣の出された日付と混乱したのであろう）。そして八月九日には、宮中に召されて悔過読経を行ない、また唐国の仏像を献じたという（『日本後紀』）。遣唐使の帰朝は、桓武天皇にとって待望久しい朗報であった。というのは第一に、天皇は自分の創造した新しい都を新しい唐文化で装飾したいと考えていたからで、事実、延暦二十三〜二十四年度の遣唐使によってもたらされた中唐爛熟期の文化が、弘仁・貞観期の唐風文化全盛期を生み出したことは、文化史上隠れもない事実である。第二に天皇は、この頃健康をそこね、いささか陰欝な気分にとりつかれていた。ことに、最澄入唐中の前年十二月末には、一時聖体不予が伝えられ、七大寺をして誦経せしめ、大赦を行ない、親王以下が天皇の病床に宿侍するという有様であった。宮廷の内外では早良親王の祟りが噂され、さらにその背景には、征夷と遷都という二重の重荷にあえぐ民衆の不満が高まりつつあったからである。天皇が新帰朝の最澄を厚く優遇し、特に彼のもたらした密教の修法に異常な関心を示したのも、恐らくそのためであろう。

最澄の復命と同時に、天皇は図書寮に命じて新来の天台法文を七通ずつ書写させ、それを七大寺に置くことを命じた。それは弘仁六年三月に至ってようやく完成し、嵯峨天皇御筆の金字の題を付して七大寺に安置された(『伝』)。また新写の法文を野寺天台院(京都市右京区)に置き、道証・守尊・修円・勤操・慈蘊・慈完等の碩学に披閲せしめた。右の内、道証・修円・勤操は、入唐以前の高雄天台会の講師に招かれた人々であったことを注意したい。さらに和気広世――これも最澄にとって忘れることの出来ない人であるが――に命じて、天台会ゆかりの高雄山寺に灌頂壇を築かせ、最澄をして新渡の法によって伝法灌頂をとり行なわせた。この時、日本最初の灌頂に入壇したのは、道証・修円・勤操・正能・正秀・広円等の八人の大徳であった。このようにみてくると、前年高雄天台会に結集して天台研究の機運を盛り上げ、最澄を唐に送り出した道証・修円・勤操、そして和気広世という人脈が、そっくりそのまま新帰朝の最澄を歓迎する人脈を作り上げていることに気付かざるを得ない。そしてこの人脈(南都仏教における進歩派といってよいだろう)の背後にあって、彼らの行動を支持し組織する天皇の偉大な存在にも注目せざるを得ないであろう。後年の最澄が、大乗戒の授戒の日を「先帝国忌の日」に行なおうとしたのも、由るところまことに深いものがあったのである。

右に述べたところをさらに明らかに示すものが八月二十七日付の「内侍宣」である。これは、右の日本最初の灌頂にあたって出されたものであるが、文中には「石川・檉生の二禅師」をして「朕が躬に相ひ代りて」灌頂を受けしむべきことを命じている。この「石川・檉生の二禅師」が勤操・修円の二人であることは『日本思想大系4　最澄』の頭注（一八一頁）に譲るが、この二人に対する天皇の信頼のいかに深かったかが知られるとともに、最澄将来の修法に対する天皇の大きな期待の程も察知されよう。しかし、続く文中には、もしそのために「世間の誹謗」が起きたとしても「憚るべからず」と述べられており、勤操・修円などの進捗派に対する反撥が、教界の一部に厳然として存在したことを示している。やがて桓武天皇という大きな支持者を失った後、悪戦苦闘しなければならない最澄の運命を、この「内侍宣」は早くも暗示しているといわねばならない。

高雄の灌頂は九月一日に行なわれたが（「伝法公験」）、同月上旬、天皇は重ねて広世に命じて城の西郊に壇場を築かしめ、最澄をして五仏頂法を修せしめた。これには前記の八大徳の他、さらに豊安・霊福・泰命等が加わった（『伝』）。さらに九月十七日には、最澄は内裏に召されて毘盧舎那法を修めた（『日本後紀』）。このような天皇の態度、特に密教に対する異常な関心は、恐らく最澄の予期せぬところであったろう。もともと彼は、天台宗の相承を目的として派遣されたのであり、密教の相承は、予定外の付加的な成果にすぎなかった。順暁からの付法も、上述のように遣唐使船の船よそおいを待つ余暇を利用したものだった。灌頂のために必要な「六事の宝器」が、入壇の当日の朝になってやっと調達出来たとする、「寂照闍梨書」の物語る事実は、この間の事情をまことによく示している。いわば、ゆきがけの駄賃程度のつもりで相承してきた密教が異常な歓迎を受け、むしろ本命の天台宗の相承を凌ぐ人気を博したことは、最澄の今後にとって、あるいは日本天台宗の今後の発展にとって、複雑な問題を残した。帰朝した最澄が、密教の将来によって朝野の歓迎を博したことは、彼にとって奇貨とすべきであったかもしれぬが、他面では、今後の日本天台宗に密教という厄介な重荷を持ちこむことになったのである。

延暦二十五年（八〇六）一月、最澄の請により、天台宗に対して年分度者二人が与えられ、南都の諸宗と並んで「天台業」は国家的な公認を受けた。年分度者設置の持つ意義、それが後年の大戒問題といかに関連するかについては、この節のはじめに述べたから、ここでは繰り返さない。ただここで上述の密教の問題に関して触れておきたいことは、この時の年分度者の勅許が、天皇の病床に宿侍したことに対する恩賞という色彩が強かった上に、「天台業二人」の内の一人は止観業（天台）だが、他の一人は遮那業（密教）で、天台と密教の抱き合わせという奇妙な形となってしまったことである。最澄自身としても、天台教と密教との理論的な関連付けが充分出来ないままに、事実が先行してしまった。要するにそれは、「世俗」との妥協の産物である。年分度者の問題についても同じことがいえるが、これについては後に『顕戒論』の節で述べることにしたい。厳しい「世俗」との断絶をかけて比叡山に入山した頃の最澄の面影はどこへいってしまったのだろうか。ここにも最澄が残りの半生を賭して、教団改革運動に苦闘しなければならない理由が見出される。

五　三一権実論争について

現存する最澄の著述の中で、彼の教学の内容をもっとも詳細かつ豊富に伝えるものは、『守護国界章』以下の一連の論争書であるが、それはいうまでもなく、弘仁八年（八一七）から十二年（八二一）にかけて、当時、奥州会津に居住した法相宗の学僧徳一との間で行なわれた、いわゆる三一権実論争を機縁として成ったものである。そこで以下この論争の始終の経過を復元し、これら論争書の成り立ちと、そこに表現された最澄の教学の一斑をうかがってゆくことにしたい。

三一権実論争という名は、三乗と一乗の権実を争う論争ということで、三乗・一乗という教法論上の名目で表現されている。しかしこの問題は、法華経に即すれば三車・四車の論となり、仏性論に約すれば悉有仏性を認めるか否かの問題となり、人性論に約すれば五姓各別を認めるか否かの問題となる、といった性質のもので、譬えてみればニュートン力学とアインシュタインの相対性理論との対立にも比すべき、根本的な考え方の違いに基づく広汎かつ体系的な教学上の対決であった。歴史的には、当時の仏教界に優勢を誇った法相唯識学派（三乗家）とそれに反対する華厳・天台等の一乗家との間にみられた教学上の論争をさすものである。従ってその起源は、瑜伽唯識学派の成立とともに古く、インドでは瑜伽派と中観派との間で、中国では瑜伽唯識学を体系的に伝え、これを法相宗学として組織大成した玄奘・窺基およびその門下たちと、他の一乗諸家との間で、しばしば繰り返されたところである。法相宗が日本に伝えられたのは白鳳時代に遡るが、それとともに南都の諸大寺の学僧の間でも、この種の論争が芽生えたことは、たとえば『決権実論』の中に伝えられる法華経譬喩品の「衣裓机案」の解釈をめぐる元興寺法相宗内の論評などからも知られる。しかし、それらは、なお部分的な語句解釈論争の域を出るものでなく、「三一権実論争」が、その本来の性格として有する、全体系的な理論対決には至らなかった。日本における本格的な「三一権実論争」は、天台宗の将来者である最澄と、草深い関東の荒野に潜んでこれを迎えうつ稀代の学匠徳一との間ではじめて実現されるのである。早く常盤大定氏が喝破したように、最澄・徳一の論争は、ひとり日本における「始にして又終りともいふべき高潮に達し」たばかりでなく、また「三国仏性論諍の最高潮」ともいうべき意義を担うものであった（常盤大定『仏性の研究』二五頁）。

かくて天台対法相の対決は半ば必然的なものがあったが、現実にこの論争が天台宗公認の延暦二十五年（八〇六）当時になされず、弘仁の中頃になって始められたのはなぜであろうか。その理由は三つ程数えることが出来る。第一に、天台宗年分度者が勅許された当時、古代有数の専制君主である桓武天皇が新仏教に甚だ同情的であり、南都法相宗の反論を許さなかったことである。教団の内部でも天皇の意向を体した修円・勤操らのいわゆる進歩派が勢力を持っており、これが最澄の新宗建立を南都側の無抵抗の内に成功せしめたのであろう。第二に、最澄の奏請した「天台業」には、天台固有の止観業の他に真言の遮那業が加えられていたことである。帰朝当時の最澄が、本命として将来した天台宗よりも付随的に受法した密教によって朝野の歓迎を博したことは前節に述べた通りである。天台宗に密教を取りいれたことは、新宗の開立を容易にするとともに、南都側の反対を著しく緩和する面があったと思われる。第三に、最澄自身の態度にも、開宗のことを急いで、南都側の抵抗を避けようとする配慮が働いたと思われる。いま、天台宗年分の勅許を奏請した「請加新法華宗表」をみても、このことが痛感される。「十二律呂に准じて、年分度者の数を定め、六波羅蜜に法りて、授業諸宗の員を分ち、両曜の明に則りて、宗別に二人を度せん」というのは、どうみても他愛ない語呂合わせとしか思われない。そこには入唐前の彼が、三論・法相両宗をさして「論宗」と決め付け、「天台独り論宗を斥けて特に経宗を立つ」とした批判的態度はまったく影を潜めている。

しかし、新宗の開立に深い理解をよせた桓武天皇が崩ずると、彼を取り巻く客観情勢はにわかに一変した。新しく即位した平城天皇は南都旧教団に好意的であり、また天皇の態度に呼応して南都の仏教界にも保守的な空気が強まる。しかも同じ頃、唐都長安で本格的な密教を学んだ空海が帰朝する。叡山密教の有する矛盾と弱点は、たちまち暴露されざるを得ない。空海の帰朝は、日本天台宗の隠れ蓑を奪い、その退路を断つ意味を持った。いまや最澄は、否応なく「天台独り経宗を立つ」といった批判的態度に立ち返り、法相宗との理論的対決に身を挺せざるを得ないであろう。

最澄と南都法相宗との対論は弘仁四年（八一三）頃に始まった。弘仁四年六月、光定を従えて興福寺に赴いた彼は、臨席した藤原冬嗣を前にして、同寺の義解・義延と法論を交え、「天台の奥義、法相宗に秀」でたことを宣揚し（『伝述一心戒文』上ノ一）、ついで翌年一月十四日（宮中最勝会の結願日）には、詔により宮中で諸宗法師と対論した（『伝』）。同六年三月十七日（桓武天皇国忌）には、弟子の光定が宮中において玄蕃頭真苑雑物《さいもつ》と対論したが、雑物は、もと孝成と名のる興福寺の僧であったという（『伝述一心戒文』上ノ一・「延暦寺故内供奉和上行状」）。さらに同年八月には、和気氏の主催で開かれた大安寺塔中院の法会に招かれた最澄が、「諸寺の強識博達の大徳」らと法論を試み、「三乗の鉾楯、是に於て摧折し、一乗の法燈、是に於て熾烈なり」（『伝』）という激論を展開し、大いに天台宗義を宣揚したのであった。

このように弘仁四、五年の頃から最澄とその一門は南都法相宗との対決の姿勢を強め、両者の対立、論争は次第に拡大、激化する傾向をみせていた。最澄が弘仁四年九月、『依憑天台義集』の本文を編述したのも、彼の理論的武装を示すものである。しかし、これらの法論は、その場限りの討論に終わり、文書の往復による本格的な論争には至らなかった。しかるに弘仁八年（八一七）に行なわれた最澄の関東行化の旅が発端となって開始されるのが、本節の主題をなす最澄・徳一の大論争である。

『伝』によれば、弘仁六年八月、大安寺塔中院の法会に招かれた最澄は、その「講筵竟るや、本願に催されて」、関東行化に旅立った。やがて両毛の曠野に姿を現わした彼は、上野国浄土院（緑野郡）と下野国大慈院（芳賀郡）に各一級の宝塔を起こし、二〇〇〇部一万六〇〇〇巻の法華経を写し、これを塔別八〇〇〇巻ずつ安置した。いわゆる千部法華経塔である。そしてその塔下において、毎日、法華経および金光明・仁王等の大乗経を長講したが、その盛況ぶりは「所化の輩百千万を逾え、見聞の道俗歓喜せざるはなし」という有様であったという。

『元亨釈書』の最澄伝にも、「東州経塔会、上野緑野寺、場に預る者九万人、下野大慈寺五万人、東民化に嚮ふこと斯の如し」と伝えている。このような成功は、一日にして成ったものではなく、『伝』には、陰の功労者として「上野国浄土院、一乗仏子教興・道応・真静、下野国大慈院、一乗仏子広智・基徳・鸞鏡・徳念等」七人の名を挙げ、いずれも「故道忠禅師の弟子」であったことを勒している。道忠は、わが国律宗の祖、鑑真の「持戒第一」の弟子で、早く関東に下って民衆教化につとめ、「東国の化主」と仰がれた人物であるが（『元亨釈書』・『招提千歳伝記』）、延暦十六年（七九七）、最澄が比叡山で一切経書写を発願した時、これを助けて「大小経律論二千余巻」を写し、それ以来、最澄ならびに叡山教団と「師資」の関係を欠かさなかったという（『伝』）。この事実は、最澄の関東行化の成功の理由を物語るとともに、最澄の新しい宗派教団の形成が、こうした民衆教化の最前線からの要請に応ずる形で進められたことを示すものとして注目される。けだし、最澄の拠る比叡山寺と、道忠門徒の拠る上野緑野寺・下野大慈寺との間にみられた「師資」の関係は、平安中期以降に一般化する、わが国宗派教団の原型を示すものといえよう。

ところで右の『伝』の記載によれば、最澄は、大安寺の「講筵竟るや」、ただちに関東に向けて旅立ったように記されている。この『伝』の叙述に災いされて、これまでのあらゆる書物や論文は、最澄の関東行化を弘仁六年秋から翌七年春にかけて行なわれたと解した。七年春までとするのは、七年二月には借請していまだ写し得ざる法文を空海に返却し（『伝全』五、四五〇）、三月には宮中に「霊応図」等を献上しているので（『日本紀略』）、その頃までには帰京したと考えられるからである。しかし次に掲げる史料は、いずれも関東行化が弘仁八年に行なわれたことを示している。(1)承和四年二月十四日付、円澄の「相承血脈書」によれば、円澄は、弘仁八年五月十五日、緑野寺法華塔前において、広智とともに最澄から両部灌頂を受けたとし（『天台霞標』二ノ二）、(2)「慈覚大師伝」によれば、最澄の関東行化に随行した円仁が、弘仁八年三月六日、徳円とともに円頓菩薩戒を受けたとい い（『続群書類従』他所収）、(3)三井寺唐院秘蔵の「徳円阿闍梨付法文」には、右と同じ事実に触れて、弘仁八年三月六日、下野大慈山寺において最澄より付法を受けたことを記録する（『智証大師全集』所収、「余芳編年雑集」）。また七年五月一日には、長らく空海との間で去就の定まらなかった弟子の泰範に宛てて帰参を促す長文の手紙を書いているが、その中に「来春の節を以て東遊して頭陀し、次第に南遊し、更に西遊北遊し、永く叡山に入りて生涯を待たん」（『伝全』五、四六九）と述べたことも注目される。この頃最澄は、「六所造宝塔願文」に触れて述べたように、日本国の東（上野）・南（豊前）・西（筑前）・北（下野）・中（叡山西塔）・総（同東塔）の六ヵ所に千部法華経塔を建立し、法華経の功徳をもって「大日本国」を守護しようという雄大な計画を持っていたらしいが、文中の「東遊……南遊……」は、その計画を述べたものと思われる。『伝』が「本願所催」によって東国に向かったという「本願」も同じことを意味するであろう。かくて泰範宛の消息は、当時最澄の胸中に熟しつつあった「本願」を正直に述べたものと思われるが、そこでも東遊は「来春」すなわち弘仁八年春のことと予定されているのである。

　右に最澄の関東行化の時期を詳しく詮索したのは、他でもない、徳一との論争の発端が、最澄の東遊と深く関係していたと思われるからである。現存の論争書の中で、もっとも早く成ったと思われるものは、『照権実鏡』一巻であるが、その跋に「弘仁八年歳次丁酉二月日、依㆘陸奥仏性抄判㆓法華㆒為㆖権、且作㆓此鏡㆒」（『伝全』二、一二）と述べ、本書執筆の動機が陸奥、すなわち徳一の『仏性抄』撰述にあったことを記すとともに、その執筆年次を弘仁八年二月であったとしている。前述のように最澄が関東へ旅立ったのは、泰範宛消息に弘仁八年春と予定されていたことがわかるだけで、厳密には定かではない。間違いなくいえることは、「徳円阿闍梨付法文」

によって、弘仁八年三月六日には下野国芳賀郡の大慈寺に到着していたことである。従ってぎりぎり遅く出発したとみても、道中の日程を考えれば、出発の直前ということになるが、恐らくは関東で執筆されたとみるのが妥当であろう。田村晃祐氏は、徳一の『仏性抄』が「後の論争に発展していく、細かな具体的な、経典自体に即した議論を行っていた」のに比べて、この論争における最澄の立遅れを指摘し、「『仏性抄』への反論として最澄が書いた書物『照権実鏡』は、権実を区別する基準を述べた概括的書物」にすぎなかったことを述べているが（田村晃祐「徳一著作考」天台学会編『伝教大師研究』所収）、それは右の旅先で書かれたという推定を裏書するであろう。しかし、『照権実鏡』に先立って成立した『仏性抄』のことについては、関東の道忠門徒を通じて、出発前の最澄の耳に達していたのではなかろうか。これは彼の関東行化の意味を考える上に大切なことであろう。天長二年八月付「伴国道書」には、「常陸僧借位伝燈大法師位徳溢」なる僧が、盛んに天台宗義を誹謗したことによって、弘仁八年の関東布教が行なわれたとしている。当時徳一は奥州会津に住し、常陸住とするのは正しくないが、徳一との対決を最澄東遊の動機の一に考えてみることは、充分成り立ち得る想定である。

徳一は、徳溢・得一とも作る。その伝は、『元亨釈書』（四）・『南都高僧伝』・『東国高僧伝』（五）・『私聚百因縁集』（七）・『尊卑分脈』（武智麻呂公流）等に出るが、諸書の伝えるところを要約すれば次の通りである。彼は恵美押勝（藤原仲麻呂）の第九男で、はじめ興福寺の修円に法相を学び、東大寺に住したが、後奥州に移り、同国会津の恵日寺（福島県耶麻郡磐梯町）に住し、その後さらに（一説に天長元年七月）、常陸筑波山の知足院（中禅寺）に遷り、承和の初年（八三五頃）に同院（一説に恵日寺）に没したという（一説に七十六歳という）。『元亨釈書』には、「麤食弊衣、恬然として自ら怡《たの》しむ」という行持を保ち、門葉多く、死後も「全身壊せず」という伝承が信ぜられたという。彼はまた民衆教化にも力を尽し、土民大いに貴んで「菩薩」と称したといわれる人物であり、それがこういう空海の高野入定説まがいの伝説を生み出したのであろう。同地方には彼の開基と伝える寺院が多い。

徳一が恵美押勝の息男であったとするのは、年代的にも系譜的にもすこぶる疑わしいが（薗田香融「恵美家子女伝考」『日本古代の貴族と地方豪族』所収）、『守護国界章』（下ノ十二）には、「麤食者（徳一に対する貶称）、弱冠にして都を去り、久しく一隅に居す」（『伝全』二、六二五）といい、若くして辺境に移されたことには、何か特別の理由があったのであろう。また論争当時、会津に居住したことは、同書の序に「奥州会津県溢和上」（『伝全』二、一五二）とみえ、その他本文の数ヵ所で徳一をさすに会津を称していることから明らかである。次に彼の学系については、興福寺の修円について法相を学んだというが確証はなく、年齢的にもやや疑わしい。むしろ徳一の師承について論及した『法華秀句』（上ノ末）の一節（『伝全』三、七六）が注目されるが、そこには道昭・智通・比蘇（神叡）・義淵の名を挙げ、彼の学系がこの内の誰の系統に属するかを質問している。この四人はいずれも奈良前期の法相宗における代表的学匠で、いわば法相宗諸学派の始祖的な人物ばかりである。この記事は、徳一の学系があまりはっきりしたものでなく、少なくとも最澄はその点について何も知らなかったことを示すであろう。それにもかかわらず、彼の論説の示すところは、いわゆる「護法正義、慈恩楷定」の伝統義に立脚した純乎たる正統法相学説であった。『守護国界章』（上ノ五）が、徳一の境遇を述べて「居住京に遠く、明匠得難し、法門具せず」（『伝全』二、二三六）というが、かかる境遇の中でよく正統法相義を守り、当時の最新知識を誇る最澄を相手に、五年間にわたる大論争を戦い抜いた逞しい闘魂はまことに賞讃に値するであろう。

さて論争は、上述のように徳一の『仏性抄』の撰述によって火蓋が切られ、弘仁十二年（八二一）に最澄の『法華秀句』の撰述によって一段落を告げるまで、およそ五年間にわたって継続されたが、まず最澄についてみると、論争に直接関係して産出された論著の内現存するものは、次の六部一九巻である。

照権実鏡　一巻（弘仁八年二月）　　法華去惑　四巻
守護国界章　九巻（弘仁九年）　　通六九証破比量文　一巻
決権実論　一巻　　法華秀句（輔照）　三巻（弘仁十二年）

次に徳一についてみると、「東域伝燈録」や「法相宗章疏録」等によって知られる彼の著述一六部の内、半数以上がこの論争に関係したものとみられる。ただ残念なことは、現存するものが一部もなく、最澄の論著をはじめ他書への引用文を通じてしかうかがい知ることが出来ないことである。まず最澄の書に、はっきり書名の引用されたものは次の四部である。

仏性抄　中辺義鏡　三巻　慧日羽足　三巻　遮異見章　三巻

次にその書名からみて、論争に関連したもの、もしくは論争書執筆のための資料集とみられるものを参考のために挙げておこう。

法華肝心　二巻　法華権文（門）　一巻　中辺義鏡残（箋）　二〇巻　義鏡要略　通破四教章　一巻

右の内、『中辺義鏡残』は、『中辺義鏡』執筆のための資料集、『通破四教章』は、前掲の『中辺義鏡』の上巻の別行本ではないかと思われる。『義鏡要略』に関しては、田村晃祐氏が、『一乗要決』（源信撰）に引用された同書の逸文を詳しく考察して、「七巻又は七巻以上」であったこと、「中辺義鏡に主張した主な教理について、その根拠を示す為、証拠となる文を経典等から集め、示したもの」であったことを推定している（田村晃祐前掲論文）。このように徳一の論著が残らず、引用関係についても不確かな点が多いので、以下、もっぱら現存する最澄の著述について、その成り立ちを考えながら、論争の経過を復元してゆきたいと思う。

まず最初に成った『照権実鏡』については、論争の発端に関連して、すでに大体のことを述べたから、次に

『法華去惑』四巻についてみよう。『法華去惑』四巻は、『守護国界章』の中巻（三巻）とほぼ同じ内容を持っているることから、従来の説では、まず去惑四巻が執筆され、ついで守護章上・下巻が成るとともに、その中巻として編入されたものとみてきた。しかし、田村氏が指摘するように、去惑四巻の中には、守護章上・下巻の成立を前提としなければ書けない文章があり、去惑はもともと守護章の一部として書かれたものとみなければならないのである。現行の守護章は九巻本だが、『伝』にはこれを一〇巻とすることは第一節に示した通りである。いま仮に守護章の初稿本には、中巻として去惑（四巻）が編入されていたとすれば、上・下巻（各三巻）とともに『伝』の伝える一〇巻という巻数が得られる。故に『伝』の十巻本は守護章の初稿本であり、現行の九巻本は、その後の再治本だということが推定される。次に去惑（四巻）と現行の守護章中巻（三巻）とを詳しく対照してみるに、第一に、前者にあって後者になく、後者にあって前者にない部分が僅かながら見出されるが、それは全体の論旨からみて、さほど重要な意味を持たないと思われる。第二に、守護章の方には、去惑にないところの各章ごとの短い序文が付せられており、前者は後者の再治、もしくは改修本である関係がはっきりする。ちなみに守護章が弘仁九年の成立であることを示す記述（『伝全』二、三七二）も、そうした追補の文章の中に見出されることが注意される（田村晃祐「『法華去惑』について」『印度学仏教学研究』一九ノ二）。要するに『法華去惑』四巻は、『守護国界章』初稿本の一部であり、その成立は、『守護国界章』再治本の成った弘仁九年以前であるが、一方、本文の中に『照権実鏡』の名を引用するから、この書の成った弘仁八年二月以後、ということになろう。最澄が東国から帰った時期は、出発の日付と同様にはっきりしないが、恐らく弘仁八年中のことと思われる。してみると、帰山した最澄がまず着手しなければならなかった仕事は、『守護国界章』（初稿本）の撰述であったといわなければならないであろう。

次に『守護国界章』(九巻)の成立については、右の『法華去惑』のところに関説したから、ここでは繰り返さず、やや内容的な面についてみることにしよう。本書上巻の序によれば、守護章九巻は徳一の『中辺義鏡』三巻の対破の書として書かれたことが明記されている。守護章九巻が、上中下の三巻として各三巻ずつ大別されているのは、『中辺義鏡』三巻との対応関係を推測せしめる。上巻では、主に判教論(法相の三時判、天台の五時八教判)および止観論が取り扱われているが、『中辺義鏡』からの引用文に「中主云」としたのは、最澄が「中主と称するは法苑の文に似たり」(『伝全』二、一五三)と喝破したように、窺基の『大乗法苑義林章』(七巻)からの引用であり、「辺主云」もしくは「彼云」としたのは、天台の『八教大意』(一巻)、『四教義』(一二巻)、および『摩訶止観』(二〇巻)からの引用である。すなわち徳一は、窺基の『義林章』を引いて自宗の義を示し、天台の『四教義』・『摩訶止観』等を引いて天台義を対破したのである。次に中巻では、法華経の経体論を取り上げるが、徳一は「中主云」として窺基の『法華玄賛』(一〇巻)を引いて自宗の解釈を示し、「辺主云」として天台の『法華玄義』(二〇巻)と『法華文句』(二〇巻)を引き、天台の法華経解釈説を逐一論破している。最後に下巻では、衆生成仏に関する仏性論ないしは人性論が展開される。ここで徳一が、「有執(有るが執す)」として引いたのは、これまた最澄が「宝公の詞に似たり」(『伝全』二、五一〇)と指摘したように、法宝の『一乗仏性究竟論』(六巻、現存一巻)である。徳一はもっぱら法宝の『仏性論』を引いて一乗家の仏性説を論破したのである。

これに対して最澄は、上巻では、澄観の『華厳経疏』(六〇巻)、法宝の『涅槃経疏』(二〇巻)を援引して、あるいは徳一の説を弾破し、あるいは天台の判教論・止観論を「助照」し、中巻では、湛然の『法華文句記』(一〇巻)を駆使し、時には智周の『法華玄賛摂釈』(四巻)や窺基の『法華玄賛』・『大乗法苑義林章』まで逆用して応酬し、下巻の仏性論では、霊潤の『十四門義』、神昉の『種性集』、義寂・義一の『法華論述記』を引いて論難を防いでいるが、ここに引かれた霊潤の『十四門義』以下の諸書は、玄奘の新訳が開始された当時、すなわち最澄のいわゆる「変風始めて扇」（『伝全』三、一九〇）いだ頃、新訳義を破斥した一乗家たちの著述であり、いずれも現存しないもので、これらを引用する守護章下巻および『法華秀句』中巻は、唐代前期の一乗家の思想を復原的に研究する上に貴重な資料となるものである（宇井伯寿「瑜伽行派における二系統」『印度哲学研究』第六、常盤大定『仏性の研究』三五一頁）。最澄がこれらの書をどこからどのようにして入手したか、いまでは知る由もないが、それは、はじめ近江国分寺に入って、行表の下で「唯識の章疏等」（『伝』）を学び、さらに華厳の研究を経て天台に到達したという、彼の前半生における思想遍歴と深く関連するであろう。

以上の概観によって知られることは、『守護国界章』は弘仁八、九年の頃（詳しくいえば、弘仁八、九年に初稿本、同九年に再治本）に成ったものであるが、それは徳一の『中辺義鏡』を対破したものであったこと、徳一の『中辺義鏡』は、最澄の論を対破したものではなく、上巻で『四教義』・『摩訶止観』を取り上げて天台の判教論と止観論を破り、中巻で『法華玄義』・『法華文句』を取り上げて天台の法華経宗体論ないし解釈説を論破し、下巻では法宝の『一乗仏性究竟論』を取り上げて一乗家の悉有仏性・一切皆成説を徹底的に破るという、まことに規模雄大な論難書であったこと、などである。ここでも論争における最澄の立遅れが看取されよう。日本における瑜伽派対一乗家の「全体系的な理論対決」は、「明匠得難く、法門具せず」といわれた会津の徳一の主導の下に開始されるのである。

次に『決権実論』についてみよう。『決権実論』一巻の成立年代は明らかでないが、本文中に最澄の『守護国界章』・『照権実鏡』・『依憑天台宗』の名を引き、また引用文中に徳一の『中辺義鏡』・『慧日羽足』・『遮異見章』の名を見出すことが出来るから、『中辺義鏡』を対破した『守護国界章』成立以後であることはもちろん、恐らく『守護国界章』以後に書かれたと思われる徳一の『慧日羽足』・『遮異見章』よりも後出であることがわかる。この『遮異見章』についても田村晃祐氏の研究がある。田村氏は、『法華開示抄』（貞慶撰）に引かれた『遮異見章』の短い逸文を手がかりに、まずこの逸文が『守護国界章』巻下之上の第二章、および『決権実論』の第七章に関連することを発見し、このことから、『遮異見章』が『守護国界章』（もしくはその一部）に対する反論として書かれたこと、そしてこれが再び『決権実論』で取り上げられたことをあざやかに論証している（田村晃祐「徳一の『遮異見章』について」『印度学仏教学研究』一八ノ二）。そうだとすれば、『守護国界章』と『決権実論』との間には、徳一との間で論争の一往復する時間をみなければならないが、一方、『法華秀句』（上ノ末）に本書の名が引かれているから（『伝全』三、七〇）、『法華秀句』撰述の弘仁十二年以前には執筆されたとみなければならない。

次に『決権実論』の内容に入ると、本書一巻二〇章は大きく二段に分かれ、前段一〇章では、三乗と一乗の問題、無性有情や定性二乗の成不の問題など、仏性論ないしは人性論が取り上げられ、後段一〇章では、三車・一車の問題、すなわち法華経の経体論が取り上げられている。大体において、前段は『守護国界章』下巻の要約、後段は同書中巻の要約とみることが出来る。次に論述の体裁をみると、巻頭に論の体裁を標示して、

(A)山家問難　(B)北轅会釈　(C)山家救難

と示している。さらにこの内の(A)山家問難をさらに開いて、

(1)一問　(2)二答　(3)三難　(4)四不通義

という組織を標示している。しかし、本文と読み合わせてみると、(1)〜(4)がすべて(A)に属したのではなく、(A)に属するものは、(1)(2)(3)で、(4)は(C)に属せしむべきことがわかる。すなわち、まず(A)山家問難では、最澄が『守護国界章』中・下巻から二〇の論題を選んで、これを、(1)問(2)答(3)難、という形にまとめて問題点を明らかにした。

これが文中にみえる最澄の「二十問難」にあたるであろう。ここにみえる(1)問(2)答(3)難は、いわゆる問答体という、当時一般に行なわれた論・釈の記述形式に倣ったもので、最澄が自分で設定した問題に自分で答難したものであることはいうまでもない。そして、本文によってすぐわかるように、(1)問は、天台の立場、(2)答は、法相の立場、(3)難は、再び天台の立場を示し、なかんずく(3)難で、すべて法華経の文を引証して自宗の義を論成しているところに、最澄の最大の苦心と工夫があっただろう。次に(B)北轅会釈は、いうまでもなく徳一の答釈であるが、それは最澄より提示された「二十問難」に一々答えたもので、文中にみえる「二十会釈」がこれにあたるであろう。そして徳一の「会釈」に再び答えたものが、(C)山家救難であり、これが『決権実論』において新加された部分である。

以上の本文分析によって知られた通り、『守護国界章』と『決権実論』との間には、最澄の「二十問難」とこれに答えた徳一の「二十会釈」の応酬のあったことが知られた。このことは最澄・徳一論争の展開の上で、すこぶる注意すべきことがらである。第一に、これまでの論争書は、『守護国界章』といい、『中辺義鏡』といい、不特定多数の読者を予想して書かれたものであったが、この「二十問難」と「二十会釈」だけは、互いに論敵を特定して書かれた正式の質問状であり回答状である。『守護国界章』や『中辺義鏡』の場合には、恐らく第三者の仲介を経て、互いに相手の論書を入手したと思われるが、「二十問難」と「二十会釈」の場合には、恐らく正式に使者を立てて問答を往復させたであろう。真に論争書の名に値するものはこの両書だけである。数多い三一論争関係書の中から、特に『決権実論』一巻を『日本思想大系4　最澄』に収めた積極的理由もまたここにある。なお、田村氏の指摘によれば、『決権実論』の(C)山家救難の部分に、『遮異見章』の文章がそのまま収められていたことになるが（田村晃祐前掲論文）、このことは徳一が、正式の使者を立てて最澄に「二十会釈」を送り返した際、『遮異見章』以下、『中辺義鏡』・『慧日羽足』のいわゆる「三部の章」を添えて送ったことを示すであろう。同様に最澄もまた、「二十問難」とともに、『守護国界章』・『照権実鏡』・『依憑天台義集』の三部の書を徳一の下に送り届けたことであろう。第二に注目すべきことは、この正式の論争書の往復が、まず最澄の「二十問難」の送付によって始められていることである。対徳一論争における最澄の立遅れについては、上にたびたび指摘したところであるが、みよ、最澄はここにおいて論争の主導権を自らの手に奪回しているのである。第三に、最澄の「二十問難」が、各論題の締めくくりで、法華経の文を引証して自宗の義を論成していること、そしてそこに彼の大きな苦心の存したことは上述の通りである。それは、いまや論争の主導権を手の中にした最澄の作戦ともいえるが、徳一がまんまとその作戦にのせられたことは、次の『法華秀句』の検討によって明らかにされるであろう。一体三一権実論争は、根本的な考え方の違いに基づく、「全体系的な理論対決」である。そこでは、無限の問題が派生する可能性を秘めるとともに、一方では常に、問題は「一通一執」していたのである。従ってそこでは、最初に述べたように、三・一の権実を争う問題が、仏性論に約すれば悉有仏性を争う論となり、人性論に約すれば五姓各別説を争う論となる性質のものであった。この種の論争では、自他「共許《ぐうこ》」の立脚点を我が田に引いたものが勝ちである。最澄はこの作戦を実行し、さすがの徳一もそこまで見抜けなかったわけである。すなわち、三一権実の問題は、法華経の判教論に約すれば法華経の権・実を争う論となるわけであるが、最澄は法華の経文を正邪の判定に用いることにより、徳一を知らず知らずの内に法華経を実なりとする立場に引き入れたのである。「一通一執」した「全体系的な理論対決」の場においては、一部分で敗れたものは、全体で敗れることにひとしい。そのことは、次の『法華秀句』の考察によって知られるであろう。

『法華秀句』三巻は、すでに述べたように、弘仁十二年、すなわち最澄入滅の前年に書かれたもので（『伝全』

三、五五）、この大論争の掉尾を飾る大著である。三巻一〇章より成るが、第一章（仏説已顕真実勝）に上・中二巻を宛て、第二章以下の九章が下巻所収であるから、第一章が桁はずれに大きなことがわかる。第一章は上・中二巻に分かれるが、上巻はさらに、(1)一〇教二理にわたる徳一の「謗法華文」を対破した部分（『伝全』三、二一―五一）、(2)四教二理にわたる「死法華心腑文」を対破した部分（同三、五一―七二）、(3)同じく徳一の「死法華心腑証文」を対破した部分（同三、七一―一〇九）から成る。この内(1)(2)は『守護国界章』下巻一二章（弾謗法者偽示法華権実章）を増広したもので、『中辺義鏡』の七教二理・四証二理が、『法華秀句』ではそれぞれ(1)一〇教二理・(2)四教二理に増加されている。また(3)は、最澄の「通六九証」を逐一論破したものである。その内(1)の部分は、各条とも「明知、是権、非㆓実教摂㆒」（同三、四）とか、「法華是権、非㆑為㆓実教㆒」（同三、六）という文句で結ばれているから、この部分を前掲徳一の著述中の『法華権文（門）』一巻に比定することが出来るのではないか。また(2)と(3)の部分は、「死法華心腑文」あるいは「死法華心腑証文」といわれているから、やはり前掲の『法華肝心』二巻に比定することが出来るのではなかろうか。すなわち徳一は、『二十問難』ないしは『決権実論』における最澄の巧みな誘導作戦にのせられて、法華経の権実を争う論域に引きこまれ、かつて『中辺義鏡』で述べた七教二理を僅かに一〇教二理に補強して『法華権文』一巻を作り、また四証二理を四教二理に改修し、これに「通六九証」を破る文を新加して『法華肝心』二巻を組織したけれども、もはやそれは最澄にとって恐るべきものではなかったであろう。なぜなら天台宗こそは諸経の王たる法華経をもって宗をなす「経宗」であり、法華経をもって自宗の義を論成することは、極めて容易だったからである。これに対して法相宗は、法華を権となすためには、どうしても仏性論ないしは人性論によって論理を立てなければならないという弱味があった。五年にわたる論争が、『仏性抄』によって「法華を権と判じた」徳一の論難に始まり、『法華秀句』によって一切皆成を論成した最澄の論によって終幕を告げていることは、この間の事情を象徴的に示すものではなかろうか。

次に『法華秀句』中巻は、第一章の後半部分にあたるが、題して「抉択仏性護咽喉」という。そこではもはや論争書の体裁をとらず、天竺・大唐・日本の仏性論諍が回顧されるが、この内日本の部は成稿されずに終わっている。見方によれば、『守護国界章』以下の論争書のすべてをこれにあてることも出来よう。天竺・大唐の部、特に大唐の部が仏性論争の復元的研究のための貴重な資料を集成していることは、すでに述べた通りである。最後に『法華秀句』下巻は、「仏説経名示義勝」以下、法華経の最勝を示す九章より成っている。これまた論争の体をとらず、もっぱら天台の『法華玄義』と湛然の『法華文句記』によって天台独途の義を巍々堂々と論成した一種の判教論である。しかも法相宗のみならず、三論や華厳といった大乗家もしくは一乗家に対しても天台法華宗の最勝が説かれるのである。そこには徳一との対決を止揚し終わった最澄の余裕ある態度すら認めることが出来る。

こうして、徳一の『法華判権』に始まった未曾有の大論争は、最澄の『法華秀句』結巻の「法華最勝」という結論によって終止符が打たれた。論争はすこぶる多岐にわたったけれども、結局は、法華経に始まり法華経に終わったということではないか。ここにわれわれは、この論争の有した独自の、つまりインドにおける中観派対瑜伽派の論争でもなく、盛唐時代における新訳三乗家対旧訳一乗家の論争でもない、わが最澄対徳一論争の持った独自の歴史的意義を見出すことが出来るであろう。それは具体的にいえば、最澄の関東行化にあたって、緑野寺や大慈寺の経塔会に群集した民衆の存在である。それは、『伝』によれば「百千万」といい、『元亨釈書』によれば「九万人」「五万人」といわれるもので、多少の誇張を割引きしても、とにかく万をもって数えられる「一切衆生」である。最澄はこの群衆を前にして法華経の最勝を説き、写経を奨め、造塔への知識結縁を奨め、そして法華経の説く「一切衆生悉皆成仏」の福音を解放した。民衆伝道の場では、「法華最勝」と「一切皆成」があるばかりで、その間をつなぐ何の理論も教学も不要である。しかし、ひとたび「法華を権と判じ」、「五姓各別」を説く異端者が現われた場合には、これを「全体系的な理論対決」をもって破斥することは、師主たるものの使命である。私は、五年間の大論争を通じて、最澄の脳裏を常に離れなかったものは、経典の説く「一切衆生」と二重写しになった関東の民衆の存在であったと思う。

同じ事情は、徳一の側にもあったはずである。彼は当時の新知識である最澄を相手に五年間の論争を戦い抜いた学僧であるとともに、また菩薩をもって称せられる民衆布教家であった。恐らく当時の関東における宗教地図は、上野・下野による道忠門徒と会津から常陸にかけての徳一門徒の勢力によって二分されていたのではないか。それは三乗主義対一乗主義の対立といってよいであろう。最澄対徳一の論争は、かかる関東の数千数万の民衆の存在を背景として戦われた一種の宗教戦争であったとしてあえて過言ではない。

近代の学者は、この論争において、最澄は徳一をさして「麤食者」「北轅」「短翮者」などの卑辞を用い、徳一もまた最澄をさして「法華の末学者」「愚夫」などと貶称したことをもって、「共に教家の論難に免れざる欠点を伴ひ、今日の研究者をして眉を嚬せしむ」といい（常盤大定『仏性の研究』三一六頁）、『守護国界章』や『中辺義鏡』が経典の一文一句に立ち入った議論をなしたことをみて、「まま文字に拘泥して枝葉の論議に亘ることなきに非」ずと評する（三浦周行『伝教大師伝』二二七頁）。しかし、右に述べたような論争の歴史的背景に思い至るならば、これらの批評は、また異なったものになるのではなかろうか。最澄にしろ徳一にしろ、彼らの教化に従う数千数万の民衆のためには断じて負けられない論争であった。卑辞・貶称も、相手が後に入滅後、「全身壊せず」と称される程に偶像化された人物であってみれば、民衆布教上の効果として許されるのではなかろうか。

しかも当時の関東地方は、奈良末期以来の打ち続く征夷戦争の前線基地とされていた。「五姓各別」と「一切皆成」をかけた法華経論争は、荒々しい自然と風土に取り囲まれ、律令政府の厳しい収奪にあえぐ当時の関東の農民たちの目前で展開される時、特別に切実な意味を担ったであろう。そしてこの激しい論争を体験することによって、最澄は持ち前の非妥協精神をよみがえらせ、自己の奉ずる教学についての優越性を確信することが出来た。すでに五十歳の坂を越え、余命いくばくもないことをさとる最澄は、いよいよ終世の念願を実現に移すべき時の来たことを自覚した。すなわち大戒独立の運動がこれである。

六 『顕戒論』撰上をめぐって

最澄が関東から比叡山に帰った時期は明らかでないが、恐らく弘仁八年（八一七）中のことであったと思われる。弘仁九年二月七日には、はじめて弟子の光定に「大乗寺建立」の素志を告げてその協力を請い（『伝述一心戒文』上ノ二）、ついで同年暮春（三月）には、門弟たちを集めて、彼が十九歳の昔、東大寺の戒壇で受けた小乗二百五十戒の棄捨を宣言し、同時に比叡山に新しい大乗戒を建立する決意を表明した（『伝』）。いわゆる大戒独立運動の火蓋は、ここに切って落とされたのである。

大戒独立の構想は、早くから最澄の胸中に熟しつつあったことに違いないが、これを急速に具体化せしめたものは、前年に始まった徳一との論争であったと思われる。前節に明らかにしたように、関東から帰山した最澄が、まず着手しなければならなかった仕事は、徳一の『中辺義鏡』に対する反駁の書、すなわち『守護国界章』（初稿本）の執筆であったが、大戒独立の構想は、この『守護国界章』の執筆を進める中で具体化されたものとみて間違いないであろう。弘仁九年五月、最澄はまず「六条式」を撰上して、菩薩の出家を奏請し、ついで同年八月には「八条式」を撰上して、重ねて勅許を請うているが、これらは時間的にみて、『守護国界章』の初稿本もしくは再治本の執筆と並行して行なわれたものとみなくてはならぬ。このことは、三一権実論争と大戒独立運動との密接不可分の関係をもっとも明瞭に示すものであろう。すなわち徳一との論争が、南都旧宗に対する思想的訣別を告げる戦いであったとすれば、大戒独立運動は、南都旧宗から天台宗の教団的独立を勝ちとるための戦いであったということが出来るのである。

弘仁九年三月における大戒独立の決意表明から「六条式」撰上に至る前後の経過については、光定の『伝述一心戒文』（上ノ二）に詳しい。最澄は門弟たちにこの決意を告げるとともに、同年四月二十一日を期して、山門の結界を定め（『伝全』五、四〇三）、また同日、六所宝塔の建立を発願し（『伝全』五、三七三）、さらに四月二十六日の五更を期して山内の九院を定めた（『伝全』一、五三三）。六所宝塔については、すでに前節で弘仁七年五月一日付泰範宛消息を引いて論じたように、これまた早くから最澄の胸中に描かれていた計画であるが、ここに至って具体的に形を整えたものと思われる。そして同じ日に行なわれた山門の結界という事実も、六所造塔の計画の最後の仕上げを意味するものであったろう。泰範宛消息の文面に即していえば、「東遊……南遊……」の後に、「永く叡山に入りて生涯を待たん」といった「叡山に入る」という表現の具体化である。山門の結界、九院の設定、六所造塔という一連の構想は、「山修山学の規模あるいは輪郭」を示すとともに（村中祐生「大乗戒提唱と顕戒論」天台学会編『伝教大師研究』所収）、大戒独立の理念を極めて具体的・即物的に示したものであった。一体最澄の主張する大乗戒には二重の意味が含まれていたと思う。一つは南都の小乗戒に対して、叡山の大乗戒の有する宗教的優越性という意味である。それは、声聞の自利を追求する「歩行の迂回道・歴劫道」である小乗戒に対して、

「飛行の無礙道」(『守護国界章』上ノ一三)に譬えられる「円頓戒」という言葉で表現されよう。この「円頓戒」という呼称とともに、叡山の戒を「自性清浄一心戒」「自性清浄虚空不動戒」、略して「清浄戒」と呼ぶことがしばしば行なわれた。最澄自身も晩年には、この呼称をよく用いているが、その出典は灌頂纂の『国清百録』の普礼法中にみえる「帰三宝文」にあり、最澄はこれを道璿―行表に学んだのであろうというのが、常盤大定氏の所説である(常盤大定「円頓戒論」『日本仏教の研究』所収)。それはともかく、この場合の「清浄」は、宗教的純粋性といいかえてよいであろう。宗教的純粋性とは、いうまでもなく世間通俗のことがらや道理から出離した勝義諦であり第一義諦である。最澄が『顕戒論』の中で、叡山の山林修行をさして「第一義の六度は、山林の中に坐臥し……」と述べ、その度者を「清浄の度者」、山中での出家を「清浄の出家」といい、またそれに対して「宮中の出家は清浄に非ず」としたのも、大体この意味で理解してよいであろう。最澄の提唱する大乗戒が、南都の戒壇を否認して僧綱支配からの離脱を図るとともに、南都・僧綱を通じて加えられる国家権力の規制をはねかえす力を持ったのは、主としてこの「清浄」という語で表わされる大乗戒の宗教的純粋性の理念に基づくものである。してみると、大乗戒の理念の実現の場である「山修山学の規模あるいは輪郭」は、世俗の世間から聖別された清浄な区域でなければならないであろう。ここに、大戒独立の前提として山門が結界されねばならぬ理由が存した。そして清浄な区域として結界された山門を意義あらしめるものとしての九院と、またその全国的拡大の手足としての六所宝塔も同時に設定されねばならなかったのである。

光定の『伝述一心戒文』によれば、大戒建立の前提ともいうべき上記の一連のことがらが、ちょうど同じ頃になされた朝廷の要請に基づく祈雨読経を機縁として行なわれたことを伝えている。同年四月二十一日、左近衛大将藤原冬嗣より最澄に宛てて書状が到来し、祈雨読経を乞う旨が記されてあった。翌日、重ねて墨勅が下り、二十六日より三ヵ日を期して宜しく精進転経すべきことが要請された。最澄が山門を結界し、六所造塔を発願したのは、冬嗣の書状の到来した日であり、九院を定めた二十六日五更（午前四時）といえば、まさしく三ヵ日転経の開始された日時にあたっている。『日本紀略』によれば、この年春より亢旱が続き、四月三日には京畿に使を遣わして雨を祈らしめることあり、同二十二日には、伊勢に奉幣し、諸大寺、畿内諸寺ならびに山林禅場をして祈雨読経せしめている。二十三日の詔には、前年の秋収とともに今年の春苗も絶望的な状態にあること、都内にも飢餓が広がり死者が続出していること、などを述べ、諸寺をして三ヵ日祈雨読経せしめている。この詔は、『伝述一心戒文』所収の二十二日付の墨勅（『伝全』一、五三七）と同文で、両所伝は矛盾なく一致する。

すでに大戒建立を決意した最澄とその教団にとっては、このたびの祈雨読経は一つの試金石であった。三ヵ日の読経の結果は細雨が降るに止まったが、同月二十九日、最澄の表と献上のための金字仁王経を携えて内裏に参上した光定は、四〇人の大徳を率いて夜もすがら内裏に念誦講経する護命僧都らの姿をみかけている。清浄に結界された山林の読経と、非清浄なる宮中での読経との対決である。『顕戒論』（巻中）で議論される題材が、そこにはすでに事実として現出されていたといわねばならない。まさにそうした状況の下において、山門の結界以下の一連の布石が打たれたのである。

またこの祈雨一件を通じて、宮廷に対する積極的な働きかけが開始されたことも注意すべきである。すでに最澄から、大戒建立の意図を天皇および左近衛藤大将（藤原冬嗣）の耳に入れるようにという内命を受けていた光定にとって、今回の祈雨一件はまことに好機到来というべきであった。四月二十三日には最澄の返書を携えて冬嗣に面会し、大戒問題に関する最澄の内意を伝え、冬嗣はこれに対して「しばらく待て（且待須臾）」という回答を与えたといい（『伝全』一、五三三）、二十九日には上述のように内裏に参上した光定は、右大弁良峰安世の曹司

（役所）を訪れて献上の表と写経を託するとともに、安世にも最澄の内意を告げ、「しばらく待て」という同じ返事を得たという（『伝全』一、五三七）。光定はすでに弘仁四年六月、師に随って興福寺に赴き、義解・義延との論争を試みた時以来、冬嗣とは面識があったが、安世との交渉の発端は明らかでない。しかし、冬嗣と安世という二人の名流貴族に目を付け、その支援を請うたことは、最澄もしくは光定の政治的炯眼を示すものである。藤原冬嗣は北家の嫡流で、薬子の乱（弘仁元年九月）以後は政界の実権を握る権勢家であったし、良峰安世は桓武天皇の皇子で、良峰の姓を賜わって臣籍に下っていたが、冬嗣とともに嵯峨天皇の羽翼をなす人物であった。安世と天皇は異腹の兄弟で、しかも同じ年齢の親密な間柄であった。また安世の母は飛鳥部奈止麻呂の女といい、女《にょ》孺《じゅ》となって宮中に入って安世を生む以前に藤原内麻呂に嫁し、冬嗣を生んでいる。すなわち安世は冬嗣とも異父同母の兄弟にあたり、冬嗣より十歳の年少であった。

上述のような経過を経て弘仁九年五月十三日に撰上されたのが『天台法華宗年分学生式』、すなわち「六条式」である。その二日後の十五日付の「得業学生式」は、年分学生が得度試業を受ける以前の段階、いわゆる得業生に関する内部的な規定であって、大戒独立の決意表明以来、内部的な基礎固めと、外部的な準備工作を着々と進めてきた最澄の周到な態度を示すものである。さらに数日後の二十一日には、「六条式」の趣旨を重ねて要説した「請菩薩出家表」が天皇の下に上られた。しかし朝廷側からは何の反応も示されなかった。光定が良峰右大弁を通じて入手した情報によれば、最澄らが満を持して放った「六条式」等の第一弾は、天皇はこれを僧綱の討議に付したけれども、護命僧都らの「大乗寺無二天竺一、亦無二大唐一、亦無二此間一」という反対意見によって握り潰されてしまったのである（『伝全』一、五三八）。ついで八月二十七日には、「勧奨天台宗年分学生式」、すなわち「八条式」が撰上され、重ねて勅許を申請するところがあった。「八条式」撰上前後の事情は光定の私記にも伝えられないけれども、恐らく「六条式」の場合と同様の運命を辿ったことが想定される。

「六条式」および「八条式」で最澄の奏請したところのものは、いうまでもなく、桓武天皇によって勅許された天台宗年分度者に関する諸規定であり、その意味で確かに井上光貞氏が指摘したように、延暦二十五年の法令（格）に則る細則（式）にあたるものとみなすことが出来る（井上光貞『日本古代の国家と仏教』一〇〇頁）。しかし、この両式に盛られた最澄の要求は、表面的にはおだやかであるが、言外に南都戒壇の否認と僧綱支配からの離脱を図り、さらに奈良朝以来の国家仏教の体質の根本的転換を迫る意味を秘めたものであった。護命以下の僧綱が、言を左右にして黙殺の挙に出たことは、むしろ事の重大さを認識したものといえるのではなかろうか。

「六条式」では、まず弘仁九年を期して天台宗年分学生を「大乗の類」となすことが宣言され、ついでその具体的な内容として、(1)天台宗年分の得度には円の十善戒を授けて、菩薩沙弥となすこと、(2)得度と同じ年に仏子戒（大乗戒）を授けて菩薩僧となし、以後一二年の山修山学を課すること、(3)止観業には護国の大乗経の長転・長講、遮那業には護国の真言経を長念させること、(4)所定の年限を終えたものは、その能力に応じて国宝・国師・国用に分け、国宝は衆の首として山にとどめ、国師・国用は伝法および諸国の講師に任ぜられんこと、などが要求されていた。なお第一・二条に述べられた、天台宗年分の籍名を除かず、戸籍には仏子の号を書き加えるにとどめること（僧籍の廃止）、その度縁・戒牒に官印を請うこと（貢名出家）の二つの規定の有する重要な意義については、後に再論するであろう。これを要するに、「六条式」の眼目は、新しい「菩薩僧」の理念とその具体的な修業内容を示したことである。人口に膾炙する冒頭書き出しの「国宝とは何物ぞ。宝とは道心なり」といった「国宝」の意味するところも、この式に添えて上られた表が「請菩薩出家表」と名付けられた理由も、「六条式」に提唱された「菩薩僧」に基づいている。また第六条に、修池修溝等の利国利人の社会的実践を説いたのも、「菩薩僧」のイメージに伴う大乗利他の行として付加されたものであろう。そしてそれは、井上光貞氏が指摘するように、行基の事業を思い浮かべて書かれたものに違いない（井上光貞前掲書）。次に「八条式」は、全体として「六条式」に洩れた部分的規定を拾遺したものとみられるが、第一・二・三条は、得度以前の得業生に関する規定で、先の「得業学生式」の制を若干補訂するとともに、その待遇（供料）に関する規定を定め、かつ「六条式」には出なかった得度試業の法を詳しく規定しているが、そこでも「貢名出家」の原則が再確認されている。第四条は、年分学生に課した一二年の山修山学をやや詳しく規定したものであり、第五・六条は、天台宗年分、および他宗自進の学生の待遇を定めたものである。さらに第七条では、一二年修学のものには、大法師位もしくは法師位を賜わらんことを請い、第八条では、俗別当二員を差遣されんことを請うている。

このように「八条式」で、最澄が、得業生ないしは年分学生の待遇のことや、業を卒えたものの僧位のことに大きな配慮を示したことは、大戒問題が、天台宗の独立と教団の革新をのぞむ理想的な念願に発するとともに、一面では、門弟の離散を防ごうという、極めて切実な動機から出ていたことを示すものである。桓武天皇の勅許にかかる天台宗の年分度者は、長らく実施されず、勅許後五年目の大同五年（八一〇）一月になってはじめて施行されたが、この時過去四年分、八人が一度に得度し、以後弘仁九年（八一八）に至るまでの一二年間に都合二四人が得度した。しかるに、その内の一人は死亡、四人は法相宗に奪われ、九人は種々の事情で山にとどまらず、結局住山のものは一〇人にすぎない有様であった（『天台宗年分度者学生名帳』）。これは天台宗で得度しても、授戒には東大寺に赴かねばならず、それを機会に、出身の便宜の多い南都諸大寺へ走ってしまう者が多かったからである。得度・授戒を同時に叡山で行ない、さらに所定の業を卒えたものに対する任用・出身の道を開きたいという要求は、門弟の離散を防いで教団の永続を確保しようとする、極めて現実的な動機に基づいている（辻善之助

「顕戒論撰述の理由」『日本仏教史の研究』所収)。「八条式」に俗別当二員の設置を請うたのも、単に、門徒の風儀を取り締まらせるばかりでなく、彼らにこうした経済的・世俗的な保護の役割を期待したからであろう。

明けて弘仁十年三月十五日、黙殺の態度をとり続ける南都・僧綱に対して、最澄は重ねて『天台法華宗年分度者回小向大式』を撰上し、強く訴えるところがあった。すなわち「四条式」がこれであるが、題して「回小向大式」という。南都の戒壇を小乗戒と貶して否認し、叡山に大乗戒を建立することをはじめて積極的に意志表示したあからさまな挑戦状である。これまで黙殺の態度をとり続けた南都・僧綱側も、果たして反撃に出、同年五月十九日、僧綱は南都七大寺の反対意見をとりまとめ、四条式を激しく論難した。最澄の式は、教理に合わぬばかりでなく、僧尼令の規定に背いて僧綱・玄蕃寮を経ずに上奏に及んだ過失がある、よって本人を召喚して、教えに照らして論定すべきである、というのがその結論である。この僧綱の奏状にこたえて執筆されたのが、最澄畢生の大著『顕戒論』三巻であった。

『伝述一心戒文』(上ノ三・五)によると、「四条式」の奏上に先立って、最澄は僧綱の上首、護命の賛同を得ようと試みたが、光定が「大乗の伝戒の成・不成の事は天子に在り、僧都に在らず」と主張したので思い止まったという(『伝全』一、五五二)。四条式とそれに添えた「請立大乗戒表」は、例によって光定が宮中に持参し、良峰安世に託して上呈された。四条式撰上の日が三月十五日に選ばれたのは、この段階ではじめて具体化される天台宗年分の得度を、先帝国忌の日(三月十七日)に比叡山上において行ないたいとする要求(「請立大乗戒表」)を考慮したものであろう。しかるに三月十七日の夕になっても四条式に対する勅答は下されなかった。「欝結」した光定は、藤原冬嗣に事態の進展についてたずねたところ、天皇の態度は変わらず、式は僧綱に下され、その判断に委ねられるという、前回と同じような首尾に終わったことが知らされた。「伝戒の事は天子に在り」として護命の署名を請うことに反対した光定が、最澄の「請署名文」を携えて野寺（常住寺）なる護命の房を訪れたのは、その数日後の三月二十日のことであった。その際行なわれた護命と光定との会話は『伝述一心戒文』（中ノ三）にみえるが、護命が大戒の独立に反対する論拠は、さすがに問題の本質をついたものであった。彼は最澄の提唱する「菩薩僧」を別受・通受の二類に分ち、「通受菩薩僧」は認めるが、「別受菩薩僧」は大唐にも前例のない新儀だから認められないというのである。護命の署名が得られず、むなしく帰山した光定の報告を聞いた最澄は、「僧都は一切経・論疏を読んでいない」といった。そして「諸法無行経に喜根菩薩、法華経に常不軽菩薩があるのだがなあ」と付け加えた（『伝全』一、五七一）。

こうして護命の署名を請うことは不首尾に終わったけれども、四条式に対する取り扱いが、前回まではやや異なった進展をみせたのは、冬嗣や安世の助言によるところが大きかったのであろう。すなわち、六条式・八条式は僧綱によって黙殺されたが、四条式は諸大寺に回付してその意見を徴するということになったからである。しかも五月十九日に至って上奏された僧綱の表および七大寺の反論が天皇の手許に届くまでの経路がまったく違ったものとなった。ここにも冬嗣の陰の斡旋が大きな役割を果たしているであろう。すなわち四条式は玄蕃頭（当時の玄蕃頭は前年、光定と宗論を闘わせた真苑雑物である）の手を経て僧綱に回付されたが、僧綱の表対および七大寺の状は、内匠頭藤原是雄の手を通じて天皇の下に達し、その後も内匠頭の手許に保管されることになったからである。是雄は冬嗣の甥であった（『尊卑分脈』巻二）。彼が冬嗣の意を受けて最澄側に好意的であったことは、最澄の要望にこたえて、これらの文書を彼の閲覧に供したことからも明らかである。最澄が是雄の諒解を得て、宮中文殿に保管される僧綱側の文書を入手し得たのが、「上顕戒論表」の文首にみえる「去年十月廿七日」すなわち弘仁十年十月二十七日のことだったのである。

ところで「上顕戒論表」には、ここに収めた(A)『叡山大師伝』所収、弘仁十一年二月二十九日付のものと、(B)『伝述一心戒文』(上ノ五)所収、某年十一月二十一日付のもの、の二種があり、両者対照してみると文に多少の繁簡が認められる。もっとも大きな違いは、(1)(B)の方に『菩薩瓔珞本業経』(下巻)の文を引くこと、(2)文の末尾の天台宗年分学生の離散の実情を訴えたところで、(A)は「弘仁十一年まで云々」、(B)は「弘仁九年まで云々」となっていること、(3)同じく末尾に近いところで、(A)は「弘仁十一載……造顕戒論」、(B)は「弘仁十載……造顕戒論」となっていることである。以上によって、(B)は弘仁十年十一月二十一日に執筆された草稿本であったことがわかる。恐らく最澄は、僧綱側の反論を入手するや否や、『顕戒論』三巻を一気呵成に書き上げたことであろう。すでに上述の経過にみられるごとく、『顕戒論』の構想は、早く最澄の胸中に用意されていたと考えられるからである。『伝述一心戒文』所収(B)の「上顕戒論表」は、この一気呵成に書き上げられた『顕戒論』(仮に初稿本と名付けておこう)に添えられた表であったと思われる。しかるに何らかの事由によって、『顕戒論』撰上は翌年春二月に延期された。(A)の「上顕戒論表」はその時再治を加えたものと思われるが、『顕戒論』の本文の方にも、充分修治の手が加えられたことであろう。なお『顕戒論』の撰上が延期された事由については、いまのところ推測の手がかりはない。

「四条式」およびその脚注ともいうべき『顕戒論』で展開された論点は多岐にわたるが、いまこれを、(1)一向大乗寺の建立、(2)菩薩の出家、(3)大乗戒の僧戒化、の三点にまとめてみてゆきたいと思う。

(1)最澄は仏寺に一向大乗寺・一向小乗寺・大小兼行寺の三があるとし、この内一向大乗寺について、日本には行基の四十九院以外に前例がないが、天台宗年分学生の住するのは一向大乗寺でなければならないとし、比叡山にそれを建立することを要請した。これに対して僧綱は、この三寺の分類自体を認めない。これは当時の南都の諸大寺において、六宗の僧侶が同一寺内に雑住した実状からして当然の考え方である。最澄の主張は、「大乗寺」を建立して南都・僧綱の統摂からの離脱を図るとともに、当時の一般の寺院のあり方に根源的な疑問を投げかけ、日本仏教にはじめて「宗派寺院」の概念を導入したものであった。

(2)この一向大乗寺に住するものが、出家の菩薩、すなわち「菩薩僧」である。これは、四条式よりも、むしろ六条式と八条式で提唱された問題であるが、これまた僧綱の反撃の的となった。僧綱の意見によれば、菩薩と僧(声聞)とは矛盾する概念で、「菩薩僧とは無し」(『伝述一心戒文』上ノ三)、すなわちあり得ない概念である。これは大乗仏教が在家信者の宗教運動として勃興してきたという歴史的事実に照らしても、充分成り立ち得る一つの見解である。たとえば仏像彫刻をとってみても、菩薩像が大悲闡提である地蔵を除いて、すべて在俗有髪の姿をとっていることもこの間の事情を物語っているであろう。ところで南都六宗には華厳・法相・三論の諸宗があり、すべてこれ大乗仏教である。とすれば、大乗の僧が声聞形(小乗律師)をとる理由を示さねばならないが、これについては、実は最澄の四条式が回答を用意してくれていたのである。すなわち彼らは「利他の故に小律儀を受く」といえばよかったのに、僧綱は回答を誤り、この文を「これ倒言なり」と非難したために、逆に自らを小乗的立場に追いこんでしまう愚を犯した。最澄の真意は、「菩薩僧」という新奇の概念を提唱することによって、南都僧儀の小乗的偏向を痛打することにあったのであり、それはその限りで成功を収めている。

(3)最澄の主張する「大乗戒」とは、『梵網経』に基づく十重四十八軽戒である。彼は南都の戒を小乗戒と決め付け、これを否認するとともに、この梵網の菩薩戒をもって僧侶の資格を印可する大僧の別解脱戒に用いようとした。しかし梵網の菩薩戒は、もともと在家の信者(菩薩)に対する結縁戒として構成されたという歴史的経過を背負っていた。よく知られるように梵網の十重禁戒の一つに「不酤酒戒(酒を売ってはならない、売らしめてはならない)」があり、どうみてもこれは在家生活者に対する規定である。最澄はこれを「その戒広大にして真俗一貫す」としたけれども、これを大乗不共の別解脱戒とすることには無理があった。菩薩戒の伝授は中国でも盛んに行なわれたけれども、光定との対話で護命が語ったごとく、すべて「通受菩薩僧」の立場でこれを授受したのである。最澄が入唐した際、天台宗の根本聖地である天台山でさえ、この立場は変わらず、現に最澄に随行した義真も天台山において三師七証を前にする声聞別解脱戒を受けて僧としての資格を允許されているではないか。南都の法師たちが、「大乗戒の僧戒化」をもって「法門を紊乱する」ものとみなしたのも無理はなかった。

右にみたように、僧綱側の回答に不手際があったにもせよ、仏教学の常識からいって最澄の主張の方に無理があった。それにもかかわらず彼の意見が最終的に勝利を収め得た理由は何か。私はその理由を三つ程数えることが出来ると思う。

第一に、最澄の無垢な宗教的良心である。われわれはここで、彼が十九歳の昔、南都での授戒を契機として痛切な無常感におそわれ、比叡山に隠遁した時のことを思い出さねばならない。そこでも述べたように、それ以来、彼はこの「授戒」の意味を問い続けてきたのである。彼がこの「授戒」の問題を槓桿として、自己の宗団の確立のみならず、仏教界全体の改革を企てるに至った必然性は、実にこの時に根ざしたのである。鑑真が三師七証の具足戒を日本に伝えてより四十余年、彼程真剣に「授戒」の意義を考えたものはいなかったということである。彼の鋭い宗教的良心が、授戒の形式的側面(僧団への入門儀礼)と実質的側面(戒律遵守の誓約)との乖離を見抜き、その矛盾に悩んだ。彼は天台の実相論哲学によってこの矛盾を乗り越えることが出来たが、そうなると、大乗の至極である天台一乗にふさわしい授戒方軌が求められねばならなかった。「菩薩戒の僧戒化」は、かかる理論的要請に基づくものであった。

第二に、時代の趨勢である。最澄の大戒運動は、南都仏教の存立を外から脅かすものであったが、その素地は実は南都仏教の内部にも芽生えていた。たとえば学問仏教の建前に立つ南都仏教界にも、次第に宗派仏教への傾斜がみられ、六宗雑住のはずの諸大寺でも、東大寺は華厳、大安寺は三論、興福・元興両寺は法相へというふうに、次第に分化の傾向がみられたのである。そもそも最澄入唐の契機となった高雄天台会の当時における、「三論・法相の久年の諍」(『伝』、「善議等謝表」)といった現象も、そうした南都仏教における宗派教団化の動きを示すものに他ならなかった。ところでこうした宗派仏教化、寺院の宗派化は、民間仏教において特に著しく、僧綱の奏文に添えられた東大寺景深の論文にも、一向大乗寺の先例として行基の四十九院が挙げられていたことは、『顕戒論』にみられる通りである。古代仏教における宗派の観念は官大寺の学僧の間においてではなく、これら民衆教化の最前線からの要請に基づいて次第に醸成されていったのである(薗田香融「知識と教化—古代仏教における宗派性の起源—」『平安仏教の研究』所収)。このことは、最澄の場合でも例外ではなく、かの弘仁八年における彼の関東行化の際にみられたごとく、上野・下野に教勢をはった道忠門徒と最澄の叡山教団との間にみられた「師資」の関係が、彼の宗派教団創出の運動、すなわち大戒独立運動を根底的に動機付け、かつ支えていたとみることも出来るのである(ここにも三一権実論争と大戒独立運動との本質的に不可分な関連を見出し得るであろう)。

第三に、国家仏教の凋落である。奈良時代の国家仏教は、その存立の原理的基礎を僧尼令と得度・授戒制に置いていた。すなわち僧尼令という小乗的禁制をもって僧尼の行儀を取り締まる一方、僧尼育成の手段としての得度・授戒制を、実質上、国家の官僚統制の下に置くことによって、仏教を国家に従属・奉仕させてきたのである。この場合注意を要することは、それがあくまでも「実質的に」なされたことであって、得度・授戒の認許権は、表面的・形式的には教団の師主や長老の手に握られていたことである。得度・授戒制における国家の官僚的関与の仕方は、得度の際における勘籍・除籍事務、僧籍への編入事務、度縁の発給とか、授戒の際における玄蕃寮官人の立会い・簡検、戒牒の発給というような形でなされた。このような当時の国家仏教のあり方をもっとも典型的、もしくは象徴的に示すものが、毎年正月の最勝会に行なわれた年分度者の宮中出家である。宮中出家の場合といえども、度を与えるものは教団の師主であり長老である。しかし、それが宮中で行なわれることによって、教団における師資の関係は減殺されてしまって、度者はさながら天皇から度を与えられた恰好になってしまうであろう。これが最澄をして「宮中の出家は清浄に非ず」といわしめた理由である。最澄はこうした国家の仏教統制のあり方を敏感に見破り、僧籍の廃止や貢名出家制を提唱したのである。これらは些末なことがらであるように思われがちであるが、実は当時の国家仏教のあり方を鋭く批判したものであった。最澄の大戒独立運動は、国家仏教の構造原理上の急所——得度・授戒制を痛撃するものであり、その結果、律令国家の衰退とともにすでに始まっていた国家仏教の凋落は一層促進された。大乗戒の独立によって、仏教教団に対する国家の官僚統制は、やがてまったくその実を失うに至るであろう。

しかし、不幸にしてこの主張は最澄の生前には実現しなかった。『顕戒論』の反撃をみて、形勢不利とみてとった僧綱側は、権力を握ったものがしばしば用いるもっとも悪辣な手段、例の黙殺の挙に再び出たからである。彼は成果をみることなく弘仁十三年（八二二）六月四日、山上の中道院でさびしく息を引き取った。時に五十六歳であった。しかし彼の宿願は、残された門弟たち、特に光定の奔走と、藤原冬嗣・良峰安世等の助力によって、滅後七日目の六月十一日に至って勅許された。彼は大戒独立の成功をみずに死んだが、それは厳しい非妥協精神に生きた彼にとっては、むしろふさわしい最期であったかもしれない。

後記

『日本思想大系4　最澄』の共著者、大谷大学教授安藤俊雄先生には一九七三年十二月二十六日、六十四歳をもってお亡くなりになった。私が先生に最後にお目にかかったのは、確か同年七月十日朝、京都ホテルのことであったと記憶する。学長の要職におられた先生は、すこぶる御多忙の様子であったにもかかわらず、『日本思想大系4　最澄』の執筆には極めて意欲的で、怠慢な私を励ましてくださったのである。その直後の七月末から私は、勤務する大学から在外研究を命ぜられてヨーロッパ各国をめぐり、十月末に帰国した。出発前には本文の訓み下し文がほぼ完成し、注を加える作業に着手したところであったが、勤勉な先生は、私の不在中にすっかり注の仕事を完了しておられた。いまにして思えば、この仕事が先生の御健康によくない影響を与えたのではなかろうかと悔やまれるのである。帰国した私は、最初に決めた分担に従って、早速歴史的な事項に関する注を加える仕事に着手したが、その頃先生は、すでに過労を訴えて田原の御自坊に帰臥されていた。一度お見舞に伺いたいと思っていた矢先、はからずも先生の訃報に接したのである。

先生の中陰忌も明けた頃から、本文および注の校正の仕事が始まり、かたわら解説の執筆も進めねばならなかった。もともと解説は、最澄の教学思想に関する部分を先生に分担していただくつもりであった。いまやそれらの仕事について私は、先生の御尽力も御指導も期待出来なくなった悲傷を思い切り味わわねばならなかった。もっとも、先生の衣鉢をつがれる大谷大学の白土わか・福島光哉の両助教授が、煩雑な頭注・補注の仕事について献身的な尽力を与えられたのであるが、『日本思想大系4　最澄』にもしそれらについて不備な点が残ったとすれば、それはすべて私の責任であることはいうまでもない。

いまようやく稿を終えるにあたり、大戒建立の基礎を固め、その成功をみずして中途に斃れた最澄のことを思わざるを得ない。私は、白土・福島両氏とともに、最澄にとり残された遺弟、わけて光定の心裡を偲びつつ、印刷された最初の一本を先生の墓前に手向ける日のことを考えている（薗田）。

（一九七四年五月十三日午后〇時四十五分、法令印刷にて執筆）

Ⅷ　天台宗の誕生と発展

一　智顗の生涯と天台宗の開創

智顗の生い立ち

天台宗は、いまからおよそ一四〇〇年程の昔、中国の江南地方で成立した宗派で、開創者は智顗《ちぎ》である。天台という宗名は、彼が修禅し、そこで自己の思想体系を完成させた中国浙江省の山の名に基づき、後世、彼および彼の流れをくむ人々をさすようになったものである。

智顗は、梁の大同四年（五三八）七月、荊州華容県（湖南省）に生まれた。字は徳安といい、父は陳起祖、母は徐氏である。陳氏はもと華北の潁川（河南省）に出自する名流貴族であるが、三一六年の晋室の南渡に従って荊州に移住し、父の陳起祖は、梁の武帝の第七子、湘東王蕭繹に仕える賓客（客分待遇の貴族）であった。

彼の伝記である『隋天台智者大師別伝』には、高僧伝の常として神秘的な奇跡や夢の記事が多い。幼時について伝えられるところは少ないが、生まれつき「重瞳」の持ち主であったこと、七歳の時、近くの寺に出入し、聞き覚えに『法華経』の「普門品」を暗誦してしまったことなどが語られている。「重瞳」とは二重のひとみのことで、古代の聖天子舜がそうであったといわれ、聖人の相とされる。

誇り高き南朝貴族の子に生まれ、伝統的な中国古典文化の教養を身に付け、しかも聖人の素質を持った一人の少年が、長い伝来期を経て受容された釈迦の教法と全面的に向かいあって再組織し直したもの、それが天台宗に他ならないが、右の二つのエピソードには、智顗の果たすべき歴史的役割が早くも暗示されているように思われる。

智顗が生まれた梁の武帝の治世（五〇二～五四九）は、南朝歴代の中でももっとも安定した時代で、史上まれにみる崇仏君主・武帝の下、建康（南京）の都を中心に、仏教文化の花が咲き誇っていた。

しかし智顗が十一歳の太清二年（五四八）十月、江南の風雲にわかに急を告げ、もと東魏の武将で、当時、梁に帰順していた侯景が急に叛旗をひるがえして建康に攻め入り、武帝以下、梁の官民を宮城に包囲した。五ヵ月にわたる死闘の末、宮城は陥落し、捕われの身となった武帝は、翌年五月に崩じた。

後中唐の詩人杜牧によって「南朝四百八十寺」と謳われた建康の寺々も多く廃墟と化した。平穏な幼年時代をすごした十一歳の少年も、梁末の混乱の世にいやおうなく巻きこまれてゆく。

承聖元年（五五二）十一月、智顗の一家が仕える蕭繹が江陵で帝位についた。梁の元帝である。父の陳起祖は勲功により使持節散騎常侍益陽県開国侯という顕職につき、智顗も兄の陳鍼とともに元帝に仕官したが、それも束の間であった。

二年後の承聖三年（五五四）十一月、南下してきた西魏の大軍のために江陵政権はもろくも潰え、元帝以下百官は捕えられて北送りされた。智顗の一家は捕虜の辱めを受けることこそ免れたが、家顗を失って各地を流浪した。さらに翌年には、相次いで父母を失った智顗は、深く人生の無常を感じて出家を決意する。

出家と修行

紹泰元年（五五五）、十八歳の智顗は、亡き母の親戚にあたる長沙の果願寺の法緒の下で出家得度の志を遂げた。二年後、さらに江陵の宝光寺の慧曠について具足戒を受け、僧侶としての基礎的な修練を積んだ。

この時期の智顗が、どのような修学をしたかについては伝記はほとんど語らないが、京戸慈光氏は、高僧伝の中から江陵をめぐる僧徒の動きを抜き出し、智顗出家当時の荆州地方の仏教界の動向を探っている。それによれば、当時の荆州地方には仏陀禅師や勒那摩提などの系統を引く北地の禅の影響が強く及んでいたことが推測されている。

これら北地の禅法は、当時一般に「禅数《ぜんしゅ》の学」と呼ばれ、毘曇・成実・三論などの諸宗との兼修禅で、菩提達磨の伝えた直指単伝の祖師禅とまったく系統を異にするものであった。智顗の得度・受戒の師である法緒や慧曠も、禅数をよくする禅師であったと思われる。

僧侶としての基礎訓練を終えた智顗が、遊方の地として大賢山（湖南省）や大蘇山（河南省）を選んだのも、北方からの禅風の影響を受けた結果と考えられるであろう。

まず南方の大賢山にわけ登った彼は、『法華経』『無量義経』『観普賢経』の三部の経典を読誦すること二〇日間、その深義を極めた後、二一日間にわたる方等懺法《ほうどうせんぽう》を修したという。「方等懺法」とは、『大方等陀羅尼経』に基づいて行なう懺悔滅罪の法で、坐禅・冥想を主体とした修法である。ここでも、当時、「方等師」と呼ばれた一群の修禅者の影響が看て取れる。

しかし彼は決して闇証の禅師（ただ実践だけでさとれると考えている人）ではなかった。そのことは、大賢山で得た次のような神秘な体験譚（夢？）にもっともよく示されているであろう。

彼はりっぱな伽藍の前に立っていた。道場は広々とし、仏前の荘厳もりっぱであるのに、なぜか仏像は乱雑に放置され、経典も雑然と並べられている。この有様をみた彼は、口に『法華経』を誦しながら仏像群の位置を正し、経典を整理し終わった。すると、にわかに心神がさわやかになるのを覚えた。

というものである。この神秘な体験譚は、当時の智顗が何を求め、何をめざしていたかを象徴的に物語っているであろう。

仏像が中国にもたらされてすでに五〇〇年、多数の仏典が西域を通じて次々と伝来した。はじめ仏教の根本理念である「空」の思想は、老荘の「無」の思想を媒介として理解されたが（格義仏教）、やがて仏教は仏教自体に即して理解されねばならないことに気付かれるようになった。これまで手あたり次第に翻訳された仏典に対して批判的、体系的な研究が行なわれるようになったのである。

このような仏典に対する批判研究を「教相判釈」、略して教判という。教相判釈の試みは、すでに四世紀はじめの道安に萌芽的に認められるが、五世紀半ばの南北朝時代になって盛んに行なわれ、これが中国仏教における学派の成立と表裏して進行した。鳩摩羅什の弟子の慧観は、釈迦一代の仏教を分類して二教五時の教判を立て、北斉の僧統慧光は四宗判を立てた。この他南北朝時代には南三北七の一〇種の教判があったという。

このような多種の教判を綜合大成したものが、南北朝末期に出た智顗の五時八教判に他ならない。これは釈迦一代の仏教を時間的に五時に分け、内容的に八教に分類し、もって『法華経』こそ仏陀の真説であることを明らかにしたものである。

智顗が大賢山中で得た神秘な体験において、乱雑に放置されていた仏像や経典を「口に『法華』を誦し、手に経・仏を正し」たというのは、彼が大蘇山入山の前に、すでに自己の果たすべき役割をおぼろげながらも自覚していたことを示すものであろう。

大蘇山でのさとり

天嘉元年（五六〇）、二十三歳を迎えた智顗は、北に向かって光州の大蘇山（河南省）に入り、慧思禅師の門に投じた。厳しい修禅をもって鳴る慧思のことは、すでに法緒や慧曠から聞き及んでいたのであろう。当時、この付近は北斉と陳との争奪の巷となり、絶えず戦闘が繰り返されていた。

危険をおかして大蘇山に辿りついた智顗を一目、みた慧思は、「昔日、霊山に同じく『法華』を聞く。宿縁の追うところ今また来る」と語ったという。すでに法華最勝の確信に立ち、その確信に力強い保証を与える師を求めてきた真摯な青年をみて、慧思が霊山同聴のよろこびを語ったとしても不思議ではない。

慧思はただちに普賢道場を示し、『法華経』の四安楽行を説いた。これは『法華経』の普賢観発品と安楽行品による禅観の法であろう。宿命的な出会いを遂げた師と弟子との間の領解は早かった。

慧思の導きによって『法華経』を読み進んだ智顗は、一四日目に薬王品の「諸の仏は同時に讃《ほ》めて『これ真の精進なり。これを真の法供養すと名づく』」の一句に至った時、豁然《かつぜん》として入定し、『法華経』の極意を証《さと》った。

慧思は、その智顗の入った禅定の世界を法華三昧の前方便、その発したところの修行段階を初旋陀羅尼であると讃えたという。前方便といい、初旋といい、それは究極のものではないが、いまや究極の目標がはっきりとみえたのである。二十三歳の青年に対する最高の印可である。前にも述べたように、智顗は、大蘇山に入る前に南朝の仏典学の成果を吸収して法華最勝の学問的確信に立っていたが、北地の実践仏教の体得者である慧思によって、その確信に力強い宗教的生命を吹きこまれたのである。

慧思は、俗世は李氏、南予州（河南省）の人。十五歳で出家し、戦乱の渦中にあって各地の名徳を訪ね、もっぱら禅観を修めた実践の人であるが、北斉の慧文禅師に謁して一心三観の心要を受けたという。

一心三観は、後の天台実践論の中心的な名目とされるものであるが、慧思が慧文から受けたそれは、竜樹の『大智度論』に説かれている三智（一切智・道種智・一切種智）と、同じく『中論』に説かれている空・仮・中の三諦とを結び付け、それを一心に観ずるものであったという。これに『法華経』の円融論理を導入したのが慧思であった。智顗が慧思から受けた法華三昧とは、このような成り立ちを持つものであった。

智顗は、やがて慧思から授けられた一心三観の必要――法華三昧――の所証を携えて大蘇山を下り、金陵の都に出ることになる。

金陵の都

陳の光大二年（五六八）六月、智顗は法喜ら門弟二七人とともに揚子江を下り、金陵（南京）に出た。金陵は梁の都だった建康が、陳の時代になって名を改めたものである。陳の王室は智顗と同姓であり、その宮廷には彼の故旧も少なくなかった。大蘇山での厳しい修禅と修学を経て、すでに一定の宗教的確信を身に付けていた智顗の令名は、たちまち都下に知れわたり、道欲の服するものが多かったというが、その背景には右のような事情もあったであろう。

入京の翌年、太建元年（五六九）五月、当時の政界の実力者、吏部尚書の沈君理が智顗を瓦官寺に招いて行なわせた『法華経』開題の講義には、開講の日にあたって宣帝は勅して一日朝事を停め、右僕射の徐陵以下の顕官がことごとく列席したというが、彼らの中には梁の元帝の下で、智顗の父、陳起祖と同僚だった人々が少なくなかったのである。

それにしても智顗の講説は、金陵の仏教界に清新な刺戟を与えた。彼が瓦官寺で行なった『法華経』開題は、今日その内容を詳らかにしないが、後の『法華玄義』の原型をなすもので、「妙法蓮華経」の五字の経題に即して『法華経』の精神を語ったものであったと考えられる。

それは、講経といえば、経典の文々句々を逐条的に取り上げ議論してゆくといった当時一般の講経とはかなり趣きを異にし、それだけでも人々を驚かせるものがあったが、しかもこの型破りの経典解釈が、彼自らの体験に基づく実践論に裏付けられている点においてさらに魅力的であった。この講義を契機として、はじめは謗難をかまえていた都下の名だたる名匠たちが次々と智顗に弟子の礼をとるに至ったことからも、その評判の程が察せられよう。

続いて彼は、同じ瓦官寺において『大智度論』と『次第禅門』の講説を行なった。竜樹の『大智度論』は、いうまでもなく中観派の基本的論書の一つで、無相皆空の理を説いたものであるが、同時に中観の禅法の指導書でもある。慧文から慧思へ、慧思から智顗へと相承された一心三観の禅要が主として『智度論』に基づいたことはすでに述べた通りである。いま、智顗が瓦官寺で行なった講説も、『智度論』をもって禅法の実践の手引としたものであったと考えられる。

このようにみてくると、『智度論』と並行して『次第禅門』が説かれた意味も無理なく理解出来る。『次第禅門』は大荘厳寺の法慎の筆録によってその内容をうかがうことが出来るが、それによると、『大品般若経』の次第行品に説かれる次第行の説に基づき、『智度論』の所説をもっとも有力な指南書として成立したものである。すなわち、あらゆる禅法を四段階に分類整理し、粗から妙へ、各別から円頓へと、禅観の成就を懇切丁寧に説いたものである。かつて智顗は、大蘇山において慧思から、漸次・不定・円頓の三種の止観を授かったが、『次第禅門』はこの内の漸次止観にあたるものであった。

このように金陵に出た智顗は、大蘇山で得たところの宗教的境地——それは『法華経』の新解釈とそれに基づく新しい実践法の体系といってよかろう——を次々と大胆かつ細心に提示していったのである。理論と実践を兼ね備えた新しい仏教の提示は、金陵の仏教界に大きな波紋を投げかけ、門弟の数も次第に増えていった。

しかるになぜか、智顗は金陵に出て八年目の太建七年（五七五）九月、天台山に隠棲する。別伝にはその理由を次のように語る。

初め、瓦官に四十人共に坐せしも、二十人のみ法を得たり。次年には百余人共に坐せしも、二十人のみ法を得たり。次年には二百人共に坐せしも、減じて十人法を得たるのみ。その後は徒衆うたた多く、得法うたた少し。我が自行を妨ぐ、化道は知るべし。群賢、各各安んずる所に随え。吾は吾が志に従わんと欲す。

と。門弟は増大する一方だが、真に法を得るものは減る一方である。これは、自分の所得がまだ本物でないからだと彼は考えたのである。時に智顗三十八歳。北方では北周の武帝の激しい仏教弾圧の嵐が吹きすさぶ頃であった。

天台山に入る

地図を開いて中国大陸の海岸線を辿ると、揚子江の河口の少し南方で、海岸が大きく彎入している。杭州湾である。この杭州湾の沿岸には、杭州、越州（紹興）、明州（寧波）など日本人にもなじみの深い港町が並んでいる。

天台山は、明州の南南西、約九〇キロの辺りに所在する名山である。周囲百余キロに及ぶ大きな山塊で、最高峰の華頂峰で海抜一〇九四メートルを測る。その山容が天帝の上台に似ているとされたところから天台山と呼ばれるようになった。

古くから山上には神仙が住むといわれ、道教の霊山として知られていたが、東晋の頃、曇猷という高僧がこの山に入り、万年寺を建ててから、修行のためにこの山を訪れる僧徒が相次いだ。智顗がどうしてこの山を選んだのか明らかではないが、雄大な山容と閑寂な環境にあこがれたものであろう。

智顗が天台山に到った時、山居三〇年に及ぶ定光なる禅師が仏隴峰に草庵をかまえて住んでいた。智顗は定光の指図に従って、そのかたわらに一宇の道場を建立し、山中生活の拠りどころとした。これが後に禅林寺と号し、天台宗の淵叢となる寺である。

この道場の北には天台山の最高峰である華頂峰がそびえているが、彼はこの華頂峰に登って命がけの修禅に入った。ある夜、立木が抜ける程の大風が吹き荒れ、雷鳴が山容を震わせた。数千の魑魅が一時に踊り狂うような有様は、言語に絶するものがあった。しかし彼は湛然空寂《くじゃく》として坐り続けた。やがて嵐が鎮まり、辺りが静寂を取り戻したかと思うと、今度は亡くなった父母や師僧のなつかしい面影が次々と現われ、智顗に寄りそってはさめざめと泣くのであった。智顗は、これに応じたい誘惑にじっと耐え続けた。こうしてどれ程の時が経ったであろうか。突然、西の空が明るくなり、明星がひときわ明るく輝いたかと思うと、目の前に一人の気品の高いインド僧が現われ、強軟の二難によく耐えた勇気をほめ讃えた後、朗々として法を説いた。その内容は到底文字に表わせない程の奥深く微妙なものであったが、智顗はそれを聞いて言下に大悟し、心意豁然たるを得た。そこで彼は尋ねた。

これは何という法であるか。また、これを学ぶには、いかなる方法により、これを弘めるには、いかなる道をもってすべきか。

と。神僧の説いた法門の名と、学習法と、伝道の手段を問うたのである。神僧いわく、

これは一実諦という法であり、これを学ぶには般若をもってし、これを弘めるには大悲をもってすべきである。

と。こう答えるとその姿は忽然と消えてしまった。

これが有名な華頂峰上の降魔の物語である。釈迦の降魔成道の物語を思わせるこの話は、智顗のさとりの完成を象徴的に物語ったものである。彼はかつて大蘇山において慧思の指導の下に法華三昧を発得した。しかしそれは、まだ法華三昧の前方便でしかなかった。その時、はっきりとみえた究極の目標を、いまや彼は完全に自己のものとすることが出来たのである。

智顗のさとりの完成は、天台宗の成立を意味するのであろう。華頂峰での神秘な体験こそ、天台宗の原点となるものである。

天台山にこもって命がけの修禅にはげむ智顗の存在は、次第に近隣に聞こえた。この頃北方では北斉を滅ぼした北周が南下の勢いを示し、南朝の陳としばしば兵戈を交えた。戦時下の金陵はあわただしい空気に包まれていた。智顗の天台山入山は、戦火を避けることを目的としたものではなかったが、仏隴峰に宴坐（自己のさとりを楽しむ）する智顗一門の姿は、さながら戦乱の世にある導きの星とみられたのである。

太建九年（五七七）二月、陳の宣帝は始豊県の調（税の一種）を割いて智顗たちの供料として施入し、また近くの民家二戸に課役を免じて薪水を供せしめた。さらに翌年五月には、智顗の建てた道場に寺号を下附して修禅寺と称させた。またその数年後、この地方の長官である東揚州刺史となった永陽王（隋の文帝の第一二子）が智顗に

深く帰依して菩薩戒を受け、方等懺法を修した。

そして帰依のあまり、智顗の下山をしきりに慫慂した。しかし智顗は自行のためとしてたやすく応じなかったが、やがてこのことが陳王の後主の耳に入り、朝野をあげて智顗の下山を熱望するようになった。

ついに至徳三年（五八五）三月下旬、彼は天台山を下り、金陵の至敬寺に入った。時に智顗四十八歳の春であった。

三大部の開説

久しぶりにみる金陵の都は、戦乱の世とはいえ、南朝文化の最後の花を咲かせていた。智顗は天台山にこもっている間に世の中は大きく転回し、北方では、激しい仏教弾圧を行なった北周の武帝が崩じた後、政治の実権は次第に外戚の楊氏の手に帰し、大定元年（五八一）、皇后の父楊堅が禅譲を受けて帝位につき、国号を隋と称した。隋の文帝がこれである。文帝は新都を長安（陝西省）に築き、強力な中央集権政治を推し進め、虎視眈々として南朝併呑の機会をうかがっていた。

金陵に都を置く陳王朝の命運が、もはや風前のともしびであることは誰の目にも明らかであったが、智顗が訪れた頃の金陵は、まさに消えんとするともしびが最後に大きく燃え上がるように、最後の光を放っていたのである。彼はこの爛熟期南朝文化の中で、天台山中で得た宗教体験に基づく自己の思想体系の完成を試みたのである。

至徳三年（五八五）四月、智顗は招かれて大極殿に『大智度論』を講説した。ついで同年九月には、同じ大極殿で『仁王般若経』を講じ、陳王の後主は親しくその法筵に臨んだ。いずれも護国のために講ずるところという。後主の智顗に対する帰依の念はますます深まり、翌至徳四年四月には、後主自ら智顗の住した光宅寺に入り、

「捨身」を行なった。

「捨身」とは、梁の武帝がしばしば行なったところで、仏法に帰依するのあまり、皇帝自らが寺の奴隷となることである。皇帝を失った群臣たちは莫大な財物を支払って皇帝を買い戻さねばならぬ。結果として莫大な金品が寺に寄進された。「捨身」はこのように、いわば人々に寺院への寄進を促す行為であったが、亡国の危機迫る陳の後主にとって「捨身」はもっと切実な意味を持ったに違いない。

こうした中で、智顗のライフ・ワークの一つ『法華文句』が開講された。それは『法華経』の語句の逐条的註釈であるが、単なる註釈ではなく、むしろ経典の文々句々に即して自己の宗教体験を語った実践哲学の書であった。同書は、後に弟子の灌頂章安によって筆録されるが、その序によって禎明元年（五八七）に金陵の光宅寺で開講されたことがわかるのである。

しかし、陳の命運は、この講義の完結を待たずして尽きる。隋の開皇九年（五八九）正月、文帝の次男晋王広（後の煬帝）の率いる五十余万の大軍は簡単に金陵を陥れ、後主をはじめ陳の王侯百官は捕えられて長安に護送された。智顗は門弟とともに難を廬山に避け、ついで郷里の荊州に帰って玉泉寺を建て、ここでもう一つのライフ・ワークである『法華玄義』と『摩訶止観』を開講する。この頃の智顗が、血なまぐさい動乱の世にありながら、自己の思想体系の完結にすさまじい執念を燃やしていたことが知られる。

それより先、隋の南征軍の総司令官晋王広は智顗の盛名を聞き、ひそかに景仰《けいこう》の念を抱いた。新しい占領地である江南地方の鎮撫のためには、この地方で絶大な徳望を有する智顗の名声を利用することが有利だと考えたのかもしれない。しかし、恐らくそれだけではなかったであろう。

晋王広、後の煬帝は、毀誉褒貶相半ばする人物である。彼は父の文帝をはじめ一族を亡きものにして帝位につき、盛んに土木工事を興して遊楽にふけり、国民の窮乏を招き、ついに臣下によって惨殺された暴君である。しかしその反面、大運河の建設、長城の修築、諸外国との交流など、その施策は大胆でスケールが大きく、漢代以来の国家分裂に終止符を打ち、統一国家をつくり上げた功績は、中国史上に没することが出来ないものである。

統一国家の建設者と綜合的な中国仏教の形成者、晋王広と智顗との出会いには、何か歴史的必然といったものを感ぜずにはおれない。そして智顗は、この有力な外護《げご》者を得て、ライフ・ワークの「三大部」の講説を完結することが出来たのである。

二　智顗教学の大要

天台三大部

この辺で、「三大部」に結晶された智顗の思想――それは取りも直さず天台教学の原型をなすものである――に触れておくことにしたい。『法華文句』十巻・『法華玄義』十巻・『摩訶止観』十巻は、智顗の口述したところを、彼の滅後、弟子の灌頂が筆録したものであるが、天台宗では、数多い智顗の著述の内、特にこの三部を「天台三大部」と称して尊重してきた。天台教学の立脚地をここに求めたからである。

ところでこの三書は、いずれも『法華経』を中心としたもので、『文句』はその註釈、『玄義』はその原論、『摩訶止観』はそれに基づく実践法を提示したものである。智顗の思想、すなわち天台の教学が、『法華経』の精神の解明にあったことは明らかである。天台宗を一名、天台法華宗とも称するゆえんである。

従って智顗教学の概要を知るためには、

(1) 釈迦一代の教法の内、『法華経』はいかなる地位を占めるか（判教）。
(2) 『法華経』はなぜ諸経の内でもっとも勝れたものとされるのか（経体）。

の二点を明らかにすることが出来れば、その目的の大半は達せられたといってよいであろう。

第一の天台判教論については、幸いわれわれは『天台四教儀（諦観録）』という絶好の指南書を参照することが出来る。それは、高麗の諦観の著したもので、浩瀚な「三大部」を咀嚼し、智顗の説く五時八教の教判の要点を説明して天台教義の大綱を示した書である。古来、多くの入門書がそうであったように、ここでも『諦観録』に従って、天台の判教論をみてゆくことにしよう。

五時八教—法華最勝

五時八教の教判とは、釈迦一代の説教を分類し、その教説に一貫した体系のあることを示すとともに、『法華経』こそ釈迦の真説であることを明らかにしたものである。五時判とは一代の説法を時間的に分類したもので、八教判とは、化儀の四教と化法の四教より成り、化儀とは釈迦の説法を形式の面から分類し、化法とは内容の面から分類したもので、あわせて五時八教と呼ぶ。

まず五時の教判についていえば、それは慧観の五時判にヒントを得、『華厳経』の三照説、『涅槃経』の五味説、それに後で説明する『法華経』信解品の窮子喩を加味して成ったものである。釈迦一代五十年の説法を五期に分かち、華厳・鹿苑・方等・般若・法華涅槃の五時とする。

(1) 華厳時とは、釈迦が成道して最初の二一日間に『法華経』を説いた時をいう。三照に譬えると、日が出てまず高山を照らすように、五味に譬えると、牛がまず乳を出すように、仏陀のさとりをそのまま示したものであるから、鈍根の二乗（声聞・縁覚）には理解し難いが、やがて彼らを導いて仏知見に悟入せしめる意図の下に説かれたので擬宜の教えという。

(2)　鹿苑時とは、華厳の説法の後一二年間、阿含の説法をした時期で、阿含時ともいう。日が昇って幽谷を照らすように、乳味が転じて酪味となるように、二乗を方便誘引するので誘引の教えという。

(3)　方等時とは、阿含の説法に続く八年間、方等の大乗法門を説いた時をいう。日が平地を照らし始める食時《じきじ》（午前八時）のように、酪味が生酥となるように、小乗の教えになずむ者を非難（弾訶）して、大乗を慕う心を起こさせるので弾訶の教えという。

(4)　般若時とは、次の二二年間、般若皆空の理を説いた時期をいう。日が平地を明らかに照らす禺中《ぐうちゅう》（午前十時）のように、生酥が転じて熟酥となるように、大乗と小乗の確執を般若の智慧で洗い流す教えであるから淘汰の教えという。

(5)　法華涅槃時とは、最後の八年間に『法華経』を説き、臨末の一日一夜に『涅槃経』を説いた時期をいう。日がまさしく平地を照らす正中（正午）のように、熟酥が転じて醍醐となるように、『法華経』こそは釈迦の出世本懐たる一乗真実の法を説いたものであるから、付財の教えという。『涅槃経』は、『法華経』の説法に洩れたもののために、重ねて蔵・通・別・円の四教（後述）を追説して一乗真実に帰せしめたもので、『法華経』を秋の大収に譬えれば『涅槃経』は落穂拾いの役目を果たすので捃拾《くんじゅう》の教えという。

このように五時の教判とは、釈迦一代の説法を時間的に五期に分類して、そこに一貫した教化の体系を認めるとともに、『法華経』こそ出世本懐の最勝の経典であることを明らかにしたものである。

次に八教とは、化儀四教と化法四教より成る。化儀というのは、釈迦の教化の形式から分類したもので、頓・

漸・秘密・不定の四種をいう。

(1) 頓教とは、直頓の教えの意味で、『華厳経』のように仏陀がさとりのままに説いたものをいう。

(2) 漸教とは、漸次の教えの意味で、機根の未熟な二乗のために、浅きより深きへとだんだんと教導してゆく教えであって、『鹿苑（阿含）』・『方等』・『般若』の諸経が配当される。

(3) 秘密教は詳しくは秘密不定教という。

(4) 不定教は詳しくは顕露不定教という。

不定教とは、頓・漸が一定しない教えで、同一の教えでも聞くものの機根に応じて異なった理解を生ずるような教化をさし、これを同聴異聞という。その際、聴衆が互いに他の存在を知るが所聞の法の内容を互いに知らない場合（人知法不知）と、聴衆が互いに他人の存在を知らず、所聞の法も互いに知らない場合（人法倶不知）とがあり、前者を顕露不定教、後者を秘密不定教と呼ぶのである。

化儀四教は、人々の根機を調える手段であるから、爾前《にぜん》（法華涅槃時以前）の四時に限り、法華涅槃時ではもはやその必要がなく、四教を超えた顕露彰灼の方式が用いられたとする。

次に化法の四教とは、釈迦の教法をその内容より分類したもので、蔵・通・別・円の四教をいう。

(1) 蔵教とは、三蔵教の略で、阿含・毘曇・成実などの小乗教をさす。それは、主として二乗を対象として灰身《けしん》滅智の但空の理を説き、それを観ずるには分析的な折空《しゃくくう》観を用いる。

(2) 通教とは大乗の部門をいい、声聞・縁覚・菩薩の三乗の共通した法門であるから、前の蔵教に通同するとともに、次の別・円二教に通入し、いわば小乗から大乗への橋渡しの役割を果たすので通教と呼ぶ。すべての存在をそのもの（当体）に即して空であると一体的に観ずる体空観を用い、不但空の理をさとるものである。

(3)　別教とは、菩薩のみが学修する純大乗の法門で、前の蔵・通二教とも次の円教とも区別される特別不共《ふぐう》の教えであるから別教という。ここでは、空のみならず、仮と中の三諦を立てるが、空→仮→中と漸次に観ずる次第三観を用いて隔《きゃく》歴《りゃく》三諦をさとる。

(4)　円教とは、円満・円頓の教の意味で、大乗中の最勝、最深の『法華』の法門をさす。そこでは諸法即実相、事と理の相即不二が語られ、空・仮・中の三諦を一心に観じ、当体全是に円融三諦をさとるのである。

以上いささか煩瑣にわたったが、釈迦一代の説法を時間・形式・内容の三つの基準に照らして分類したものが五時八教の教判である。この三つの分類の相互の関係を整理すると次のようになる。

(五時)	(化　法)	(化　儀)	(五味)	(三照)
華　厳	別・円（兼）	頓（秘密・不定）	乳　味（擬宜）	高山
鹿苑（阿含）	蔵（但）	漸（秘密・不定）	酪　味（誘引）	幽谷
方　等	蔵・通・別・円（対）	漸（秘密・不定）	生酥味（弾訶）	食時（平地）
般　若	通・別・円（帯）	漸（秘密・不定）	熟酥味（淘汰）	禺中（平地）
法　華	円（純）	非頓・非漸／非秘密・非不定	醍醐味（付財）	正中（平地）
涅　槃	追説・追泯	非頓・非漸／非秘密・非不定	醍醐味（付財）	正中（平地）

智顗は化法四教と五時の説を対配して次のように締めくくっている。すなわち、

華厳時は円教に一分の別教を兼ね、鹿苑時は但だ蔵教のみを説き、方等時は蔵・通・別・円の四教を並べ対。

し、般若時は円教に通・別二教を帯して説いている。この「兼但対帯」の爾前の四時に対し、『法華経』のみはもっぱら円教を説いているから「純円独妙」としている。

これは一体何をいおうとしたものなのか。「純円独妙」の『法華経』こそ、諸教の王たる最勝の法門であることを示すとともに、爾前の四教にも「兼但対帯」という役割を認めているところに注意したい。

綜合の才に富む智顗にとって、一代の諸経には、捨て去るものは何一つなかった。そしてそれが『法華経』の精神でもあった。智顗によれば、『法華経』の世界とは、どんな低次のもの、どんな劣れるものも切り捨てることのない世界である。そしてそこにこそ仏陀の真意があり、またそれ故に『法華経』が最勝の法門といわれるのである。

『法華経』の根本原理

西暦紀元前後のインドでは、仏教教団は各部派ごとに煩瑣な戒律や教理を築き上げ、生きた現実社会の救済を忘れて観念的な教理研究に熱中していた。このような硬直した僧院仏教に批判の目を向け、これを革新しようとする一大宗教運動が一群の在家信者の間から起こった。いわゆる大乗仏教運動がそれである。

大乗とは大きな乗りものの意味で、特権的排他的な部派教団の手から仏教を取り戻し、これを生きた現実社会に開放し、苦しむ民衆を救おうとしたのである。このような大乗仏教の理想的人格を菩薩と呼ぶ。彼らは旧来の伝統仏教を小乗と貶称し、その担い手を声聞・縁覚と呼んで批判の対象とした。

大乗仏教徒たちは、大乗こそ釈迦本来の真意を発揮するものであると確信していたから、大胆にも自己の確信を仏説（経）の形で次々と自由に表現していった。こうして一、二世紀の頃には、多くの大乗経典が生み出されていったが、最初に成立したのが『般若経』や『維摩教』などのいわゆる初期大乗教典である。

そこでは大乗の勝れること、小乗の劣れることが繰り返し強調された。たとえば、『維摩教』では、智慧第一と謳われて仏弟子ナンバーワンの舎利弗が「声聞」の代表格として登場し、大乗菩薩道の実践者である維摩という一在家信者によってこてんぱんに論破される始末である。大乗がいかに勝れているかが強調されたばかりではない、「たとえ身命を失うとも、小乗に親近する勿れ」などと、いまや小乗は忌むべきもの、唾棄すべきものとされるに至った。

大乗仏教運動は、このような小乗に対する厳しい不寛容主義《イントレランシズム》を梃子として燎原の火のようにインド各地に燃え広がった。それればかりではない。シルク・ロードを通じて中国へ、さらに海を渡って朝鮮・日本にまで仏教を伝播せしめた原動力をなしたものが、他ならぬ、この大乗の小乗に対するイントレランシズムであったと思う。

しかし次の段階には、その行きすぎに対する反省も起こった。確かに自利のみを追求する小乗の閉鎖性は打破されねばならないが、逆に大乗と小乗との間に救いの差別を設けることも、仏の本意に背くものではなかろうか。本来、仏の大慈悲の下では、菩薩や声聞・縁覚などと、その機根（能力・素質）によって救いの差別を考える必要はないはずだ。ここに大乗・小乗をともに包摂する一乗（一仏乗）という思想が起こった。これを一乗開会《かいえ》という。

この思想に立てば、仏が声聞・縁覚の二乗を対象としたのは、それらの機根にふさわしい三蔵教を説き、これを次第に調熟誘引して一仏乗に帰入させる方便ではなかったか。二乗もやがてはきっと救われるはずだ、と考えられるようになった。ここに、二乗作仏《さぶつ》（声聞・縁覚も成仏することが出来る）という考え方が生まれる。

このような一乗開会、二乗作仏の思想を生々と物語ったものが『法華経』である。『法華経』の作者は文学的創造力に富んだ人（々）だったらしく、この道理をたくさんの譬喩をもって説いている。もっとも有名なのが譬喩品に出る火宅喩である。

あるところに長者があった。ある時、彼の大きな屋敷が火事になった。家の中では子供たちが何も知らずに遊びほうけている。そこで長者は一計を案じて、子供たちの好きな羊の車・鹿の車・牛の車を与えるから外に出なさいといった。子供たちはわれ先にと争って走り出し、無事に門の外に出ることが出来たが、そこには三車はなく、りっぱな大白牛車《だいびゃくごしゃ》が用意されていた。長者は子供たちにこの大白牛車を与えた。

という話である。羊の車を声聞乗に、鹿の車を縁覚乗に、牛の車を菩薩乗に、そして大白牛車を一仏乗に譬える。長者（仏）の真意は子供（衆生）に大白牛車を与えることにあり、羊鹿牛の三車は衆生を一仏乗に導くための仮の方便にすぎなかった、と説くのである。

薬草喩品には、一乗開会の道理について、さらに巧みな譬喩が語られる。

長い旱天が続き、すべての草木が枯れそうになっていた。その時突然、大きな雲が湧き出し、沛然たる雨が降った。この旱天の慈雨に潤ってあらゆる草木は生命をよみがえらせた。草木の種類によって受けとめ方は違っても、恵みの雨は一味である。

さまざまな種類の薬草や樹木（三草二木）を三乗に譬え、慈雨を仏の大慈悲に譬える。

一乗開会と二乗作仏は同じ一事の表裏をなすが、火宅喩や薬草喩は、どちらかといえば一乗開会に力点を置いた譬喩である。これに対して二乗作仏に力点を置いて語られたのが窮子《ぐうじ》喩や化城《けじょう》喩である。ここでは前者の話を紹介しよう。窮子喩は前にも少し触れたように信解品に出る。

ある長者に一人の子があったが、長らくは家出して行方不明となっていた。落ちぶれて乞食となった子は、各地をさすらった果て、ある日、長者の家の門前に立った。父は一目みてわが子と知ったが、子はそのことを知らず、父の親切におびえた。そこで長者は案をめぐらし、まず下男として除糞（便所掃除）などの下働きをさせることにし、馴れるに従って次第に上等な仕事を与え、ついに実子であることを打ち明け、一切の家業・財宝を与えた。

という話である。除糞などを三乗方便に譬え、家業・財宝などを一乗真実に譬える。長者に譬えられる仏は、窮子に譬えられる衆生のために、さまざまの方便を用いて一仏乗に導こうとしたことが説かれる。ここで大切なことは三乗方便も積極的な意味を帯びてくることであろう。一乗開会・二乗作仏の思想は仏の大慈悲の表現である。どんな低次のものでも切り捨てず、その中に積極的な意味を見出してゆく。これが『法華経』の根本精神である。

さてこの一乗開会の思想をさらに徹底的に推し進めると、「諸法実相」の理となる。智顗はこの「諸法実相」を『法華経』の経体、すなわち根本原理と考えた。どんな下等なもの、どんな劣ったもの、どんな小さなものにも仏の真実が隠されている。すべての存在や現象がそのまま仏の真実（実在）に他ならない。この徹底した現象即実在の思想が天台教学の基本をなしているのである。

智顗は『法華玄義』の中で、世親の『法華経論』を引き、「妙法蓮華経」の「妙法」の二字を蓮華の出水と華開の二義によって説明している。蓮華は汚れた泥水（小乗）の中に生じ（出水）、美しい華（大乗）を咲かせる（華開）。清浄な水の中で育つのではない。汚濁に満ちた現実世界の中でこそ大きな華を咲かせるのである。『法華経』の根本精神である一乗開会の思想と諸法実相の原理をみごとに表現した美しい譬喩であろう。

そして、このような徹底した現実肯定の哲学が、二度も亡国の悲運に遭遇し、動乱の世の辛酸をつぶさになめ尽くした智顗によって、『法華経』の中からつかみ出されたことを特に興味深く思うのである。

智顗の実践論

智顗の教学は、教相（教理）と観心（実践）の二門より成り、この教観二門が双運双行されるところに特色がある。天台教相門の重要な命題としては、これまで述べたことの他に、三千円具、三諦円融などの問題があるが、それについては、次の実践論と合わせて述べることにしよう。

智顗の実践論は、主として『摩訶止観』に語られている。すでに『法華経』をもって一代仏教の最勝の法門であることを明らかにし、「諸法実相」をもって『法華経』の根本原理（経体）であることをつきとめた智顗は、この根本原理に基づいて自己の実践論を組織してゆく。『摩訶止観』では、『法華玄義』でみられた批判的・分析的な手法は影を潜め、一代仏教を幅広く取りいれるという綜合的な手法が目立ってくる。「綜合」の思想家としての智顗の真面目がもっともよく発揮されるのが『止観』に説かれる実践論の分野である。

智顗は『摩訶止観』で、三千円具の思想を説き、諸法実相の原理を具体化するとともに、実践論への橋渡しを試みている。すなわち、諸法の諸を三千に置きかえ、三千の諸法のいずれの一をとっても、その一の内に他のすべてが収まり、その一の内に仏性が完全に備わっていることを説いたものである。

三千とは三千世間のことで、十界が十界を互具して百界となり、百界が十如を具して千如となり、この千如に三世間が備わって三千世間となる。十界とは『華厳経』に説かれた説で、地獄・餓鬼・畜生・修羅・人・天・声聞・縁覚・菩薩・仏の十界をいい、迷悟の世界を総称したものである。十如とは『法華経』の方便品に説かれる十如是で、すべての事物のあり方を十に分類して示したものである。三世間とは『大智度論』に説かれていて、五陰・衆生・国土の三世間をいう。

このように天台の三千円具の思想は、諸経論によるが、なかんずく『法華経』の十界互具の思想に基づくところが大きい。安藤俊男氏が説かれたように、天台の三千円具説が、『華厳』の法界縁起説を受けて成立したことは明らかである。

ただし、天台の三千円具説が、三千の諸法に仏性が「具」の関係において備わっているとするのに対して、『華厳』の法界縁起説では、仏性の随縁生起を説き、「起」の関係を重視する点に重要な相違がある。天台の性具説と華厳の性起説との交渉は、これ以後の中国仏教思想の展開の主軸をなしてゆくのである。

さてこの三千円具の思想を実践に移したものが一念三千の観法である。『摩訶止観』の序に「一色一香、中道に非ざるはなし」と述べられたように、三千の諸法のいずれの一つをとっても三千の諸法が円具しているとみるのが天台実践法の極致であるが、もっとも手近な自己の心の一念をとって止観の対境とし、この凡夫の介爾《けに》陰妄《おんもう》の一念に三千の諸法が円《まど》かに具《そな》わっていることを達観するのが、一念三千である。

次に三諦円融の説は、『法華玄義』が説くものである。三諦とは、空・仮・中の三諦をいい、竜樹の『中論』に基づくことは前に述べた通りである。仏道修行において真理を追求してゆく際、目標として立てられる標識を「諦」と呼ぶ。

仏教の根本思想は、この世の何ものも常なるものはなく、空しいと知ることである。これを「空諦」といい、また「破情」とも呼ぶ。

ところが空を強調するのあまり、何か実体的に「空」なるものが存在するように考えるのもまた誤りである。かつて小乗の徒は、空に固執したために現実を見失ってしまった。生きた現実を忘れてはならない。それが「仮諦」であり、また「立法」とも呼ぶ。

さてしかし、現実を強調すると、こんどは現実におぼれてしまう危険があった。初期の大乗教徒は、多くこの誤りを犯した。本当の真理は、空と仮、否定と肯定の相待《そうだい》を超越した「絶待《ぜつだい》」の辺に見出されねばならぬ。これを中道といい、「中諦」と標識する。

このように三諦に前後次第を立てて考えてゆくことを隔歴《かくりゃく》三諦という。智顗はさらに円融三諦を説いて、空・仮・中の三諦を同時一体的にみるべきことを主張した。すなわち天台の性具説の立場からすれば、空のままが仮であり中であり、仮のままが空であり中であり、中のままが空であり仮であって、三諦は互いに融即して三即一、一即三である。これを三諦円融といい、さらに三諦円融を実践に移したものが一心三観の円頓《えんどん》止観である。

このように説明をすると、天台の円頓止観とはずいぶん難しいものだと思われるかもしれない。しかし右に述べたことは、薬に譬えれば処方箋にあたる。薬を作る時には難しい処方箋が必要であるが、出来上がった薬を飲むのは簡単である。

智顗は『摩訶止観』一ノ上に、「止観」を説明して、「法性寂然たるを止と名付け、寂にして常に照らすを観と名付く、初後を言うといえども二なく別なし。これを円頓止観と名付く」と述べ、また同書の別のところでは、「止」は「息の義、停の義なり」、「観」は「貫穿《かんせん》の義、観達の義なり」と解説している。

これを私なりに噛みくだいていえば、円頓止観の実践には、特別の場所を設けたり、特定の期間を限る必要はない。毎日々々の日常生活こそが円頓止観の実践の場である。人間というものは、少し調子がよければ有頂天になって勝手な妄想を抱き、少しうまくゆかないと意気消沈してしまうものである。仏道修行においても同様である。得意の時にもおごらず（止）、失意の時にも失望せず（観）、要は平常心を失わず、仏の大慈悲をかみしめながら、一歩々々力強く生き抜いてゆくこと、これが智顗の考えた円頓止観であり、中道実相観だったのではなかろうか。

ただし初学者の場合には、特別の修行が必要である。智顗が「四種三昧」を説き、後に日本の最澄が一二年間一紀籠山《ろうざん》の制を定めたのも、この必要を認めたものであろう。

四種三昧とは一切の行法を常坐・常行・半行半坐・非行非坐の四種に分類したもの。三昧とは「調直定」と訳し、「よく心を一処に住して動ぜざる」ことをいう。智顗は四種三昧の内、はじめの三種についてそれぞれ代表的な行法を具体的に提示し、初学者の修禅に備えている。

第一の常坐三昧では、文殊説・文殊問の両『般若経』に基づく一行三昧を示し、第二の常行三昧では、『般舟《はんじゅ》三昧経』によって仏立（念仏）三昧を挙げ、第三の半行半坐三昧では、『大方等陀羅尼経』による方等三昧と『法華経』による法華三昧を挙げている。この内、後世もっぱら行なわれたのは念仏三昧と法華三昧であった。

第四の非行非坐三昧は、右の三種以外のすべての行法を含み、随自意三昧ともいう。それは、行住坐臥を選ばず、究極すれば実相観に至るというから、先に述べた中道実相観すなわち円頓止観に他ならない。智顗の実践法の極意が、日常生活を道場とする人生荘厳の道であったことは、ここにも示されている。

三　智顗の入滅とその後の天台宗

あわただしい晩年

智顗が晋王広（後の煬帝）の援助を得て、郷里の荊州に建てた玉泉寺は、開皇十三年（五九三）七月に文帝より寺額を賜わっているから、ほぼその頃竣工したと考えられるが、『法華玄義』が木の香新しい玉泉寺で開講されたのは、同年秋冬の頃のことであったらしい。この『玄義』の読講と並行して『摩訶止観』が開説されたのは、翌十四年四月二十六日のことであった。

智顗が玉泉寺に滞在した二年足らずは、釈迦の法華説法にも比すべき『玄義』と『止観』という二大述作が行なわれた大切な時期であった。『法華経』を説き終えた釈迦には静かな入涅槃が待っていたが、「三大部」を説き終えた「震旦の小釈迦」には、なおあわただしい数年間が準備されていた。

開皇十五年（五九五）春、智顗は晋王広の再三にわたる懇請を受け、玉泉寺を出て揚州に入る。揚州は当時、江南地方を統治する晋王広の総督府の所在地である。智顗を揚州に喚び寄せた晋王の意図は、彼に『維摩経疏』を述作させるためであったらしい。

前にも述べたように、小乗の出家主義に対して大乗の在家主義の優越を説いた『維摩経』は、この時代の南朝の貴族層の間によろこばれ、多くの註釈書がつくられていた。なかでも梁の武帝御製の『維摩経義記』は有名で、智顗と同世代に属する日本の聖徳太子が『維摩経義疏』をつくったのも、恐らくその影響によるといわれている。

当時、隋は圧倒的な軍事力をもって南朝を打倒していたが、なお南朝に対する文化的劣等感は拭い難く、晋王広もその例外ではなかった。恐らく彼は、梁の武帝の顰みに倣って、当代一流の名匠智顗に『維摩経』の註釈を書かせたいという誘惑にかられていたことであろう。そしてそれは、南北統一の王者としての彼の誇りを満足させるためでもあった。

晋王広の懇請を容れた智顗は、揚州滞在三ヵ月の間に『維摩経疏』の初巻（『維摩玄義』一〇巻）を述作し、同年七月これを献上している。この仕事は智顗の死の直前まで継続され、すでに老齢に達していた彼の健康をむしばむのである。

『維摩経疏』初巻を献上して一応の義理を果たした智顗は、その月に、揚州を発して天台山に入る。最後の入定処を得るためであった。十年ぶりにみる天台山はすっかり荒廃していた。彼は、荒れた堂舎の修造につとめるとともに、自分の亡き後の教団のために「立制法十条」をつくり、一山の清規《しんぎ》とした。

天台宗の呼称は湛然に始まり、智顗に立教開宗の意図があったかどうかは明らかではない。しかし、彼の晩年の業績をみると、自己の開創にかかる天台教団の永続と発展を願ったと考えるのが妥当であろう。

こうした最後の教団経営への努力の間にも、『維摩経疏』の仕事が続けられ、開皇十七年（五九七）春には、先に献上した『玄義』一〇巻を再治して六巻となし、これに『文句』六巻を添えて献上した。その後も彼は病軀にむちうって同書の完成につとめ、弟子の章安の助けを得て、合計三一巻に及ぶ『維摩経疏』をほぼ完成出来たのは同年十月はじめのことであった。それは「三大部」に匹敵する智顗最晩年の労作であった。

十月十八日、出来上がった『維摩経疏』を携え、晋王広にこれを献上すべく天台山を出発した智顗は、山麓の石城寺にまで来た時、ついに病に倒れた。十一月二十一日、門弟たちに遺言として『観心論』を口授し、二十四日、石城寺に示寂した。時に六十歳であった。

その後の天台宗

その後の天台教団の発展については、章安の守成、湛然の中興、趙宋天台の発展、の三点についてのみ要述する。

智顗滅後の天台教団は、常随の弟子であった灌頂章安によって統率された。彼は師の口述した講義を筆録するのに偉大な功績を示した。「三大部」をはじめ、今日残る智顗の著述の大半は、章安の筆録によるものである。

教団の維持・経営に関しても章安は師の方針を継承し、やがて即位して煬帝となった晋王広の絶大な庇護にあずかることが出来た。しかし隋が滅んで唐になると、これが却って災いして、天台教団は次第に時代の動きからとり残されていった。

七世紀中葉になると、玄奘のもたらした新訳仏教が初唐の仏教界を風靡し、その中から大乗基の法相宗が成立した。またその影響を受けた法蔵の華厳宗が活況を呈した。八世紀に入ると、善無畏・金剛智らが相次いで新しい密教経典を伝え、開元・天宝の文化爛熟期を背景に密教全盛期を現出した。

これらの諸宗の隆盛におされてふるわなかった天台宗の頽勢を挽回したのが、智顗六世の弟子・荊渓湛然である。彼は晋陵（江蘇省）の荊渓の儒家の子として生まれ、十七歳で出家した後は、天台宗をはじめ、律・華厳など広く諸宗の研学につとめたが、晩年には天台山にこもって、ひたすら宗典の研究と教団の経営につとめたので、江南地方を中心に宗勢は再びふるうに至った。

彼の代表作である「三大部」の註釈（『法華文句記』『法華玄義釈籤』『摩訶止観止観輔行伝弘決』各十巻）は、単なる師説の祖述ではなくて、法相・華厳などの新訳諸宗との思想的対決・克服を通じて宗義の発揚につとめたものであった。中国古典学に精通した彼の註釈態度については注目すべき点が多いが、ここではこれ以上詳述しない。なお、九世紀前半に相次いで入唐したわが最澄・円仁・円珍らが法を受けたのが、湛然の弟子および孫弟子からであったことも忘れてならないことであろう。

会昌二年（八四二）、唐の武宗が断行した、いわゆる「会昌の破仏」は、中国仏教史上、もっとも規模が大きく、かつ徹底した仏教弾圧であった。初唐から中唐にかけて蘭菊その美を競った諸宗も、一時は沈滞の極に陥った。九世紀末からの、唐末から五代にかけての争乱期には、天台山では基本的な宗典さえ失われてしまう有様であった。十世紀になってこの状態を慨歎した螺渓義寂は、天台山の地方を領して繁栄を誇っていた五代諸国の一つ、呉越王銭俶の保護を受けて、遠く高麗（朝鮮）や日本にまで宗典を求めた。高麗王（光宗）はこの求めに応じて諦観に托して諸部の宗典を送った。諦観は、前にも述べた『天台四教儀』の著者である。義寂や諦観の努力によって天台宗復興の機運が緒についたのである。

十世紀末から十一世紀のはじめにかけては、義寂の弟子に宝雲義通があり、義通の門から慈雲遵式と四明知礼が出た。知礼や遵式は、湛然以後の天台宗が華厳や禅の思想を吸収して本来の特色を喪失していることを慨き、智顗教学への復帰運動を興した。この動きに反発する孤山智円や梵天慶昭との間に激しい論争が起こり、前者を山家派、後者を山外派とする。

山家・山外両派の争いは、天台の性具説と華厳の性起説の対立が天台宗の内部に持ちこまれたものとみることが出来るが、この論争によって天台宗の教学が著しく哲学的に深められたことも事実である。趙宋時代に最後の花を咲かせた天台教学が、日本の中世・近世の天台教学、延いては仏教教学全般に大きな影響を及ぼしたことも看過出来ないが、それについては、次節で触れることもあろう。

四　日本天台宗の成立

最澄の入唐求法

延暦二十三年（八〇四）七月六日、大使藤原葛野麻呂らが乗った四艘の遣唐使船は、順風をはらんで肥前田浦（長崎県）を出帆した。これらの船には、その後の日本仏教の動向を大きく左右する二人の若い僧が乗っていた。いうまでもなく最澄と空海である。

空海の乗った第一船は八月十日に福州（福建省）に漂着し、彼は大使一行とともに陸路、都の長安に向かうが、最澄の乗った第二船は少し遅れて九月一日、明州（浙江省）に着岸した。彼はただちに天台山をめざして台州に向かった。時に智顗の滅後まさしく二〇八年目、そして湛然の滅後二三年目のことであった。

九月下旬、台州に達した最澄は、念願の天台山巡礼を終えた後、修禅寺座主の道邃《どうずい》より天台の付法と菩薩戒の伝授を受け、ついで仏隴寺座主の行満《ぎょうまん》からも天台の付法を受けた。また台州の刺史（長官）陸淳の援助を得て写経生をやとい、多くの聖教を書写することが出来た。

道邃と行満は、いずれも湛然の高弟であり、当時の中国天台宗を代表する名匠である。この二師より正統天台の付法を受け、かつ陸淳の援助で多数の宗典を写して、入唐の主要な目的を果たした最澄は翌年三月下旬、明州に戻った。

ところが船の出発までにはまだ余裕があったので越州（浙江省）に赴き、同地に滞在中の順暁阿闍梨より胎蔵界の灌頂を受け、また多数の密教経典を伝授された。順暁は『大日経』を請来した善無畏の孫弟子にあたる人物であった。

なおこの他に最澄は、天台山で禅林寺の翛然《しゅくねん》より牛頭禅を、国清寺の惟象《ゆいぞう》より密教を学んだ。また五月初旬に明州に戻って、霊光・江秘・大素らからさまざまの雑密の壇法を授けられた。

最澄はもともと還学生（短期間の留学生）として派遣されていたので、在唐わずか八ヵ月半で帰国の途につく。帰途は大使とともに第一船に乗り、五月十八日に明州を解纜、六月五日には対馬に着き、七月四日には早くも入京して帰朝復命を遂げている。請来の典籍はすべて二三〇部四六〇巻を数えた。

以上が最澄の入唐求法のあらましであるが、ふつうこれを円禅戒密の四種相承と呼び、日本天台宗の特色としている。これは、どのように考えたらよいであろうか。
前節で述べたように、智顗開創の天台宗は、もともと一種の綜合仏教であり、そこに天台宗の特色があったから、四種相承なるが故に日本天台宗の特色とするわけにはゆかないだろう。特に牛頭禅や菩薩戒は、前述した智顗の事績や天台宗の成り立ちに照らしても、天台宗の実践部門として位置付けることが出来る。ただ問題は密教である。

密教の伝授については、最澄は、当初これを予期していなかったようだ。たまたま天台山国清寺において惟象より密教を学んで密教の予想外の盛行に気付いたようである。天台山をはじめ、当時の江南地方にはさまざまの雑密系の壇法が盛んに行なわれていたことは前述の通りであり、最澄はこれら各種の密教の修法を手あたり次第に受法請来した感が深い。順暁からの胎蔵界の付法も、帰国の船便を待つ余暇を利用して行なわれたものであった。

密教の中国への伝来は古いが、組織的な密教は八世紀に入って善無畏と金剛智の二人によってもたらされたものであり、智顗のあずかり知らぬところであった。湛然は華厳教学との応接に追われて天台と密教との関係を整えるには至らなかった。雑密系の壇法はいざ知らず、善無畏と金剛智の二人以後の組織的密教はそれ自身深秘な教学体系を備えるに至ったから、禅や戒のように簡単に天台宗の実践部門として位置付けるわけにはいかなかった。

天台教学と密教とをどのように関連付けるかという難問は、最澄とともに海を渡って、日本に持ちこされ、日本天台宗のもっとも主要な課題となるのである。

このように、最澄としても充分に用意した上で請来したのではなかった密教が、帰朝後の本国で予想外の歓迎を受けたことは皮肉であった。

延暦二十四年（八〇五）七月、最澄が帰朝復命を遂げるや、桓武天皇は図書寮に命じて請来の天台法文を七通ずつ書写して七大寺に置くことを命じるとともに、和気広世に命じて高雄山寺（いまの神護寺、京都市右京区）に灌頂壇を築き、最澄をして新渡の法による伝法灌頂を行なわせ、八月二十七日には、天皇に代わって勤操と修円の二人が入壇受灌することになった。

さらに九月十七日には、最澄を内裏に召し、毘盧遮那法を修して天皇の病気平癒を祈らせた。最澄にとっては、海のかなたの中国における密教の流行も予想外であったが、帰国後の日本で密教がこんなに歓迎されるとはまったく予期せぬところだっただろう。

このような経過の中で開創された日本天台宗は、事のなりゆき上、しぜん密教を抱えこむこととなったのである。すなわち、延暦二十五年（八〇六）正月、最澄の奏請に基づいて天台宗ははじめて南都の諸宗と並んで年分度者二人を賜わり、ふつうこれをもって日本天台宗の開創とするが、その内の一人は止観業（天台）、もう一人は遮那業（密教）と定められた。最澄自身、天台教学と密教との理論的な関連付けが充分に出来ないまま、事実が先行してしまったのである。

同年三月十七日、新宗の開創に同情的であった桓武天皇が崩じると、最澄を取り巻く客観情勢は急に厳しくなった。新しく即位した平城天皇は南都旧教団に好意的であり、南都の仏教界にも保守的な空気が強まる。ちょうどその頃、唐都長安で本格的な密教を学んだ空海が帰朝し、叡山密教の有する矛盾と弱点は、たちまち暴露されざるを得なくなってしまった。

日本仏教史上の一大偉観をなす最澄と空海との交際は、このような問題を抱えながら、大同の末年（八一〇）頃に始まった。はじめ最澄は空海の援けを借りて天台宗の密教部門（遮那業）の充実を図ろうとしたようであるが、もとよりそれは空海の受け入れるところでないことがわかると、自ら空海の弟子となって密教を学び、その成果を叡山に移植しようと考え、空海もまたある程度はそれを認めたらしい。こうして二人の親しい交渉が始まる。

大同の末から弘仁のはじめにかけて、最澄は次々と空海の請来した密教関係の典籍の借覧・書写を請い、弘仁三年（八一二）冬には門弟らを率いて高雄山寺に赴き、空海から金剛界灌頂（十一月十五日）と胎蔵界灌頂（十二月十四日）を受けた。その際、和気真綱・仲世兄弟らの俗人が同時に入壇しているのをみると、この時の灌頂が、法門の伝授を意味する伝法（受職）灌頂ではなくて、一般在俗者を対象とする結縁灌頂であったことは明らかである。そしてここまでが空海の許容し得る限界であった。

最澄はなおも辞を低うして法門の伝授を請うたが、ついにそれは許されなかった。弘仁四年十一月、最澄が『理趣釈経』の借覧を請い、空海がこれをきっぱりと拒絶するに及び、両者の関係は急速に冷却化する。二人の袂別《べいべつ》は、典籍の借貸問題を表向きの理由とし、また背後に弟子泰範の去就問題などもからんでいたが、基本的には右に述べたような法門伝授の可否、いいかえると平安新仏教の宗派形成の枠組みの問題に帰する。

もし仮に、空海が最澄に対して自分の請来した密教法門の伝授を認めたとすると、空海の入唐求法の成果は天台宗の密教部門に吸収され、彼は単なる法門の仲介者にすぎなくされる恐れがあった。それは、近い将来に真言宗の独立を期する空海の許容するところではない。

弘仁七年五月、弟子泰範に代わって空海が執筆した最澄宛の書状は完全なる袂別状であった。この後空海は嵯峨天皇に請い、高野山を賜わって南に向かい、最澄もまたまもなく関東に旅立ち、それぞれ新しい問題に取り組んでゆくこととなる。

こうして天台宗における密教問題の解決は、最澄の滅後まで持ちこされた。日本天台宗は、止観業と遮那業、天台と密教の組み合わせという形で出発したが、その密教部門は不完全なまま、しばらく苦しい片肺飛行を続けねばならなかった。

思うに中国天台宗では、華厳教学との対立・葛藤が重要な問題であったが、日本天台宗では、真言密教との交渉が主要な課題となった。最澄と空海との数年間の交わりは、この問題の発端として注目されるのである。

三一権実論争

空海と袂別した最澄は、残された余生をもう一つの重要課題の解決にあてようとした。もう一つの重要課題とは何か。それは南都旧宗と対決して天台宗の独立を図ることである。三一権実論争が、南都旧宗に対する思想的独立を告げる教理論争であったとすれば、大乗戒独立運動は、南都旧宗から教団的独立を図る戦いであった。

最澄が叡山教団とゆかりの深い上野（群馬）・下野（栃木）の故道忠禅師の門弟たちに招かれて関東に向かったのは、弘仁七年（八一六）の秋もしくは八年春の頃と考えられる。この高僧の教化に関東の民衆は随喜群参したが、当時、奥州会津（福島県）に住む法相宗の徳一なる学匠があった。彼は法相宗の英才であるが、早くから関東に下り、会津の慧日寺や常陸（茨城）の筑波山寺を中心に教化を行ない、民衆から菩薩をもって称された人物である。最澄はこの徳一との間に、日本論争史の劈頭を飾る三一権実の大論争を繰り広げるのである。

この論争は、最初、徳一が『仏性抄』を著して天台教学を論難したのに応えて、関東滞在中の最澄が『照権実鏡』を撰述して反駁したのに始まり、ついで徳一は『恵日羽足』『中辺義鏡』『法華肝心』などを著し、最澄は『法華去惑』『守護国界章』『決権実論』などを著していちいちこれを論破し、弘仁十二年（八二一）、『法華秀句』を著すに及んでようやく一段落をみた。

論争の主題は、天台の一乗主義と法相の三乗主義との優劣論で、純然たる教理論争であるが、荒々しい自然と風土に取り囲まれ、征夷戦争の前線基地として律令政府の厳しい収奪にあえぐ当時の関東の農民たちの目前で展開される時、特別に切実な意味を担ったであろう。

そしてこの激しい論争を体験することによって、最澄は持ち前の非妥協精神をよみがえらせ、自己の奉ずる教学についての優越性を確信することが出来た。すでに五十歳の坂を越え、余命いくばくもないことをさとる最澄は、いよいよ年来の宿願を果たすべき時の来たことを覚えた。すなわち大乗戒独立運動がこれである。

大乗戒独立運動

比叡山に帰った最澄は、弘仁九年三月、門弟たちを集めて、彼が十九歳の昔、東大寺の戒壇院で受けた小乗二五〇戒の棄捨を宣言し、同時に新たに比叡山に『梵網経』に基づく大乗戒壇を建立する決意を表明した。

ついで同年五月、「天台法華宗年分学生式（六条式）」を撰上して菩薩の出家を奏請し、同年八月には「勧奨天台宗年分学生式（八条式）」を撰上して重ねて勅許を請い、さらに翌十年三月には「天台法華宗年分度者回小向大式（四条式）」を撰上し、強く訴えるところがあった。

はじめ黙殺の態度を取り続けた南都・僧綱側も、南都の戒壇を小乗戒と貶って否認し、叡山に大乗戒壇を建立することをあからさまに意思表示した「四条式」の提出されるに及んで、果然、反撃に出て、同年五月、僧綱は南都七大寺の反対意見をとりまとめ、「四条式」を激しく論難した。

いわく、「最澄の式は、教理に合わぬばかりでなく、僧尼令の規定に背いて僧綱・玄蕃寮を経ずに上奏に及んだ過失がある。よって本人を召喚して教えに照らして論定すべきである」と。この僧綱の奏状にこたえて執筆されたのが、最澄畢生の大著『顕戒論』三巻であった。

いま上記の三首の「学生式」（ふつうこの三首をまとめて『山家学生式』と呼ぶ）および『顕戒論』によって最澄の主張をみよう。

戒律とは仏弟子の守るべき規範ないしは教団規則である。ただし、ここでは教団への入門儀式としての戒律の授受が問題とされる。

当時の仏教界では、出家して僧団に加入する場合、まず十戒を授けられて沙弥（尼）となり、数年後、二五〇戒（女は三四八戒）を授けられて正式の僧尼（比丘・比丘尼）となる決まりで、前者を得度といい、後者を受戒といった。どちらも戒律の遵守を誓う入門儀式である。

その際、用いられる戒本に数種があり、当時もっぱら行なわれたのは『四分律』であった。これはインドの部派仏教時代に法蔵部で形成された二五〇条（女は三四八条）より成る戒本である。それは大乗仏教成立以前のものであるから、当然、小乗的な内容を含んでいた。中国や日本ではこれに大乗的な解釈を施して使用してきたのである。

最澄はこの矛盾を鋭くつき、四分律に基づく南都の戒を小乗戒と決め付けてこれを否認するのである。

それでは最澄が叡山に建立しようとする大乗戒とはどのようなものであろうか。大乗仏教が成立すると、部派時代の小乗的な戒律を不満とし、大乗精神に基づく戒律が求められるようになった。こうして生み出されたのが大乗の菩薩戒である。『瑜伽師地論』決択分の説く三聚浄戒、『梵網経』の説く十重四十八軽戒などがそれである。最澄は主として『梵網経』に基づき、これを僧侶の資格を印可する僧戒に用いようとしたのである。

しかし、『梵網』の菩薩戒は、もともと在家信者（菩薩）に対する結縁戒としてつくられたもので、このことは、よく知られるように『梵網』の十重戒の一つに「不沽酒戒（酒を売ってはならない、売らしめてはならない）」があることからも明らかである。現に最澄が渡唐して天台山で師の道邃から授けられた菩薩戒もそのようなものであった。また訳語僧として最澄に随って入唐した義真は、天台山で授戒し、大僧の資格を得たのであるが、その際にも三師七証の声聞別解脱戒の律儀が用いられている。天台山ですらしかり。最澄の主張は、当時の仏教界の常識を破るものだったのである。

最澄がこのような常識破りの行為に出た背後には、次に述べるような現実的な動機があった。延暦二十五年（八〇六）の桓武天皇の勅許に基づく天台宗年分度者（二人）は、その後、年を重ねて弘仁九年までの一二年間にあわせて二四人が得度したが、その内一人は死亡、四人は法相宗に奪われ、九人は種々の事情で山にとどまらず、結局、住山のものは一〇人にすぎない有様であった。

これは天台宗で得度しても、授戒には東大寺に赴かねばならず、それを機会に、出身の便宜の多い南都諸大寺に走ってしまう者が多かったからである。得度と授戒を同時に叡山で行ない、一二年間の籠山を義務付けたいという要求は、門弟の離散を防いで教団の永続を確保しようとする、極めて現実的な動機に基づいていた。

しかし、最澄の大乗戒独立の主張を真に動機付けたものは、何といっても彼の純粋な宗教的良心である。彼が比叡山で育成しようとした「菩薩僧」の理念をもっともよく語ったものは「六条式」冒頭の次の文章である。

国宝とは何物ぞ。宝とは道心なり。道心あるの人を名付けて国宝となす。故に古人言く、「径寸《けいすん》十枚、これ国宝に非ず。照千一隅《しょうせんいちぐう》、これ則ち国宝なり」と。

彼が思想としたのは、寺院に寂居して自己の解脱のみを求める僧ではない。生きた現実、生きた国家社会を忘れてはならない。国家社会に真の意味で役立つ人こそ、彼が理想とした人物である。だからこれを「国宝」と称したのである。それでは、本当の意味で国家社会に役立つ人とはどんな人なのか。それは、道心、すなわち燃えるような求道心を持った人である。彼は、ここで具体的ないくつかの故事を引いているが、その最初に掲げたのが「径寸十枚……」の逸話である。

中国は戦国時代のこと、斉の威王の下にある時隣国の魏の王が訪ねてきた。彼は、直径一寸もある大きな宝石を一〇枚も持っていることを自慢した。

この立派な宝石をみてください。ほら、車の前と後、十二台目のところまで照らしますよ（当時の君主は、たくさんの車を前後に随えて行幸する例であった）。

そして、

私のような小さな国でもこんな物を持っているんですから、おたくのような大国なら、もっと立派なものをお持ちでしょうね。

と続けた。すると威王はこのように答えた。

私の宝とするものは少し違います。私にはそんな立派な宝石はありませんが、立派な家臣がいます。彼らはそれぞれ自分の持ち場（一隅）を守り、外敵を寄せ付けず、国内もよく治まっています。これこそ千里を照らすものといえるでしょう。車の前後十二台目まで照らす宝石の比ではございませんよ。

これを聞いて魏王は恥ずかしそうに帰っていった、というエピソードである。

この故事はもともと『史記』に出ているが、最澄はこれを湛然の『摩訶止観輔行伝弘決』より引き、「径寸十枚、これ国宝に非ず。照千一隅、これ則ち国宝なり」の一句にまとめたのである。最澄が理想とする人物像は、寺院や山林に寂居する声聞僧ではない。真に国家社会に役立つ大乗の菩薩僧である。そしてこのような菩薩僧を育成するためには、大乗独自の僧戒の授受と一二年間の籠山の制が必要だとしたのである。ここには、インド仏教における初期大乗を彷彿たらしめるイントレランシズム（不寛容主義）が脈打っていることに注目したい。

ところで、比叡山ではいつの頃からか、この故事が忘れられ、右の「照千一隅」を「照于一隅（一隅を照らす）」と読み誤ってきた。延暦寺に蔵される最澄の自筆本に照らしてもこの「千」の字は断じて「于」ではない。しかも困ったことに、近年の天台宗は、この誤読した一句に基づいて「一隅を照らす」運動を幅広く展開している。「一隅を照らす」では、魏王の誇った、車の前後一二台を照らす「径寸十枚」になってしまうであろう。最澄の理想とした人物はそんなちっぽけなものではない。国家社会に本当に役立つ、「千里を照らす」人物である。

それはともかく、このような燃えるような大乗不共《ふぐう》の精神を秘めた大乗戒独立の主張は、最澄の生前には実現しなかった。彼は成果をみることなく弘仁十三年（八二二）六月四日、比叡山の中道院でさびしく息を引き取った。時に五十六歳であった。

しかし彼の宿願は、残された門弟たちの奔走と、藤原冬嗣・良岑安世らの助力によって、滅後七日目の六月十一日になって勅許された。彼は大乗戒独立の成功をみずに死んだが、それは厳しいイントレランシズムに生きた彼にとっては、むしろふさわしい最期であったかもしれない。

五　天台宗の発展

円仁と円珍

最澄滅後の天台宗団は、義真によって統率されたが、しばらく低迷を続けた。その理由はいろいろあるが、最大の問題は密教の不備という点にあった。

当時、外には真言宗の空海が宮廷に出入し、祈雨に攘災に密教の秘法を発揮して、華やかな活躍を続けていた。天長八年（八三一）九月、叡山の長老であり、後義真について二代目の伝法主となった円澄をはじめとする二六人の最澄の直弟たちは、頭を揃えて空海に書を呈し、「止観の旨は盛に叡峰に談じ、師資の道を弘む。しかるに毘盧遮那の宗に至ってはいまだ良匠を得ず」と述べて、空海から真言教を受学することを懇請していることをみても、この辺の事情を察することが出来よう。

叡山に本格的な密教を導入するという教団的課題は、最澄晩年の弟子である円仁と義真の愛弟子である円珍とによって果たされる。

円仁は下野国（栃木県）の出身、俗性は壬生氏。九歳の時、下野大慈寺の広智の門に入り、大同三年（八〇八）、十五歳の時叡山に登り、最澄の弟子となった。二十九歳で師の入滅にあったが、兄弟子の円成・仁忠らとともに院内の事を任されており、若くして師の信頼を得ていたことがわかる。承和五年（八三八）六月、遣唐使に従って入唐し、揚州、五台山、長安などに学び、在唐九年、会昌の破仏に遭って承和十四年（八四七）に帰朝した。

在唐中の事績の内、密教受学について一言すれば、揚州では、嵩山院の全雅について金剛界諸尊儀軌を写得し、長安に入っては、大興善寺の元政より金剛界灌頂を授かり、その大曼荼羅を写得し、ついで青竜寺の義真に会って胎蔵界灌頂を受け、その大曼荼羅を写得し、さらに蘇悉地の大法を受けた。また玄法寺の法全に従って胎蔵儀軌を習学した。その他密教の基礎学たる悉曇《しったん》（サンスクリット）に関して、揚州では宗叡に、長安では南インドの宝月三蔵にそれぞれ学ぶところがあった。

長安の青竜寺は、いうまでもなく延暦の昔、空海が恵果阿闍梨について、両部の大法を受けた長安密教の根本道場である。空海は金・胎両部の法を受けたが、蘇悉地法を受けていなかった。ところが円仁は、空海受法の後の青竜寺で、恵果の法縁の義真から、空海も学ばなかった蘇悉地の大法を学んで帰ったのだから、その得意は察するにあまりあろう。さらに彼は、叡山密教の弱点であった悉曇についても充分な学習を積んだ。円仁の入唐求法によって、いまや叡山密教の真言宗に対する劣等感はまったく拭い去られた。

帰朝した円仁は朝野の大歓迎を受けた。嘉祥元年（八四八）には内供奉十禅師に任ぜられ、同三年には天子本命の道場として比叡山に総持院が建てられ、十四禅師が置かれた。同年十二月には天台宗に年分度者四人を加え、一人は金剛頂法、一人は蘇悉地法、二人は止観業を学ばせた。仁寿四年（八五四）には、延暦寺座主に補任されたが、座主の公称はこれに始まる。斉衡三年（八五六）三月、冷泉院の南殿において文徳天皇に両部の灌頂を授け、皇太子や右大臣藤原良房をはじめ、多くの皇族・貴族も入壇した。

こうして叡山教団は、進んだ密教を取りいれることによって、はじめてその教団的基礎を安定させることが出来た。そして叡山の密教化という現象は、平安朝の貴族政治の展開と呼応しながら進行するのである。

次に、円珍は讃岐国（香川）の人、俗姓は和気氏である。その母は佐伯氏で空海の姪にあたった。十五歳の時叔父の仁徳に伴われて比叡山に登り、義真の門に投じた。

義真はもともと通訳として最澄の入唐に随伴し、帰朝後はほとんど郷里の相模国（神奈川）に住し、最澄の直弟たちとあまり親しくなかったが、最澄の遺言に基づいて叡山の伝灯者となった。義真の没後、後継者について紛糾が生じ、最澄の高弟円澄が二代目の伝法主となり、義真系の弟子は山外に排斥され室生寺に拠った。円仁の華やかな活躍を白眼視していた義真系の人々は、秘蔵の秀才を唐に送り、勢力の挽回を図ろうとした。それが円珍である。

後円仁門徒と円珍門徒の間に対立が生じ、ついに山門（延暦寺）と寺門（園城寺）両門の分裂に進む素地は、すでにこの頃から芽生えていたのである。

円珍は仁寿三年（八五三）八月、唐商欽良暉の船に乗って入唐。福州について、まず天台山に巡礼し、ついで長安に入って密教を学んだ。帰途、再び天台山を訪れ、在唐六年にして天安二年（八五八）六月、唐商李延孝の船に乗り、同年八月、大宰府に帰着した。この頃遣唐使の派遣は絶えてなく、彼は往復ともに民間の商船を利用したのであった。

ここでも密教の習学に絞ってみると、福州では般若怛羅について悉曇および金剛界大悲胎蔵大日仏印を受け、長安では青竜寺に入り、法全に拝して両部の灌頂を伝え、また蘇悉地の大法、三昧耶戒を伝授され、その奥旨を極めた後、さらに大興善寺の智慧輪三蔵に謁して両部の秘旨を学び、合わせて新釈の持念経法を授けられた。円珍は天台の学習にもつとめているが、密教の受法には特に万全を期したことがうかがわれる。

円珍が帰朝した頃、政界では藤原良房・基経の父子が権勢をふるっていたが、円珍を厚く遇した。貞観六年（八六四）の秋には、宮中の仁寿殿に大悲胎蔵灌頂を修し、清和天皇はじめ良房など入壇するもの三十余人に及んだ。良房はまた円珍を自分の娘の皇太后明子（清和天皇の母で、染殿后と称する）の護持僧とした。後元慶七年（八八三）三月、円珍を法眼和尚位に任じた清和天皇の勅書に、「朕、降誕の時より、成立（即位）の日に至るまで、公（円珍）の潜衛に頼る」とあるから、円珍と良房ら藤原北家の嫡流との結び付きの深くかつ早いことが知られる。

貞観十年六月、円珍を天台座主に任じ、同十八年には延暦寺宝幢院に八僧を置き、仁和三年（八八七）には円珍の請により、大比叡・小比叡の両神のために、大日業・一字業各一人の度者を加えた。このように密教部門を充実した叡山教団は、政界の主流・藤原北家と結び付いて大いにその宗勢を拡張したのである。

仁和四年（八八八）十月、円珍は制誡文三条を制して弟子を誡め、大小比叡山王を敬うべきこと、別当大師光定の恩を思うべきこと、円仁の門徒と和合すべきことを諭した。この頃より円仁派と円珍派の対立が芽生えていたことが察せられる。

これより先、円珍は唐より帰朝早々、比叡山麓の三井に園城寺を修造し、ここに請来の経籍を収め、唐房と名付けた。園城寺は円珍の門徒によって相承され、後山・寺両門の分裂を招くことは後述する。

台密教学の完成

円仁・円珍の入唐請益によって天台宗はその密教部門を充実させることが出来たが、より重要な問題は、天台宗の教理と密教の教理を理論的に結び付けることであった。

円仁や円珍もこの点に意を用い、円仁は『金剛頂経疏』を撰して顕密二教の教判を示し、『蘇悉地経略疏』では、円教と密教を理（教理）において同等、事（事相＝実践）において密教が勝るという「理同事勝」の見解を述べている。

円珍は『大日経指帰』を著し、『大日経』を一大円教とし、『法華経』寿量品の説く久遠の本仏は『大日経』にいう法界心地に異ならず、として円密の調和を図るとともに、「理事倶勝」と称して密教の優越を認めた。円仁・円珍の説は法華と密教の調和を図ったものであるが、いまだ天台の伝統的な教判の枠の中での所説にすぎなかった。ところが五大院の安然の出るに及んで、天台宗の基本的な四教教判を破壊し、円教の上に真言密教を位置付ける五教教判を立てるに至った。天台系の密教、すなわち台密教学の完成期の頂点に立つのがこの安然であった。

安然は近江（滋賀）の人で、最澄の同族ともいう。若くして円仁の門に入り、その滅後はさらに遍昭に師事して顕密二教の秘奥を極めた。元慶八年（八八四）、元慶寺の伝法阿闍梨に任じたが、後叡山東谷に五大院を構えて屏居し、生涯ただ研究と著作に専念した。

彼はその学極めて該博であったばかりでなく、明晰な頭脳と卓抜な識見を有し、遠くは善無畏・一行、近くは円仁・円珍らの諸家の説を統合し、台密独自の教学体系を築き上げることに成功した。一〇九部二二二巻を数える数多い著述の中でも、『真言宗教時義問答』と『菩提心義抄』は、台密教義の大成の書ということが出来、東密（東寺系の密教、すなわち空海の真言宗）の学徒すらこれを尊重したという。

安然の判教論は、「四一十門《しいちじゅうもん》」と呼ばれる。「四一」とは四つの一つ、すなわち「一仏一時一処一教」をいう。大日如来が一切の時処に遍満して常住不断に一切の教法を宣説することを表わし、『大日経』こそ三世十方の一切の仏教を統摂する法門であることを示したものである。次に「十門」とは、「説・語・教・時・蔵・分・部・法・利・門」の十の範疇をいい、これを基準として一代仏教の優越を判じたものである。

こうして安然によれば、法華円教は、理（教理）は密なれど事（事相）は密ならず、「理事倶密《くみつ》」の真言密教こそ最高の法門でなければならないとし、蔵・通・別・円の四教の上に密教を置く五教判を立てるが、これはしばらく法を聞く衆生の相待の立場からみたもので、法を説く仏の絶待の立場からすれば、ただ一大円教が存するにすぎない。かように相待・絶待の判を用いて円・密の一致を強調したところに台密家としての安然の最大の苦心をみるべきである。『法華経』を「略説の秘密（教）」、『大日経』を「広説の法華」とした巧みな表現にも同様の工夫を認めることが出来よう。

円密の一致を強調する安然にとって、最大の論敵は空海の『十住心論』であった。彼は行論中しばしば『十住心論』に言及し、その所論に依るところが少なくなかったにもかかわらず、こと判教に関しては極力反対の態度をとり、その五失を数えるなど、空海の十住心判に対抗して、台密独自の教判を確立しようとした意図が明白である。

安然の綜合の才は、智顗のそれを思わせ、また彼が真言宗を対破することによって天台密教の立場を明瞭にしようとしたところは、華厳との対決を通じて天台の特色を発揮した湛然の手法を偲ばせるものがある。後三井寺の敬光が安然の功を湛然のそれに擬し、またその著述を智顗の『法華玄義』に比して称揚したのも、決して不当ではない。

叡山の発展

円仁・円珍によってすぐれた密教を導入し、さらに安然に至って円密一致の理論体系化を果たした日本天台宗は、いまや確固たる教学的基礎の上に立つことが出来た。この成果の上に立脚して叡山の全盛期を現出させたのが良源である。

良源は近江国（滋賀）浅井郡の人で、俗姓は木津氏、十二歳の時山に登り、円仁の孫弟子にあたる理仙の門に投じて得度し、座主の尊意を拝して受戒した。さらに喜慶・覚恵・雲晴らについて顕密の奥旨を極めた。承平七年（九三七）十月、興福寺の維摩会に赴き、南都の義昭と対論してこれを屈伏させ、その学才を謳われた。しかし当時、山上では円珍派が勢力をふるい、円仁派に属する彼は、横川に隠遁して修学に沈潜することを余儀なくされた。

良源の非凡な学才に目を付けたのが、当時、政界に君臨した摂政藤原忠平・師輔の父子である。忠平らは良源を護持僧に抜擢し、大いに推輓するところがあった。さらに彼の名を一躍、高からしめたのが有名な応和の宗論である。

応和三年（九六三）八月、村上天皇御願の『法華経』の書写が成り、宮中の清涼殿に南北の碩学各一〇人を招いて講会を行なうことがあった。南都の法相宗は五姓各別説を唱え、北嶺の天台宗は一切皆成説を主張して鋭く対立した。講会は五日間、朝夕二座にわたって行なわれ、双方から講師と問者が交互に出て論義問答を戦わせるのである。良源は第三日の朝座に南都の法蔵と対論して、ついに口を緘せしめたが、第五日の朝座には逆に南都の仲算が叡山の寿肇を閉口せしめた。

ここにおいて勅があり、同日の夕座には予定を変更して良源と仲算を対論させ、雌雄を決することになった。二人は天皇の面前で互いに宗義を持して一歩も譲らず、激論数時間に及んだという。『元亨釈書』や『扶桑略記』では良源の勝ちとし、『応和宗論日記』『本朝高僧伝』などには仲算の勝ちを伝えるが、勝敗は決しなかったというのが真相であろう。

このように彼自身が論義の達者であった良源は、後康保五年（九六八）より、毎年六月の最澄忌に行なう法華会に広学竪義を始めている。有名な「山の論議」の起源をなすが、これが叡山教学の発達に大きく役立ったことはいうまでもない。良源としては、これによって円珍・安然以来密教一辺倒に流れていた叡山の学風を矯正し、本来の天台学を振興する意図もあったであろう。

こうした学事の振興とともに、忘れることの出来ないのは、良源の伽藍再興の功である。これより先、叡山ではしばしば火を失し、承平五年（九三五）には堂塔四十余宇を焼き、天慶四年（九四一）にも総持院を焼失した。

康保三年（九六六）八月、良源は天台座主に任ぜられたが、同年十月二十八日、叡山に火あり、講堂・文殊楼・常行堂など三十余宇の堂塔が灰燼に帰した。彼は二十年の間座主の任にあったが、その間、堂舎の再建に全力を注いだ。天禄三年（九七二）にまず講堂など五堂が成り、天延三年（九七五）に横川楞厳院中堂を竣工。天元二年（九七九）には西塔常行堂・釈迦堂などが落成し、同三年には根本中堂・文殊楼などが成り、その供養には円融天皇は関白頼忠以下を従えて臨幸あり、請僧一五〇人に及ぶ一代の盛儀であったという。

こうして良源は朝野の尊信を一身に集めた。天元四年には天皇の病気に不動法を修し、その功によって大僧正に任ぜられたが、これは奈良時代の行基以後、はじめてのことであった。門下には学徒が雲集し、顕密の学は叡山に欝然として興隆した。「門徒三千」といわれる数多い門弟の内、源信・覚運・尋禅・覚超が特に秀で、これを四哲という。彼らは良源以後の天台宗の発展を担って多彩な活動を展開していったのである。

しかし発展の極致は、また分化・分裂の第一歩でもある。第一に、雲集した門下にいろいろの傾向が現われ、円密両教の諸学派の分化が始まり、やがて禅・浄土・日蓮などの新宗教を分出せしめる。第二に、貴顕の帰依を集めた叡山には多くの荘園が寄進され、叡山教団はそれ自身、巨大な荘園領主と化した。多数の荘園を母胎として僧兵が生み出されるとともに、荘園の領有をめぐって複雑な教団組織が形成され、やがて山・寺両門の分裂に至る。

これらの史的諸現象は、互いに関連しながら進行したのであって、それらの因果関係を説明することは容易ではない。ここでは、良源以後の天台宗の動向をごく簡単に眺めることにしたい。

山・寺両門の分裂と僧兵の横行

両門分裂の素因をなす円仁派と円珍派の対立の萌芽が、遠く義真入滅の直後に遡ることは前述の通りである。円珍以後、叡山ではもっぱら円珍派が栄えたが、良源が出て円仁派が勢力を挽回してくると、円珍派との間に次第に対立確執が醸成されていった。

両派の対立がはじめて表面化するのは、まだ良源在世中の天元四年（九八一）のことである。この年、円珍派の余慶が法性寺の座主に任ぜられた。法性寺は藤原忠平が京都東山に開創した寺であるが、その座主には代々円仁派が補任されたので、円仁派は余慶の座主補任に強く反対した。そのため余慶は座主を辞退したが、そのしこりが残った。

永観三年（九八五）、良源が滅し、弟子の尋禅が天台座主に任ぜられたが、永祚元年（九八九）に上表して辞任を請うた。そこで朝廷では余慶を天台座主に任じたが、再び円仁派の反対にあい寺務を遂行することが出来ず、在任二ヵ月で座主を辞任するのやむなきに至った。この時山徒は、座主に任命するという宣命を携えた勅使を登山させず、二度目の勅使は宣命を奪われ、三度目にようやく山上に達した。宣命の文中には山徒を戒めて彼らを「獅子身中の虫となす云々」の語句があり、これを「永祚の宣命」という。

四年後の正暦四年（九九三）七月、余慶の弟子成算の率いる悪僧が、円仁の遺跡である赤山禅院を襲うという風聞があった。円仁門徒は怒って同年八月八日、山上の円珍派の坊舎を襲撃・破壊した。慶祚以下の円珍派の門徒千余人は難を避けて山を下り、三井の園城寺（三井寺）に拠った。ここに山・寺両門は長く分裂することとなった。

　分裂後も山・寺両門の確執・抗争は止まなかった。長暦二年（一〇三八）、摂関家の帰依を集める寺門の明尊が天台座主に任ぜられるという噂が立ち、山徒は反対して関白頼通の第に嗷訴《ごうそ》をかけた。その後、永承三年（一〇四八）になって明尊はついに座主に任ぜられたが、山門の反対により、在任僅か三日でこれを辞した。

　長暦三年五月、三井寺は戒壇の独立を朝廷に申請した。三井寺としては、このように教団が完全に分裂した上は、戒壇の別立が当然であるとしたが、山門はこれに反対した。この問題はその後も事あるごとに繰り返され、両門対立の争点となった。

　永保元年（一〇八一）正月、坂本の日吉社の祭礼で山門の下人と三井寺の下人とが喧嘩した。事件は次第にエスカレートし、ついに六月九日、山徒数千人が大挙して三井寺を襲い、これに火を放った。焼失の堂宇は二千余宇に及んだ。これ以後も山徒の三井寺焼き打ちは前後五度を数える。

　三井寺が何度も焼かれながら、不死鳥のごとくよみがえり、巨大な山門に対抗出来たのは、皇室・摂関家の手厚い信仰と保護を受けていたからである。特に院政期には増誉・行尊らの名僧を輩出し、院の帰信を集めた。彼らはいずれも密教の修法にすぐれ、いわゆる「験者《げんざ》」としての能力に秀でていた。ここに寺門派の一特色を見出すことが出来る。

　山・寺両門の抗争に拍車を加えたのが僧兵の横行である。僧侶の武装化の現象も、良源の頃に遡る。僧兵は良源が始めたとする説もあるが、天禄元年（九七〇）、彼が定めた「二十六ヵ条起請」をみると、その第一八条に裹《か》頭《とう》を禁じ、また第一九条には僧侶が兵杖を携えることを禁じている。しかしこのような禁制を定めたこと自体、僧兵の発生がこの頃にあったことを物語るであろう。

僧兵の横暴は十一、十二世紀の院政期に最高潮に達した。例の白河法皇の「天下三不如意」の嘆きからも察せられる。僧兵、特に山門の衆徒は、寺領問題や座主補任問題、あるいは三井寺戒壇問題など、事あるごとに日吉神輿を舁《かつ》ぎ出し、朝廷や権門に嗷訴をかけ、時には警固の武士と兵戈を交えたのであった。

最大の僧兵集団を抱えた叡山（延暦寺）と南都（興福寺）は、また最大の荘園領主でもあったから、僧兵の供給源がこれら広大な寺領荘園にあったことは疑いない。いいかえれば彼らは僧衣をまとった武士だったのである。

東国などの辺境では、荘園領主と農民との間に在地領主（豪族）制が発達して、武力はこれら在地領主層に吸収され、精強な武士団を形成したが、畿内およびその周辺では、荘園領主（本所＝南都や北嶺）の勢力が強く、在地領主層が発達しなかったので、武力は全部、本所である大寺院に吸収され、僧兵集団となったわけである。要するに僧兵の出現は、武士の出現と大体において並行する時代的現象だったのである。

僧兵の横行は決してほめたことではない。慈悲忍辱《にんにく》を尚《たっと》ぶ僧侶が兵杖を携え、暴力行為に及ぶことは到底許されぬことである。しかし、右に述べたように、仮に僧衣をまとった畿内武士団であったと考えれば、あながちに責めることもどうだろうか。

私たちは僧兵の姿の中に畿内武士団のエネルギーの横溢を認めて差し支えないであろう。この荒々しいエネルギーが叡山や南都に渦巻いていたからこそ、本覚思想や鎌倉仏教などの新思潮が、この坩堝の中から生み出された、と考えることも出来るのではなかろうか。

顕密諸流派の形成

叡山仏教の内部に、顕密の諸流派が成立するのも同じ頃であるが、円教の諸派より台密の諸流が一歩先んじて形成された。

台密諸流の基本をなす谷流・川流は、どちらも良源の弟子の世代に始まっている。良源の四哲の一であった覚超は、円教を良源・源信に学び、密教は良源から華山流の正系を伝え、顕密二教に通暁した名匠である。横川の兜率院に住したので「兜率の先徳」と呼ばれ、またその流派を川流という。『東西曼荼羅抄』『三密抄』など密部に属する著作が多い。この流派は、次に述べる谷流とともに台密を二分する勢力を有したが、山・寺両門の抗争の継続とともに内紛が生じて滅んでしまった。けだし華山流とは遍昭の流派であるが、遍昭は円仁・円珍の法を嗣ぐところから、両派の抗争の影響をもっとも直接にこうむったのであろう。

覚超とほぼ同じ頃の人に皇慶がある。七歳の時叡山に登り、静真について円仁直系の密教を学び、その奥旨を極めた。後諸国を巡歴し、九州に到って景雲より東密を伝えた。万寿年中、丹波（京都）池上の大日寺に住んだが、後叡山に戻り東塔南谷井ノ坊に住した。皇慶を俗に「池上阿闍梨」と称し、その流派を谷流と呼ぶ理由である。彼は台東両密を伝え、諸派を綜合集成し、覚超と並んで当時における事相の双璧と称された。『随要記』『四十帖決』などの著作があり、大法を授ける門人三十余人に及び、六流十三流などといわれる多くの流派を出した。

谷流の諸派については、ここでは詳しく述べないが、根幹をなす谷の三流についてのみいえば、皇慶門下の長宴の弟子に良祐があり、大原の三昧院に住して三昧流を興し、その弟子相実は無動寺法曼院にあって法曼流の名を得、また皇慶門下の頼昭の系統を引く聖昭は、南坂本の穴太に住んで穴太流と呼ばれた。以上を谷の三流と呼ぶ。

こうした密教の諸派の形成が、この時期に集中してみられるのは何故であろうか。円仁・円珍以来、天台密教では新しい事相を取りいれ、安然に及んでそれらを綜合する教相研究が行きつくところまで究め尽くされた。ここに至って事相研究が勃然として起こったわけである。安然までの教相研究では、天台密教の独自性の発揮に努力が注がれたが、皇慶以後の事相全盛期になると、東密との交渉を伝える事例が少なくなく、包容的、開放的な一面を増してくることは興味深い。もとより事相諸派の間では、相承血脈を重んじ、互いに秘事口伝を誇ったが、反面では意外に開放的なところもあったのである。

台密の事相における諸作法を集成したものに『阿娑嚩抄《あさばしょう》』があり、穴太流の流れをくむ小川忠快の弟子、承澄（鎌倉時代初期）の著作である。彼は博覧強記で広く諸流派の口伝・記録を集成してこの書をつくった。東密の『覚禅抄』と並んで密教事相研究の好個の参考書として尊ばれている。ここでも事相研究の開放的性格が見出される。

台密諸派の形成と相前後して、恵檀八流と総称される天台円教の諸学派も形成された。その起源は、通常、良源門下の双璧たる恵心院の源信と檀那院の覚運に付されているが、実際に恵檀八流の実態が出来上がったのは、十二世紀の院政期半ばの東陽房忠尋、恵光房澄豪らの頃で、彼らがそれぞれ実質上の派祖であったと推察される。東陽房忠尋は、源信四伝の弟子にあたるが、恵心流の義を長豪より伝え、西塔北谷に住して止観を研精し、多くの弟子を育てた。その門下に皇覚があり、相生《すぎお》流を開き、ついで皇覚の孫弟子に静明があり、行泉房流の名を得、その弟子政海に至って土御門門跡流を出し、やや遅れて証真は、東塔南谷に住して恵心流と檀那流を合わせ学んだ一代の碩学であるが、その住居に基づいて宝地房流を称した。以上を総称して恵心の四流と呼ぶ。

次に恵光房澄豪は、檀那流の学を隆範・清朝より受け、東塔西谷に住して宗義を研鑽し、山家教学の模範といわれた碩学。門下に英才が多く、この流派を恵光房流と呼ぶ。弟子の長耀は竹林房流（安居院流）を立て、同じく智海は毘沙門堂流を称し、長耀の孫弟子聖融に至ってさらに猪熊流を出し、以上を檀那の四流という。

これら院政期における天台学の分派は、どうして生じたのであろうか。古来の説によれば、その起源を最澄の入唐相承に遡らせて説き、天台山に赴いた最澄は、まず道邃より観心中心の本覚法門を受け、ついで行満から教相中心の始覚法門を受けた。最澄の法を嗣ぐ良源は、前者を源信に伝え、後者を覚運に授けたので、ここに恵心・檀那の二流を生じたという。実際、これを裏付けるような典籍も残されているが、これらはすべて後世の偽作にすぎず、信ずべき文献による限り、最澄の相承の上にも、源信・覚運の学風の上にも、いわれるような態度の相違はまったく見出されない（硲慈弘氏）。

あえて始覚・本覚をいうならば、最澄の入唐当時の天台宗は、いずれかといえば教相中心の始覚法門の性格が濃厚であり、わが平安中期の源信・覚運二師の学風は観心中心の本覚法門の色彩を強めている、といえるばかりである。

本覚思想の成立

それではこのような分派を生じた理由は、どこにあるであろうか。この疑問に答えるためには、院政中期に始まるわが中世天台宗を特色付ける本覚思想の成立を明らかにしなくてはならない。

いわゆる本覚思想とは、『大乗起信論』に基づき、絶対のさとりが生滅する現象界に本来、本然《ほんねん》として備わることをいったものであるが、日本天台宗では、この本覚の意味を拡大解釈して用いたものとされる（田村芳朗氏）。

第二節でも述べたように、天台実相論を徹底すれば、生仏一如、煩悩即菩提といった本覚思想に到達するのであろう。従って本覚思想は、智顗が立てた天台教学に、可能性としては本来から包蔵されていたものといってよいであろう。ただこの可能性が実現されるのに、中国天台では長い華厳思想との対決の時期を要し、趙宋天台の山外派の思想として結実した。しかるに日本天台では、真言密教との対立・葛藤を通じて院政中期になって実現したとみることが出来るのではなかろうか。

このように考えてくると、中世天台宗の本覚思想を生み出したものとして、第一に円仁以来の台密教学の充実・発展に注目しなければなるまい。特に円仁・円珍より安然に至って大成された「一大円教論」、すなわち、天台・真言融即の上に語られた真理の一元論が、本覚思想の開花を促したのであろう。

第二に、良源以来の論義の盛行に注目しなくてはならない。後世には形式化してしまう「山の論義」も、良源が始めた頃は、天皇の面前で口角泡をとばして激論数時間に及ぶ自由な対論の場であった。伝統的な教相中心の始覚思想から、自由な思考を尚ぶ観心中心の本覚思想を形成するには、そのような自由な対論の場が必要であった。

第三に、すでに述べたことだが、中国の趙宋天台、それも正統派の山家派ではなくて、異端派とされた山外派の影響も無視出来ないであろう。ただこの点についてはいまのところ推測の域を出ず、今後の研究課題である。

そして最期に、こうした自由な思考をなし得た当時の叡山教団の実情に目を向けたい。院政期の叡山は、僧兵の跋扈・横行する世界であった。僧兵の横行は、そのこと自体、僧風の堕落・頽廃を示す以外の何ものでもない。しかし前に述べたように、そこに畿内武士団のエネルギーの横溢を認めることが出来るならば、それは、本覚思想という中世自由思想を生み出す恰好の舞台とみなすことも出来るのではなかろうか。

中世天台宗を代表する宝地房証真は、叡山の宝処院に住して大蔵経を閲読すること一六遍に及び、ついに源平の争乱を知らなかったという。この証真の逸事は、私たちに、二度の亡国を経験しながら、三大部の講説に倦まなかった智顗の姿を思い浮かべさせる。

天台宗とは、現実を忘れず、しかも現実を超える生き方を教える宗教なのであろう。

参考文献

島地大等『天台教学史』（明治書院、一九二九年）
上杉文秀『日本天台史』（破塵閣書房、一九三五年）
硲慈弘『天台宗読本　宗史篇』（天台宗務庁教学部、一九三九年）
辻善之助『日本仏教史　上世篇』（岩波書店、一九四四年）
硲慈弘『日本仏教の開展とその基調』（三省堂、一九五三年）
佐藤哲英『天台大師の研究』（百華苑、一九六一年）
安藤俊雄『天台学』（平楽寺書店、一九六六年）
山口光円『天台概説』（法蔵館、一九六七年）
田村芳朗・梅原猛『仏教の思想5　絶対の真理〈天台〉』（角川書店、一九七〇年）
安藤俊雄・薗田香融校注『日本思想大系4　最澄』（岩波書店、一九七四年）
京戸慈光『天台大師の生涯』（レグルス文庫）（第三文明社、一九七五年）
木内堯央『天台密教の形成』（東京渓水社、一九八四年）

IX　承和三年の諸寺古縁起について

一

古代から中世にかけて、各地の諸寺院では、縁起・資財帳の作成ということが盛んに行なわれてきた。今日その存在の確かめられるものは、有名な天平十九年の法隆寺、大安寺等の「縁起幷流記資財帳」をはじめ、かなりの数に達する。断片的に残存、もしくは諸書に引用されて部分的に伝わったものまで加えると、奈良時代に属するものだけで十数通を数えるといわれる[1]から、平安時代に降れば、さらに夥しいものがあるであろう。

史書の伝えるところでは、これら縁起・資財帳が、一定の形式を備え、恒例的に作成上申されるようになったのは、霊亀二年五月の詔によるものというが[2]、すでにそれ以前に類似のものの作成がみられるし[3]、それ以後でも、右の詔をもって律し難いものが少なくない。またこの時の詔をもって寺院に対する国家統制を指摘することは誤りでないが、それのみで作成された縁起そのものを理解し尽くし得ると考えることも正しくない。「縁起」とは、いわば寺院の自己表現の手段である。それは「人物」における「伝記」、「家」における「系譜」、「国家」におけ る「正史」にも比すべきものであって、寺院の存するところ、半ば必然的に「縁起」は要請せられるのである。奈良・平安期の縁起類が、たとえ国家の命令によって、作成せしめられたものであったとしても、そこに盛られた内容そのものに、寺院側の主体的表現を看取することは、さまで難しいこととは考えられない。

私はこのような観点から、古代から中世にかけての諸寺縁起の集成と整理研究を課題としている。このことが、充分の手続きと批判の上になされるならば、上代寺院史ないし仏教史のヴィヴィッドな復元が可能ではないかと考えている。ただしそのためには、厳格な文献学的操作と批判的識度の高邁さが要求されることであろう。以下本章で試みようとする承和三年古縁起に関する考察は、こうしたためのテスト・ケースとしての意味を持っている。

二

承和三年（八三六）の古縁起として、もっとも著名のものは、朝野群載巻二所収の『広隆寺縁起』である。山城国葛野郡太秦（現京都市右京区太秦）の広隆寺は、推古朝の創立、聖徳太子の発願と伝える古刹である。この地に蕃息した秦氏の族長家・太秦公の氏寺として、推古三十年、葛野郡九条河原里・荒見社里の地に建立されたが、土地狭隘のため、その後、同郡五条荒蒔里に移された。しかるに延暦年中（七八二〜八〇六）、別当法師泰鳳なる悪僧あり、同寺の流記資財帳等を奪って逃亡した。さらに弘仁九年（八一八）には、不時の火災に遭うて堂塔歩廊、縁起雑公文の類に至るまで、ことごとく灰燼に帰した。施入された寺地の内、常荒にしていまだ開発せざるあり、京域内に入っていまだその替を受けざるあり、後代のため、あらあら其の由を注す云々。

縁起の概要は、ほぼ右の通りであるが、本文四〇〇字に満たざる短篇、なお最後に次のような日付と署名がある。

承和三年十二月十五日

大別当伝燈大法師位寿寵

少別当伝燈大法師位道昌

上座伝燈満位僧賢禎
寺主伝燈満位僧安恵
都維那伝燈満位僧恵最
法頭朝屋宿禰明吉
檀越大秦公宿禰永道

さて、広隆寺に関しては、別に「貞観帳」・「寛平帳」と呼ばれる二つの資財帳が残されており、(4)以上三者を照合することにより、初期広隆寺の歴史が知られるのであるが、この内もっともオリジナルなものが承和古縁起であることはいうまでもない。縁起本文が述べるように、弘仁九年には火災があり、寺家記録がことごとく失われた後、寺家側の伝承は、すべて一旦この古縁起に凝縮されたといってよいであろう。たとえば新旧両寺域の条里坪付、泰鳳なる悪法師の行状、弘仁九年の火災など、すべて本縁起の語る独自の史実であることはもちろん、冒頭の草創伝承に関しても、日本書紀や太子関係諸書に勝る史料的価値を持つというのが、向井芳彦氏の精細なる研究(5)の結論であった。

しかしながら、本縁起に関してただひとつ心配なのは、そもそもこの縁起はいかなる動機に基づいて作成されたものであるか、ということであろう。この懸念は、本縁起が当時一般の縁起資財帳に比べて形式的にも内容的にも著しく異なった体裁を備えていることに対する疑問にも通ずる。すなわち、最初に述べたところの霊亀二年詔が、当時の縁起資財帳作成の権輿であるべきであり、また現存する数多くの実例がこれを裏付けているのであるが、本縁起はこうした通例を逸脱するところが少なくないのである。いま仮に当代縁起資財帳の代表的実例と目せられる天平十九年大安寺縁起幷流記資財帳に比べてみると、歴代天皇の外護の事状を誇らかに連ね、さらに仏像・仏具・経律論・その他もろもろの財物・堂塔楼門・僧房の規矩・食封・墾田・庄・園その他を歴々と注し、字面に五二五の寺印を捺印した大安寺のそれの堂々たる体裁に比べて、これはいかにも貧弱なものといわざるを得ない。

しかし、広隆寺には、大安寺に匹敵する皇室とのつながり、堂塔伽藍、庄園財物等がなかったからだといえないこともない。しかも弘仁九年に全焼の厄に遭うた当時においてをや、という反対もあろう。しかし、それならば、「貞観帳」や「寛平帳」が、右の大安寺の例と同じような堂々たる体裁をとっていることが説明出来ないのである。もっとも、承和から貞観にかけて、上掲署名中の道昌のめざましい復興事業によって広隆寺が立ち直ったことも確かである(6)。だが、こうしたことを考慮に入れた上で、なおかつ承和古縁起の特殊性は否定することが出来ない。

これを要するに、広隆寺の承和古縁起は、同じ時代の他の寺院縁起の通例から、孤立し、逸脱した性格を持つ。これを直截に表現すれば、中世的縁起への傾斜がみられるということであろう。また別ないい方をすれば、本縁起は短篇ではあるが、そこに人物・伽藍・寺地に関するレアルにして簡潔な記述態度が見出されるということである。これは一体どのように理解すべきであろうか。早く学者の中には本縁起の信憑性を疑うものもあったが(7)、この疑問が右に述べたような点に基づくならば、確かに鋭い着眼といわねばならない。

さて、問題は承和古縁起の体裁上の特殊性から、縁起そのものの信憑性にまで波及した。数々のオリジナルな伝承に富むこの縁起に関するすべての疑問は、その作成動機が明らかでないという一点につながっているようである。上述の向井氏の精論も、本縁起の信憑性を本文の当面の上で、いわば内部において確められたにすぎなかった。これを作成動機の上で、すなわち外側から確かめることが出来るならば、その史料性は倍加するであろう。

私は以下節を改めて、本縁起の信憑性を外部から支持する論拠として、承和三年という歳に、諸寺をして縁起を上申せしめることがあったという新事実を明らかにしようと思う。

三

承和三年（八三六）、僧綱をして諸寺縁起を勘申せしめたという私見のよって来るところの論拠は、『天台霞標』(8)等に収められる「延暦寺建立縁起」である。もっとも建立縁起には、右の広隆寺縁起のごとく、上申の年月日が明記されていない。そこでまず内容のあらましを紹介するとともに、これが承和三年の作成にかかるものであることを論証したいと思う。

建立縁起は全文七〇〇字あまり、広隆寺の分と相似て、極めて簡潔なスタイルを持っている。ただし、はじめに、

　　勘申建立当寺縁起事

　延暦寺（在近江国滋賀郡比叡山北面大嵩）

という事書と、終わりに、

　以前建立当寺縁起勘申如件

という件書を備えているが、これは広隆寺縁起にはみられないところ。しかし、年月日と三綱以下の署名を欠いている。あるいは、伝来の中途で失われたのかもしれない。ついで内容に入ろう。

㈠書き出し。今年二月十一日に到来せる去年十一月廿八日の僧綱よりの転牒によって本縁起を上申する。すなわちその牒にいわく、民部卿藤原朝臣の仰により、十五大寺幷に代々天皇皇后御願建立寺の縁起を僧綱は勘

申しなければならない。毎寺これを承知し、確かに年紀を注して速やかに言上せよと。

㈡根本大師最澄は俗姓三津首、近江国志賀郡人なり云々――以下「叡山大師伝」によって彼の出自・叡山の草創・年分二度者の賜与・長講の開始を述べる。

㈢弘仁十年三月、大師は大乗戒壇の独立を図ったが果たさずして遷化した。ここに参議右大弁大伴国道、寺家別当となり、大いに竭すところあり、先師の宿願を果たすことが出来た。

㈣同十四年二月廿六日、詔によって延暦寺の寺号を賜わった。

㈤同年四月十四日、義真を伝戒師、円仁を教授師として、はじめて菩薩戒の伝授を行なった。

㈥天長二年、太上天皇（嵯峨）の先勅、ならびに当代（淳和）の詔勅により、近江国正税九万束を賜わうて戒壇院を造立した。

㈦同四年五月、義真・円澄・仁忠・道叡・承天・光定・興善・円仁等、先師の本願を遂げんがため、別当藤原三守・大伴国道に語り、赤麿・櫟井福丸・高階姥弥丸・答他乙継らをして鐘一口を鋳作せしめた。これに用いた熟銅は六七〇〇大斤である。

㈧承和二年、義真の奏状によって、諸国講・読師各一人を毎年天台宗より判行することが許された。

以上縁起全文の撮要である。すでに述べたように、本縁起には作成上申の年月日を欠く。書き出しに「今年二月十一日」とか「去年十一月廿八日」というが、それが何年であるかわからない。記載内容のもっとも新しい事実が、承和二年の義真奏状による諸国講・読師の判行であるから、本縁起成立の上限はこのこと以後である。『類聚三代格』『続日本後紀』等に、承和二年十月十五日の「応令天台宗伝弘諸国事」という太政官符が収められており(9)、このことが公許されているから、さらに精密には承和二年十月十五日以後ということが出来よう。

それでは作成時期の下限は何時まで限定することが出来るであろうか。『天台霞標』の編補者慈本は本縁起を収載した後に、「本按、此文応是円澄和尚之所製矣」と注している。もししからば、円澄は承和三年十月二十六日に入滅したから、[10]本縁起の作成はそれ以前ということになろう。しかし、慈本の推測には、何ら論拠が示されていない。理由の明らかにされない旧説に、われわれは左袒することは出来ない。

そこで、年代的な決め手となる事項を探し求めるとなると、ここに注意せられるのは、最初の書き出しの部分の「民部卿藤原朝臣」という記述である。いま仮に上限の承和二年以後の民部卿在任者を諸書に検討すると、まず藤原愛発が浮かび上がる。彼は天長九年（八三二）十一月二日従三位中納言に任叙し、同月七日民部卿を兼ね、爾来数年その任にあった。[11]しかるに承和三年（八三六）五月十一日、表を上って民部卿の兼任を辞退し、これを参議朝野鹿取に譲った。同月十五日、鹿取がこれを兼任し、[12]承和八年（八四一）三月までこの任にあったことが明らかにされる。而して八年三月二十日、再び藤原愛発が民部卿を兼任したのである。[13]

ひるがえって、再び縁起本文を眺めると、内容の記載は、最澄の登山（延暦四年・七八五）に始まり、承和二年（八三五）に終わるが、全体を読んだ印象として、その作成はこれを距ることさほど遠い時代とは考えられない。[14]ことに最後の承和二年の項に至っては、いかにも最近の事実を記した筆致のようにみられないであろうか。承和三年十月には、上記のごとく円澄が没し、以後十年間の座主空任時代を迎える。承和五年には、円仁も入唐し、叡山には寂として何の動きもみられぬ最初の沈滞期に入る。それはまた同時に初期天台宗の闕史時代ともいえるのであって、従って他の史料から、右に述べた漠たる印象を証明することの出来ないことは残念である。

このような点に多少の不安を蔵しつつも、縁起書き出しの部分の「民部卿藤原朝臣」は、これを藤原愛発と解するのがいまのところもっとも妥当な考え方だと思う。愛発は内麿の男、冬嗣の弟、最澄の外護檀越の一人に数

えられた人物である。(15)

かように、「民部卿藤原朝臣」を愛発だとすれば、本縁起作成の下限は承和三年五月十五日となる。上限は承和二年十月十五日以後だから、極めて限定された作成時期が推定されることとなったのである。当時の天台座主は二代目円澄である。従って執筆者を円澄に比定した慈本の推測は、結論としてはさすが正しかったといわなければならない。

さてしからば、本縁起文中の「去年」とは承和二年、「今年」とは同三年である。すなわち、承和二年十一月、民部卿藤原朝臣愛発の宣により、十五大寺ならびに歴代天皇皇后の御願寺の縁起を勘申すべきことが僧綱に命ぜられ、僧綱はこれを各寺院に通牒した。ここに「転牒」というのは、恐らく牒文を逓送廻覧せしめたことをいうのではなかろうか。そのため延暦寺に僧綱牒の到達したのは、翌三年二月十一日となったのであろう。

【補説】

以上の推論にとって、二、三の障害もないではない。以下これを簡単に陳弁しておきたい。まず第一は、最後の「承和二年、義真の奏状によって、云々」の文である。『伝述一心戒文』『天台座主記』等の叡山側の一等史料によれば、義真は天長十年七月四日遷化したと記される。(16)すなわち承和二年当時、初代座主義真は在世していないのである。この矛盾をいかに解するか、これが第一の難点である。

ここで注意されるのは、『続日本後紀』天長十年七月四日条に、義真遷化のことが何ら記されておらず、却って同年十月廿日条に円澄の入滅のことが誤って記録されていることである。恐らくこれは、『続日本後紀』の編者（春澄善縄等）が、義真と円澄の没年を混同した結果であろうと考える。

初代天台座主義真の入滅前後の事情は、光定の『伝述一心戒文』にもっとも詳しい。すなわちこれによれば、義真は晩年に至って、天台宗の教勢拡張の手段として、天台宗の学生を毎年諸国講読師に各一人ずつ任命されることを宿願としていたようである。入滅の一ヵ月程前、すなわち天長七年六月七日には病床にあって請願書を認め、藤原良房の助力を得て天皇にこれを上ったが、遂に成功をみずして逝った。彼の没後、叡山教団は、後任座主問題をめぐって、二派に別れて紛糾した。光定の奔走、勅使の裁定によって、ようやく円澄の後任と定まり、問題の解決をみたのが翌承和元年三月のことである。こうした事情によって、講読師処分の認許されたのは上述のように承和二年十月まで遅れてしまったのである。

従って、「承和二年、義真の奏状によって、云々」という記述は誤りではない。ただしこの時、義真はすでに在世していなかったのである。既述の承和二年十月十五日の太政官符についても同じことがいえる。ここにも「右伝燈大法師位義真表　云々」という表現がとられており、あたかも生存者のごとき観を呈している。右に指摘した円澄と義真の没年の混同も、こうした表現のあいまいさに『続日本後紀』の編者が惑わされたことによるものと考えられる。

これで第一の難点は氷釈した。次に第二の問題は、この「延暦寺建立縁起」に別の一本が存することであり、しかもその本文が『天台霞標』所引のものとかなり食い違った点の多いことである。ことに前節の推定にとって困ることは、その食い違った部分に「仁寿三年に至って云々」という記述のみられることであろう。もしこの文が、縁起本来の原文であるならば承和三年成立説も撤回しなければならないことになるのである。

別の一本とは『叡岳要記』所引のものであるが、慈本も「叡岳要記所載録、行乱句脱、殆不成章」といえるごとく、一般に誤脱や攙入が少なくないようである。問題の箇所も、本来の原文ではなく、後注の攙入とみるべきであろう。而して、こうした部分を二本照合してみると、俗別当（大）伴国道に関する記述においてもっとも甚だしい。こうした点から、改竄の行なわれた原因を承和三年以後の政界の変動（伴健岑の変・伴善男の変）と関連付けて考えてみることも出来るのではなかろうか。

四

以上の論述によって、「延暦寺建立縁起」が承和三年に作成上申されたものであることが、ほぼ明らかにされたと考える。われわれはここに、承和三年に作成上申された二つの古縁起を見出したのである。そしてそれは、承和二年十一月の僧綱の転牒に基づいて作成上申されたものと理解することが出来るのである。

作成年次の上ばかりでなく、この両縁起は性格的にも類似したところが少なくない。それはこの時の僧綱の転牒が、特殊な意図を含んでいたことによるのではないか。そういえば僧綱が民部卿の宣をこうむって牒を発したということが、そもそも異例と考えられる。恐らくそれは、天皇（あるいは嵯峨上皇か）の勅宣を民部卿藤原愛発が代宣したことを意味するのではないかと思われるが、いまだ推定の域を出ない。この点は、両縁起の内容の分析とともに別の機会に譲りたい。

延暦十七年正月二十日の太政官符によって、それまで毎年進官されていた諸国定額諸寺の資財帳は、国司交替の期ごとに進めること（六年一進）に改められた[17]。しかし、これも充分に行なわれなかった模様であるから[18]、寺院に対する国家統制は、ある意味ではかなり弛緩したとみることが出来よう。こうした時期に、前後のそれと大いに色彩を異にした、いわば中世的傾向を胚胎した承和古縁起の産出されたことも決して偶然ではない。また天長から承和という時期は、空海を頂点とする密教の伸長期である。それは、寺院や僧尼に験能の期待された時代ともいえる。承和縁起の出現は、こうした動向とも無関係ではなかろう。

しかしながら、貞観十年（八六八）に至って、再び定額諸寺資財帳の上申が四年一進に改められ、しかもこれが励行されることになる。[19]同じ広隆寺についても、再び粉飾の多い形式的な縁起資財帳が作成され、一通は僧綱所に、一通は勘解由料として進められなければならなくなった。[20]こうした復古的な動きについても、別の機会には深く考えてみたいと思っている。

註

（1）竹内理三『寧楽遺文・下』解説篇（東京堂出版、一九六二年）五五頁参照。
（2）『続日本紀』霊亀二年五月庚申（十五日）条。
（3）たとえば和銅二年西琳寺縁起、同年弘福寺田畠流記帳がある。
（4）いずれも『平安遺文第一巻』所収（一六八号、一七五号）。
（5）向井芳彦「広隆寺草創考」（『史迹と美術』二三―一・二・三・四各号、一九五三年）。
（6）道昌の広隆寺復興については、拙稿「嵯峨虚空蔵略縁起」（『関西大学文学論集』五―一・二合併号、一九五六年）を参照されたい。
（7）田中重久『聖徳太子絵伝と尊像の研究』（山本湖舟写真工芸社、一九四三年）および同『聖徳太子御聖蹟の研究』（全国書房、一九四四年）参照。
（8）『天台霞標』三編巻之一（大日本仏教全書本二六三頁）および『日本大蔵経・天台宗顕教章疏二』三八三頁に収められている。また『叡岳要記』にも収められるが、本文にかなり違いがある。この点については後述する。

（9）『類聚三代格』巻三、諸国講読師事、『続日本後紀』承和二年十月己丑条。『続日本後紀』の方は文が省略されており、また十八日条にかけられている。
（10）円澄の没年について二説あり。ここでは『天台座主記』の説をとった。『続日本後紀』天長十年十月壬寅（二十日）条に円澄没を記すが、これは義真の死没と混同したものである。これについては後述に譲る。
（11）『続日本後紀』天長十年三月壬辰、承和元年正月丁卯の各条ならびに『公卿補任』承和九年条を参照のこと。
（12）『続日本後紀』承和三年五月己酉、同月癸丑の各条ならびに『公卿補任』承和三年条。
（13）『続日本後紀』承和八年三月辛卯条ならびに『公卿補任』承和八年条。
（14）このことの一証として、天長二年の項に、淳和をさして「当代」といったことに注意したい。承和の当時、当代といえば仁明であるが、天長二年の時相で当代といったまでであろう。しかし、淳和上皇は承和七年に崩じた。語感として、崩御後では当代と用い難いのではなかろうか。しからば、本縁起は承和七年以前、しかも、淳和禅譲（天長十年）後、程遠からぬ時期の成立と考えるのが穏当ではあるまいか。ちなみに嵯峨上皇は承和九年まで存世している。
（15）『叡山大師伝』に「朝議大夫藤右丞愛」とある。『伝』成立の弘仁十四年当時、愛発は従五位上右中弁であった。なお『尊卑分脈』では「チカナリ」とよませている。
（16）『天台座主記』には（天長）「十年癸巳七月四日入滅、春秋五十六」とあり、『一心戒文』では、『伝教大師全集第一巻』五七七頁および六四一頁に「天長十年七月四日義真和上忽遷化矣」とある。
（17）『類聚三代格巻三』定額寺事、延暦十七年正月廿日官符。
（18）『類聚三代格巻三』定額寺事、貞観十年六月廿八日官符。
（19）同右、官符。
（20）『平安遺文巻一』一七九頁参照。

X　祇園精舎の発掘に参加して

本章は、関西大学が創立百周年を記念し、一九八六年から三年間、インド政府考古局（A.S.I.）と共同して実施した、同国ウッタル・プラデーシュ州（U.P.州）所在のサヘート遺跡（仏典に有名な「ジェータヴァナ・ヴィハーラ」、すなわち「祇園精舎」の遺跡）に関する総合学術調査の摘要である。ここで改めて既往の研究史に照合しながら、今回の調査の成果をまとめておくことにしよう。

①祇園精舎の創建と沿革

釈尊在世の頃、北コーサラ国の首都シュラーヴァスティー（舎衛城）に住むスダッタ長者は、慈悲の心が深く、身よりのない老人や孤児を養護したので、人々は「給孤独長者」と呼んで敬った。ある時、所用があってマガダ国の首都ラージャグリハ（王舎城）に赴き、そこで釈尊に出会った彼は、たちまち熱心な仏教徒となった。彼は釈尊を舎衛城に招こうとし、精舎の建設を思い立った。城の南郊のジェータ（祇陀）太子の所有する林園は、格好の土地であったので、長者は早速太子に譲り受ける相談を持ちかけた。はじめ太子は、断るつもりで冗談半分に「この園いっぱいに金貨を敷きつめたら売却しよう」といったところ、釈尊を渇仰する気持ちの強いスダッタは、少しも驚かず、早速、いわれた通りに実行し始めた。これには太子の方が驚き、あわてて金貨を敷くことを止めさせ、自分も精舎の建立に協力した。こうして出来上がった精舎は、「祇樹給孤独園精舎」、略して「祇園精舎」と呼ばれるようになった。

釈尊がはじめてこの精舎を訪れた時期は十分に明らかではないが、彼の四〇年に及ぶ伝道生活の内、二五年以上をここですごしたと信じられている。祇園精舎は、王舎城の竹林精舎や霊鷲山と並んで、釈尊ともっとも関係の深い、いわば「始源の仏教寺院」の一つである。釈尊の滅後も、祇園精舎は釈尊ゆかりの聖地として栄えた。紀元四〇四年、中国僧法顕がこの地を訪れた時、舎衛城はかつての繁栄を失っていたが、城南一二〇〇歩余に所在する祇園精舎には、いくつかのストゥーパ（仏塔）や伽藍が立ち並び、中央の二階建ての本堂には、大きな仏像が安置されていた。園内にはきれいな池があり、樹木が生い茂り、たくさんの花が咲き乱れ、多くの僧侶が居住していたという（『仏国記』）。

それから二〇〇年後の紀元六三〇年頃、唐の玄奘が訪れた時には、舎衛城は見分けが付かないくらい荒れ果て、祇園精舎の荒廃も甚だしかった。ただ、東門前に立ったアショーカ王寄進の二本の石柱と、一つの煉瓦造りの建物だけが残り、中にはジェータ太子の父にあたるプラセーナジット王が造ったという、仏像が安置されているだけであった。それでも付近には何人かの僧侶が住んでいたらしく、玄奘は『大唐西域記』の中に、彼らからの聞き書きと思われる、遺跡にまつわるいくつかの伝承を書き留めている。十二世紀にはムスリムの大規模な侵入があり、インド仏教は地を払って滅亡した。舎衛城の繁栄も、祇園精舎の故事もすっかり忘れ去られてしまった。十九世紀、イギリスの統治時代になって、祇園精舎は再び学者の関心を集めるようになった。

②祇園精舎をめぐる研究史の概要

近代になって、はじめてこの遺跡に注目したのは、A.S.I. の初代長官でインド考古学の父といわれる、A・カニンガム将軍である。彼は十九世紀の半ばすぎ、法顕や玄奘の旅行記に基づき、舎衛城と祇園精舎の跡を、それぞれU.P.州バーライチ県のマヘートおよびサヘートの両村に推定した。一八六二〜一八六三年には発掘調査を実施し、サヘートでは一六ヵ所の建造物を検出し、特に寺院№3の近くから紀元一世紀のものと推定される、頭部欠損の巨大な菩薩像を発見し、ここを祇園精舎跡とする確信を深めた。(1) ところが、インド考古学界の一方の雄、V・スミスは、法顕や玄奘の旅行記に別な読み方を施して、カニンガムの論証をひっくり返してしまった。彼によれば、現在カルカッタのインド博物館に所蔵される例の頭部を欠損した巨大な菩薩像も、他所からの搬入ということになる。(2)

その後、この興味深い論争に関連して、多くの調査や発掘が行なわれた。なかでも一九〇七〜一九〇八年および一九一〇〜一九一一年には、J・Ph・フォーゲルやJ・H・マーシャルによって、大規模な発掘調査が行なわれ、彼らはマヘート（舎衛城跡）では、紀元前六〜七世紀に遡る古層を検出する一方、サヘート（祇園精舎跡）では、僧院№19を発掘し、その一隅から一一三〇年在銘の一枚の銅板を発見した。発掘当事者であるD・R・サーニの解読によれば、この銅板にはカナウジ（U.P.州）に都を置く、ガーハヴァダーラ王家のゴーヴィンダチャンドラ王が舎衛城周辺の六ヵ村を「祇園大精舎」のブッダバッターラカと他の僧侶たちに寄進する旨が記されていた。(3)

この銅板の発見によって、サヘートが祇園精舎の跡であることが再確認され、それはほぼ確実視されるに至ったが、なおよく考えてみると、いくらかの不安がないわけでもない。たとえば、この遺跡では、カニンガム以来、数次にわたる発掘調査が実施され、これまでに合計二〇ヵ所をこえる建物跡と多数の遺物が発見されているのに、いまだにクシャン朝期以前に遡る、確実な遺構を検出するに至っていない。それに、初期仏教遺跡に必ず付きものの、北方黒色磨研土器（N.B.P.W.）を伴う古層の遺構が（目と鼻の先のマヘート遺跡ではどんどん出ているにもかか

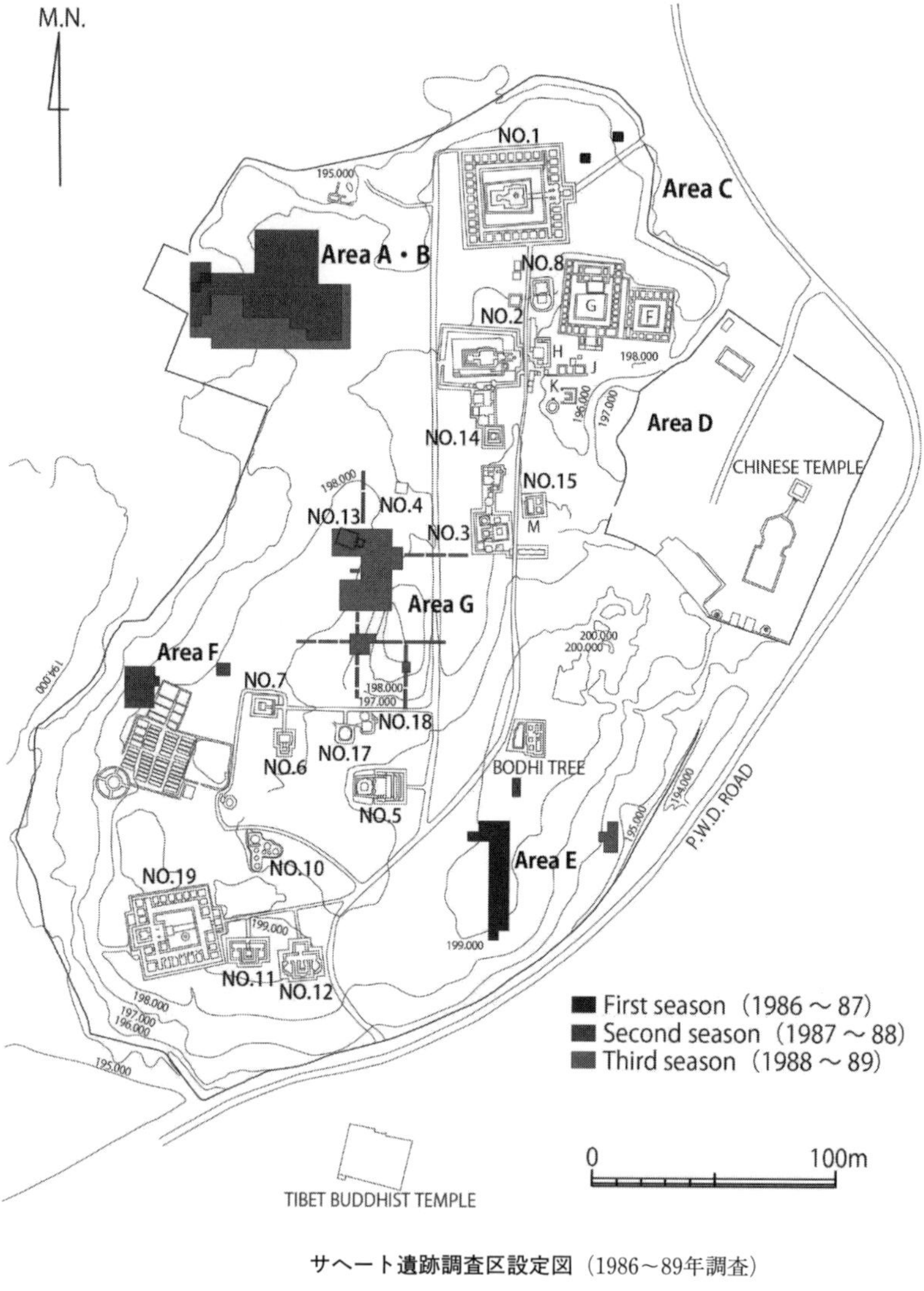

サヘート遺跡調査区設定図（1986～89年調査）

わらず）、ここでは検出されていないことも気がかりである。そうしたわけで、高名な日本のインド学者の中には、この遺跡を祇園精舎跡と断定することに慎重な人がなお少なくないというのが、今回の調査着手以前のサヘート遺跡をめぐる研究状況であった。(4)

③今次発掘調査の経過と概要

さて、私たちの派遣調査隊が、若干の準備調査の後、A.S.I. 派遣のスタッフとともに、本遺跡にはじめての発掘の鍬を入れたのは、一九八七年一月十七日のことであった。爾来一九八九年三月まで、三次にわたって実施した発掘調査では、まず遺跡の全面にわたって精密な地形測量図を作成した。その際、今回の測量および発掘に必要な基準原点（A1）として、遺跡の中央部や南寄りにある「菩提樹のある塔」と呼ばれている聖蹟の煉瓦積基壇の西南方向約三・〇メートルの地点に設定し、ここを基点に磁北による東西・南北の基準線を設け、かつここの地表面を標高二〇〇メートルと定めた。なお、今回の発掘調査ではこれまで未調査であった七ヵ所を予定し、北西部を起点として、以下時計回りにA～G地区と呼ぶことにした（ここでは簡略化してA区ないしG区と呼ぶことにする）。初年度は、遺跡の東南部のE区で、ポスト・グプタ朝期から中世に至る重層した建物跡を発掘するとともに、北西部のA区の試掘溝で、クシャン朝期に属する完好な煉瓦積遺構を検出した。

第二年度には、このA区の煉瓦積遺構をさらに掘り広げたところ、巨大な人工池が姿を現わした。それは一辺約二二～二四メートルの正方形の平面プランを持ち、側壁は二段もしくは三段築成の煉瓦積で、全体として深さ約三・六〇メートルを測り、数箇所に階段の設備を持った沐浴池であることがわかった。さらに、この池の東側に隣接したB区では、グプタ朝期の僧院跡が発掘され、その中央から直径一〇メートルに及ぶ巨大な円形煉瓦敷が検出された。また、中央部の未調査地区（G区）でも試掘を行ない、小寺院・奉献塔各一基とそれに伴う煉瓦敷床面を発掘した。

最終の第三年度には、A区の人工池とB区の方形基壇および僧院跡の全面開掘を試みるとともに、G区の遺構を可能な限り掘り広げることにした。その結果、まずA区の沐浴池については、その開設期はクシャン朝初期に遡るが、供用中少なくとも二回にわたって改築・改修が行なわれたこと、その後埋没してグプタ朝期には、沐浴池としての機能を果たしていなかったことが判明した。また、B区の方形基壇では、中心部を掘り下げたけれども、舎利埋納に関する遺構・遺物は見出されなかった。方形基壇をめぐる僧院跡については、東側および南側において顕著な遺構を発掘した。これらの方形基壇および僧院は、いずれもグプタ朝期の建物であるが、その下層には〇・六〇メートル程の焼土包含層をはさんで、クシャン朝期に属する僧院状の遺構の存在することもわかった。

次に、G区では奉献塔の周辺を掘り広げたところ、さらに三基の奉献塔と、それらを取り囲む僧院複合体を検出した。時期は、クシャン朝後期からポスト・グプタ朝期に及ぶが、グプタ朝期にその盛期のあったことが判明した。また、この調査区の東南隅において、新たに煉瓦積沐浴池の北西隅が検出され、隔壁高約〇・八〇メートル、西壁（第二段）高約一・二〇メートルを測った。規模を確認するため、東および南方向に試掘溝を入れたところ、東西約四〇メートル、南北約二五メートルの長方形の平面を呈し、先にわれわれが開掘したA区の沐浴池と、類似の構造を有することがわかった。さらに、上記の奉献塔群を囲むように、西・北側に僧院が三単位以上存すること、時期はクシャン朝期から中世まで、連綿と増改築が繰り返され、僧院としては一旦廃絶した後、上面を整地して寺院№13・14が構築されていることが判明した。また南側でも、隔壁外側に別個の煉瓦敷床面が伸び、沐浴池の西側から南側に及んでいること、そしてこれらの周辺には小規模な奉献塔や寺院、僧院などが見出され、カニンガム以来の既往調査区の奉献塔群・寺院等に連なることがわかった。

④出土遺物の概要と出土土器の編年

以上述べたような、三次にわたる現地での発掘調査の結果、大量の遺物が出土し、約一〇万点を越える極めて多量の土器（破片を含む）を除いて、およそ一四〇〇点を数えた。それらは、土製の人物像・動物像、石製・土製の生活用具、ガラス製の装飾具、鉄製品、銅貨等であるが、本遺跡が仏教遺跡であるという点から注目される遺物を挙げるならば、まず最初に、いくつかの土製仏像の破片が出土していることである。この内、A区の沐浴池の下層から出土した仏頭とB区の方形基壇の上層から出土した仏頭とは、いずれも現存長一五センチ程の小品であるが、「螺髪」を備え、仏像の頭部であることが明瞭である。前者はクシャン朝期特有の古式の微笑をたたえた作品、後者はグプタ朝盛期の作と推定され、仏陀のさとりの深い内面性をよく表現した逸品である。B区の僧院跡の撹乱層から出土した仏像の坐像は、上半身を欠くが、いわゆる結跏趺坐を示し、膝幅一九センチを測った。また、B区から出土した石製欄楯（部分）は、優雅な蓮華文を浮彫にし、クシャン朝盛期に帰属する。これらの遺物は、他に数箇所から出土した装飾煉瓦とともに、祇園精舎の最盛期の姿を偲ばせてくれるものであった。

また、極めて大量に出土した土器については、各区・各層位から代表的なもの約三〇〇〇点を選んで実測図を作成し、整理と編年を試みた。今回の発掘で得られた土器の内最古のものは、およそ紀元前後に位置付けられるが、以後、本遺跡の終末する十二世紀までを大きく四期に区分する編年案を提示した。編年の基準としたのは、轆轤を用いて成形される壺形土器や浅鉢形土器であり、これらの土器は、時期的変遷が比較的明確に捉えられる器種と考えたからである。この土器編年案によって、祇園精舎をめぐる土器の時代的変遷は、これまでよりも数段きめ細かく捉えることが出来るようになった。

ところで上述したのは、出土土器の圧倒的大部分を占める赤色系軟質土器についてであったが、それに比べて出土量は僅少であるが、古代インドに特有の、特に初期仏教遺跡にしばしば随伴する北方黒色磨研土器（N.B.P.W.）について、ここで触れておかねばならない。本遺跡では、長い研究史を通じて、これまでN.B.P.W.を層位的に包含する遺構が検出されていないことは前にも注意した通りである。今回の調査では、特にこの点に注意を払った結果、F—II調査区の僧院遺構の下層において、撹乱を受けていない状態で数点の破片を検出した他、数箇所において、N.B.P.W.である蓋然性が高い破片の出土を確認した。このことは、本遺跡が祇園精舎という釈迦在世時代に遡る可能性を持つ遺跡であることを強く裏書するものである。

⑤層序調査の実施

今回の調査では、上記したような発掘作業と並行して、遺跡の全域にわたり数箇所の試掘溝を設け、堆積土の層位的確認を試みることにした。すなわち、広範囲に発掘したA、B、E、Gの各区ではいうまでもなく、その他、C（北部）、D（東部）、F（西部）の各区でも、いわゆる「深掘」を行ない、地下の層序調査を実施した。この周辺では、地表下約六～七メートルで地山、すなわち無遺物層に達するので、そこに至るまでの土層序の断面を観察して、各時期における地表の景観を復元するとともに、各層位ごとの遺物の包含状態や、遺構の存在状況などを把握した。さらに数箇所において、断面の土層を剝離採取し、柱状標本として日本に持ち帰り、併せて採取した試料を利用して、放射性炭素による年代測定や花粉分析など、必要な理化学的分析・同定を行なった。

このような層序調査によって、いまやわれわれは遺跡の全域にわたる地形・環境の時代的変遷を、ほぼ正確に把握することが出来るようになった。これに調査の初期の段階に作成した遺跡の精密な地形測量図を併せ用いることにより、祇園精舎遺跡の空間的・時系列的データ・ベースが得られたことになる。このデータ・ベースは、今回の調査結果に大きな科学的客観性を付与するとともに、同遺跡において今後も行なわれるであろう、考古学的調査の基礎的な拠りどころとなると確信する。

⑥祇園精舎遺跡の時代的変遷(1)—初期の祇園精舎—

ここで、今回の調査を通じて把握出来た祇園精舎遺跡の時代的変遷を概観しておくことにしよう。祇園精舎のもっとも古い建物は、これまでも考えられてきた通り、遺跡の中央部やや北寄りに所在する寺院No.2および寺院No.3であろう。寺院No.2はガンダ・クティー（香堂）と呼ばれ、祇園精舎の本堂ともいうべき施設である。法顕の旅行記によれば、「祇園精舎の本堂はもと七層あり、諸国の王や人民が競って供養を施し、絹の幡や蓋を懸け、香華や灯明の絶えることがなかった。ところが、鼠が灯心をくわえて走り、火が幡蓋に燃え移ったことから火災となり、焼け落ちてしまった。幸い、プラセーナジット王造進の栴檀仏像は焼け残り、二層の堂を再建して安置した」とあり、はじめ七層の重閣であったが、火災に遭って焼失し、その後二層の建物として復興されたという。

次に寺院No.3は、その南約五〇メートル程の所にあり、戸口にコーサンバの木が茂っていたとされることから、コーサンバ・クティーと呼ばれている。法顕の旅行記によれば、釈尊がこの地に移って間もない頃、亡き母のために忉利天に登り、九〇日間説法にあたられたことがあった。その時、プラセーナジット王は大変淋しく思い、牛頭栴檀（白檀の一種）を刻んで釈尊の像を造り、その坐処に安置した。やがて、釈尊が還ってきて精舎に入ると、像はただちに座を退いて出迎えた。すると釈尊は、「座にお返りなさい。私が入滅した後の弟子たちのために、手本にしよう」といった。そこで像はもとの座に戻った。この像は、およそすべて仏像の始まりであり、後人の拠りどころである、と仏像の起源に関する有名な説話（ただし、その一変種）[5]を述べた後、「こうして釈尊は、二〇歩の南辺の小精舎に移った」と記している。この小精舎こそ、現在コーサンバ・クティーに比定される寺院No.3にあたるであろう。この堂は、寺院No.2などに比べてずっと小振りであるが、頑丈な造りで、釈尊の住房として特別に大切にされてきたことがわかる。その二〇〇年後、玄奘が訪れた時には、他の諸院・諸堂がすべて廃墟になっていた中で、「ただ一つ残った煉瓦造りの建物」というのが、恐らくこのコーサンバ・クティーだったのであろう。なお、建物の中に安置されていた仏像について、『大唐西域記』は、「昔、釈尊が昇天して母のために説法を試みた後、勝軍王（プラセーナジット王）は、出愛王（ウダヤナ王）が檀仏像を刻んだことを聞き、造ったのが、この像である」と記している。この時、玄奘の頭の中にあったものは、先に紹介した法顕の檀像縁起とは明らかに別種の「仏像の起源」説話である。従って、玄奘が目前にした仏像は、檀像であったとは限らず、黄金像か石像ないしは塑像だったかもしれない。ちなみに後年、カニンガムは、コーサンバ・クティーの付近で頭部を欠失した巨大な菩薩像を発掘した。銘文は一部欠損するが、「バーラー比丘」が、「釈尊の経行処」に造立する旨を記す。これによって、カニンガムがここを祇園精舎跡とする自信を深めたことは、すでに述べた通りである。玄奘がみたのは、案外この像だった可能性も残されている[6]。

以上のように、祇園精舎の伽藍群の内、もっとも古く、かつ神聖視されたものは、ガンダ・クティー（寺院No.2）とコーサンバ・クティー（寺院No.3）の両堂であった。このことは、有名なバールフトの欄楯の浮彫に刻まれた「祇園布施図」などにも、もう二つの建物を銘入りで描いていることからも知られる。初期の祇園精舎は、この二つの建物を中心に発展したことが推定される。

⑦祇園精舎遺跡の時代的変遷⑵—クシャン朝からグプタ朝へ—

祇園精舎の発展過程については、いくつかの画期を指摘することが出来る。釈尊滅後の仏教は、アショーカ王の崇仏を経てクシャン朝に至り、本格的な発展期を迎える。今回の調査においても、クシャン朝期に始まる遺構が多数検出されている。A区の沐浴池はクシャン朝初期に開設されたことが推定され、B区の方形基壇の下層からも、〇・六〇メートル程の焼土包含層をはさんで、クシャン朝期の僧院状の遺構が検出された。また中央部のG区では、クシャン朝後期に遡る僧院複合体を検出している。既往の調査でも、東門から寺院No.2に至る参詣道路に沿って、南面して建つ二つの顕著な僧院F・Gは、随伴して出土した貨幣（壺入り）などから、クシャン朝からグプタ朝に及ぶ建物と考えられており、中央部南寄りの仏塔No.5・17・18なども、すべてクシャン朝に始まる構築物である。

このように祇園精舎はクシャン朝になって著しく拡大されたが、次のグプタ朝に至って、さらに一層発展し、その最盛期を現出した。今回の調査では、A区の沐浴池こそグプタ朝期には埋没していたものの、隣接するB区ではグプタ朝期に属する、方形基壇と壮大な僧院跡を検出した。遺跡の北端部、寺院・僧院No.1の東側に位置するC区の試掘溝では、グプタ朝期もしくはポスト・グプタ朝期の建物遺構を検出し、東部のD区ではグプタ朝期からポスト・グプタ朝期の大形壺を据えた貯蔵施設を検出した。また西部のF―I調査区では、円形煉瓦敷を伴う立派な井戸遺構を発掘したが、その時期はグプタ朝期のものと推定された。そして、G区では奉献塔群とそれを取り囲む僧院複合体や、沐浴池、寺院、僧院等を検出し、これらはいずれもクシャン朝期から中世まで何度も増・改築が行なわれたものであるが、その盛期はグプタ朝期にあることが認められた。

既往の調査区でも事情はほぼ同様で、ここでは一々述べないが、グプタ朝の治下に祇園精舎がその最盛期を迎えたことは明らかである。それは、A.S.I.編の解説書にもいうように「ほとんどすべての現存する遺構がグプタ朝期の様式と装飾を呈していることから確証される[7]」のであり、単に建物の数が多かったり、そのスケールが大きかったりするだけでなく、建築の様式や意匠の端々にまで、グプタ的要素が認められるという。法顕がこの地を訪れた紀元四〇四年といえば、チャンドラ・グプタ二世（三七五～四一三、超日王）治下のグプタ朝の最盛期であり、また祇園精舎の最盛期にもあたったのである。彼の旅行記にも、精舎（本堂）をめぐって九八ヵ所の僧伽藍があったことを伝えている。

⑧祇園精舎遺跡の時代的変遷(3)──「鼠の火事」とその前後──

ところで、グプタ朝期における祇園精舎の繁栄について、二、三付け加えておきたいことがある。一つは、グプタ朝期における繁栄は、クシャン朝期におけるそれの単なる継承ではなかったということである。このことに関連して注意されるのは、B区の方形基壇および僧院跡の下層から検出された焼土包含層のことである。いうまでもなく、焼土の存在は火災の痕跡を意味する。この時期、祇園精舎における火災といえば、七層重閣のガンダ・クティーを焼いた鼠のいたずらによる火災（以下、これを「鼠の火事」と呼ぶ）が想起される。法顕がここを訪れた頃、まだ生々しく語り伝えられていたことをみると、多分それはクシャン朝期とグプタ朝期の交わる、紀元三～四世紀頃のことと考えて誤りないであろう。また、焼土包含層の検出されたB区は、寺院No.2（ガンダ・クティー）のすぐ西に隣接する。このように時期的にも場所的にも、B区で見出された焼土は、「鼠の火事」と無関係ではないであろう。恐らくこの火事は、七層重閣を焼いたばかりでなく、周囲の諸堂・諸院にも延焼する意外の大火となり、その焦土の上に再興されたのが、グプタ朝期の祇園精舎だったのである。

もう一つ付け加えておきたいことは、グプタ朝期における祇園精舎の繁栄の経済的基礎についてである。再び法顕の旅行記によれば、当時の舎衛城はすでに衰退期に入り、「城内は人民が少なく、すべてで二百余家しかない」という有様であった。従って、この時期の祇園精舎の繁栄の基礎は、釈尊在世当時の創建説話が示唆するような、舎衛城の都市的経済的発展に基づいたのではなく、別の理由、すなわち、釈尊ゆかりの聖地として多くの巡礼者を集めたことによるものであろう。遺跡の示す状態もこれを裏書し、それまで多かった寺院・祠堂に代わって、仏塔やそれを取り囲む塔院（チャイティア）が目立ってくる。これらは修行者のためより、巡礼者の用に供されることが多かったのである。

釈尊入滅後の舎衛城および祇園精舎の状況を知る文献史料は、法顕と玄奘の旅行記以外ほとんど何もないが、ただクシャン朝治下の祇園精舎では、説一切有部の一派が繁栄していたことが知られている[8]。これに対して、法顕の旅行記によれば、グプタ朝期の祇園精舎には、大衆部が存在したことが示唆されている（パータリプトラ再訪の条）。「鼠の火事」を境にして、祇園精舎の仏教にかなりの変化が生じたことは確かであろう。ただし、この変化を特定の部派や宗派の興廃に帰することは、却って事実に背く恐れがあり、むしろもっと幅広い社会的動向の変化に基づくと考えるべきであろう。このような変化については、今回の調査で私たちが発掘した二つの小さな仏頭が、もっとも明快に事情を物語ってくれるように思う。すでに上に紹介したように、仏頭の一つは、クシャン朝期特有の古式の笑みをたたえた作品であるが、原始仏教の素朴なリゴリズム（厳格主義）を反映し、またもう一つの仏頭は、グプタ朝盛期の成熟した古典的端麗さの中に、部派仏教の深い内面性をよく表現している。クシャン朝期とグプタ朝期の仏教文化を比較対照するのに、この二つの仏頭を並べてみることは、凡百の史料に勝るものがあろう。

⑨祇園精舎遺跡の時代的変遷⑷──玄奘の来訪とそれ以後──

玄奘がこの地を訪れたのは、紀元六三〇年頃と考えられるが、この頃祇園精舎がひどく荒廃していたことは、すでに述べた通りである。紀元五世紀の末頃、グプタ朝の衰退に乗じて西北方からフン族の一派（エフタル）が侵入した。エフタルの王ミヒラクラ（五〇二〜五四五）の頃がもっとも盛んで、中部インドを侵したが、彼はシヴァ神を信奉して仏教を迫害したので、同地方の仏教寺院は多く損害を受けた。祇園精舎が荒廃したのは、恐らくこの頃であろう。しかし、七世紀のはじめ、グプタ朝の伝統をつぐ地方王国の一つから出た、ハルシャ・ヴァルダーナ（六〇六〜六四七、戒日王）が北インドを統一し、カーニャクブジャ（カナウジ、曲女城）に都を移し、北インドのみではあるが、グプタ帝国の政治的統一と文化的隆盛を取り戻した。玄奘が旅したのは、この戒日王治下のインドであったのであり、祇園精舎は荒廃の極にあったとはいえ、すでにその荒廃の原因（仏教に対する迫害）は取り除かれていたのである。もっとも、後グプタ朝の繁栄は戒日王一代に限られ、同王が死去すると、統一国家はたちまち瓦解し、再び諸小国分立の時代に入り、以後十二世紀の末まで、数世紀の間この状態が続く。

その後の祇園精舎は、これら地方政権の保護を受けて次第に復興の動きをみせたようである。遺跡に即してその経過をうかがうならば、遺跡の南部のもっとも顕著な遺構、僧院No.19は紀元六世紀に初基を築き、その後二〜三度増改築を繰り返し、十二世紀末に至ったと考えられている。ここの僧房の一室から発見された一一三〇年銘記の銅板の記す寺領の寄進状は、この内の最後の増改築に関連するものであろう。なお、この僧院から発掘された数体の仏像が有銘銅板とともに、現在ラクノウ博物館に一括保存されているが、その中で注目されるのは、触地印を結び、観音と弥勒を脇侍に従えた三尊仏像である。十世紀の作と推定されているが、いずれも密部の諸尊に属するものである。

今回の調査の初年度に、南部のE区で発掘した重層的な建物遺構も、僧院No.19とほぼ並行するか、やや遅れる時期の構築物であろう。数次にわたる増改築が複雑に繰り返されているため、遺構の性格を十分明らかにすることが出来なかったが、どの層位の遺構も連結した小部屋状を呈するから、やはり僧院もしくはそれに類似の施設と解することが出来よう。次に、遺跡の北端部に位置する寺院・僧院No.1は、祇園精舎に遺存する建物遺構の内もっとも大規模なものであるが、建築の様式や随伴する遺物などからみて、もっとも新しい時期の建造物と考えられている。これらは、七世紀の前半、玄奘が訪れた時、「ただ一つ残った煉瓦造りの建物」すなわちコーサンバ・クティー以外は、すべて廃墟であったといわれた祇園精舎に、その後建設された建築物とみなければならない。すなわち、これらの建物は、ポスト・グプタ朝期以降の、いわゆる復興期祇園精舎を構成した諸伽藍であったのである。

玄奘がこの地を訪れた頃、祇園精舎周辺の仏寺では、正量部（小乗の一種、犢子部の支流）が行なわれていたというが、その後の祇園精舎でも、この時期のインド仏教全体がそうであったように、寺院・僧院No.19の出土の三尊石像が示唆するような、密教全盛の時代相を呈したことが想像される。しかしながら、十二世紀末のムスリムの侵略は、これらの密部仏教をも根こそぎ破壊し尽くしたのである。

⑩今次発掘調査の成果とその意義(1)——A区の沐浴池について——

今回のわれわれの発掘調査の山場をなしたものは、A区のクシャン朝期の沐浴池の開掘と、B区のグプタ朝期の方形基壇および僧院跡遺構の発掘であった。ここで、この二ヵ所における発掘の意義を再確認しておきたい。

A区の沐浴池については、すでに述べたように初年度の試掘溝でその西北隅を検出し、続いて二〜三年度に全面開掘を行なったが、池底まで流入土を取り除いたところ、清らかな水が溢れ出し、たちまち池一杯に水をたたえた。そして池の水面には、北部インドの澄み切った青空が影を落とした。いみじくも再現された二〇〇〇年前の祇園精舎の姿に接し、関係者一同深い感動に包まれたことであった。祇園精舎の池について、法顕の旅行記には、「精舎の左右は、池流清浄にして樹木尚茂り、衆華異色にして蔚然として観るべし」とあり、池は、本堂とその前に立つ二本のアショーカ王石柱とともに、祇園精舎におけるもっとも顕著な存在であった。特に、「池流清浄」の一句に注目すべく、池の水は滾滾と湧き出る流水であったことがわかる。

地理学班の調査研究（後述）によれば、サヘート・マヘート遺跡の周辺は、ガンジス河とその支流の作った大きな沖積平野の真ん中に位置するが、この付近は支流の一つであるラープティー河の乱流地帯で、舎衛城址や精舎跡の残る高台もラープティー河の旧河道に影響されて出来た河畔砂丘と推定されている。いまも池の水が湧出することは、こうした地理的形成史を背景に持つ地下水脈の健在を立証するものであろう。前述の通り、A区の沐浴池はクシャン朝末期には埋没し、グプタ朝期にはその用を果たさなくなっていたようであるから、法顕がみたのはこの池ではなかったかもしれない（今回の調査で、G区で検出した沐浴池がそれである可能性が高い）。しかし、祇園精舎ではじめて沐浴池を発掘し、それを支える豊富な地下水脈の存在を立証したことは、「流泉浴池、香華悉備」（五分律）とか、「樹林豊茂、有好流水」（十誦律）などと称された、水の聖地・祇園精舎の隠れた一面を明らかにした点で、その意味は決して小さくないであろう。

⑪今次発掘調査の成果とその意義⑵―B区の方形基壇および僧院について―

次に、B区においてグプタ朝期の方形基壇と僧院跡の遺構を発掘した意義を確認しておきたい。本遺跡における仏塔は、既往の調査でもすでにいくつかを発掘している。仏塔No.5・8・9・17・18およびHなどであるが、これらの多くはいわゆる奉献塔である。奉献塔とは、在俗の信者が自己や先祖の菩提のために、寺院もしくは仏菩薩等に捧げた塔をいう。上記のものは、比較的大規模なものであるが、この他に寺院・僧院No.19の北東方の平面八角形の井戸の近くで検出された八基の奉献塔群、今回の調査においてG区で新たに検出した四基の奉献塔群は、いずれも小規模なものである。これらの内、特に記述を要するものは、仏塔No.5および仏塔Hである。

仏塔No.5は遺跡の中央部の南寄りに位置し、カニンガムがはじめて調査に着手した時には、高さ約九メートルの円錐形の遺丘をなし、もっとも目を惹く存在であったという。発掘の結果、頂部からは七・五メートル四方の基壇に載る半球状の仏塔、下部からは堅固に二段に築成された基壇が現われ、さらにこの基壇部を精査したところ、少なくとも二度以上の増改築の跡が確かめられた。すなわち、この構築物は本来仏塔として建設され、その後祠堂に改められ、さらに再び仏塔に変更されたこと、そして奉納された土製の護符から、最初の仏塔はクシャン朝期、頂部の仏塔は八〜十世紀に属することがわかった。入念な築成からみて、祇園精舎の成立にかかわる由緒ある聖蹟の一つと思われるが、詳細は明らかではない。次に、仏塔Hは神聖なガンダ・クティーの真正面に位置する一辺五メートル程の方形基壇に載る小塔である。奉献塔の一種であるが、場所柄からみて重要視されたものに違いない。仏塔部分はグプタ朝期の築成、基壇はなお古い時代のものと推定されている。

以上がこれまで知られていた祇園精舎の仏塔であるが、今回私たちがB区で開掘した方形基壇は、仏塔とした場合、既知のいずれよりも抜群に大きい。すなわち、それは一辺約二〇メートルの方形基壇の中央部に設けられた一辺約一〇・五メートルの方形壇状遺構に載り、中央の円形煉瓦敷は直径約九・八メートルを測った。基壇上の構造物は数回にわたって改修されているが、最後は木造の部分が焼失した状況がみられた。方形基壇の中心部を掘り下げてみたが、舎利埋納の施設は見あたらなかった。上部の構造は明らかではないが、半球形もしくは頂部に緩やかな円錐形を頂いた円柱形仏塔の存在した可能性も想定出来る。この場合、舎利奉納の設備は多分この上部部分に組み込まれていたと想定出来、結果的にすべて削平されたことになる。

この方形基壇が仏塔の基壇部であったと想定した場合、その規模が他に比べて抜群に大きかったばかりでなく、その四方を取り囲むように僧院の設けがあった点は、注意を要する。つまりこの建物は、塔を中心とした僧院、すなわち典型的な塔院（チャイティヤ）だった可能性が高い。これまで知られている祇園精舎の僧院遺構としては、寺院・僧院No.1、僧院No.19、僧院F・Gなどがあるが、これらはいずれもその中央、もしくは突きあたり正面に祠堂や仏殿の施設を有する、純然たる僧院（ヴィハーラ）であった。僧院は出家修行者のための施設であるが、塔院は在俗の信者や巡礼者の利用に供されることが多かったのである。今回、われわれがB区においてグプタ朝期に属する典型的なチャイティヤを検出したことは、グプタ朝当時の祇園精舎をめぐる仏教信仰の実態を浮かび上がらせる重要な発見であったといわねばならない。

創建期の祇園精舎が、釈尊とその弟子である出家修行者のために建てられたことはいうまでもない。しかし、仏滅後の祇園精舎は、釈尊ゆかりの聖蹟として、多くの巡礼者を集める聖地となった。このような祇園精舎の性格の変化は、一朝一夕に生じたことではないが、ただここでは「鼠の火事」を境にして事態は鋭角的に進行したのである。すなわち、今回発掘のB区は、本堂であるガンダ・クティーの後背部に位置する勝境であるが、クシャン朝期には修行者のために建てられていた僧院がこの火災に遭って焼けた後、その焦土の上に建立されたのが民衆的な塔信仰に基づく塔院だったのである。ここでは、僧院（ヴィハーラ）から塔院（チャイティヤ）へという興味深い変化が、重層した遺構として、可視的・具象的に捉えることが出来たのである。

クシャン朝期からグプタ朝期といえば、祇園精舎の黄金時代にあたるが、その中間に「鼠の火事」による荒廃期をはさんで、同精舎をめぐる仏教信仰は大きく変貌を遂げたことであろう。私たちは、この重要な変化の跡を焼土層をはさんだ二つの重層した遺構という形で、極めて具体的に摘出し得たのであり、ここに今次の発掘調査における一つの重要な成果を認めることが出来るであろう。

⑫遺構周辺の自然環境と地理事情―地理学班・文献学班の成果(1)―

今回の調査は、日・印共同の調査であることを特色とするとともに、総合学術調査であることを標榜した。現地にかなり長期に滞在して発掘調査に従事する考古学班（派遣調査隊）の他に、地理学班・文献学班・建築学班・美術史班を組織し、それぞれ専門的な立場から、必要な調査・研究を行なった。この内、建築学班と美術史班の調査・研究の成果については、諸般の事情でまとめることが出来なかったが、地理学班と文献学班の調査・研究の成果は、本書（『祇園精舎　サヘート遺跡発掘調査報告書』本文編Ⅱ、関西大学出版部、一九九七年）の第Ⅶ章に収載した。ここでは、上述した考古学班の成果に準じて、その内容を簡単に総括しておきたい(9)。

第1節では「サヘート・マヘート遺跡とその周辺地域」（末尾・橋本・貝柄）と題し、地理学班の調査・研究の成果を収めた。地理学班の課題は、地理的にも歴史的にも密接不可分の関係にあるサヘートとマヘート、すなわち祇園精舎と舎衛城の複合遺跡をその周辺地域とともに一体的に捉え、自然・人文の両面から地理学的な観察を加え、自然環境および周辺の地理事情を明らかにすることである。現在、この両遺跡には、県・郡の境が複雑に南北走し、行政上、サヘートはバーライチ県に、マヘートの西半分程はゴンダ県に所属している。遺跡周辺の自然地形については、すでに⑩の沐浴池の項で触れたように、ガンジス河とその支流が形成した広大な沖積平野の真ん中に位置し、極めて緩やかな勾配のため、河川はこの辺りでは極端に蛇行して流れ、至るところに三日月湖や凹地を残す一方、旧河道に影響されて出来た河畔砂丘を多く残している。歪な三日月形を呈するマヘートの都市遺跡も、ラープティー河の旧河道に沿って形成された河畔砂丘を利用したものであろうし、サヘート遺跡の載る高台も、一時期水路に取り囲まれていた河畔砂丘の一つと考えてよいであろう。

次に、付近の村落事情を観察すると、遺跡の周辺は純然たる農村地帯で、小麦・トウモロコシ・米・豆類・カラシ菜・所によってはサトウキビを栽培し、若干の農家だけが換金作物である野菜を作っている。周辺一帯には、二〇~三〇戸ないし二〇〇戸位からなる大小の集落が散在し、ヒンドゥー教徒の村々に混じってイスラーム教徒の村もみられる。大体、食料は自給自足が建前だが、衣類その他はこの辺りの中心集落である、カトゥラへ出掛けて調達する。ここは、サヘートから西へ約一キロの所にあり、主要道路の交会点に発達した町場で、いろいろな店や製粉所、精米所、それにカラシ菜の菜種を絞る搾油工場もある。遺跡周辺の村々には電気も水道も来ていないが、ここまではやっと電気が来る。マヘートの東南のカンダ・バーリー集落では、いまでも手回し轆轤で土器を製作している。サヘート遺跡に隣接するチャクラ・バンダル集落は、村人の大部分が農業に従事するヒンドゥー教徒の村であるが、村の生活はヒンドゥーの掟とカースト制に厳しく縛られている。どの家でも牛を飼い、牛は聖牛として大事にされているが、農耕にも使い、二頭曳きの伝統的な木製の犂（犂先だけに金具が付く）を引かせる。その他、釈尊の昔から変わっていないといわれる、大きな車輪を持った牛車に引かせる。こうした牛車を引いた牛が悠々と国道を闊歩する姿をみると、一瞬古代に戻ったような錯覚を覚える。インド農村の貧困と停滞性を指摘することは易しいが、村人たちの悠揚せまらぬ暮らしぶりに接すると、圧倒される思いがする。この安定感と充足感はどこから出てくるのだろうか。われわれの文明の原点に立ち返って、考え直さねばならない問題だろう。

最後に祇園精舎への日本人参詣者を対象に実施した、アンケート調査の結果をまとめている。これまで抱いてきた「祇園精舎」に対するイメージが、現地に参詣することにより、どのように変化したかを問うたものである。『平家物語』の冒頭の一節から連想されるように、日本人の「祇園精舎」観は、無常観などと結び付いて暗く淋しい。それが、現地を訪れてみると、明るい太陽の下、小鳥がさえずり猿が戯れている。この豊かな自然に接して、暗いイメージから明るいイメージへと一八〇度転換したというのが、多くの日本人参詣者の偽りのない感想であった。このことは、日本文化や日本人の共同意識について考える上で示唆的であるばかりでなく、そもそもわれわれが祇園精舎を発掘調査することの意味を考える上でも、大変参考になるように思った。

⑬祇園精舎創建縁起の成立と発展―地理学班・文献学班の成果(2)―

第Ⅶ章の第2節から第5節までは、文献学班の研究・調査の成果を収めた。

第2節「仏典にみる祇園精舎創建縁起について」(網干)では、漢訳仏典を中心に祇園精舎の創建縁起を考察した。漢訳仏典の内、経部および律部の中に、祇園精舎の創立説話に触れたものがいくつかある。その主要なものを挙げれば、次のようなものがある。

(a)『大般涅槃経』巻二九。(b)『中本起経』巻下。(c)『賢愚経』巻一〇。(d)『仏説　孛経抄』一巻。(e)『五分律』巻二五、臥具法。(f)『四分律』巻五〇、房舎犍度。(g)『十誦律』巻三四、臥具法。(h)『根本説一切有部毘奈耶破僧事』巻八。

この内(a)～(d)は経蔵、(e)～(h)は律蔵に属するが、これらについて、まず煩を恐れず関係部分の原文を正確に引抄し、次にその梗概を記し、さらに説話の構成を要点書きにして示し、比較検討を行なった。その結果、(1)説話の内容は、文献によって繁簡があったり、重点の置き方が違ったりするが、筋書には共通点が多い。このことから考えて、精舎創立に関する説話の原本（梵本）があったのではないだろうか。(2)経部に比べて律部の諸文献は、精舎の施設に関する規模や構造、その利用法などについて具体的に述べることが多い。それはこの精舎が仏教寺院の規範であり、そこで展開された僧伽生活も後世の仏教徒の守るべき規矩準縄と考えられたからであろう、と推定している。

なお上の(2)に述べたことと関連するが、中国仏教や日本仏教において、「祇園精舎」を理想として憧れる気持ちがもっとも強かったのは、律宗の僧である。そこで、最後に「祇園精舎」のイメージを中国や日本に伝えるのに大きな役割を果たした、次の二つの文献の内容を紹介している。どちらも律宗の僧の撰述である。

(i)『中天竺舎衛国祇洹寺図経』二巻（唐、道宣撰）。(j)『法苑珠林』巻三九、伽藍篇・造営部（唐、道世撰）

第3節「祇園精舎建立縁起の一考察」（丹治）では、先年、パキスタン北部のギルギットで発見されたサンスクリット本『臥具事』の中に記述された祇園精舎創建縁起を取り上げ、その全文を和訳するとともに、これを一六の文段に分ち、各文段ごとに諸本の異同を比較検討している。第2節では、漢訳仏典の中から祇園精舎創建縁起を取り上げたが、第3節では、考察の対象をさらに拡大して、下記の漢訳仏典(k)・(l)およびパーリ語仏典(m)〜(p)を追加した。

(k)『中阿含経』巻六（教化病経）。(l)『雑阿含経』巻二二、五九二段。(m)『マッジマ・ニカーヤ（MN.「中部」）』。(n)『サンユッタ・ニカーヤ（SN.「相応部」）』X、8。(o)『ヴィナヤ・ピタカ（VI.「律蔵」）』IV、6—4。(p)『ジャータカ（JA.「本生経」）』I（因縁物語）。

このサンスクリット本『臥具事』は、説一切有部の律蔵に属し、漢訳仏典の義浄訳『根本説一切有部毘奈耶破僧事』（前掲(h)）に対応するもの。祇園精舎創建説話としては、(h)『破僧事』などとともに発展の最終段階を示すものである。第2節では、各文献に即して要点を摘出し、いわば縦断的に比較検討を行なったが、第3節では各文段ごとに諸本を横断的に観察して、比較分析を行なっている。この縦横の史料批判によって、読者は祇園精舎創建説話の発展過程の全体像を、ほぼ把握することが出来るであろう。

いまその要点を述べるならば、創建説話の原型に近いものは、漢訳では(k)『教化病経』や(l)『雑阿含経』、パーリ蔵では(m)『MN』や(n)『SN』辺りと考えられ、ついで漢訳の(b)『中本起経』や(e)『五分律』、パーリ蔵の(o)『律蔵（小品）』が古層に属するであろう。次にもっとも新しい発展段階に属するものとしては、前述の通り、この『臥具事』や(h)『破僧事』、漢訳経典では(c)『賢愚経』などが挙げられる。そしてそれ以外のものは、両者の中間段階に帰属させることが出来るであろう。これらの諸文献は、それぞれの時期における祇園精舎の姿を反映させたものであり、将来考古学の調査がさらに精密に推し進められるならば、説話の発展と考古学的調査の結果を厳密に照応させることも夢ではあるまい。

このように祇園精舎創建縁起はそれ自身絶えず生成・発展を遂げてきたけれども、その核心は、(1)精舎建設の前提としてのスダッタ長者の王舎城訪問と釈尊への帰依、(2)本題の精舎建設の物語、そして(3)釈尊の来臨と精舎の寄進、の三点にあり、中でも(2)に語られた園林の譲渡をめぐる長者と太子の興味深いやりとり、そしてそこに示された二人の純粋な「布施」の精神、釈尊に対する熱烈な帰依と渇仰を語るところにこの説話の主眼があったのであり、ここにこの説話が後世に長く語り継がれる理由があったと考えられる。こうして祇園精舎の名は、強烈な衝撃をもって、中国や日本の仏教徒の間にも語り伝えられることになるであろう。

⑭「祇園精舎」伝承の展開——地理学班・文献学班の成果(3)——

第4・第5の両節では、「祇園精舎」伝承の中国、日本への展開の諸相を考察する。

まず、第4節「中国の典籍に表われた祇洹精舎」(藤善)では、中国への流布・展開の諸相を観察するが、はじめに祇園精舎の異訳名について述べる。『金剛般若経』の諸異訳などに典型的にみられるように、「舎衛国」や「祇園精舎」の訳名についてはいろいろの表現があった。「舎衛国」については、「聞物国」「名称大城」「舎婆提」「室羅筏」など、前二者は意訳、後二者は音訳である。「祇園精舎」については、「祇洹阿難邠坻阿藍」「祇陀樹林給孤独園」「勝林中無親博施園」「誓多林給孤独園」など、複雑なものが数多くあったが、結局簡にして要を得た「祇樹給孤独園」と、その略称である「祇園精舎」が定着したとする。これには読誦にあたっての響きのよさも与って、力があったという推定は納得出来る。

次に、祇園精舎を中国に紹介するのに大きな役割を果たした、法顕と玄奘の旅行記を取り上げる。法顕の『仏国記』(『高僧法顕伝』)は、僧祐の『釈迦譜』や霊裕の『寺誥』、『霊迹記』などを生んだばかりでなく、彼の影響の下、南朝の都建康には范泰によって、祇園の名をそのまま採った祇洹寺が建立され、インド・西域からの渡来僧たちの拠点となった。招かれて当寺の寺主となった慧義は、法顕将来の摩訶僧祇律を厳守し、食事作法までインド式の「踞食」を行なって、南朝の士大夫たちを顰蹙させた。「祇洹寺」の称は、インドの精舎建立縁起における舎利弗を慧義に、スダッタ長者を范泰になぞらえたのだという(このことは、日本の京都祇園社の命名の由来を考える上にも参考になろう)。祇園精舎創建縁起に語られた感動的な福田事業は、ジェータやスダッタに比すべき大檀越の出現を期待する、格好の話題として喧伝されたのである。

玄奘の『大唐西域記』が中国仏教界に与えた衝撃はさらに大きく、中国人のインド熱を一時に燃え上がらせた。

しかるに、こと祇園精舎に限っては、彼がみたそれは荒廃のどん底にあった。玄奘のインド旅行によってかき立てられた、釈尊とインドへの思慕と憧れの高まりにもかかわらず、一方では祇園精舎の荒涼たる廃墟、この落差の大きさが生み出したものこそ、道宣の『祇洹寺図経』二巻（前掲(i)）だったのではないだろうか。論者も指摘するように、この図経に描かれた寺院の景観は、祇園精舎（サヘート遺跡）よりも最盛期のナーランダー寺院に近い。より正確にいえば、ナーランダー寺に関する見聞を下地にして、祇園精舎への熱い思慕を結晶させた、道宣の霊感の所産である。このようにして拡幅された「祇園精舎」像が海を渡って日本に伝えられるのである。

第5節「日本古代中世における天竺憧憬―日本仏教の国際意識―」（原田）では、仏教の祖国インドへの思慕を募らせた、古代中世の日本人僧侶の事績を考察する。日本人にとってインドは求法の目的地であったが、そこに往って還ることは果たせぬ夢であった。八世紀にナーランダー寺を訪れ、長安まで帰ったことは確かであるが、日本には帰らなかった金剛三昧、九世紀後半、渡天を志し途中羅越国で虎に襲われて斃れた真如法親王らは、夢を追って果たせなかった人々である。平安中期にもなると、入栄してウダヤナ（優塡）王造顕の栴檀仏像を持ち帰った東大寺の奝然のように、あるいは、宇佐八幡の神託によってインドへの旅を思い止まった三井寺の慶祚のように、渡天の志を他の何らかの方法によって代替・補償させようとする僧が出てくる。その背景には、宇佐の神託に「中天竺の仏法は跡もなし。祇園精舎は虎狼のふせど」といったように、インド仏教の現状がかなり正確に伝えられていたのかもしれない。

平安末期から鎌倉時代にかけて、南都を中心にいわゆる旧仏教復興の運動が起こり、釈尊への帰依、戒律の再興が声高に叫ばれ、インドや釈尊への思慕が燃えさかる。その頂点に立ったのが栂尾の明恵であった。彼は釈尊を慕うのあまり、建仁二年（一二〇二）冬、仏跡巡拝のインド旅行を決意し、長安から王舎城までの里程を詳しく計算した「印度行程記」を作る。「印度ハ仏生国ナリ、恋慕ノ情抑エ難キニ依ッテ…之ヲ計ル。哀々マイラバヤ」とは、その末尾に記した痛切な述懐である。ところが、血族の湯浅宗光の妻に春日の神託が下るなどの霊異がしばしば起こり、ついにインド旅行を断念する。春日の神意を伺ってみると、明恵を日本国の大導師と讃え、この国の人々を導くことこそ先決であり、天竺へ渡るに及ばずというにあった。その背景には、春日大明神の本地は釈迦であるから、春日の神託は仏説に他ならずとする、中世神道における本地垂迹説の影響が認められるとともに、「哀々マイラバヤ」という痛切なインド憧憬と裏腹に、明恵の心中深くには、日本はすでに「辺土」に非ず、「末法」も嘆くに及ばず、インドや中国の仏教に比べて決して見劣りしないとする、日本仏教への大きな自信が生まれていたことを見逃してはならない。

こうして明恵は、釈迦仏教の再生に情熱を傾けることによって、渡天中止の無念さを解消するとともに、辺土・末法観を克服した。同様のことは、釈迦嫡伝の正法禅を相承することをもって天竺求法に代えようとした栄西や道元、非人救済や殺生禁断を通じて釈迦制誡の律儀を忠実に復興させようとした叡尊や忍性など、これらの禅僧・律僧たちの思惟構造や行動様式の上にも、共通して認められるところである。以上が原田報告の摘要である。

⑮むすび――「祇園精舎」と日本文化――

明恵や栄西が、限りない天竺憧憬の思いを募らせていた頃、日本は大きな時代の転換期に遭遇していた。古代から中世へ、王朝貴族の世から鎌倉武士の世へ、この大きな時代の転換期を描いた『平家物語』の冒頭の一節が、「祇園精舎の鐘の声、諸行無常の響きあり」という名文句で書き出されていることも、何か偶然ではないような気がする。先にも触れたように、われわれの地理学班がインドの現地で、日本人参詣者を対象に試みたアンケート調査でも、いまの日本人が「祇園精舎」といってまず思い出すのは、この一節だったのである。よって、この名文句の成り立ちを尋ねることを通じて、「祇園精舎」と日本文化とのかかわり、日本人にとって「祇園精舎」とは何か、延いてはわれわれが祇園精舎遺跡を発掘調査することの意義を考え、もってこの報告書の結びとしたい。

『平家』冒頭の一節の直接の典拠は、『往生要集』や『栄華物語』が説く、祇園精舎の無常院にあったという鐘の話に基づく。『要集』中ノ末、臨終行儀の段には、唐の道宣の『四分律行事抄』を引いて、この無常院のことを述べる。それによると、祇園精舎の東北隅には無常院が設けられていた。それは老病者を収容し、安らかに臨終を遂げさせる施設である。堂内には仏像が西向きに立ち、右手を上げ、左手は下げて、五色の布の一端を握る。病者は、この布の他の一端を握り、仏の導きによる極楽浄土を信じつつ、息を引き取ったという。同じく『要集』上ノ本、総結厭相の段では、この無常院の四隅には玻璃（水晶）の鐘が置かれており、病者が息を引き取ろうとする時、『涅槃経』の「諸行無常、是生滅法、生滅々已、寂滅為楽」という偈が鳴り響き、これによって病者は苦悩を除き、浄土に生まれることが出来た、とある。

このように阿弥陀仏の手から五色の布や糸を引き、その導きによる往生を信じつつ臨終を迎える風習を「弥陀の糸引」といい、『往生要集』に紹介されて以来、平安時代の僧俗の間に大流行した。もっとも有名なのは御堂関白藤原道長の例であり、『栄華物語』（つるのはやし）によれば、彼はその死去にあたって、法成寺（御堂）の阿弥陀堂に九体の阿弥陀仏を安置し、中台の仏の御手より糸を引き、念仏の声もろともに息絶えたという。同書（おむがく）によれば、その法成寺の金堂には、妙音を出だす鐘があったことを述べて、

かの天竺の祇園精舎の鐘の声、諸行無常、是生滅法、生滅々已、寂滅為楽と聞ゆなれば、病の僧この鐘の声きゝて、皆苦しみ失せ、或は浄土に生るなり。その鐘の声に、今日の鐘の音、劣らぬさまなり。

とあり、これまた『往生要集』の叙述を受けたものと思われる。『平家物語』書き出しの一節の出典は、さしずめ、上に引用した『栄華物語』の詞章に求めることが出来よう。

以上、『平家物語』冒頭の一節の出典を求めて、『平家物語』→『栄華物語』→『往生要集』と遡る文献的系譜を辿ってきたが、では次に『要集』の文の出典は何か。

再び『往生要集』の臨終行儀の段に戻ると、問題の箇所は「四分律抄の瞻病送終篇に、中国本伝を引きて云々」とあり、道宣の『四分律行事抄』の注釈書[10]によれば、この「中国本伝」とは、道宣著すところの『戒壇図経』に引かれた釈迦の別伝である（この場合の「中国」はシナではなく、インドをさす）。『戒壇図経』は、道宣七十二歳の撰である。釈迦嫡伝の戒律の復興に心血を濺いだ道宣は、その晩年、生涯の事業として都長安の南郊清官郷に浄業寺を建て、ここに伝統に叶った戒壇の建設を企てた。その際、戒壇の規模・結構について、よるべき規範を示すために撰述されたのが『戒壇図経』であった。

道宣によれば、戒壇の起源は釈尊が比丘たちの請いによって祇園精舎に建てた、原初の三戒壇である。すなわち、祇園の仏門の東に比丘戒壇を、西に比丘尼戒壇を、南に僧戒壇を置いたという。彼は、この三戒壇の具体的な位置関係を示すために、「祇園図」を作り、祇園精舎の全容を復元しようとした。さらに、この考えを裏付けるために道宣が撰述したものが、『中天竺舎衛国祇洹寺図経』上下二巻に他ならなかったのである。これによれば、道宣の復元した祇園精舎は、境域八〇頃、東西一〇里、南北七〇〇歩。境内には仏殿を中心に六四院があり、その一つとして無常院がみえ、問題の鐘のこともそこに述べられている[11]。

道宣は『戒壇図経』と『祇洹寺図経』の両書の撰述を終えるや、乾封二年（六六七）十月三日、七十二歳の生涯を閉じた。南山律宗の祖であり、中国仏教史学の父といわれる道宣が、生涯の仕事として、祇園精舎の復元研究を残したことは、まことに興味深い。彼は、この両書を著すにあたって、諸書を博捜し、なかんずく玄奘の『大唐西域記』は縦横に参考にしたらしいが（道宣は玄奘の直弟であり、その訳場にも参加した）、残念ながら、そこに描かれた祇園精舎の姿は、荒涼たる廃墟に他ならず、道宣の釈尊に対する熱い思いを充たしてくれるものではなかった。『祇洹寺図経』の題号下に、「唐乾封二年季春終、南山釈氏感霊所出」とあり、彼がその落差を霊感によって飛び越えたことは、すでに指摘した通りである。

従って、道宣描くところの「祇園図」や『図経』が、いまのわれわれの学術調査に直接役立つところはあまり大きくないが、彼が釈尊や祇園精舎に寄せた熱い思慕の念が、これらの文献を日本に伝わらしめ、『平家物語』の名文句に結晶し、古代末から中世にかけての日本人の心の琴線を搔き鳴らし、それが今日にまで及んでいる事実を無視することは出来ないだろう。考古学班の発掘の鍬先に合わせて行なう文献学的調査は、祇園精舎に投影された日本人の心の故郷を発掘する仕事といえるかもしれない。

註

（1）A. Cunningham; "Sahet-Maher, or Sravasti" Archaeological Survey of India Reports. Vol. I. Calcutta. 1871.

（2）D. R. Sahni; "Saheth-Maheth Plate of Govindachandra Samvat 1186" Epigraphia Indica. Vol. XI. New Delhi. 1911-12.

（3）註（2）サーニ論文参照。

（4）たとえば、中村元博士の『ゴーダマ・ブッダ―釈尊伝』増補版（法蔵館、一九八四年）には、サヘート遺跡について「今日そこに発掘されている遺跡がはたしてゴーダマ・ブッダの当時のものであるかどうかは大いに疑問である」と述べておられる（同書一五七頁）。

（5） 仏像の起源を説く説話としてもっともよく知られるのは、釈尊が三十三天に昇られた時、優塡（ウディヤナ）王が牛頭栴檀を用いて如来の等身像を造り、波斯匿（プラセーナジット）王もこれを伝え聞いて黄金の如来像を造ったというもので、『増一阿含経』等の伝える説である（高田修『仏像の起源』岩波書店、一九六七年）。ここで法顕の述べた話は、プラセーナジット王が栴檀像を造ったとあり、明らかに前記の仏像起源説と異なる。

（6） 註(5)高田著書三二一～三二三頁参照。

（7） M. Venkataramayya; "Śrāvastī" Archaeological Survey of India. New Delhi. 1981. P. 10

（8） 註(7)解説書八頁。

（9） 本章の初出は関西大学日印共同学術調査団編『祇園精舎　サヘート遺跡発掘調査報告書』本文編Ⅱ（関西大学出版部、一九九七年）であるが、この報告書の第Ⅶ章には、「地理学・文献学的調査」として、以下の成果報告が収録されている。

1. サヘート・マヘート遺跡とその周辺地域（末尾至行・橋本征治・貝柄徹）
2. 仏典にみる祇園精舎創建縁起について（網干善教）
3. 祇園精舎建立縁起の一考察（丹治昭義）
4. 中国の典籍に表われた祇洹精舎（藤善眞澄）
5. 日本古代中世における天竺憧憬―日本仏教の国際意識―（原田正俊）

（10） 宋元照『四分律行事鈔資持記』下ノ四（『大正蔵』四〇―四一一a）。

（11） 道宣の『祇洹寺図経』下巻には、「頗黎の鐘は、無常堂の四隅に在り。（中略）其の頗黎の鐘は、形腰鼓の如し。鼻に一金毘命有り、金の師子に乗り、手に白払を執る。病僧気将に大漸せんとするに、是の金毘命口に無常、苦、空、無我を説き、手に白払を挙ぐれば、鐘即ち自ら鳴る。音中亦た諸行無常、是生滅法、生滅々已、是生滅法と説く。病僧音を聞き、苦悩即ち除き、清涼の楽を得、三禅に入り、浄土に垂生するが如し（下略）」（『大正蔵』四五―八九三c）とみえる。先に引いた『往生要集』（上ノ本）や『栄華物語』（おむがく）の文の出典がここにあることは一読して明らかである。

XI　奈良仏教管見

只今は、文学部長の河田（悌一）先生ならびに司会の高橋（隆博）先生より身にあまるお言葉を頂戴いたしまして、まことに恐縮に存じております。本日は最終講義ということですが、実は私、日本史の先生方のおはからいで、四月からもうしばらく大学院の方へ出講するように命ぜられておりますので、最後の本音のところはもう少し先に延ばさせていただきまして、今日はあまり固くない思い出話でお茶を濁したいと思っております。

私は関西大学で四五年一〇ヵ月という長い間勤めさせていただきまして、われながら驚いている始末ですが、実は私、紀州和歌山の小さな真宗寺院に生まれ育ちまして、昭和四十四年といえばちょうど大学紛争の最中ですが、私の親父が亡くなりまして、その後を継いで寺の住職を兼ねて、現在に至っております。勉強の方は日本古代の経済史ないしは財政史を専攻いたしましたが、そのような関係で、しぜん仏教史にも関心を持つようになりました。それで本日は、この仏教史に関して私が関心を持っております問題について、しばらくお話をさせていただきたいと思います。

関西大学はなかなか仏縁の深い大学でありまして、創立は明治十九年十一月ですが、大阪京町堀の願宗寺という、本願寺派の小さなお寺の軒先を借りて開業しております。関大の前身、関西法律学校は、大阪の控訴院や地裁に勤める裁判官や検事たちが、勤務の余暇に志のある青年たちを集めて授業を行なう夜間制の学校として始まったといわれていますが、願宗寺というお寺は、すぐ一杯になり、まもなく天満の興正寺に移りました。このお寺は本願寺派と関係の深い京都の興正寺本山の別院で、前の願宗寺よりずっと広かったものですから、本校が明治三十六年、江戸堀にはじめて自前の学舎を建設して移るまで、実に一六年間もこのお寺の軒先を借りて授業を続けました。願宗寺といい、興正寺といい、どちらも私どもと同じく本願寺派（西派）に関係が深く、これも何かのご縁ではなかろうかと考えておる次第であります。また、先程のご紹介にもございましたように、創立百周年記念事業としてインドの祇園精舎の発掘調査が行なわれました。祇園精舎というのはお釈迦様の時代に造られた大変由緒のあるお寺で、いわば仏教における始原の寺院の随一ですが、その祇園精舎の調査に、網干（善教）先生はじめ考古学班の皆さんの驥尾に付して、私どもも参加させていただくことが出来まして、本当に感激している次第であります。

さような次第で、関西大学はなかなか仏縁の深い大学だと思うのですが、何といいましても大阪のど真ん中にある非常に俗っぽい大学です。だから私は関大では学生を相手に仏教史の講義をしたことがほとんどございません。今日は昔懐かしい卒業生の皆さんもたくさんおみえですが、私の仏教史の講義を聞かれた方はまずいらっしゃるまいと思います。本日は最終講義ですが、最後になってはじめて仏教史の話をさせていただくのもまた一興かと存じます。お聞きの皆さんには、ああ薗田はこんなことを考えていたのかと呆れたり、驚かれたりするかもしれませんが、しばらくお付き合いいただきたいと思います。

＊

私が仏教史に関心を持つようになったのは、前述のように私の生まれや育ちに深く関係いたしますが、具体的なテーマとの出会いは甚だ偶然的な事情に依るものです。話は私の学生時代に遡ります。いまでもそうですが、日本史の学生は自分の専攻する日本史の演習や講義の他に東洋史や西洋史の講義も併せて選択することになっており、私の学生時代でも事情は同じでした。当時も京都大学の東洋史には、偉い先生方がたくさんいらっしゃった中でも、那波利貞先生は格別に風格のある先生でございまして、学校へはいつも和服に羽織袴を着けてお越しになる。そうしたところに魅力を感じまして、私は二回生の時も、三回生の時も、那波先生の特殊講義を聴かせていただきました。非常に熱心な講義をなさるんですね。授業はいつも時間きっかりに始まりますが、黒板一杯に細かい字でたくさん史料をお引きになる。書き終わると全部消してまたお書きになる。これが二度も三度も繰り返されるのですね。その結果、普通講義ノートといえば、大学ノートに二~三枚が相場ですが、那波先生の場合は四~五枚になる。そういう熱心な講義をなさいました。

三回生の時の講義は、確か「唐末社会史の研究」というテーマでしたが、那波先生はお若い頃、フランスやイギリスにお出でになって敦煌文書をたくさんお持ち帰りになった。黒板一杯にお書きになったというのは、この敦煌文書が多かったですね。「フランス×××番」「イギリス×××番」と文書番号を読み上げられる先生の口調がいまも耳底に残っています。それともう一つ、唐代の社会史料として有名なものに、日本人の書いた日記がございます。ご承知の慈覚大師円仁の『入唐求法巡礼行記』ですね。この旅行記は、ライシャワーが京都大学に留学中、これを研究して学位を取ったことで有名ですが、私が那波先生からお聞かせいただいたのは彼が駐日大使になる前で、まだそれほど有名ではなかった頃の話です。先生はこの『巡礼行記』をたびたび引用され、円仁が山東半島に再上陸してから五台山に至るまでの足取りを辿りながら、唐末の社会事情を詳しく復元されたわけです。円仁が行った先々で在留新羅人の世話になったこと、五台山への巡礼道路には普通院という簡易宿泊所のような施設があったことなど、お話の端々が記憶に残っています。

ちょうどその頃、『平安遺文』が出始めた頃で、ご承知の通り、同書の巻一には円珍の入唐史料など、関係する史料がたくさん出てまいります。それで私は「慈覚大師関係で一つレポートを書こう」と思って、関係史料を集め始めたのが、初期天台宗を手掛けるようになったそもそもの発端です。で、その時期になって那波先生のところへ相談にうかがったところ、「それはいかん」といわれる。「私の講義は東洋史の講義だから、レポートも中国史料を使ってもらわんと困る」というしごくもっともな仰せです。そして史料を渡すから図書館までついて来いとおっしゃる。お伴をすると、入口に私を待たせて先生ご自身でツカツカと書庫へ入ってゆかれたが、しばらくして出てこられ、「君には『宋会要稿』を読んで貰おうと思ったが、生憎貸し出し中だ」と。私は内心で「これは助かった」と思ったが、そうは簡単に問屋が下ろさぬ。さらに東洋史の研究室までお伴をして、当時研究室にいらっしゃった佐藤圭四郎さん（後東北大学教授）という大学院生に向かって、先生は「佐藤君、君は『宋会要稿』を持ってたね。図書館のは貸し出し中なので、君のを薗田君に貸してやってくれないか」と。私はそういうことで佐藤さんから買ったばかりの真新しい『宋会要稿』をお借りしました。この本は全二〇〇冊、一〇帙入り。両手でも抱え切れない程の大部な書物です。私は翌日これを自転車に積んで下宿に帰ったことを覚えています。一通り目を通しましたが、とても歯が立たず、レポートには、食貨志の数表の中のいくつかを整理したものを提出してお茶を濁しました。

那波先生のレポートは、このように申し訳ない結末に終わりましたが、慈覚大師のレポートの方は、日本史の特講のレポートに転用させていただきました。担当教官は後関大にお迎えし、皆様お馴染みの柴田実先生です。柴田先生の特講のテーマは、「庶民信仰の研究」だったので、ちょうど間に合ったわけですが、先生は、このレポートを受け取ってくださったばかりでなく、お褒めの言葉まで頂戴したものですから、私はすっかり気をよくして、このレポートに若干の手直しを加え、やはり大学時代の恩師の三品彰英先生のお口添えを得て学会誌

（『仏教史学』三巻二号、一九五二年）に発表いたしました。これが私の処女論文「最澄の東国伝道について」の成り立ちであります。

＊

さてこの慈覚大師円仁という方は、伝教大師最澄の晩年のお弟子です。最澄亡き後の天台宗は、空海の真言宗に押されてあまり振るわなかったんですが、この円仁が中国に渡って十数年の在外研究を積んで帰り、天台宗に一大隆盛をもたらしました。この人は下野国（いまの栃木県）都賀郡の出身ですが、どうしてそんな辺鄙なところから、はるばる比叡山をめざして上京し、最澄の下に弟子入りしたのだろうか。このような疑問を持っていろいろ調べてみると、初期の日本天台教団は早くから北関東の両毛地方と深いかかわりを有することがわかりました。特に最澄は、弘仁年中になって関東に赴き、両毛地方を中心に地域布教を試みています。で、この点に焦点を絞り、初期天台宗と関東地方との関係、それが最澄の生涯史にとってどのような意義を持ったか、などを考えてみたのがこの論文です。

最澄の伝記史料の内、もっとも基本的なものに『叡山大師伝』があります。これ、非常におもしろい伝記です。私は仏教史を勉強していろいろ高僧伝の類をみてきましたが、こんなおもしろい伝記は滅多にありません。最澄の伝記の基礎史料として大変よく出来たものだと思いますが、その『叡山大師伝』によれば、弘仁六、七年（八一五〜八一六）頃、彼は関東地方に旅行したことになっています。道筋を辿ると、当時の東山道を東に進み、信濃から碓氷峠を越したところが上野（いまの群馬県）の緑野郡です。ここに浄土院（緑野寺）というお寺があったらしく、彼はまずここで布教を行なった後、さらに東に進んで下野の都賀郡の大慈院（小野寺）に至り、ここでも同様の布教を行なったといいます。この下野の都賀郡が慈覚大師円仁の出身地であることは、すでにお気付きの通りであります。

次にその布教の内容はというと、上野・下野の両所で各一基の千部法華経塔を造り、塔下で毎日、法華経をはじめ金光明・仁王等の大乗経の長講を行ない、非常な成功を収めたとあります。「千部法華経塔」とは読んで字の通り千部の法華経を書写して、これを納めた塔のことです。このことから、まずわかることは、当時の関東の農民を相手にする布教では、難しい理屈を並べるより、写経という具体的な実践の方が手っとり早かったということですね。しかし、法華経一部八巻、字数にして六万九千余字。かなり長大なものです。一人で写したら、いくら急いでも一日や二日で書ける量ではございません。それを千部も完成させたというからには、かなり大勢の人を集めて一斉にやらせたか、もしくは相当長い準備の下に行なったかのいずれかに相違ありません。

これについて参考になることは、『叡山大師伝』に関東での布教の成功を述べた後、上野の浄土院については教興以下の三人、下野の大慈院については広智以下の四人の僧名を挙げ、「これ、その功徳勾当者なり」と記すとともに、これら七人の僧がいずれも「故道忠禅師の弟子」であったと記していることであります。すなわち、弘仁年中における最澄の関東伝道の成功は、決して短期間に成ったものではない。それは、上野と下野の二ヵ所に拠点を有する教興・広智等の熱心な同志たちの周到な準備の下に行なわれたものである。千部法華経塔の建立に即していえば、塔の建設はもちろん、法華経千部の書写勧進など、すべての事業が相当早くから準備されたものであり、最澄の関東下向は、むしろその完成を機に招かれたものでなかったかと思われます。

七人の同志はいずれも道忠禅師の弟子であったといいますが、この道忠については、同じく『伝』に、有名な鑑真和上の「持戒第一」の弟子で、早くから関東に下り、民衆教化につとめ、「東国の化主《けしゅ》」と慕われたこと、そして延暦十六年（七九七）頃、最澄が一切経書写を発願した時、彼はこれを助けて二千余巻の経典を書写して比叡山に寄せ、それ以来、道忠門徒と叡山教団との間には、一種の師壇関係が成立していたことが語られています。上野・下野の二ヵ所における千部法華経塔の建設という大事業は、このような延暦以来の伝統を持つ叡山教団と道忠門徒との鞏固な師壇関係の成果であったと考えなければなりません。なお慈覚大師円仁は前記、下野大慈院の広智の弟子であり、彼がはるばる叡山に登り、最澄の門を叩いたことも、これによってよく理解出来るわけであります。

＊

最澄が関東に赴いた時期について、『伝』によれば、弘仁六～七年と読み取れることは前述した通りですが、別種の史料によれば、弘仁七～八年に行なわれたと考えなければなりません。たとえば先の円仁は、大慈院広智の推薦を得て、大同年中（八〇六～八一〇）に叡山に登り、最澄の門弟となりましたが、弘仁八年三月六日、師匠の最澄に随行して郷里の下野国都賀郡に至り、兄弟子の徳円とともに大慈院の法華塔前において最澄から円頓菩薩戒を授与されています（『慈覚大師伝』）。同様の証拠を他にもいくつか挙げることが出来ます。『叡山大師伝』の史料的価値の高いことは前にも述べた通りですが、どうも関東旅行の時期に関する限り、『伝』の記載は正確でないように思われるのです。このように信ずべき史料によって、彼の関東伝道の旅が弘仁六～七年ではなく、七～八年のことだったとすると、僅か一年の違いですが、いろいろ重要な問題が派生してまいります。

一つは、いわゆる「三一権実《ごんじつ》論争」の歴史的な評価が改まってくることです。晩年の最澄が、その頃会津に住んでいた法相宗の学僧徳一との間で、三乗（法相宗）と一乗（天台宗）の権実を争う激しい教学論争を展開したことは有名ですが、従来の通説では、最澄の関東伝道が徳一を刺激し、いわば偶発的に始まったと考えられてきました。しかるに、関東への旅立ちが、それより一年もしくはそれ以上も遅かったとすると、この論争は関東伝道の旅の結果ではなく、むしろその前提をなしたと考えなければなりません。『伝教大師全集』には論争を契機に執筆された書物がたくさん残されていますが、その内もっとも早く成ったと思われるものは最澄の『照権実鏡』一巻で、その奥書には、「弘仁八年二月日」という年紀と、本書執筆の動機が陸奥、すなわち徳一の『仏性抄』撰述にあったことを明記しています。前述の通り、最澄の一行が弘仁八年三月六日に下野の大慈院にいたことは確かですが、『照権実鏡』が執筆されたのは、それに先立つ弘仁八年二月のことでした。従って『仏性抄』が書かれたのは、さらにそれ以前ということになります。かようにこの論争は恐らく徳一側から仕掛けられ、その論難をしりぞけるため、在地の要請にこたえて行なわれたのが、最澄の関東伝道であったと考えられます。

この当時、徳一は陸奥の会津に住んでいたようですが、ここは両毛地方よりもさらに辺鄙なところですね。私ももう二〇年程前に訪れたことがあります。東北線を郡山で磐越西線に乗り換えると、電車はしばらく風光明媚な猪苗代湖畔を走ります。会津若松の二つ程手前に「磐梯町」という小さな駅があって、そこで降りると、恵日《えにち》寺《じ》という立派なお寺がいまも残っています。徳一はこの恵日寺に住んでいたらしく、この寺には「徳一廟」と伝える古い石塔があり、近年修復されたと聞き及んでおります。彼の伝記は、『元亨釈書』等にあり、それによると、彼は天平後期の政界に権勢を振るった藤原仲麻呂の子息で、はじめ興福寺の修円に法相を学び、東大寺に住したが、後奥州に移り、会津の恵日寺に住し、後さらに常陸の筑波山に移り、承和の初年（八三五頃）に没したといいます。藤原仲麻呂の息男というのは、年代的にも疑わしく思いますが、彼もまた道忠に劣らぬ民衆布教家で、人々は「菩薩」をもって称したといいます。先程来述べました通り、当時、上野・下野地方には、天台一乗主義を信奉する道忠門徒が教線を張っていましたが、会津から常陸にかけては法相三乗主義に立脚する徳一門徒が教化を敷いており、両者の思想的対立は次第に激化し、ついに日本仏教史上、空前絶後の大論争を引き起こしたと考えられます。弘仁七〜八年といえば、最澄五十歳の頃、徳一はさらに年上で六十歳を越す老齢だったと考えられますが、二人ともこの論争を契機に厖大な論著を残しており、そのヴァイタリティーには舌を巻く他ありません。

＊

そこでいよいよ三乗一乗の問題に触れなければなりません。この問題は要するに宗教のもっとも基本的な問題、人間の救いに関する問題でありますが、「一乗」や「三乗」という言葉の直接の原典は『法華経』にあります。仏教には多数の経典が伝えられています。お釈迦様の頃には阿含経典という原始的な経典が成立しました。その後西暦紀元前後になって、大乗経典という新しい文学的な経典がたくさん作られるようになりました。その中でも特に有名なものが『法華経』です。『法華経』が出来たのは紀元一世紀頃だと考えられていますが、このお経はどういう経典かというと、「妙法蓮華経」すなわち、仏のさとりを蓮華の花に譬えたものです。蓮華という花がどんな花かということは、私、何度かインドへ行く機会を得まして、よくわかりました。

関西大学の調査隊は祇園精舎から二〇キロ程離れたバルランプールという町に宿泊し、毎朝車で遺跡まで通うのですが、道の両側にはたくさんの池があるんですね。あの辺は、ガンジス川の支流のラプティ川の乱流地帯で、至るところに三日月型の池沼や沼沢地があります。道のそばに池が多いのは、道路を造る時に積み上げた土砂の採取した跡が池になったのかもしれません。そのたくさんの池には、毎朝実に可憐な蓮の花が咲きます。その可憐極まりない蓮の花を時々みに行くんですが、みに行くときっと靴が泥んこになります。そういう湿地帯や泥沼に蓮の花が咲くのですね。インド人はこの蓮の花を非常に大切にします。それは何故かというと、インドの朝は涼しくっていい。そしてあの可憐な蓮の花が咲くのですが、それは綺麗な温室や植木鉢に咲くんじゃない。泥沼に咲く。泥沼に咲いてしかも愛すべき清らかさを保っている。ここが大切なんですね。つまり、仏のさとりというものは、人間を超越したところではなく、人間の世のどろどろした泥沼の中に咲いて、しかも真っ白な清らかな花を咲かせる。これこそ大乗菩薩道の象徴であり、そういう法を説いたものが『法華経』だというのですね。

一体、大乗経典には文学的な脚色が多いんですけど、『法華経』には特に譬え話が多い。「法華七喩」といって有名な譬え話が七つある。その中でも一番最初に出てくるのが譬喩品《ひゆぼん》に説かれた「火宅喩」です。あるところに大金持ちの長者が住んでいました。大勢の子供がいます。何不自由のない暮らしで、大きな屋敷の中では子供たちが嬉々として遊んでいる。ある日、屋敷に火が付いた。火事になったんですね。お父さんの長者は子供たちを逃そうとするんですが、子供たちは遊び惚けて逃げようとしない。いまだったらさしずめ「あっチンドン屋だ」といって子供たちを誘うのでしょうが、この譬え話では、「表に羊の車と鹿の車と牛の車が来たよ」って誘うのですね。すると子供たちは表へ飛び出した。表の露地には、三台の車はなく、待っていたのは立派な大白牛車《だいびゃくごしゃ》だった。子供たちはこの車に乗って無事救い出されたというお話です。

三乗とか一乗というのは、乗り物もしくは乗せ物、車なんです。三乗というのは始めに来たという三台の車。羊の車は声聞《しょうもん》に譬え、鹿の車は縁覚《えんがく》に譬え、牛の車は菩薩に譬える。この三台の車は、子供を誘い出すための方便で権仮《ごんけ》の存在、いわゆる「嘘も方便」でもともと実体がない。これに対して、一乗というのは、表の露地に実在した一台の立派な大白牛車。これが一仏乗、すなわち真実の仏の救いの譬えです。そういうわけで、この譬え話は、全体として一乗真実、三乗方便の道理を説いたものと考えられます。仏は人間の機根（素質、能力）に応じて声聞・縁覚・菩薩の三乗の教えを説いたが、それはそれらの機根のものを誘引するためであって、最終的にはすべての人々を平等に一仏乗に帰入せしめるのである。そしてこれが『法華経』の精神に他ならないというのですね。

声聞とは、声を聞くと書き、お釈迦様の生の声を聞いた者の意。彼らは釈迦の直弟子というだけで鼻高々だった。こういう連中を声聞というのですね。次に縁覚というのは、これ、仏教の奥行の深いところですね。仏教では釈迦だけが仏ではない。また釈迦のさとった法は誰でもさとれるはずだ。何も釈迦の声を聞かずとも、たとえば「諸行無常」の理は、飛華落葉、庭先の木の葉がハラハラと散ったのを縁としてさとることも出来る。こういう風にいろんなことを縁としてさとった覚者を縁覚（独覚）といいます。声聞も縁覚ももともとは貶称ではなかったが、大乗仏教が興起すると、自利を追求する小乗的人格を表わす蔑称として用いられるようになるのです。

釈迦滅後のインドの教団では、たくさんの部派が成立し、部派ごとに煩瑣な戒律や教条を作り上げ、観念的な教理研究に熱中するようになりました。こうした僧院仏教の観念的偏向に批判の目を向け、これを改革しようという宗教運動が一群の在家信者の間から起こります。これが大乗仏教です。大乗仏教の担い手が菩薩、すなわちボディサットヴァ、訳してさとりを求める人です。ここで大切なことは、このサットヴァ＝人が現実社会に生きる人間を意味することです。これがいわゆる泥中の白蓮華です。かくて初期の大乗は、小乗と厳しく対立し、互いに攻撃しあい、これが刺激となって、仏教は世界的に発展していったように思います。玄奘三蔵の『西域記』をみても、行った先々で、ここには大乗の寺がいくつある、小乗の寺がいくつあると、いちいち丹念に書き上げていますね。

このように初期の大乗は厳しく小乗を批判、攻撃しましたが、次の段階には、その行きすぎに対する反省も起こった。確かに自利のみを追求する小乗の独善主義は打破されねばならないが、さりとて大乗と小乗との間に救いの差別を設けることは、仏の本意に背くものではないだろうか。本来、仏の救いに、菩薩（大乗）や声聞・縁覚（小乗）などと、その機根による差別を設ける必要はないはずだ。ここに大乗・小乗をともに包摂する一乗

（一仏乗）という考え方が出てまいります。これを「一乗開会《かいえ》」といい、このような考え方をいきいきと語ったものが『法華経』だったのです。一乗開会の思想は、仏の大慈悲の表現である。どんな劣ったもの、どんな小さなものでも切り捨てず、その中に積極的な価値を見出してゆく。これが『法華経』の根本精神です。両毛の荒野に立つ二基の千部法華経塔を前にして、最澄が試みたという「法華経長講」の中身も、恐らくこのような『法華経』に基づく一乗主義の教説だったに違いありません。またそう考えることによって、彼の教説が旱天の慈雨のごとく、古代関東の農民たちに受けいれられていった理由もわかるように思うのです。

＊

これに対して、論争の相手である徳一の立脚する三乗主義―法相学派とはどんな成り立ちを持つ宗教だったでしょうか。西暦紀元前後のインドでは大乗仏教が興起したことは前に述べた通りですが、二世紀末から三世紀始めにかけて、南インドに竜樹という偉大な論師が現われ、『般若経』を中心に空の思想を追求する中観学派が成立します。インドから中国・朝鮮を経て日本に入ってきた初期の仏教には、三論宗や成実宗など、大体この学派の系統を引くものが多かったようです。ところが紀元四世紀の中頃、グプタ朝の盛期になると、北インドに無着《むじゃく》・世親《せしん》という天才的な兄弟の論師が出てまいりまして、新しい瑜伽行唯識学派を起こし、インド仏教界の主流を占めるようになります。簡単にいえば、これがやがて中国に伝えられて法相宗となり、徳一の三乗主義の拠りどころとなるのです。

この「瑜伽行」というのは、いわゆるヨガのこと。この辺でも、あちこちヨガ教室なんてのがあり、美容体操の一種みたいに思われていますが、ヨガとは「相応」と訳し、さとりを開くための精神統一法を意味します。この学派も、もともとは中観派の般若空観の達成のためにインド固有の瞑想法であるヨガを取りいれて始められたものです。その意味で、極めてインド的な思想体系であり、実修法であるということが出来ます。

それでこの学派では、人間の心のはたらき―認識作用を非常に詳しく、かつ精密に研究するのですね。人間の意識を分析すると、眼耳鼻舌身意の六識になる。これは五つの感覚器官と思考能力を媒介とする六種の認識機能をいいます。ここまではまず誰にもわかるんですが、ここから先がやや難しくなりますね。まず六種の認識機能の他に、これに付随して、自我を成り立たしめている執着心、すなわち自我意識の存在を想定し、これをマナ識と名付け、第七識を立てます。さらに以上七種の意識の根底に潜在意識として第八アラヤ識を立てるのが、この学派の最大の特色です。アラヤには「本」「蔵」等の意味があるとされます。右に私は、人間には誰でも自我意識があるといいましたが、そのためには自我の執着の対象となる主体が必要です。いわば自我の主体性、これがアラヤの「本」の義です。輪廻転生の主体となるのも、本職としてアラヤ識だとされます。そしてアラヤ識は、無限の過去世からの心のはたらき（業）の結果を潜勢力（習気）として蓄えてゆくことから、「蔵識」ともいいます。この場合、アラヤ識自体は善でも悪でもない無記（中性）の存在ですが、蓄えられる潜勢力――これを「種子」といいますが、それに善悪があり、仏道に親近して善の種子（これを「無漏種子」という）を増進し、悪の種子（「煩悩種子」）を制圧すれば、菩提を成じ、逆に煩悩の種子が増大すれば、輪廻転生を繰り返すと考えました。

このように瑜伽行唯識学派は、識と種子の理論を用いて、認識作用の精緻な分析と仏道修行の体系化を試みるとともに、「万法唯識」といって、「すべての存在は意識の所産である」という徹底した唯心論を確立しました。この学派は、無着・世親以後、インドの思想・宗教界を風靡し、やがてその影響は中国や日本にも及びます。その体系的な導入を目的としてインドを訪れたのが玄奘三蔵ですね。唐の太宗の時代のことです。彼ははるばるシルクロードを経てインドに至り、各地をめぐり歩いて一八年ぶりに帰って来たのが六四五年、ちょうどわが大化改新の年にあたります。そして唐の帝室の保護の下に厖大な仏典翻訳事業を行ないました。彼のもたらした仏教を「新訳仏教」と呼んでいますが、その中身はインド伝来の瑜伽行唯識学派の思想の体系的移植にあったわけです。

ただこの学派にもいくつかの系統があったようで、六世紀の中頃、中インドのナーランダ寺（ビハール州）に護法が出て、この学派の正統学説の地位を占めました。これに対して、西インドのヴァラビー寺（グジャラート州）には、もう一つの有力学派があり、護法と同じ頃、安慧が出、両者の間には、かなり大きな見解の相違があったようです。前者が「有相唯識」と呼ばれたのに対して、後者は「無相唯識」と呼ばれたといいます。七世紀の初頭、ナーランダを訪れた玄奘は、護法の弟子戒賢からこの学派の正統学説、つまり「有相唯識」を学び、これを中国に持ち帰り、高弟の慈恩大師基とともに、一つの思想的立場（『成唯識論』）にまとめ上げました。これが「護法正義、慈恩楷定」といわれる、法相宗の正統学説です。

この正統法相学説は、当時のインドにおける唯識学派の代表的見解を継承したものですが、人間の機根（素質）の捉え方において顕著な特色を持っていました。それが「五姓各別」説です。前にも述べた通り、人が仏果を証するのは、各人のアラヤ識に蔵される無漏種子のはたらきによりますが、各人に内在した種子は、生得的にそれぞれ異なっており、その違いによって人は、(1)仏になったり（菩薩姓）、(2)声聞（声聞姓）や(3)縁覚（縁覚姓）になったり、(4)そのいずれか不定であったり（不定姓）、(5)あるいは永遠に成仏出来なかったり（無性姓）するという考えをいいます。人は生まれつきによって、機根の差があるという五姓各別説は、一乗主義に立つ諸宗と鋭く対立いたしますが、唯識学派の緻密な理論構成、玄奘渡天の快挙という話題性、それに唐帝室の後援などに支えられて、初唐の仏教界を風靡し、やがて日本にも伝えられ、いま、徳一の三乗主義の拠りどころとなったのです。

このようにみてくると、三一権実論争は、インド以来の大乗仏教の二大潮流を背景に戦われた意義深い論争であり、すでにインドでも、中国でも戦われ、そして日本でも奈良朝以来、くすぶり続けた問題でした。そうした経過を背負いつつ、最澄・徳一の論争は、その規模と激しさにおいて、最高潮を示すものであったと評価されます。最澄ならびにその後継者たちが、この論争を戦い抜いたことは、日本天台宗の教学的独立をもたらしたばかりでなく、その後の日本仏教の体質を決定する上で、極めて重要な意味を持つものであったと考えられます。私は駆け出しの貧書生の身で、そんな重要な意味を持つ、いわば日本仏教史の金鉱脈を掘りあてることが出来たわけで、那波・柴田両先生の学恩に改めて深甚の謝意を表する次第であります。

＊

以上、私が最澄を中心とした平安初期の仏教史を手掛けるようになった理由を学生時代に遡ってお話した次第でありますが、本日の主題は「奈良仏教」でして、実は本論はこれからです（会場笑声）。しかし私の不手際によって時間の配分を誤り、残る時間がございませんので、以下、箇条書風に申し上げたいと思いますが、あしからずご了解賜わりますようお願いいたします。そこでまず、お話したい問題点を列挙すれば、次の通りであります。

①最澄の一乗主義の源流
②天平期における仏教伝来
③古代律令国家の文化受容と神仏習合

まず①については、三一論争を分析してわかったことですが、最澄は自己の立脚する一乗主義の拠りどころを何に求めたかというと、智顗・湛然以来の天台宗義はもちろん、華厳宗等の一乗諸家の他に、場合によっては、玄奘以前の唯識諸派や法相宗の異端学説まで利用しています。このことは、論争相手の徳一がもっぱら「護法正義、慈恩楷定」の法相宗の正統学説を墨守したのと好対照をなしています。このことをさらにつっこんで考えてみますに、最澄が幅広い論陣を張ったということは、彼の思想遍歴と深い関係があったように思います。『叡山大師伝』によると、彼は、はじめ近江国分寺に入り、大国師の行表について出家しますが、行表は彼に唯識を学ばせた。ところがその後、彼は叡山にこもってひたすら学習にはげみ、『起信論疏』や『華厳五教章』に導かれて、ついに天台に辿りついたといいます。つまり彼は唯識↓華厳↓天台というコースを辿って自己の立場を確立したのであり、この学歴からみて、彼は相手の手の内を十分知り尽くしていたと考えられます。そういう訳で最澄はこの論争で有利な立場に立つことが出来、また前代以来の仏教学の成果を十分活用することが出来たのです。すなわち最澄の一乗主義の源流は奈良仏教にあったということが出来ます。

そこで奈良仏教の実態を知るために②の天平期における仏教伝来について考えてみますと、道璿・玄昉・鑑真らが注目されます。道璿は、最澄の師である行表のそのまた師匠にあたる人物で、天平八年（七三六）に鑑真に先立って、戒律の師としてわが国に招かれた唐僧です。彼は禅法をよくし、三論・華厳の学にも通じた学僧であったといいます。後年最澄は師の行表から「心を一乗に帰」すべきことを教えられたといいますが（『内証仏法血脈譜』）、この「一乗」とは、道璿譲りの華厳一乗だったに違いありません。最澄の拠りどころとした一乗主義の源流の一つは、ここにあったと考えられます。

次に玄昉は霊亀年中に入唐求法し、天平七年に経論五千余巻を携えて帰朝した当時の最新知識です。帰朝早々、中宮藤原宮子の病気を祈って験あり、同時に帰朝した吉備真備と並んで宮中、すなわち聖武天皇や光明皇后に重用されました。彼は在唐中は、慈恩大師の弟子で法相宗第二祖に数えられる撲陽の智周に学び、『三国仏法伝通縁起』では法相宗の第三伝に擬せられていますが、彼の伝えた教学の内容は、果たして純然たる正統法相学説であったかどうか、大変疑わしく思います。私は、玄昉のもたらした唯識教学には、非正統学説、すなわち一乗主義寄りの傾向の強いものがかなり含まれていたのではないかと推測しています。玄昉の教学内容の詳細についてはいまのところ不明という他ありませんが、彼は仏典通として知られ、彼が唐よりもたらした経論五千余巻というのは、最新の仏典目録である『開元釈教録』による一切経であったと考えられています。彼が帰朝後まもなく始まった光明皇后御願の五月一日経（宮一切経）は、玄昉の将来経を底本として書写されたものと考えられてきましたが、東大史料編纂所の皆川完一さんの詳しい研究によれば、必ずしもそうでないことがわかった。つまり、玄昉がもたらしたのは目録だけで、それによる経典が全部揃っていたわけではなかったらしい。それで宮一切経の完成のために、あちこちの寺院や僧侶の蔵書を底本に借り集めたようです。皆川さんや大阪市大の栄原永遠男さんらの努力で、正倉院の写経所文書の研究が進み、天平期における仏典の所蔵状況などもだんだん解明されてきまして、将来は玄昉など個々の学僧の教学や思想内容の復元も夢ではなくなりました。この問題については、私も今後の宿題にしたいと考えております。

最後に鑑真については、天平勝宝六年に来朝して、わが国にはじめて授戒の方軌を伝えたことはあまりにも有名ですが、彼が天台宗の典籍をはじめて体系的に将来したことについてはあまりよく知られていません。先程私は、最澄の思想遍歴について、唯識→華厳→天台というコースを辿ったことを指摘しましたが、彼が遭遇することが出来た天台の宗典とは、鑑真将来のものだったのです。このことは、『叡山大師伝』などの基本史料にも明記されています。ご承知のように、最澄は比叡山に大乗戒壇を建立し、南都の戒壇すなわち鑑真の将来した戒を小乗戒として否認するわけですが、その鑑真から天台の教学を継承していることは、大変興味深いところです。このように、最澄が拠りどころとした教学は、唯識や華厳は道璿や玄昉譲りのものであり、天台は鑑真から学んだものでした。彼の一乗主義の源流は奈良仏教にあったと申し上げた理由であります。

以上述べました通り、私は後の展開からみても、日本仏教の原型は奈良時代に出来上がったと考えるものですが、これは③の律令国家の文化受容の態度と大いに関係があったように思います。道璿・玄昉・鑑真のいずれにも関係の深い吉備真備という人があります。彼は吉備（岡山県）の地方豪族出身ですが、霊亀三年（七一七）から天平七年（七三五）まで一八年の長きにわたって入唐留学し、帰国後は朝廷に仕え、ついに官は正二位右大臣に至りました。学者にして右大臣にまでなったのは、古代を通じて菅原道真と彼の二人あるのみ。彼は天平勝宝三年（七五一）、第一〇次遣唐使（大使藤原清河）の副使に大伴古麻呂とともに任命されています。この時の遣唐使の重要な使命の一つが戒師の招請であったことはいうまでもありません。遣唐使一行は、入朝して玄宗にまみえ、鑑真らの渡航を要請するが、道教の普及に熱心な玄宗は鑑真らとともに道士を伴って帰ることを要求します。『唐大和上東征伝』によれば、日本の皇室は道教の信仰を持っていないので、遣唐使らは道士を連れて帰ることが出来ない。それで鑑真らの招請を撤回してまで道士を連れ帰ることを拒絶したとあります。このような次第で鑑真一行は、出航直前に夜陰に紛れて乗船し、密航同然渡航してきたわけです。

このことからも、当時の律令国家は国是として道教の受容を認めていなかったと考えられます。吉備真備に『私教類聚』という著述があったことが知られていますが、その編目が『拾芥抄』に残されており、その概要をうかがうことが出来ます。『顔氏家訓』に範を取った処世訓の書ですが、全三八条の内第一条に、五戒と五常を並挙して儒仏一致を示すとともに、第三条には「仙道を用いざる事」とあり、仙道すなわち道教の不用を明記しています。儒仏は受け入れるが、道教は受け入れないというのが、律令国家の国是であると同時に、真備のような律令官人の常識でもあったことがわかります。近年の日本の古代史学界では、何でも道教の影響にする嫌いがありますが、この点再考を要するのではないでしょうか。

律令国家が儒教や仏教を受容しながら、どうして道教を受容しなかったのか。その理由は簡単で、日本には固有の民族宗教として神道があったからです。日唐律令の編目を対照いたしましても、このことは一目瞭然です。日唐令とも三〇編、両者きれいな対応関係を示す内、やや異なるのが、神祇令と僧尼令です。この内神祇令に対応するものとしては唐令に祠令がありますが、僧尼令の母法は令にはなく、周知の通り、唐の「道僧格」によったものです。これは「道」すなわち道士や道観、「僧」すなわち僧尼と仏寺に関する取締法の内、「道」の部分を省いたものです。このように日本の律令国家は、道教は排除し、固有の神道と外来の仏教を公認しました。この体制の下、神仏習合という史的現象が生まれてくることは、半ば必然的なものがあったといわなければなりません。事実、奈良時代には早くも神仏習合の動きが生じてくることはご存じの通りであります。それとともにもっと大切なことは、先程来述べてきました奈良仏教の一乗主義的傾向とこのような文化受容のあり方とが、深いところで結び付いていたと考えられることです。最澄らの努力で一乗仏教はその後の日本仏教の主流を占めるようになりますが、平安中期には、いわゆる本覚思想を生み出し、「山川草木悉皆成仏」というような考え方が出てくる。この思想は日本仏教独自のものだそうです。日本の古い神話には、大昔は草や木がものをいったとありますよね。『日本書紀神代巻』や『常陸国風土記』にも出てまいりますが、このような神道的な世界を背景にして始めて出てくる考え方といえるのではないでしょうか。

大変乱雑な話になり、特に最後の方ははしおってしまいましたが、これで終わりたいと思います。どうも長時間ご静聴有難うございました（拍手）。

（一九九九年三月十三日　関西大学における最終講義より）

あとがき

本書に収めた一一編の論文は、一九五九年から二〇〇〇年にかけて執筆したものの内から、主題の「日本古代仏教の伝来と受容」に関するものを選集したものである。左に各論文の原題と掲載誌・書などを示すと、次の通りである。

Ⅰ「東アジアにおける仏教の伝来と受容―日本仏教の伝来とその史的前提―」
（『関西大学東西学術研究所紀要』二二、関西大学東西学術研究所、一九八九年刊）

Ⅱ「仏教伝来と飛鳥の寺々」
（横田健一・網干善教編『飛鳥を考える』Ⅱ、創元社、一九七七年刊）

Ⅲ「国家仏教と社会生活」
（『岩波講座日本歴史』四、岩波書店、一九七六年刊）

Ⅳ「わが国における内道場の起源」
（仏教史学会編『仏教の歴史と文化―仏教史学会三十周年記念論集』、同朋舎、一九八〇年刊）

Ⅴ「川原寺裏山遺跡出土塼仏をめぐる二、三の問題」
（網干善教先生古稀記念論文集刊行会編『考古学論集』下、網干善教先生古稀記念会、一九九八年刊）

Ⅵ「間写経研究序説」（原題「南都仏教における救済の論理（序説）―間写経の研究―」）
（日本宗教史研究会編『日本宗教史研究4　救済とその論理』、法蔵館、一九七四年刊）

Ⅶ「最澄とその思想」

（安藤俊雄・薗田香融校注『日本思想大系4　最澄』、岩波書店、一九七四年刊）

Ⅷ「天台宗の誕生と発展」

（薗田香融編『天台宗〈宗派別〉日本の仏教・人と教え1）』、小学館、一九八六年刊）

Ⅸ「承和三年の諸寺古縁起について」

（魚澄先生古稀記念会編『魚澄先生古稀記念国史学論叢』、魚澄先生古稀記念会、一九五九年刊）

Ⅹ「祇園精舎の発掘に参加して」（原題「後記」）

（関西大学日印共同学術調査団編『祇園精舎　サヘート遺跡発掘調査報告書』本文編Ⅱ、関西大学出版部、一九九七年刊）

Ⅺ「奈良仏教管見」

（『史泉』九二、関西大学史学地理学会、二〇〇〇年）

以下、蛇足ながら、各論文の成り立ちなどについて、若干のコメントを付け加えていこう。

Ⅰ「東アジアにおける仏教の伝来と受容―日本仏教の伝来とその史的前提―」では、『日本書紀』を中心とする日本の史料と古代朝鮮に関する中国・朝鮮の史料を用いて、中国仏教の朝鮮諸国・日本への伝来過程と伝来した仏教の実態を論じ、日本には南朝の仏教（梁の武帝の仏教）が百済を経由して伝わり、その伝来・受容に際して蘇我氏の果たした役割がすこぶる大きかったことを述べた。

本論文は、デルマー・M・ブラウン先生を編者とする『The Cambridge History of Japan, Vol. 1: Ancient Japan』（Cambridge University Press, 1993）に、日本の仏教伝来に関する論考の執筆を求められてまとめたものである。本論文を英訳したものが前書の第七章「Early Buddha worship」の内の「Buddhism and the rise of the Korean kingdoms」と「Soga Buddhism」である。

Ⅱ「仏教伝来と飛鳥の寺々」は、昭和五十一年（一九七六）十二月五日、明日香村中央公民館で行なわれた関西大学・明日香村共催の飛鳥史学文学講座で試みた講演の速記録である。私の記憶するところによれば、私はその年の第二回目の講師をお引き受けし、講演では『元興寺縁起』にみえる推古天皇の牟久原宮が転じて桜井寺・豊浦寺となったという伝承をもとに、古代の豪族が自家出身の后妃のために土地や邸宅を負担・提供し、それがやがて寺院にされるという社会慣習が存在することを明らかにし、その慣習が奈良時代の藤原氏にも引き継がれていったことを述べた。

本講座は、昭和四十七年（一九七二）の高松塚古墳の発掘や、その後の川原寺裏山遺跡などの発掘調査に、関西大学の網干善教先生や学生諸君が携わり、明日香村稲渕に関西大学のセミナーハウスである飛鳥文化研究所が建設されるなど、関西大学と明日香村とのゆかりが深まっていくなかで、横田健一先生・網干先生が中心となられ、これまでの明日香村の方々からのご高配に応えるために、飛鳥の歴史・文学を紹介する市民講座として開かれたものである。

飛鳥文化研究所は飛鳥の中心部に行きやすいところにあり、私はゼミや研究会の合宿などでここを盛んに利用させていただき、学生を連れて飛鳥の史跡をめぐることで、飛鳥寺・橘寺・川原寺などの飛鳥の寺々に親しむことが出来た。

Ⅲ「国家仏教と社会生活」は、『岩波講座日本歴史』に執筆を求められて寄稿したものである。本論文では、国家仏教の起源を飛鳥寺の創立から検討を始め、国家が仏教に対し呪術的な修法によって国家の安寧を祈ることを期待する一方で、仏教を儒教的な合理主義によって統制したことを指摘し、行基の民間布教を通じて国家の民間仏教に対する態度や、行基らの活動を支えた民間仏教の成熟と展開の様相を論じた。

執筆の依頼をお引き受けした頃、関西大学にも学生紛争の波が押し寄せ、私は学部長として事にあたっていたため、原稿をなかなかまとめることが出来なかった。そのため岩波書店の松嶋秀三氏が夜中に学生・機動隊が取り囲む学内の学部長室にまで原稿の催促に来訪される事態となり、急いで頭に思い浮かぶことをとりまとめたものが本論文である。いま本論文を改めて読み返してみるとその内容は不出来なもので、松島氏や読者諸氏に申し訳なく思っている。

IV「わが国における内道場の起源」は、仏教史学会三十周年記念論集に寄せたものである。本論文では、天智天皇の近江大津宮の内裏郭内の西寄りの場所に織仏を安置する仏殿の存在することから、孝徳天皇の難波長柄豊碕宮である前期難波宮の内裏前殿の西南付近から発見された掘立柱八角形建物が仏殿である可能性を指摘し、はじめて仏教を受容した天皇である孝徳天皇の下で、白雉二年（六五一）十二月に仏教色の濃い遷宮行事がとり行なわれた背景に、難波宮に内裏仏殿が設置されたことを挙げた。

この前期難波宮の八角形建物を仏殿とみる私見に対しては批判があり、その根拠に後期難波宮に八角形建物が存在しないことを挙げる。確かに後期難波宮には八角形建物はないが、天平十六年（七四四）三月戊寅に三〇〇人の僧を招いて大般若経を転読せしめた場である難波宮東西楼殿が、この八角形建物に連なるものであると思われる。以上のことなどからみても、私は前期難波宮の八角形建物が仏殿であると確信している。

V「川原寺裏山遺跡出土塼仏をめぐる二、三の問題」は、網干善教先生の古稀記念論集に寄せたものである。川原寺裏山遺跡の発掘調査（第一次）は網干先生の指揮の下昭和四十九年（一九七四）に行なわれ、大量の塼仏が緑釉波文塼などとともに出土した。大量の塼仏の出土の報に接した私は、『日本書紀』朱鳥元年（六八六）七月条にみえる「宮中御窟院」のことを想起し、御窟院も大量の塼仏が空間内を占める神秘で荘厳なものであったと想像した。以上のことを踏まえて、本論文では本遺跡出土の塼仏群が川原寺のいずれかの堂塔の内壁を飾ったもので、緑釉波文塼が仏殿の須弥壇上面を飾り蓮池を表わす「瑠璃地」を構成したものであること、同遺跡から出土した三尊塼仏の図相や緑釉波文塼は浄土思想を表現したもので、このような礼拝形式が浄土信仰を醸成したことなどを論じた。

なお、川原寺裏山遺跡は平成二十三年（二〇一一）に明日香村教育委員会・関西大学考古学研究室によって第二次発掘調査が行なわれ、その際にも塼仏の破片が出土した。関西大学考古学研究室では第一次・第二次発掘調査で出土した遺物の全面調査研究を行ない、その成果は翌二十四年の「国際シンポジウム飛鳥・川原寺裏山遺跡と東アジア」で発表された。今後、さらなる研究の発展が期待される。

Ⅵ「間写経研究序説」では、正倉院文書にみえる経疏の書目や部巻数から奈良時代の中央官営写経所で書写された間写経の実態を検討し、一連の写経事業が光明・孝謙（称徳）母子の意志に基づいて行なわれており、間写経の動向から当代仏教を主導した皇室仏教の動向が読み取れるのではないかと考え、この想定の下、正倉院文書に基づいて「天平年間における間写経一覧」を作成してみた。その結果、天平三年（七三一）より天平宝字八年（七六四）に至る三三年間に、二一二件、巻数を換算して四万五八〇〇巻に達する間写経の目録を作ることが出来た。

この作業は単純なカード作業の積み重ねであるが、正倉院文書（大日本古文書・編年）二五巻の検索に予想以上の労力を要し、大変苦労した。昭和四十八年（一九七三）夏、私は大学からヨーロッパ諸国における在外研究を命じられ、本章の作成を急いだが、出発までに仕上げることが出来ず、やむなく旅行鞄の片隅に間写経に関する資料を忍ばせて出発、同年八月、旅先のドイツのフランクフルトの客舎でようやく清書稿を完成し、これを日本に送ったことを覚えている。

さような次第で、この表の中には間写経でないものを間写経として入れたり、間写経として表に入れるべきものを見落としたりするなどの誤りも少なくないと危惧するが、聞くところによると、正倉院文書研究会では栄原永遠男氏を中心にして、本表の内容を再検討されている由、成果はそちらに譲ることにしたい。

Ⅶ「最澄とその思想」は、『日本思想大系4　最澄』の「解説」である。「解説」では、最澄の思想を探究するためにまず最澄の全著述の概要や同書収載史料の選定基準を述べた上で、彼の生涯を中心にして彼の周辺で起こった出来事やその時々に書かれた著書や執筆の背景・目的について考察した。

「最澄の東国伝道について」（『仏教史学』三―一、一九五二年）の公表以来、はからずも私の下に最澄に関する執筆依頼が来るようになり、日本思想大系の企画では大谷大学学長安藤俊雄先生とともに私が『最澄』を担当することになった。依頼をお引き受けした際に、天台宗の教義は安藤先生が、歴史的なことがらは私がそれぞれ分担すると取り決めたが、いざ歴史的なことがらをまとめるにしても、天台宗の教義の知識は必須であった。当時の私は天台宗の教義に対する知識を持ち合わせていなかったが、幸いにも私は曼殊院門跡山口光円先生の知遇を得ることが出来、山口先生より天台宗の教義の概要を御教示いただけたことは有難かった。なお、本書校了直前に『天台法華宗年分学生式一首』の文字を最澄自筆本の写真によって確認していた折に、「照于一隅」が「照千一隅」であることに気付き、私の責任と確信に基づいて「照于一隅」ではなく「照千一隅」と翻刻して入稿した。

出版に向けて作業が進んでいた最中の昭和四十八年（一九七三）十一月に安藤先生がお亡くなりになられた。安藤先生が担当されていた天台宗の教義に関する頭注・補注の作業は白土わか氏・福島光哉氏に引き継がれ、両氏のご尽力によって完成することが出来たが、先生にお願いする予定であった「解説」での最澄の教学思想に関する部分は不慣れな私が書かざるを得なかった。そのため私は「解説」で述べたことを改めて勉強し直してまとめたいと考えていたが、その後の思いもよらぬ「照千一隅」の論争に労力・時間を割かざるを得なくなり、その思いを果たすことが出来なかったのは残念でならない。

Ⅷ「天台宗の誕生と発展」は、天台宗の概説としてまとめたものである。まず天台宗開祖の智顗の一生を軸に智顗による天台宗の開創、智顗の教学、智顗没後の天台宗の動向に触れて、次に最澄による日本の天台宗の成立から、円仁・円珍による台密教学の完成、院政期の本覚思想による顕密諸流派の形成までを取り上げた。特に智顗のことをまとめるにあたっては、京戸慈光氏の『天台大師の生涯』を参考にさせていただいた。

本論文を読み返すと、その内容は不十分であり、自分の仏教史のまとめとしていま一度勉強したいと思うが、どうも時間切れで果たせずに終わりそうである。これもお許しを乞う次第である。

Ⅸ「承和三年の諸寺古縁起について」は、魚澄惣五郎先生の古稀記念論集に寄せたものである。本論文では、『朝野群載』所収「広隆寺縁起」と『天台霞標』所収「延暦寺建立縁起」の検討を通して、二つの縁起が承和二年（八三五）十一月に特殊な意図を含んで出された僧綱の転牒によって作成されたことを述べた。加えて、『続日本後紀』天長十年（八三三）十月二十日条の円澄の入滅記事に触れて、『続日本後紀』の編者が承和二年十月十五日太政官符の表現の曖昧さによって、義真（天長十年七月四日入滅）と円澄（承和三年十月二十六日入滅）の没年を混同してしまったことを指摘した。

Ⅹ「祇園精舎の発掘に参加して」は、昭和六十一年（一九八六）に関西大学が創立百周年を迎え、その記念事業の一環として、北インドに所在し、一八六三年のアレクサンダー・カニンガム以来の発掘によって祇園精舎跡と知られるサヘート遺跡の未発掘地の発掘調査をインド政府考古局とともに行なった折の報告書の「後記」である。

関西大学とインド政府考古局との間で「関西大学日印共同学術調査団」が組織されるにあたり、関西大学は本部を設置し、末永雅雄先生に顧問を、インドでの発掘調査の実施にご尽力くださった大和壺阪寺住職常盤勝憲師に参与をお願いした。学長を本部長とし、その下に研究班（考古学班・文献学班・地理学班・美術史班・建築学班）が組織された。三年にわたる現地での発掘調査では、一年目に僧院、二年目に窪地（玄奘や法顕が訪れた巨大な沐浴池）、三年目には塔院を検出するなどの成果を挙げた。

私は副本部長・調査研究員（文献学班責任）に任ぜられ、発掘調査地の検討、ラクノウ州立博物館保管のサヘート遺跡の僧院（No.19）より出土した刻銘銅板の確認などのために四度インドに渡ったが、タクシーでの一日千キロの移動やマラリアの予防などで大変しんどい思いをした。だが、このような辛苦はこの調査に参加された方々は等しく経験し、特に現場で発掘調査に参加した人びとの労苦に比すものではない。本研究は、以上の労苦を厭わずに調査に参加された方々の熱心なご尽力によってなったものであり、私はこれを読めばこの三年間の各班の研究成果が一目でわかるようにしたいという思いをこめて、この「後記」を書き上げた。

XI「奈良仏教管見」は、平成十一年（一九九九）三月十三日に関西大学百周年記念会館で行なった私の退職記念最終講義の速記録である。自分なりの自分の仏教史にけりを付けたいと最終講義に臨み、私が最澄を中心とした平安初期の仏教史を手掛けた理由から話を始め、最澄と徳一の論争「三一権実論争」の分析を通して、最澄の一乗主義の源流が「奈良仏教」にあり、その奈良仏教の一乗主義が当時の律令国家の文化受容や神仏習合と深く結び付いていたことなどを述べた。

本書の出版については、関西大学の西本昌弘氏のねんごろなるおすすめをいただいたばかりでなく、編集・校正などにもご尽力を賜わった。櫻木潤・佐藤健太郎・芳之内圭の三氏をはじめとする関西大学古代史研究会の諸君にも熱心なる協力を頂戴した。記して深甚の謝意を表すものである。
遅々として原稿が進まなかったために塙書房の寺島正行氏にもご迷惑をおかけした。深くお詫びと御礼を申し上げる次第である。

平成二十七年四月二十五日

薗田香融

事項索引

あ

い

う

え

お

か

き

く

す

せ

そ

た

と

な

に

ね

ま

み

む

め

も

や

ゆ

研究者名索引

へ

ほ

ま

み

む

も

や

よ

ら

り

蘭田　香融（そのだ・こうゆう）

略　歴

昭和４年１月　和歌山県和歌山市に生まれる。
昭和26年３月　京都大学文学部史学科卒業。
昭和28年６月　関西大学助手。その後専任講師・助教授を経て、
昭和40年４月　関西大学教授（文学部）。
昭和55年３月　文学博士（関西大学）。
平成11年４月　関西大学教授を退職。同大学名誉教授。

主要著書

『最澄』日本思想大系（共著、岩波書店、昭和49年）
『日本古代財政史の研究』（塙書房、昭和56年）
『平安仏教の研究』（法蔵館、昭和56年）
『日本古代の貴族と地方豪族』（塙書房、平成３年）
『日本古代社会の史的展開』（編、塙書房、平成11年）
『日本仏教の史的展開』（編、塙書房、平成11年）
『南紀寺社史料』（編著、関西大学出版部、平成20年）

日《に》本《ほん》古《こ》代《だい》仏《ぶっ》教《きょう》の伝《でん》来《らい》と受《じゅ》容《よう》

2016年２月15日　第１版第１刷

著　者　蘭　田　香　融
発行者　白　石　タ　イ

発行所　株式会社　塙　書　房
〒113-0033　東京都文京区本郷６丁目８-16
電　話　03(3812)5821
FAX　03(3811)0617
振　替　00100-6-8782

シナノ印刷・弘伸製本

ISBN978-4-8273-1279-9　C3021